唯识经典直解丛书

# 解深密经直解

林国良 ／著

上海古籍出版社

**图书在版编目(CIP)数据**

解深密经直解 / 林国良 著. —上海：上海古籍出版社，2019.7（2024.5重印）
（唯识经典直解丛书）
ISBN 978-7-5325-9263-0

Ⅰ. ①解… Ⅱ. ①林… Ⅲ. ①唯识宗—佛经②《解深密经》—研究 Ⅳ. ①B946.3

中国版本图书馆CIP数据核字（2019）第116789号

**解深密经直解**

林国良 著

上海古籍出版社出版、发行

（上海市闵行区号景路159弄1-5号A座5F 邮政编码201101）

（1）网址：www. guji. com. cn
（2）E-mail：guji1 @ guji. com. cn
（3）易文网网址：www. ewen. co

上海天地海设计印刷有限公司印刷

开本890×1240 1/32 印张20.25 插页5 字数402,000
2019年7月第1版 2024年5月第5次印刷
印数：5,751 — 6800
ISBN 978-7-5325-9263-0

B·1102 定价：87.00元

如有质量问题，请与承印公司联系

作者简介

林国良

1952 年生，上海大学文学院研究员，
当代著名佛教研究专家。主要从事
佛教教理研究，特别侧重于佛教唯
识学研究。退休后潜心致力于佛教，
尤其是唯识学典籍的整理注译以及
弘扬工作。已出版《成唯识论直解》
《出入无碍——佛教自由观》等专
著，并在《中国哲学史》《上海大
学学报（社会科学版）》等发表论
文数十篇。

唯识经典直解丛书

（第一辑）

# 目　录

# "唯识经典直解丛书"总序言
## ——根本唯识论三阶段唯识思想探微

林国良

　　唯识论源头的经典，作为一个具有内在联系的整体来看待，可分为三个阶段。本文以下要探讨的是：三阶段唯识思想的根本特征，以及由此而展开的唯识了义观、唯识无境观、唯识真实观、唯识缘起观、唯识修行观、唯识如来藏观等思想内涵。

## 一、根本唯识论三阶段的唯识义

　　唯识论的源头，是唯识系佛经和弥勒、无著、世亲的唯识论典，相比以后的唯识论，源头的唯识论可称为根本唯识论。

　　唯识教理的复杂，是由于在源头已出现了诸多不同教法，导致修学者难以形成整体性理解而顾此失彼。如"相、名、分别、正智、真如"五法与三自性的关系，就有众多不同说法。如《楞伽经》说，相与名属遍计所执性，分别属依他起性，正智与真如属圆成实性。《瑜伽师地论》（以下简称《瑜伽论》）和《显扬圣教论》说，相、名、分别、正智都属依他起性，真如属圆成实性。《辩中边论》说，名属遍计所执性，相与分别属依他起性，正智与真如属圆成实性。世亲《摄大乘论释》则说，名属依他起性，（名之）义属遍计所执性。

除了单个概念诠释的差异，在一些根本义理上，根本唯识论的典籍也有种种不同说法。例如，《摄大乘论》（以下简称《摄论》）说，一切法是阿赖耶识现起的十一识，十一识都有自己的种子。而《大乘百法明门论》（以下简称《百法论》）说，一切法是五位百法。再按《瑜伽论》的说法，并非一切法都有种子，如心不相应行法就没有种子。那么，究竟一切法是十一识，还是五位百法？是否一切法都有种子？此外，其他唯识经论还有更多关于一切法的论述，又应如何看待？

本文力图将根本唯识论作为一个整体来研究，理清在根本义理上，根本唯识论各种说法的差异表述及内在联系，由此形成对唯识论的准确的、整体性的理解。

笔者认为，根本唯识论，从教理的逻辑来看，可分三阶段：第一阶段建立了初步唯识义，主要典籍是《解深密经》《楞伽经》和《瑜伽论》等（《显扬圣教论》思想与《瑜伽论》相近，不独立论述）；第二阶段建立了强化唯识义，主要典籍是《辩中边论》、《大乘庄严经论》（以下简称《庄严论》）、《摄论》等；第三阶段建立了圆满唯识义，主要典籍是《唯识三十颂》（以下简称《三十颂》）、《百法论》等。由于《三十颂》简略，所以本文在论述第三阶段唯识思想时，会经常引用《三十颂》的释论《成唯识论》(以下简称《成论》)。[1]

## (一)第一阶段的初步唯识义

第一阶段唯识经典的首要任务是确立自宗的特色,并理顺与其他系经的关系。

后世唯识论尊奉的唯识经,号称有六经。但六经中,《如来出现功德庄严经》《大乘阿毗达磨经》未传译;《华严经》,主要是其"一切皆心造"的观点为唯识论奠定了教理基础。此外,《大乘厚严经》,一般认为就是《大乘密严经》,但此说可存疑,因为在《成论》和窥基的所有著作中,多处引用《厚严经》,但无一处引用《密严经》。而且,即使《密严经》就是《厚严经》,但《密严经》的思想与《楞伽经》有许多相似处,所以本文对此经也不作独立论述。

因此,六经中,与唯识教理直接相关的是《解深密经》和《楞伽经》。

学术界一种观点,基于"大乘非佛说",认为唯识类经都是后出。如《楞伽经》,《中国大百科全书》说,"此经一般认为在无著以后所成立";《佛光大辞典》说,"其成立年代约于西元四百年前后"。但在佛教唯识论看来,唯识论是成佛之道。如果唯识经是后世某位不知名的佛教徒所写,一个尚未成佛的

---

[1] 此部分内容,本人曾发文:《〈解深密经〉的唯识义——暨论根本唯识论三阶段》,杭州佛学院:《唯识研究》(第四辑),中国社会科学出版社,2016年。本文在该文基础上有进一步的展开。

人所写的成佛之道，那还有什么可靠性？所以，即使从佛教实践来说，也必须坚持大乘经和唯识经是佛所说。因此，在六经中，真正作为唯识教理源头的，是《解深密经》和《楞伽经》。此外，在唯识论典中，《瑜伽论》是"一本十支"之"一本"，对唯识论来说，也属源头之经典。此二经一论对唯识论的奠基作用是：

第一，会通了唯识系思想之前的般若系思想和如来藏系思想。具体说，《解深密经》以"三时教法"会通了般若系思想，确立了唯识论的了义教地位；《楞伽经》以"如来藏藏识"会通了如来藏系思想（详见下文）。

第二，破恶取空。唯识论的三自性论强调，只有遍计所执性是无，圆成实性和依他起性是有，因此，并非一切法皆无自性。《解深密经》和《瑜伽论》更提出离言法性（离言自性）概念，强调其是有，以此破恶取空。

第三，建立唯识论的基本理论框架。《解深密经》和《瑜伽论》都以明确的境、行、果架构来组织理论体系，这是以修行为中心的理论体系：境是修行的所观境，行是所修行，果是所证果。《瑜伽论》的境、行、果体系十分庞大。《解深密经》则较为简明，境是胜义谛和世俗谛，以及三自性和三无性；行是闻思修，修则是修止观、修波罗蜜多；果是证佛果（吕澂先生对《楞伽经》也作过境、行、果的科判）。

在唯识义（"唯识无境"）方面，《解深密经》没有直接的"唯识无境"论述，但有两个相关论述。一是本经提出了一切种子心识中藏有"相、名、分别"等一切法种子的观点，为第二阶段阿赖耶识中藏有一切法种子、一切法即是识性开了先声。二是本经提出"识所缘，唯识所现"的观点，虽然此观点在本经中只是就六识而言，但为第三阶段唯识论成立普遍的"唯识无境"说提供了一条根本性的判别原则。

《瑜伽论》也没有"唯识无境"的直接论述，但本论将色法等都归入五识身地和意地来论述，间接地表达了"唯识无境"的思想。此外，本论详述法相，为普遍的"唯识无境"说奠定了法相基础。

《楞伽经》则明确阐述了唯识无境之义。本经的唯识无境，包括无外境和无能取所取。其无外境思想，在其后的唯识论中得到普遍的认同；而无二取，其后有不同的表述（详见下文"唯识无境观"）。此外，就三自性与唯识无境来说，三自性指明一切法（包括心法和色法等）都存在（是依他起性），唯识无境进一步指明一切法（如色法）并非离识而独立存在。

## （二）第二阶段的强化唯识义

此阶段的唯识教理，主要是沿《楞伽经》确立的唯识无境与阿赖耶识缘起思想发展，并结合《解深密经》一切种子心识中藏有"相、名、分别"等一切法种子的观点，建立了"一切法即是识"的唯识观。

此阶段的唯识义，以《摄论》为例，该论说，由阿赖耶识生起十一识。十一识就是一切法，包括传统的诸转识、根境等色法和若干心不相应行法，但由于十一识在阿赖耶识中都有自己的种子，都由阿赖耶识中的自种生起，所以可说，都以阿赖耶识为性。也就是说，一切法都以识为性；更直接地说，一切法（十一识）都是识。

此"一切法即是识"的观点是唯识论的强有力的表达，但此观点还面临着两个问题需要解决。一是阿赖耶识中是否有一切法的种子？或者说，是否一切法都有种子？在此问题上，《瑜伽论》的法相研究表明，并非一切（有为）法都有种子。一切（有为）法可分为实法与假法，实法有种子，假法没有种子，如心不相应行法就没有种子，假法是在实法基础上形成的（如聚集假、分位假等）。这样，就不能说阿赖耶识中有一切法的种子，能生起一切法。

二是阿赖耶识中的种子生起前七识，但现行阿赖耶识是否变现前七识？在此问题上，《解深密经》提出过一个原则："识所缘，唯识所现。"这意味着，识所缘就是识所变，或者，识所变就是识所缘。因此，如果说现行阿赖耶识变现前七识，那么，阿赖耶识应该缘前七识。但《瑜伽论》论述阿赖耶识所缘，只说缘种子、根身、器世间，不说阿赖耶识缘前七识。《成论》解释说，如果阿赖耶识变现并缘前七识，那么，前七识就是阿赖耶识的相分。作为相分，前七识只是影像，没有真实的认识功能。

因此，从逻辑上可以说，由于上述两个问题，导致了第三阶段圆满唯识义的形成。

## （三）第三阶段的圆满唯识义

此阶段的唯识教理，依三能变思想，建立了"一切法不离识"的唯识观，解决了第二阶段强化唯识义所遗留的问题，从而使唯识观臻于圆满。

此阶段的经典，是《三十颂》，还可包括《百法论》。《三十颂》的文字已明说了三能变（"此能变唯三"）；而《百法论》的五位百法，体现了一切法"不离识"的思想（但明确论述一切法"不离识"及三自性"不离识"的，则是《三十颂》的释论《成论》）。

三能变，指第八识为第一能变，第七识为第二能变，前六识为第三能变。用后来的相分说来说，三能变各自变现各自的相分，并能缘各自的相分。即第八识变现种子、根身、器世间为相分，并缘此相分；第七识变现第八识见分为自己的影像相分，并缘此相分；前六识变现六境为各自的影像相分，并各缘各自的相分。

三能变唯识义，将《解深密经》"识所缘，唯识所现"的原则，从六识推广到八识，即第八识和第七识也符合所缘即所变的原则。这样，八识三能变的每一能变，都变现其所缘对象，三能变各变各的，所变即所缘，所缘即所变，这就使《解深密经》的上述原则成为普遍的原则。同时，三能变唯识义也圆满解决了《瑜伽论》的两个观点（即假法没有种子，以及第八识不缘前七识）对识变理论造成的困难。

首先，关于第八识不缘前七识的问题，三能变理论中，第七识和前六识是独立的能变，不由第八识所变，所以也不为第八识所缘；第八识的所变与所缘只是种子、根身与器世间，第八识不变也不缘前七识。

其次，关于假法没有种子的问题，三能变理论是从现行识变现一切法来说唯识，所以，三能变理论不需要一切法都有种子。从现行识变现一切法来说，有种子的实法是第八识和前五识（还有五俱意识）的所变和所缘；没有种子的假法是第六识（独头意识）的所变和所缘。由此而得的是"一切不离识"的唯识义（此外，窥基的《成唯识论述记》提出了实种与假种的概念，实种是真实种子，能生诸法；假种是方便说，实际不起现行。这样就对上述"一切法都有种子"与"并非一切法都有种子"两种教法作了会通）。

综上所说，从唯识弘教史[1]的角度来说，三能变理论解决了第二阶段强化唯识义理论还需进一步说清的问题，使唯识观臻于圆满。

以上三阶段唯识经论的各种思想，下文各种唯识观中还将作进一步展开。

## （四）阿赖耶识一能变能否成立

第二阶段唯识观的特点，就是阿赖耶识现起能取和所取

---

[1] 所谓"唯识弘教史"，意谓佛陀、弥勒、无著等都是已见道的圣者，了知唯识实相，但在弘扬唯识教法时，各部经论各有侧重点，同时呈现出教法不断深化的趋势。

一切法，乃至阿赖耶识中有一切法的种子，能生起一切法，那么，由此能否成立与三能变相对应的阿赖耶识一能变？

这就需要明确阿赖耶识一能变的含义。既然是与三能变相对应，那么，阿赖耶识一能变如果成立，阿赖耶识应该能变现一切法，并缘所变的一切法。

但如前所说，由《瑜伽论》的两个结论——阿赖耶识不能变现一切法（如心不相应行法），也不缘前七识——来看，从理论上说，阿赖耶识一能变不能成立。

但从此期经论来看，继《楞伽经》之后，《中边论》《庄严论》都说阿赖耶识现起能取与所取，能取与所取就是一切法；《摄论》则更明确说，阿赖耶识生起十一识，十一识就是一切法，十一识在阿赖耶识中都有自己的种子。这样的论述都具备了将其理解为阿赖耶识一能变的可能性。

再从后世对此期经论有关内容的翻译和解释来看，真谛和玄奘表现出了两种不同倾向。如《中边论》的一首颂，真谛的翻译是"尘根我及识，本识生似彼"，即阿赖耶识生起能取的转识和所取的五根五境，这是基于阿赖耶识一能变思想来翻译和解释此颂。此外，真谛翻译的世亲《摄论释》（卷五）[1] 更明确了其一能变思想。如："由本识能变异作十一识，本识即是十一识种子。"这里明确说本识（阿赖耶识）是能变，"能变异

---

[1] 本书大量引用原典，若都要注明引文在大藏经中的册、卷、页、行，本书将有密密麻麻的出处注释。现为简便，本书采用传统的注释方式，只以夹注方式标明引文在该典籍中的卷数。

作十一识"。又如："如此等识，即显十一识及四识。一切法中唯有识，更无余法故，唯识为体。"所以，《摄论》的十一识，与《中边论》的四识是同样性质，是由阿赖耶识所变。再如："唯是一识，或成八识，或成十一识故。"所以，根本上，只有一识（阿赖耶识），变现七识，就成八识；或由一识变现成十一识。由此来看，真谛的一能变思想是明确的、一贯的。

玄奘的《辩中边论》（卷上）则将该颂译作"识生变似义，有情我及了"。窥基在《成论述记》（卷三）中解释说，其中的"识"，不是第八阿赖耶识，而是全部八识，意思是说，能取八识，变现所取四境。窥基并批评真谛的翻译为错误。由此可见，玄奘与窥基是基于三能变思想来翻译解释此颂，因为，如果按一能变思想来翻译和解释，则阿赖耶识变现前七识，就要缘前七识，而这在教理上是错误的。

综上所说，阿赖耶识一能变，在教理上是不能成立的。但在有关经论中，有此倾向；而翻译和解释此类经论的真谛，则是明确的阿赖耶识一能变思想。

## 二、唯识了义观

《解深密经》（卷二）提出了"三时教法"，由此成立了唯识了义说。

"三时教法"是将佛陀的教法分为三个时期，按本经的说法，第一时中，佛陀为发心求声闻乘者，说四谛等教法，属不了义；第二时中，佛陀为发心求大乘者，密意说"一切法无自性"等教法，仍属不了义；第三时中，佛陀为三乘修行者，显了说"一切法无自性"等教法，是真了义。

"一切诸法皆无自性、无生无灭、本来寂静、自性涅槃"，是般若经的根本教义。本经认为，般若经的此类说法只是密意说，是佛陀第二期的说法，是不了义。

唯识论的"密意"，指相应的教法只强调法义的某一点或某一方面，尚未全面充分完整地说明法义，因此是"密意"的方便说，不是"显了"的究竟说。密意说不显了，因此也被说成是不了义。

密意说主要建立在唯识论的三无性上，而三无性又是建立在三自性上，即依遍计所执性立相无性、依依他起性立生无性、依圆成实性立胜义无性。

就三自性与三无性的关系来说，唯识论的立场是：三自性是本，三无性是末。其理由如下：一、如《解深密经》说，三无性一一依三自性而立。二、如《解深密经》说："非由有情界中诸有情类，别观遍计所执自性为自性故，亦非由彼别观依他起自性及圆成实自性为自性故，我立三种无自性性。然由有情于依他起自性及圆成实自性上，增益遍计所执自性故，我立三种无自性性。"（卷二）即三无性并非要一一否定三自性，实际要否定的只是遍计所执自性，因为三自性并非都没有自性，实际只是遍计所执自性没有自性。

密意说，实质上是唯识论为与佛教其他教理作会通的一种说法。例如，般若经说无性，唯识经说有性，那么两种说法如何会通？唯识论用密意说与显了说来会通，即第二阶段，佛陀在般若经中说"一切法无自性"，只是密意说，没有充分全面完整地展开此说的内涵；到了第三阶段，佛陀显了说此教法，才真正展开了此说的内涵，即实际只是遍计所执自性无自性，依他起自性和圆成实自性是有自性。

其次，"一切诸法无生无灭、本来寂静、自性涅槃"，也是密意说。唯识论认为，这是依相无性（遍计所执性）和一分胜义无性（圆成实性）而说，因为遍计所执性（相无性）的一切法，本来就没有；而圆成实性（胜义无性）的一切法（真如、涅槃），确实是"无生无灭、本来寂静、自性涅槃"。但"一切诸法无生无灭、本来寂静、自性涅槃"，不能依生无性（即依他起性）说，因为依他起性的一切法（一切有为法），无论从什么意义上，都不能成立"无生无灭、本来寂静、自性涅槃"。由于"一切诸法无生无灭、本来寂静、自性涅槃"只是部分成立，不是无条件地完全成立，所以也只是"密意说"。

因此，佛陀第二时的"一切诸法皆无自性、无生无灭、本来寂静、自性涅槃"教法，是密意说，是不了义；第三时对此的完整的说法，才是了义说，即唯识论是了义教法。

综上所说，本经以三自性和三无性为基础，判佛陀的教法为"三时教法"，由此确立了唯识论为了义教的地位。而"三时教法"，是唯一的佛经中说到的判教方法，作为圣言量，具有无可争辩的权威性。

此外，《解深密经》还论述了一乘密意说、三乘了义说的观点，

一乘究竟还是三乘究竟，这在佛经中有不同说法。《解深密经》依三无性，认为三乘是究竟，而将"唯有一乘"归为"密意说"，这可从修行论来论证，本经说三无性的意趣，也是为了指导修行。

本经（卷二）指出，从修行位次来看，世尊先对资粮位（或从十信至十回向）的佛弟子说生无性（即依他起性），以明诸法缘生道理，使他们通过修行，最终使种善根等五事具足。继而，世尊对加行位修行者说相无性和胜义无性，使他们生起真正的厌离心，依两种无自性性作观，最终证入通达位（见道位）。进而，在修习位（即修道位）中，诸菩萨仍依两种无自性性，勤奋修行，最终证入佛位。

由于所有修行者都依三无性修行（道一），并最终都能证得（无余依）涅槃（果一），所以世尊密意说"唯有一乘"。但实际上，修行者的根机不同，其中，有定性二乘，他们最终还是不能证得大乘的无住涅槃；同时也有不定性的二乘，他们能回向大乘。所以，就不定性二乘，也可说"唯有一乘"。但因为还有定性二乘，所以"唯有一乘"只是密意说。

本经的《地波罗蜜多品》也说一乘是密意说："善男子，如我于彼声闻乘中，宣说种种诸法自性，所谓五蕴，或内六处，或外六处，如是等类；于大乘中，即说彼法同一法界、同一理趣故。我不说乘差别性。于中或有如言于义妄起分别，一

类增益，一类损减；又于诸乘差别道理，谓互相违。如是展转递兴诤论，如是名为此中密意。"（卷四）

所以，此一乘说，只是依同一法界、同一理趣说的，是密意说，实际上还是三乘究竟。

# 三、唯识无境观

唯识无境思想是唯识观的核心内容，但此唯识无境思想在三阶段中的表现有所不同。

## （一）第一阶段的唯识无境思想

此阶段中，《解深密经》没有明确的唯识无境的表述，但有两个相关的表述；《楞伽经》详说唯识无境；《瑜伽论》本身也没有唯识无境的表述，但该论收入了《解深密经》全文，所以，在此问题上，该论同《解深密经》。因此，本文以下主要论述二经的唯识无境思想。

### 1.《解深密经》

本经关于唯识无境的两个相关表述：一是"识所缘，唯识所现"；二是一切种子心识执受"相、名、分别言说戏论习气"。

（1）"识所缘，唯识所现"

本经《分别瑜伽品》提出"识所缘，唯识所现"（卷三），在经中，这首先是讨论定中所缘境，进而推广到散位所缘境，意谓定位和散位的认识对象（"所缘"），都是由识变现。但这里说的"识",是指六识（更严格说是第六意识）的定位和散位认识，并不涉及第八识，当然也不涉及第七识。此观点到第三阶段，被推广到所有八识，形成了八识三能变的"唯识无境"教法。

（2）一切种子心识执受"相、名、分别言说戏论习气"

本经《心意识相品》提出，一切种子心识执受"相、名、分别言说戏论习气"（卷一），换言之，即第八识藏有"相、名、分别"种子，[1] 这是取"相、名、分别、正智、真如"五法体系的染法部分，就染法来说，一切法就是"相、名、分别"。第八识藏有"相、名、分别"种子，可推出两个结论：一、一切法都有种子，例如，"名"也有种子。二、第八识藏有一切法种子。由此来看，《摄论》的十一识都有种子，实际上是源于本经。

本经上述两论述，虽不是唯识无境的直接表述，但都可间接推出唯识无境的结论。

2.《楞伽经》

本经主旨，经文一开始便已明示："其诸菩萨摩诃萨，悉已通达五法、三性、诸识无我，善知境界自心现义。"（卷一）其中，五法三自性、八识二无我，是本经的教理体系；而"境界自心现"，即唯识无境，则是本经的宗旨，此宗旨贯穿于本经的所有教法中。

---

[1] 种子概念，经部就有，所以说有种子，不意味着唯识；但说第八识藏有一切法种子，那一定是唯识论观点。

此"境界自心现义"，在经中随处可见，如"一切诸法性皆如是，唯是自心分别境界"（卷一），"知一切境界离心无得"（卷一），"了达三界皆唯自心"（卷一）。

此义在经中又有不同表述，有时表述为唯分别，如"一切三界皆从虚妄分别而生，如来不从妄分别生"（卷五）；有时则直接表述为唯识，如"能如实证寂静空法，离惑乱相入唯识理，知其所见无有外法"（卷四），"生唯是识生，灭亦唯识灭"（卷六），"真如及惟识，是众圣所行"（卷七）。

从义理看，本经的"境界自心现"或唯识无境，主要有两层含义：一是无外境；二是无二取，即无能取所取。本经的其他一些说法，如无自性、无我我所，都可包含在此两层含义中，尤其可归入无能取所取中，如"能取及所取，一切惟是心；二种从心现，无有我我所"（卷五）。

首先是无外境。本经对无外境有多处论述，如"为诸声闻菩萨大众，说外境界皆唯是心"（卷二），"了达一切唯是自心分别所见，无有外法"（卷三），"不了诸法唯心所见，执着外境增分别故"（卷四），"所见实非外，是故说唯心"（卷六），"如愚所分别，外境实非有；习气扰浊心，似外境而转"（卷六）。从影响来看，后世唯识典籍一致接受无外境之说，并有或直接或隐含的表达。

其次是无二取，即无能取所取。本经的论述更多更复杂，如"若有执着能取所取，不了唯是自心所见，彼应可止"（卷三），"众生心所起，能取及所取；所见皆无相，愚夫妄分别"

（卷六）。

本经的无二取论述之所以复杂，是因为本经的总体思想是"五法三自性，八识二无我"，无二取在这些思想背景下，呈现了极为复杂的面目。

（1）五法与二取

本经说："三性、八识及二无我，悉入五法。"（卷五）所以，五法是本经教理体系的核心。五法就是"相、名、分别、正智、真如"，其中，"相、名、分别"是染法，"正智、真如"是净法。无二取涉及分别与正智。

首先，二取源于分别。本经说"诸法唯心所现，无能取所取"（卷三），"能取所取法，唯心无所有"（卷四），"迷惑妄分别，取所取皆无"（卷六），"凡夫妄分别，取三自性故；见有能所取，世及出世法"（卷七），"分别于诸蕴，能取及所取"（卷七），故二取由分别而起。

其次，无二取源于正智。本经说，圣智有三相：一、无影像相，据吕澂《入楞伽经讲记》释，影像依二乘和外道执着生起，以大乘正见熟习二乘和外道之学，蠲除其影像，即得最上正智。二、一切诸佛愿持相，即由诸佛本愿力加持而得生起之正智。三、自证圣智所趣相，即由不取一切法相，成就如幻三昧，所证之正智。（卷二）

此外，正智依所证法的自相和共相，而有差别相。外道依自相和共相所立的差别相，执有执无，落入边见；圣智知一切法唯心所现，离有离无，其差别相不堕边见。

（2）八识与二取

五法中的"分别"，就是三界心和心所，所以，八识就是五法中的"分别"。但"分别"是就八识的相同性而言；如果涉及八识的不同处，就需将八识分开说了。

本经对八识与二取关系的论述，就是如此，有时是将八识都作为能取；有时是将七识作为能取，藏识（第八识）现起能取所取。

A. 八识都是能取。如本经说"依彼分别，心心所法俱时而起"（卷五），即八识都由分别而起。又如"于自心所现生执着时，有八种分别起，此差别相皆是不实，惟妄计性"（卷五），所以，八识的八种分别，即八种能取，都是遍计所执（"妄计性"）。

八识都是能取的说法，可看作是五法与二取关系的延伸，如上所说，二取由分别起，分别就是心、心所，所以，八识都是能取，都是遍计所执。

B. 藏识起二取。本经有时说藏识起二取。关于二取的种类，本经有明确论述："身资及所住，此三为所取。意取及分别，此三为能取。"（卷六）即所取是根身，包括净色根与浮尘根（"身"），还有资生物品（"资"）及器世间（"所住"）。能取是"意""取""分别"，参照魏译本等，大体可确定，能取是第七识、第六识和前五识，即能取是前七转识。

而转识作为能取，其源头在藏识（第八阿赖耶识），如"譬如海水动，种种波浪转；藏识亦如是，种种诸识生"（卷二），"阿赖耶识如瀑流水，生转识浪"（卷二），"若无藏识，七识则灭。何以故？因彼及所缘而得生故"（卷五），即藏识生七转识，如水生波，无藏识则无七识。

进而，二取都由藏识而起，如"知身及物并所住处，一切皆是藏识境界，无能所取及生住灭"（卷一），"身及资生器世间等，一切皆是藏识影像，所取能取二种相现"（卷二），即能取所取也依藏识而起。这与前文说二取由"心所起"相通："藏识说名心，思量以为意；能了诸境界，是则名为识。"（卷六）所以，二取由心起，也可说是二取由藏识起。

关于八识是能取或七识是能取两种说法，可以这样认为，在五法体系中，八识都是分别，所以八识都是能取；在八识体系中，由第八识现起能取和所取，所以七识是能取。

（3）三自性与二取

首先是三自性与五法的关系，本经说："名及相是妄计性；以依彼分别，心心所法俱时而起，如日与光，是缘起性；正智、如如不可坏故，是圆成性。"（卷五）所以，五法中，相与名是遍计所执性（"妄计性"），分别是依他起性（"缘起性"），正智与真如是圆成实性。

就三自性与二取的关系来说，唯识论通常以三自性来表达诸法有无，即遍计所执性是无，依他起性是（幻）有，圆成实性是（真实）有。这样的话，无二取就是认为二取是遍计所执性。但本经关于二取是否是遍计所执性，有时又有不同的论述。

先看本经三自性定义中的遍计所执性与依他起性定义："妄计自性从相生。云何从相生？谓彼依缘起事相种类显现，生计着故。大慧，彼计着事相，有二种妄计性生，是诸如来之所演说，谓名相计着相，事相计着相。大慧，事计着相者，谓计着内外法；相计着相者，谓即彼内外法中计着自共相：是名二种妄计自性相。大慧，从所依所缘起，是缘起性。"（卷二）

即依他起性是缘起法，遍计所执性是在"内外法"上执着其自共相，这样，"内外法"本身不是遍计所执性，而应是缘起法，是依他起性。而执着"内外法"实有自性，那被执着的自性就是遍计所执性。所以本经说："自性名妄计，缘起是依他。"（卷七）

上述"内外法"，根身是内法，器世间是外法。以根身为例，按此定义，根身应该是依他起性。本经其他地方也说"身是依他起，迷惑不自见；分别外自性，而令心妄起"（卷六），即根身是依他起性，但分别将其作为外境。又如"身形及诸根，皆以八物成。凡愚妄计色，迷惑身笼槛。凡愚妄分别，因缘和合生"（卷六），即根身由八物（色、香、味、触及四大种）而成，因而是因缘和合，凡夫在此妄计，使其成为遍计所执色。

但本经又说："身及资生器世间等，一切皆是藏识影像，所取能取二种相现。"（卷二）所以，根身属二取。"我了诸法唯心所现，无能取所取"（卷三），所以，二取是无，相当于二取是遍计所执性；根身属二取，那么根身也是遍计所执性，是无。

同样的例子，如"蕴、界、处"就是"内外法"，应该是依他起性。但本经又说"蕴、界、处是妄计性"（卷二），"妄计性"就是遍计所执性。

再如五法中的"相"，按本经所说的五法与三自性的关系，"名及相是妄计性"，即相是遍计所执性。但经中还有不同说法："依于缘起相，妄计种种名；彼诸妄计相，皆因缘起有"（卷三），"分别迷惑相，是名依他起；相中所有名，是则为妄计"（卷六）。这样，"相"又成了依他起性。

（4）从三层面看二取

应该如何看待本经上述二取的不同说法？笔者认为，可从存在论、认识论与修证论三层面来看待关于二取的不同说法。

首先，二取应是认识论层面的用词，二取就是能认取和所认取。而在存在论层面上，存在的法，实际是能变现的心法与所变现的色法等（包括心不相应行法），由于无外境，所以色法等不是心外独立的存在，而是由心变现，因此两者的关系是能变与所变，但为论述的统一和方便，也可称是二取。此外，就心法的功能来说，一是能变现，二是能了别，所以，心法在变现色法等时，其了别功能也同时起用，而在了别时，能变所变的关系，就成了能取所取的关系。

由此来看本经关于二取的不同说法，当说二取是依他起时，这是在存在论层面说的；当说二取是遍计所执时，这是在认识论层面说的。

如本经说:"一切凡愚分别诸法,而诸法性非如是有,此但妄执,无有性相;然诸圣者以圣慧眼,如实知见有诸法自性。"(卷四)此处,圣者如实见的诸法自性,是存在论层面的诸法自性,属依他起性;凡夫不能如实见存在论层面的诸法自性,而是起分别,其妄执的诸法自性,就是遍计所执性。

上述诸法自性,若参照《解深密经》和《瑜伽论》的离言自性(或离言法性),就不难理解了。即圣者所见所证的是诸法离言自性,是缘起性,是离言依他起性;但一旦进入认识思维领域,意识会为其安立名言,由此而起名言自性,这就是遍计所执性。凡夫不能认识诸法的离言依他起性,凡夫认识的,只能是由名言表达的诸法,并执着诸法的名言自性。

所以,说根身、蕴处界等诸法是依他起性,是就其离言依他起性而说;说诸法是遍计所执性,则是从诸法进入认识领域而成为能取所取而说。

但由于本经的遍计所执性,是依妄计性来定义的,即由诸识的妄计而起遍计所执性,这样,遍计所执性不再由名言自性来定义,因此,本经也不提离言自性,即不用名言、离言两分法来分判诸法了。

最后,在修证层面上,本经说是无二取:

复次,大慧!我今当说妄计自性差别相,令汝及诸菩

> 萨摩诃萨善知此义，超诸妄想证圣智境，知外道法，远离能取所取分别，于依他起种种相中，不更取着妄所计相。（卷三）

> 云何名为知一乘道？谓离能取所取分别，如实而住。（卷三）

> 若知境界但是假名都不可得，则无所取，无所取故亦无能取，能取所取二俱无故不起分别，说名为智。（卷四）

所以，在修证层面上，无论二取是依他（存在论的）还是遍计（认识论的），二取都是要遣除的。因为见道是根本无分别智证真如，而有漏的、有分别的世俗谛法，则一无所得，所以遍计的二取，与依他的二取，都要遣除。

此三层面中，修证论的无二取，为所有唯识典籍一致公认，即在修证层面上，唯识论都说见道要遣所取和能取；而在存在论和认识论层面上，诸唯识典籍就说法不一了。

## （二）第二阶段的唯识无境思想

### 1.《辩中边论》

本论对无外境的论述较少，如"唯识生时现似种种虚妄境故"（卷上），即境由识变，故外境非有。

本论更多的是从无二取来说唯识无境。本论首先是总说："虚妄分别有，于此二都无。"其长行解释是："虚妄分别有者，谓有所取能取分别。于此二都无者，谓即于此虚妄分别，永无

所取能取二性。"（卷上）

进一步分析，本论说"三界心心所，是虚妄分别"（卷上），所以，虚妄分别是指识与心所。此外，二取指能取与所取。关于能取，本论说"能取诸识"（卷上），即能取就是诸识。但这样的话，能取就是虚妄分别，为何本论对虚妄分别，说"虚妄分别有"；而对二取，说"永无所取能取二性"，后文又更明确说"无二，谓无所取能取"？对此，如果用存在论二取与认识论二取来讨论，就可明了。

先看本论的一个说法，本论说有三种色："一、所执义色，谓色之遍计所执性。二、分别义色，谓色之依他起性，此中分别以为色故。三、法性义色，谓色之圆成实性。"（卷中）即色法有三类：遍计色（"所执义色"）、依他色（"分别义色"）、圆成色（"法性义色"）。上述二取无，意味着二取是遍计。但如果色法就是二取中的所取，那么，色法应该只是遍计色，谈不上有依他色。而如果按上文对存在论层面的二取所作的分析，存在论层面的所取与能取，实际上就是所变与能变，这样，存在论层面的色法就是依他色。此外，蕴处界等都有如此三义，其依他义，应该也都是存在论层面上说的，即在存在论层面上，存在着所变的蕴处界诸法。

由此来看"虚妄分别有"，这是在存在论层面上说的，即能变现的诸识是有。而诸识的能变功能与能了别功能是同时现起的，所以，能变诸识变现所变诸法的同时，其了别功能也就使能变与所变成了认识论层面的能取与所取。所以，本论说

"无所取能取"，即无二取，就是在认识论层面上说的。

本论的相关论述可证实上述分析。首先，二取由何而来？"乱识似彼所取能取而显现故。"（卷下）此"乱识"，实际就是"虚妄分别"的诸识，因诸识变现虚妄境，所以称"乱识"。那么，"乱识"是如何"似彼所取能取而显现"？

本论说："识生变似义，有情我及了。"（真谛的《中边分别论》的译文不同，思想不同，此处不讨论。）长行解释说："变似义者，谓似色等诸境性现；变似有情者，谓似自他身五根性现；变似我者，谓染末那与我痴等恒相应故；变似了者，谓余六识了相粗故。"（卷上）所以，"义""有情""我""了"四境都是所取。按窥基《辩中边论述记》解释，"义"（五境）、"有情"（根身）是第八识的所缘境，"我"是第七识的所缘境，"了"是前六识的所缘境。

由上可知，"识生"时，会变现"似义"等四境，这可以认为是存在论层面的变现（顺便说下，"识生变似"五境和根身时，此五境和根身色法应是依他色，若此色法是遍计色，则依他色无着落）。同时，在认识论层面上，"似现"的四境就是似所取，能变的诸识也就成了似能取。似二取实无，这是认识论层面的无二取。

最后，"此境实非有，境无故识无"（卷上），这是修证层面的无二取。"谓所取义等四境无故，能取诸识亦非实有"，即修证的过程，先遣所取，再遣能取。

总的来看三层面的二取，本论说："唯识生时现似种种虚

妄境故，名有所得。以所得境无实性故，能得实性亦不得成。由能得识无所得故，所取能取二有所得平等俱成无所得性。"（卷上）

这就是说，在存在论层面上，由诸识变现诸境；同时的认识过程中，二取即形成；修证过程中，了知所取境不实，继而了知能取识不实，最后证二取无所得（无相）。

### 2.《大乘庄严经论》

本论的唯识无境思想，首先是无外境。本论说："一切诸义悉是心光。"（卷二）其中，"义谓五尘"（卷三），"心光"意谓由心似五尘显现。所以，外尘（外境）由心变现。

关于二取，本论也有不同说法。颂云："所取及能取，二相各三光。不真分别故，是说依他相。"（卷五）所以，二取属依他起性。

二取三光，由阿赖耶识而起："所取相有三光，谓句光、义光、身光。能取相有三光，谓意光、受光、分别光。意谓一切时染污识。受谓五识身。分别谓意识。彼所取相三光及能取相三光，如此诸光，皆是不真分别故，是依他相。"（卷五）即所取有句光、义光、身光，相当于器世间、五尘、根身；能取有意光、受光、分别光，相当于第七识、前五识、第六识。"如此诸光"，都是依他相。

但本论也有二取属遍计的说法："离二者，谓分别性真实，由能取所取毕竟无故。迷依者，谓依他性真实，由此起诸分别故。"（卷四）所以，遍计所执性（"分别性"）的二取毕竟无，其由依他起性上起分别而来。

综合上述说法，依他起二取是存在论的二取；执着其为实有，就是遍计所执性的二取。（《庄严论》对遍计与依他有更复杂的说法，详见下文"唯识真实观"。）

此外，本论也有修证层面二取无的说法："第三见道位，如彼现见法界故，解心外无有所取物；所取物无故，亦无能取心。由离所取能取二相故，应知善住法界自性。"（卷二）即见道时，心外无有物，所取无，故能取也无。

### 3.《摄大乘论》

本论的唯识无境思想，首先是无外境。本论说，一切法就是十一识，十一识由阿赖耶识中的种子生起，所以是以（阿赖耶）识为性；进而可说，十一识即是识，所以识外无境。

关于二取，本论中直接的论述只有两处。一处说："若名若义，自性差别假，自性差别义，如是六种义皆无故。所取能取性现前故，一时现似种种相义而生起故。"（卷中）这是在认识论层面上说无二取。

另一处说："如是住内心，知所取非有，次能取亦无，后触无所得。"（卷中）这是在修证层面说无二取，即先遣所取，次遣能取，最后证"无所得"真如。

另外，本论说十一识有见识与相识，可认为其作用相当于能取和所取，而见识与相识属十一识，所以都是依他起性，这可以看作是存在论层面的二取，是有。

## （三）第三阶段

关于无外境，《三十颂》说："由假说我法，有种种相转。彼依识所变，此能变唯三。"所以，一切法都由识所变，不存在识外之法。

《三十颂》的释论《成论》则明确说："实无外境，唯有内识似外境生。"（卷一）

关于无二取，《成论》也有两种说法。一是在修证层面上，本论也说无二取："在加行位能渐伏除所取能取引发真见。"具体地说："如是暖、顶依能取识观所取空，下忍起时印境空相，中忍转位于能取识如境是空顺乐忍可，上忍起位印能取空，世第一法双印空相。"（卷九）

但在存在论乃至认识论层面上，本论不说无二取。按本论的说法："此二取言显二取取，执取能取所取性故。"（卷九）即其他经论中说的无二取，实际上是无"二取取"，"二取取"就是对二取的取，也就是对二取的执着。而二取本身不是遍计所执。

"有漏心等不证实故，一切皆名虚妄分别，虽似所取能取相现，而非一切能遍计摄。勿无漏心亦有执故，如来后得应有执故。"（卷八）所以，显现的能取和所取，不都属遍计所执，否则，如来的后得智也有见分和相分，也属遍计所执了。至于有漏心称为虚妄分别，这是因为有漏心还未证真如，而不是因为有漏心都有执着（《成论》认为只有第七识和烦恼性的第六识是遍计所执)。

另一方面,"诸心、心所,依他起故,亦如幻事,非真实有。为遣妄执心、心所外实有境故,说唯有识。若执唯识真实有者,如执外境亦是法执"(卷二)。所以,虽然有漏心(诸心、心所)不都是遍计所执,但都如幻,不能执为真实有,见道时仍需遣除。

综上所说,本论认为,二取属依他起性,在认识论乃至存在论层面上,不能说无二取;就修证层面说,需要遣二取。

## 四、唯识真实观

唯识典籍关于真实,有种种不同说法。一般的说法,或依二谛说,则胜义谛为真实;或依三自性说,则圆成实性是真实。比较特殊的,是将三自性中的依他起性也说成是真实,因为依他起性是有。甚至,将二谛中的世俗谛说成是真实,如《瑜伽论》四种真实中的第一世间极成真实,说的完全是世俗谛法。在传统的二谛说中,世俗谛是虚妄,绝不说是真实,而《瑜伽论》也说其是真实(原因下文分析)。但另一方面,《庄严论》则说:"非有者,分别、依他二相无故。"(卷二)即遍计所执性与依他起性皆无,似乎依他起性也不存在,因而依他起性不是真实。进而,"分别、依他二性摄者即是世谛"(卷十二),所以,世俗谛也是无,也不真实。

上述真实观中,单依三自性的圆成实性说真实的,或通说三自性的圆成实性和二谛的胜义谛为真实的，都比较简单明白。下文分析一些比较特殊的真实观。

## （一）《瑜伽论》的真实观

本论《本地分·真实义品》说有两种真实或四种真实。两种真实，是尽所有性与如所有性。尽所有性，《解深密经》（卷三）举例，"如五数蕴、六数内处、六数外处"，所以是一切世间法；如所有性是真如。所以，两种真实包括了世俗谛与胜义谛。

四种真实是世间极成真实、道理极成真实、烦恼障净智所行真实、所知障净智所行真实。四种真实中，两种净智所行真实，相当于二乘与大乘所证真实，所以属胜义谛；道理极成真实，是现量、比量和圣言量境界，所以包括世俗谛与胜义谛二谛。世间极成真实则需仔细分析：

> 云何世间极成真实？谓一切世间，于彼彼事随顺假立，世俗串习，悟入觉慧所见同性，谓地唯是地非是火等，如地如是，水火风、色声香味触、饮食衣乘、诸庄严具、资产什物、涂香华鬘、歌舞伎乐、种种光明、男女承事、田园邸店宅舍等事，当知亦尔；苦唯是苦非是乐等，乐唯是乐非是苦等，以要言之，此即如此非不如此，是即如是非不如是，决定胜解所行境事。一切世间从其本际展转传来，想自分别共所成立，不由思惟筹量观察然后方

取，是名世间极成真实。（卷三十六）

所以，世间极成真实，实际就是世间一切事物，人们约定俗成地为其安立名称，形成共识，就是世间极成真实。

在三自性中，如果是遍计所执性，那就是不存在，是无；如果是依他起性，那就是存在，是有。那么，世间极成真实属何性？

本论对依他起性举例说："问：依他起自性当云何知？答：当正了知一切所诠有为事摄。云何一切所诠事耶？所谓蕴事、界事、处事、缘起事、处非处事、根事、业事、烦恼事、随烦恼事、生事、恶趣事、善趣事……"（卷七十四）所以，五蕴、十二处、十八界都属依他起性，即世间一切事物都属依他起性，因此，世间极成真实应是依他起性。

但另一方面，《辩中边论》（卷中）说："若事世间共所安立，串习随入觉慧所取，一切世间同执此事，是地非火色非声等，是名世间极成真实。此于根本三真实中，但依遍计所执而立。"所以，世间极成真实依遍计所执性立，那就是说，此真实为遍计所执性。但《瑜伽论》明明是立四种真实，如果是遍计所执性，为何还称其为真实？或者说，二论的说法为何不同？实际上，这是因为二论的遍计所执性含义不同。

在《辩中边论》中，名属遍计所执性，相与分别属依他起性。世间极成真实，实际是安立了名称的世间一切事物，所以，依名而言，世间一切事物都是遍计所执性。[1] 但在《瑜伽论》中，相、名与分别都是依他起性，所以，无论诸事还是诸名，都是依他起性。

另外还可以有一种解释。《瑜伽论》说，色等一切法中，既有名言自性，也有离言自性。这样，两部论说法不同的原因在于，《瑜伽论》是从离言自性角度，说其是真实（即色等一切法中蕴含了离言依他起性）；《辩中边论》则从名言自性角度，说其是遍计。

最后，本论说四种真实，"初二下劣，第三处中，第四最胜"（卷三十六），即最殊胜的是第四种真实，是胜义谛真如。第一、二种真实"下劣"，因为前二真实是世俗谛（第二真实，虽包括圣言量，可认为属真谛，但主要是俗谛）。但反过来说，虽然世俗谛下劣，毕竟也是真实，所以世间极成真实也是一种真实。

世间极成真实，实际上就是依他起性，而且包含了依他起性中的假法。在唯识论中，依真妄而论，依他起性是妄，不能说是真实；但就有无论真实，依他起性是有，所以也可说是一种真实。

---

[1] 但另一方面，《辩中边论》也说，五蕴、十二处、十八界都有三义，如色蕴的三义："一、所执义色，谓色之遍计所执性。 二、分别义色，谓色之依他起性，此中分别以为色故。三、法性义色，谓色之圆成实性。"即色蕴或色法有三种，即遍计色、依他色、圆成色。总的来说，"世俗谛有三种：一、假世俗，二、行世俗，三、显了世俗"（卷中）。此三世俗依三自性而立，所以，世俗也并非都是遍计所执性，也有依他起性。

## （二）《楞伽经》

本经没有专门章节谈真实观，其真实观散见全经论述中。本经的真实观，主要表现在以下两方面。

首先是胜义谛真实。本经说："真实之法离文字"（卷五），"真实离诸相"（卷六）。这是在胜义谛上说真实，即存在着离文字、离诸相的真实之法。

其次是世俗谛真实。本经说："三性、八识及二无我，悉入五法。"（卷五）由此可见，五法是最根本的范畴。经中说："五法为真实，三自性亦尔。"（卷三）即五法与三自性都是真实。五法是相、名、分别、真如、正智，因此，五法包含了世俗谛与胜义谛。同样，三自性也包含了世俗谛与胜义谛。这就是说，本经认为，世俗谛与胜义谛都是真实。再看五法与三自性的关系，本经认为，相与名属遍计所执性，分别属依他起性，正智和真如属圆成实性。因而，具体地说，在世俗谛中，只有分别是真实，相与名不是真实。

再看八识，五法中的分别，就是心与心所，所以八识在五法中就是分别。经中又说："世尊，唯愿为我说心、意、意识、五法、自性相众妙法门，此是一切诸佛菩萨入自心境离所行相，称真实义诸佛教心。"（卷二）即八识与五法、三自性一样，都属真实，而八识是世俗谛，因此，世俗谛也是真实。

综上所说，本经的真实观，不但认为胜义谛真实，世俗谛也是真实。但具体地说，世俗谛只是指分别，即八识是真实，不包括相与名，因此，与《瑜伽论》的真实观有所差异。

## （三）《大乘庄严经论》

本论真实观也有其特殊性。本论说："分别、依他二性摄者即是世谛。"（卷十二）进而，"非有者，分别、依他二相无故；非无者，真实相有故"（卷二）。这似乎是说，遍计（分别）、依他是世俗谛，遍计、依他无，所以世俗谛是无。但实际并非如此简单。

本论又说："幻者、幻事无有实体，此譬依他、分别二相亦无实体，由此道理即得通达第一义谛……幻者、幻事体亦可得，此譬虚妄分别亦尔，由此道理即得通达世谛之实。"（卷四）所以，依他、分别二相无，只是说无实体，犹如幻者、幻事，但这是在胜义谛意义上说的；在世俗谛意义上，"幻者、幻事体亦可得"，即幻者、幻事虽无实体，但有幻体，或者说，在世俗谛中，一切法虽无实体，但仍有幻像可得。因此，本论也并非说世俗谛法完全不存在，而是说世俗谛法没有实体。

对此幻体，本论有这样的说法："此二偈以十四种起成立内法诸行是刹那义。一者初起，谓最初自体生。二者续起，谓除初刹那余刹那生……若最初起时因体无差别者，则后时诸行相续而起亦无差别，因体无差别故。由因有差别故，后余诸行刹那得成。"（卷十一）即心、心所（"内法"）最初就有自体生起，其后每一刹那都有自体生起。而心、心所每一刹那的自体即是如上所说的"幻体"。"外法四大及六种造色是刹那"（卷十一），所以，同理可知，四大和所造色每一刹那也都有自体（"幻体"）生起。

对此处的幻体，可作如是理解：能变心法与所变色法，每一刹那都存在，就其存在性，可说其有体；但心法与色法刹那生灭，就其刹那生灭，可说其（体）如幻。

进而，"分别、依他二相无故"（卷二），是否是说，本论的遍计所执性与依他起性全无不同？也并非如此，分别、依他在本论中也并非没有差别。

首先是名称上的差别："一、无体空，谓分别性，彼相无体故。二、似体空，谓依他性，此相如分别性无体故。"（卷七）所以，遍计是"无体"，依他是"似体"。

其次是二者实质上的差别："此中诸菩萨，以无义是无常义，由分别相毕竟常无故；以分别义是无我义，由分别相唯有分别：此二是分别相，由无体故。不真分别义是苦义，由三界心、心法为苦体故，此是依他相。"（卷十一）由此可知，遍计（"分别"）是毕竟无；依他是苦，一切行皆苦，一切行以三界心、心所为体，所以，依他起性还是有。

最后，在修证上，"初真实应知，第二真实应断"（卷四），即遍计"应知"，依他"应断"。而"应断"的当然不是一个无，而是有东西可断，由此可见，遍计是无，依他是有，而这又与一般唯识论的说法并无二致。

# 五、唯识缘起观

唯识论的缘起观，一般都说是阿赖耶识缘起观。阿赖耶识缘起，如果按本义来说，就是一切法都由阿赖耶识生起。严格地以此标准来评判，根本唯识论阶段，诸唯识经论的缘起观，并不都属阿赖耶识缘起，而是有三类缘起：依他缘起、依阿赖耶识缘起与依三能变缘起。诸经论中，《解深密经》和《瑜伽论》是依他缘起；《楞伽经》，及其后的《中边分别论》《庄严论》《摄论》都是依阿赖耶识缘起；而《唯识三十颂》及其释论《成论》是依三能变缘起。

《楞伽经》说，"缘起是依他"（卷七），所以缘起观与依他起性密切相关。诸经论的依他起性定义，可以作为其缘起观的一个重要判别依据。

## （一）依他缘起

### 1.《解深密经》

本经没有正面论述缘起。本经《心意识相品》说，阿赖耶识（一切种子心识）中有"相、名、分别"等一切法的种子，又说阿赖耶识执受根身与种子，还说阿赖耶识生起六识，但本经没有直接的阿赖耶识生起一切法的论述。

而本经的依他起性定义是："云何诸法依他起相？谓一切法缘生自性，则此有故彼有，此生故彼生，谓无明缘行，乃至招集纯大苦蕴。"（卷二）此定义是宽泛的，此定义只说由他缘而起的就是依他起性，如十二缘起的前后支，后支依前支而起，就是依他起性。进而本经举例，由眩翳过患起眩翳众相，眩翳过患比作遍计所执性，眩翳众相比作依他起性，即依遍计所执性而起的，也是依他起性。故一切依"他缘"而起的，都是依他起性。

因此，虽然本经关于阿赖耶识的论述，为阿赖耶识缘起观奠定了基础，但本经的缘起观主要表现为依他缘起。

### 2.《瑜伽论》

本论的《摄决择分》详论阿赖耶识，包括依阿赖耶识建立流转相与还灭相。但就生起一切法来看，本论说的与《解深密经》基本相同，包括阿赖耶识之所缘，内是种子与根身，外是器世间。

再看本论的依他起性，其定义也与《解深密经》相同："依他起自性者，谓众缘生他力所起诸法自性，非自然有，故说无性。"（卷六十四）由此定义，本论说五蕴、十二处、十八界都是依他起性："问：依他起自性当云何知？答：当正了知一切所诠有为事摄。云何一切所诠事耶？所谓蕴事、界事、处事……色类事……"（卷七十四）而依他即是缘起："复依他义，是缘起义。"（卷九）

关于缘起的类别，本论说了八门："缘起门云何？谓依八门缘起流转。一、内识生门。二、外稼成熟门。三、有情世间死生门。四、器世间成坏门。五、食任持门。六、自所作业增上势力受用随业所得爱非爱果门。七、威势门。八、清净门。"（卷九）此八门缘起，间接地当然也都可归结到阿赖耶识上，但严格地说，仍不是阿赖耶识缘起观。

由此可见，本论为阿赖耶识缘起观奠定了更为厚实的基础，但由本论的依他起性定义与八门缘起可知，本论的缘起观主要也是依他缘起。

关于依他缘起与后来的依阿赖耶识缘起的差别，如上所说，本论区分了实法与假法。如五位法中，识法、心所法、色法是实法，有种子，可说是阿赖耶识缘起，也是依他缘起；而假法，如心不相应行法，是依识法、心所法、色法三位假立，没有种子，不能说是依阿赖耶识缘起，但是依他缘起。

## （二）依阿赖耶识缘起

《楞伽经》《中边分别论》《庄严论》《摄论》都说阿赖耶识生起能取所取一切法，故其缘起观，都属依阿赖耶识缘起。

### 1.《楞伽经》

《楞伽经》说阿赖耶识现起能取和所取。二取的种类，如前所说，所取是根身（包括净色根与浮尘根），及器世间；能取是"意""取""分别"，即前七转识。"一切皆是藏识影像，所取能取二种相现。"（卷二）故二取都是阿赖耶识的影像，都由阿赖耶识现起。

本经的缘起观，除阿赖耶识缘起观外，似乎还有随顺先前教法的依他缘起观。如"蕴、界、处，离我我所，唯共积聚爱业绳缚，互为缘起，无能作者"（卷二），即五蕴、十二处、十八界，由众生贪爱的共同业力，互相作缘而生起。又如"身形及诸根，皆以八物成"（卷六），即根身由四大种与色、香、味、触而成。

但本经的根本观点是自心现起一切法——蕴、处、界及根身等，根本上说属二取，"一切皆是藏识境界"（卷一）。所以，本经的缘起观最终可说是阿赖耶识缘起。

2.《中边分别论》与《庄严论》

此二论对缘起观的论述，比较简单，所以合在一起说。

真谛译的《中边分别论》说："尘根我及识，本识生似彼。"（卷上）即阿赖耶识（"本识"）生起"尘"（五境）、"根"（五根）、"我"（第七识）和"识"（前六识），故色法与前七识都由阿赖耶识生起（"生似彼"）。（玄奘译的《辩中边论》属三能变缘起，详见下文。）

《庄严论》说："能取及所取，此二唯心光。"（卷五）其中，"心谓阿梨耶识"（卷十二）。"光"，吕澂注：《唯识论》七译此句云，'许心似二现'，故'光'即'似现'之异译。"所以，二取都由阿赖耶识现起。二取的类别："所取相有三光，谓句光、义光、身光。能取相有三光，谓意光、受光、分别光，意谓一切时染污识，受谓五识身，分别谓意识。"（卷五）因此，所取相三光——句光、义光、身光，分别对应器世间、五尘、根身；能取相三光——意光、受光、分别光，分别对应第七识、前五识和第六识。所以，诸转识和一切色法都由阿赖耶识现起。

所以，此二论的缘起观，也属阿赖耶识缘起观。

### 3.《摄大乘论》

本论对阿赖耶识缘起，有较充分的论述。首先，本论的一切法，就是由阿赖耶识生起的十一识，此十一识在阿赖耶识中都有自己的种子。如《摄论》说："此中何者依他起相？谓阿赖耶识为种子，虚妄分别所摄诸识。"（卷中）此处"诸识"共十一识，"此中身，身者，受者识，应知即是眼等六内界。彼所受识，应知即是色等六外界。彼能受识，应知即是眼等六识界。其余诸识，应知是此诸识差别。"（卷中）所以，十一识主要是六根、六境、诸转识，及在前三者基础上形成的诸法。

"如此诸识，皆是虚妄分别所摄，唯识为性。"（卷中）所以，根、境、转识等十一识一切法，都属虚妄分别；因为都由阿赖耶识中的种子生起，所以都以（阿赖耶）识为性。

其次，本论对依他起性的定义是："从自熏习种子所生，依他缘起故名依他起；生刹那后无有功能自然住故，名依他起。"（卷中）所以，依他起性有两个条件，一是依自种，二是由他力缘起。

由此来看本论的缘起观。本论说缘起，先说有两种缘起："一者分别自性缘起，二者分别爱非爱缘起。此中依止阿赖耶识诸法生起，是名分别自性缘起，以能分别种种自性为缘性故。复有十二支缘起，是名分别爱非爱缘起，以于善趣恶趣能分别爱非爱种种自体为缘性故。"（卷上）所以，第一种缘起——分别自性缘起，就是一切法依止阿赖耶识而生起，实际上就是说，一切法由阿赖耶识中的自种（依他缘）而生起。此缘起完全符合本论上述依他起性定义。第二种缘起——分别爱非爱缘起，这是传统的十二支缘起，似乎与本论的依他起性定义不相干，但实际上，在本论的体系中，一切法就是十一识，十一识在阿赖耶识中都有自种，所以，传统的十二支，在本论中仍可归结为十一识，十二支都有自种，十二支的前支对后支都起增上缘作用，所以，十二支缘起，仍是由自种依他缘而生起。

本论后又补充了第三种缘起，即受用缘起。世亲《摄论释》："六转识名受用缘起。"（卷二）所以，受用缘起就是六识的受用。受用缘起也完全符合上述依他起性定义，即六识有自种，能依六根，受用六境。

《摄论》三种缘起的相互关系：分别自性缘起指明了一切法（心法与色法、有情与非情）生起的原因；分别爱非爱缘起（或业感缘起）指明了有情轮回六道的原因，即有情因造善造恶的伦理活动而轮回；受用缘起指明了有情伦理活动的因缘，即有情因六识的认知活动进而产生伦理活动。因此，三种缘起中，第一种缘起是根本，而第一种缘起实际就是阿赖耶识缘起。

由此来看，本论的阿赖耶识缘起观与传统的依他缘起观相比，本论增加了依自种的条件，而一切法的自种在阿赖耶识中，所以，归根结底，一切法是依阿赖耶识缘起。

综上所说，阿赖耶识缘起，由《解深密经》和《瑜伽论》奠定基础，以《楞伽经》为开端，而至《摄论》为完备。

## （三）依三能变缘起

但上述依阿赖耶识缘起，还是如前所说，有若干问题需解决，即假法没有种子、第八识不缘前七识，由此可说第八识不缘起一切法，即第八识不缘起假法，第八识现行不缘起前七识。进而发展出的三能变缘起，解决了此二问题。

三能变出自《唯识三十颂》："由假说我法，有种种相转。彼依识所变，此能变唯三。"此颂意谓，有情与非情有种种表现形态，这些表现形态都由识变现，能变现的识有三类，即第八识、第七识和前六识。

依三能变的缘起观，首先，在实法假法的缘起上，此缘起观认为，第八识缘起（即变现）根身和器世间等实法；前五识依第八识变现的器世间，各自缘起（变现）各自的所缘境（色声香味触），也是实法；第六识可缘起（变现）实法，也可缘起（变现）假法，如依色而成的长短方圆等形状。这样解决了假法生起的问题。

其次，在现行阿赖耶识不缘起（变现）前七识的问题上，此缘起观认为，前七识作为第二和第三能变，独立于第八识（第一能变），不由现行第八识缘起（变现）。三能变各自缘起

（变现）各自的所缘境，各各不同，所以是三能变。

再从《成论》的三自性定义来说，虽然其遍计所执自性的定义与《摄论》相同，能遍计（第六识和第七识）在所遍计（依他起性）上遍计的结果，就是遍计所执自性；但其依他起自性的定义是："依他起自性，分别缘所生。"此定义从形式上看，与《解深密经》的定义有相似之处，都是"缘生"，但不同的是，此定义说到了"分别"。《解深密经》依他起性定义中"缘生"，是泛指一切缘；《成论》定义中，"分别缘所生"，"分别"就是心和心所，结合三能变来说，"分别"就是三能变，所以，《成论》的依他起性，是指三能变所生的一切法。由此进一步表明，第三阶段的缘起观是依三能变缘起。

### （四）三种缘起总结

依他缘起，是佛教缘起论的最基本形态，在唯识论之前的缘起观都属依他缘起。《解深密经》与《瑜伽论》的缘起观主要是依他缘起，但此二经论对阿赖耶识的论述，为阿赖耶识缘起观奠定了基础。

依阿赖耶识缘起，在《楞伽经》《中边论》《庄严论》中，主要表现为阿赖耶识现起能取和所取，二取就是一切法；在《摄论》中表现为阿赖耶识生起十一识，十一识在阿赖耶识中都有自种。此阿赖耶识缘起说，是唯识论强化了自己的特色，唯识论以建立阿赖耶识为特色，阿赖耶识是根本识，故由此识生起一切法，似乎也是应有之义。

依三能变缘起，是依三类因（三能变）来说明缘起，而非如阿赖耶识缘起那样，只是依单一因（阿赖耶识）来说明缘起。此类缘起的实质，主要不是从种子生起一切法（因能变）来说缘起，而是从现行八识变现一切法（果能变）来说缘起，圆满解决了阿赖耶识缘起还需进一步说清的问题。

此三种缘起，虽然笼统地说，都可称为阿赖耶识缘起，因为《解深密经》和《瑜伽论》也都说到了阿赖耶识的作用，而三能变中的第二（第七识）、第三（前六识）能变也都由阿赖耶识中的种子生起，但如前分析，三者还是有若干重要的义理差异。

# 六、唯识修行观

唯识宗的修行，是佛教大乘修行，所以既有与佛教和一般大乘修行的理论和方法相同处，也有其独特处。

## （一）唯识修行概说

### 1. 修行成就的保障

唯识宗依自宗特有的五种姓论，认为修行成就的保障是种姓，即要有大乘种姓和不定种姓，大乘修行才能成就；若缺此二种姓，不能证得佛果。

如《解深密经》说："若一向趣寂声闻种姓补特伽罗，虽蒙诸佛施设种种勇猛加行方便化导，终不能令当坐道场证得阿耨多罗三藐三菩提。何以故？由彼本来唯有下劣种姓故。"（卷二）所以定性声闻不能修成佛果。

又如《瑜伽论》说："安住种姓补特伽罗，种姓具足能为上首，证有余依及无余依二涅槃界……声闻种姓以声闻乘能般涅槃，独觉种姓以独觉乘能般涅槃，大乘种姓以无上乘能般内涅槃。"（卷三十八）所以，定性二乘只能修成二乘果，大乘种姓才能修成佛果。

《解深密经》又说："若回向菩提声闻种姓补特伽罗，我亦异门说为菩萨。"（卷二）所以，三乘不定种姓中的回向二乘，也能修成佛果。

### 2. 修行主体

止观修行要有一个主体，但此主体是什么？窥基在《义林章》中说："于大乘中，古德或说七识修道、八识修道，皆非正义，不可依据。若能观识，因唯第六。《瑜伽》第一云，能离欲是第六意识不共业故，通真俗三智。余不能起行总缘观理趣入真故。"（卷一）所以，说第七识或第八识修道的，都不是正确观点。在凡夫位（因位），修行的主体是第六识。

进一步说，第六识有善、恶、无记三性，修行主体无疑应是善性第六识，即与善心所相应的第六识。此外，第六识有相应心所，在止观修行中，与第六识相应的心所，除各种善心所，至少有五遍行心所、慧心所和寻、伺心所，所以，修行主体是善性的第六识心品（即包括各种心所的善性第六识）。

在各种心所中，最重要的是慧心所。窥基《义林章》说："能观唯识，以别境慧而为自体……若别显者，略有二位：一、因，二、果。因通三慧，唯有漏故，以闻思修所成之慧而为观体。此唯明利简择之性，非生得善。"（卷一）

所以，进一步说，能观的主体是与第六识相应的慧心所。因为就八识心王来说，第八识没有慧心所，前五识没有或只有作用极微弱的慧心所，第七识只缘第八识见分，所以，与此慧心所相应的只能是第六识。因此，第六识及其相应慧心所，是观的主体；而简略说时，可略而不说第六识，只说慧心所。

上述《义林章》引文又说，修行主体分因位和果位。因位，首先是凡夫位，此慧"通三慧"，即闻慧、思慧、修慧。此三慧是由听闻佛法、深入思考和记忆、依之修证而成。因位的三慧都是有漏，此有漏三慧是凡夫修出世间解脱的主体。

凡夫位后是十地菩萨位和佛位（果位）。佛位已无修行，十地修行的慧心所是无漏性的，包括根本无分别智和后得智，那么，此二智是什么关系？五地后根本智与后得智能同时生起，那是否意味着同时有两个无漏慧心所生起？

《成论》说："缘真如故是无分别，缘余境故后得智摄。其体是一，随用分二。"（卷十）由此可见，根本智与后得智的"体是一"，只是就作用来说，分为二智。所以，实际上就是一个无漏慧心所，在缘真如时，此无漏慧称为根本智；在缘一切有为法时，此无漏慧称为后得智。最难的是，此无漏慧同时缘无为真如和诸有为法，这称为根本智与后得智同时生起，"其体是一"，即仍是那个无漏慧，所以，《成论》称二智最初同时现行的五地为"极难胜地"，"真俗两智，行相互违，合令相应，极难胜故"（卷九）。

而有的经论说修行主体是寻、伺心所，如修行可分为有寻有伺、无寻唯伺、无寻无伺，实际上，寻、伺心所是依思、慧心所假立，《成唯识论义蕴》说：寻、伺"并用思、慧一分为体"（卷七）。所以，寻、伺的体就是慧心所，这样，说修行主体是寻、伺心所，又是一种简略的说法，或依一定需要的说法。

修行要始终保持那个对主体意识的自觉性。有那个主体意识，就在修道；没有那个主体意识，就在放逸，乃至在作恶。进而，有那个主体意识，就能静中、动中时时检点自己的身口意三业；没有那个主体意识，就会忽冷忽热，保持不了精进状态。

而保持主体意识，实际就是作意。此作意不是五遍行心所中的作意心所，而是指一种心理努力的状态，相当于现代说的意志力，或者说意愿。佛教中谈作意的很多，如大乘修行要保持大乘作意，即要保持自利利他的意愿，不能只有自利的意愿；要保持追求菩提果的意愿，不能追求速证无余依涅槃的意愿，如《解深密经》所说的"不舍阿耨多罗三藐三菩提愿"（卷三）。

修行中要保持主体意识，在禅宗来说，就是要提起主人公，只是那个主人公，禅宗认为是真心（自性、佛性）在起作用[1]；而唯识认为，凡夫位的修行主体，只能是有漏的第六识及慧心所等，无漏心在凡夫位是不会起作用的。

### 3. 修行的一般途径

佛教修行的一般途径是闻思修。如《胜天王般若波罗蜜经》说："闻思修慧，通达般若波罗蜜。"（卷二）其中，"般若波罗蜜"，也就是唯识论所说的根本无分别智。

所谓闻思修，闻就是听闻佛法，包括佛教教理和修行方法；思就是对所听闻的佛法，如理思维，正确把握，牢记不忘；修就是依闻思的佛法修行，修行的基本方法是止观。

此过程，如《解深密经》所说："如我为诸菩萨所说法假安立，所谓契经……菩萨于此善听，善受，言善通利，意善寻思，见善通达。即于如所善思惟法，独处空闲，作意思惟。复即于此能思惟心，内心相续，作意思惟，如是正行，多安住故，起身轻安，及心轻安，是名奢摩他。"（卷三）

### 4. 唯识修行的基础方法

无著的《六门教授习定论》说了三种修行所缘境："一、外缘，二、上缘，三、内缘。外缘谓白骨等观所现影像，是初学境界。上缘谓未至定缘静等相。内缘谓从其意言所现之

---

[1] 如《天如惟则禅师语录》卷三："只是你日用常行见成受用底，强而名之唤作自性天真佛，又唤作自己主人公。"《聚云吹万真禅师语录》卷上："参得自性，念佛底主人公。"

相为所缘境。"

此三种所缘境就是三种修习方法，或者说，是唯识宗修行的三阶段。第一种是"白骨等观"，也就是五停心观（不净观、慈悲观、缘起观、界差别观、数息观），这是第一阶段的修行。第二种是"未至定缘静等相"，也就是从未至定开始的四禅四无色定，这是第二阶段的修行。第三种是观一切法都是意言境，这是第三阶段的修行。

三种方法中，五停心观是小乘的基本修行方法；四禅四无色定不但是小乘的也是外道的基本方法，外道修至四禅或四无色定就认为已证得解脱，已证涅槃；第三种是唯识特有的观法，即唯识观。

就唯识修行三阶段来说，第一阶段修五停心观，是为证得四禅等；第二阶段修四禅等圆满，是要以此为基础，修第三阶段的唯识观；第三阶段修唯识观，是为了见道。见道后还有修道位的修行，直至成佛。

因此，上述第一、第二种方法是唯识修行的基础方法，而此两种方法，小乘经典中有详尽论述，如修四禅四无色定的方法是"六行观"，即观下地苦、粗、障，观上地净、妙、离。

总有人说唯识宗只谈教理，不谈修行，实际上，这些基础方法，小乘已讲得详尽而清楚，本不必多说，只要照之修行即可，就如大学阶段学习微积分，不会再去讲解小学的加减乘除四则运算，也不会再去讲解中学的代数、几何。而唯识观涉及唯识教理，不清楚唯识教理就无法修行，所以唯识论详尽讨论的是唯识教理。

唯识观也就是唯识宗见道方法，以下重点讨论。

## （二）唯识见道方法

唯识见道方法，通常说得最多的是四寻思四如实智。论述此法的相关唯识典籍有：《瑜伽论》、《显扬论》、《摄论》、《集论》（包括《杂集论》）、《成论》。其中，《显扬论》的说法，同《瑜伽论》；《集论》的说法，同《摄论》。

《瑜伽论》的见道方法（四寻思四如实智），实际上可追溯到《解深密经》的见道方法，虽然《解深密经》的方法名称不是四寻思四如实智，但本质上有相通之处。

《成论》虽不属根本唯识论，但此论是《三十颂》的展开，且此论的四寻思如实智有总结的性质，故一并考察。

此外，窥基法师的五重唯识观，也是人们常说的唯识修行见道方法，本文也将此见道方法一并加以比较。

现先将上述主要经论的见道方法列表如下。

表　唯识经论见道方法比较

| | 名　称 | 内　涵 | 依名言、离言两分法见道 | 依三自性见道 |
|---|---|---|---|---|
| 解深密经 | 缘总法止观（由真如作意） | 若于其名及名自性，乃至于界及界自性无所得，亦不观彼所依之相。 | 遣（名言）诸法及诸法名言自性。不观离言法性。（证离言法性） | |

（续表）

| | 名　称 | 内　涵 | 依名言、离言两分法见道 | 依三自性见道 |
|---|---|---|---|---|
| 解深密经 | 总空性相 | 远离遍计，于此（名言依他、圆成）都无所得。 | | 断遍计[1]，遣（名言）依他、圆成。（证离言法性） |
| 瑜伽师地论 | 四寻思四如实智 | 名：增益执。事：性离言说。自性：似显现。差别：可言说性非有性，离言说性非无性。 | 破增益执与损减执。（证离言自性） | |
| 摄大乘论 | 四寻思四如实智 | 名义自性差别皆不可得。悟入唯有识性。 | | 断遍计。证世俗唯识性（一切法即是识）。（证胜义唯识性） |
| 成唯识论 | 四寻思四如实智 | 寻思名义自性差别假有实无。遍知此四离识及识非有。 | | 遣所取能取。证世俗唯识性（一切法不离识）。（证胜义唯识性） |
| 大乘法苑义林章 | 五重唯识 | 1. 遣虚存实：遣遍计（虚），存依他、圆成（实）。证离言法性。 2. 舍滥留纯：舍外境留内境。 3. 摄末归本：观相分、见分由自证分起。 4. 隐劣显胜：观心所依心王起。 5. 遣相证性：遣依他证圆成。 | | 1. 观空有。（空有）一切法不离识。 2. 观境心。境通内外，唯识依心不依境。 3. 观用体。相见是用，自证是体。唯识依体不依用。 4. 观所王。唯识依王不依所。 5. 观事理。唯识依理不依事。 |

---

[1] 断遍计：窥基《成唯识论述记》第十卷："实我实法自性本无，但对妄情妄似于有，今妄情断，无境对心，假说此境亦名为断。"

由上表可知，见道方法有两大类：一是依名言、离言两分法来论述见道，如《解深密经》的缘总法止观、《瑜伽论》的四寻思四如实智；二是依三自性来论述见道，如《摄论》和《成论》的四寻思四如实智。此外，《解深密经》的总空性相，形式上是依三自性，实质上还是依名言、离言两分法。

依名言、离言两分法类见道方法，主要是将一切法分为名言境（名言诸法及诸法名言自性）与离言法性（或离言自性，下同，据《瑜伽论》，包括真如与唯事）。见道就是遣（断）名言境，证离言法性。

依三自性类见道方法，一般的表述是：断遍计所执性，证圆成实性。但此过程中，实际还涉及断我执、法执二执，断烦恼障、所知障二障，遣所取、能取二取等。

诸经论见道方法，与各经论的唯识教理背景有关。此外，这些方法，除不同处外，相互间也有相似处，即都可用断染证净来表述。依名言、离言两分法见道就是：断名言境染法，证离言法性净法。依三自性见道就是：断遍计所执性染法，证圆成实性净法；或者，更广义地说，断一切有漏染法，证一切无漏净法。

### 1. 依名言、离言两分法类见道方法

如上所说，属此类见道方法的，有《解深密经》缘总法止观、《瑜伽论》四寻思四如实智等。

（1）《解深密经》的缘总法止观

缘总法止观通加行位、见道位、修道位。加行位的缘总法

止观，是由真如作意，本经对其定义是："由真如作意，除遣法相及与义相。若于其名及名自性无所得时，亦不观彼所依之相，如是除遣。如于其名，于句于文，于一切义，当知亦尔；乃至于界及界自性无所得时，亦不观彼所依之相，如是除遣。"（卷三）

此法中，从"名"至"界"，指安立了名言的一切法，可称名言诸法；从"名自性"至"界自性"，指诸法名言自性。"除遣法相及与义相"，就是除遣名言诸法及诸法名言自性，至"无所得"。进而，名言诸法及其名言自性，所依是离言法性，因为诸法依离言法性安立名称。据《瑜伽论》，离言法性（离言自性）包括真如与唯事，由此推断，依真如可安立无为法，依唯事可安立有为法。而"不观彼所依之相"，就是不观离言法性。

执实有名言诸法及诸法名言自性，是增益执，因为离言自性本无名，也无名言自性；遣除名言诸法及其名言自性，即破增益执。不观离言自性，即破损减执，因为离言自性是有，无需破也无法破，只是在加行位中暂时不观。此不观正是见道后所证，即见道后所证是离言法性，如果细致地说，是在见道位证真如（圆成实性），在修道位证唯事（离言依他起性）。但由于缘总法止观不是依三自性说，而是依名言、离言两分法说，所以不再区分见道位与修道位，而是总说见道后证离言法性。

（2）《瑜伽论》的四寻思四如实智

《瑜伽论》的见道方法是四寻思四如实智。《瑜伽论》对四寻思说得较为简单，四如实智则能体现其内涵的根本特征。

首先，关于名寻思所引如实智，《瑜伽论》说："谓诸菩萨，于名寻思唯有名已，即于此名如实了知，谓如是名，为如是义，于事假立，为令世间起想起见起言说故。若于一切色等想事，不假建立色等名者，无有能于色等想事起色等想；若无有想，则无有能起增益执；若无有执，则无言说。若能如是如实了知，是名名寻思所引如实智。"（卷三十六）

因此，名寻思所引如实智的要点是：名是为表示义，而在事上假立。所以名对事是增益，执着名实有是增益执，如实智是破增益执。

若对此作更深层次分析，本论《摄决择分·真实义品》抉择五法、三自性。若据"相、名、分别"五法体系分析，名是在相上安立，所以是对相的增益。进而，名是增益，由名而来的名言自性，更是增益。若据三自性分析，《瑜伽论》中，名是依他起性，名言自性是遍计所执性。但在名言、离言两分法中，无论是依他起性名，还是遍计所执性名言自性，都是增益；执着名和名自性实有，就是增益执（依他起性也是幻有，不是实有），是名寻思所引如实智之所破。

其次，关于事寻思所引如实智，《瑜伽论》说："谓诸菩萨，于事寻思唯有事已，观见一切色等想事，性离言说，不可言说。若能如是如实了知，是名事寻思所引如实智。"（卷三十六）

这显然是在强调离言自性是有，即一切色等想事（人们认识的一切法），有其离言自性，若否定诸法离言自性存在，就是损减执，是事寻思所引如实智之所破。

关于自性假立寻思所引如实智，《瑜伽论》说："谓诸菩萨，于自性假立寻思唯有自性假立已，如实通达了知色等想事中所有自性假立，非彼事自性，而似彼事自性显现；又能了知彼事自性，犹如变化、影像、响应、光影、水月、焰、水、梦、幻，相似显现，而非彼体。若能如是如实了知最甚深义所行境界，是名自性假立寻思所引如实智。"（卷三十六）

由此可知，自性假立，实际"非彼事自性，而似彼事自性显现"，因此也是增益执，是自性假立寻思所引如实智之所破。

最后，关于差别假立寻思所引如实智，《瑜伽论》说："谓诸菩萨，于差别假立寻思唯有差别假立已，如实通达了知色等想事中差别假立不二之义。谓彼诸事，非有性，非无性。可言说性不成实故，非有性；离言说性实成立故，非无性。如是由胜义谛故，非有色，于中无有诸色法故；由世俗谛故，非无色，于中说有诸色法故。如有性无性、有色无色，如是有见无见等差别假立门，由如是道理，一切皆应了知。若能如是如实了知差别假立不二之义，是名差别假立寻思所引如实智。"（卷三十六）

由此可知，差别假立寻思所引如实智是说：就有性、无性而言，诸事没有名言自性（即"可言说性"），但有离言自性（即"离言说性"），因此，差别假立的有性、无性不二。同样，就有色、无色来说，胜义谛中无色，世俗谛中有色，因此，差别假立的有色、无色也是不二。显然，这是双破增益执和损减执。

综上所述，《瑜伽论》的四寻思四如实智的特点是：从名言境与离言法性两分法的角度，双破增益执与损减执。即名言境（名和名言自性）是无，是要破的，否则就是增益执；而真实存在的离言自性是有，不能否定，否则就是损减执。

（3）《深密》缘总法止观与《瑜伽》四寻思四如实智比较

A. 两者都将一切法分为名言境与离言法性（离言自性）。名言境包括名言诸法（包括名）及诸法名言自性，离言法性包括真如与唯事。见道修行，需除遣名言境，不观离言法性；而见道后所证即是离言法性。

《瑜伽论》的四寻思四如实智，是在《本地分·真实义品》中所说，名言境、离言法性虽可与三自性相对照，但《本地分·真实义品》完全没说到三自性，要到《摄决择分·真实义品》才说了五法与三自性，所以，《瑜伽论》的四寻思四如实智，是以名言境与离言自性来论述见道，与其后（如《摄论》《成论》）的四寻思四如实智不同，而与《解深密经》的缘总法止观相似。

B. 两者都是双破增益执与损减执。缘总法止观的见道修行，包括所遣与不观，即遣名言境、不观离言法性。遣名言境是破增益执，不观离言法性是破损减执（即离言法是有，并非无）。四寻思四如实智，就是对名、事、自性、差别寻思并如实了知，其中，名和自性寻思如实智是破增益执，事寻思如实智是破损减执，差别寻思如实智则是双破增益执和损减执。

C. 就断染证净来说，名言境是染法，离言法性是净法，此二见道方法断名言境、证离言法性，就是断染证净。

D. 此二法由于不是以三自性来论述见道方法，所以不谈破遍计所执性，而是破增益执与损减执，虽然本质上所破的增益执相当于三自性的遍计所执性。

### 2. 依三自性论述见道方法

此类见道方法，包括《解深密经》的总空性相、《摄论》及《成论》的四寻思四如实智等。

（1）《解深密经》的总空性相

本经对总空性相的定义是："若于依他起相及圆成实相中，一切品类杂染清净遍计所执相毕竟远离性，及于此中都无所得，如是名为于大乘中总空性相。"（卷三）

此定义中，遍计所执性是在依他起相和圆成实相上生起，说的都是三自性的名相，但仔细分析，本经的遍计所执性是名言自性。由此可知，能生起遍计的依他、圆成，是名言依他与名言圆成（有漏识不缘离言圆成和离言依他），如本经另一处说："由遍计所执自性相故，彼诸有情于依他起自性及圆成实自性中，随起言说。"（卷二）"遍计所执相毕竟远离性"，是断遍计，即断名言自性；"于此中都无所得"，是遣名言依他与名言圆成（详见《解深密经直解》的相关"评析"）。此定义没有说所证，但由前说可推知，总空性相的所证仍是离言法性（包括离言圆成与离言依他）。

由此可知，总空性相虽是依三自性论述见道方法，包括所破是遍计所执，但实际上，此法与依名言、离言两分法的缘总法止观有着更多相似性，即所遣实际上也都是名言境，所证都是离言法性。这与其他唯识经论所说的三自性见道有所差异，其原因有多方面，这里先就总空性相的定义说一个原因。

上述定义中，遍计是在依他和圆成上生起，那样的话，圆成只能是名言圆成。此名言圆成是依所证的胜义离言圆成而起，对此名言圆成执着，就生起遍计所执性。同样，依他也只是名言依他，而不是离言依他。因此，总空性相虽依三自性说见道方法，但最终还是与缘总法止观殊途同归。而其他经论的三自性论中，遍计只依依他而起，不说依圆成而起。这样的依他，可以不是名言依他，遍计所执性也可以不是名言自性，这样就不依名言、离言两分法来说见道，而是纯粹依三自性来说见道，详见下文。

（2）《摄论》的四寻思四如实智

《摄论》对四寻思四如实智的定义是："由闻熏习种类如理作意所摄似法似义有见意言；由四寻思，谓由名、义、自性、差别假立寻思；及由四种如实遍智，谓由名、事、自性、差别假立如实遍智，如是皆同不可得故。以诸菩萨如是如实为入唯识勤修加行，即于似文似义意言，推求文名唯是意言，推求依此文名之义亦唯意言，推求名义自性差别唯是假立。若时证得唯有意言，尔时证知若名、若义、自性、差别皆是假立，自性

差别义相无故，同不可得。由四寻思及由四种如实遍智，于此似文似义意言，便能悟入唯有识性。"（卷中）

由此可见，《摄论》四寻思四如实智，最终得出的结论是名、义、自性、差别四法"皆同不可得"，所证是"悟入唯有识性"。

《摄论》与《瑜伽论》的见道方法，名称都是四寻思四如实智，但两者含义有很大不同。

首先，《摄论》将《瑜伽论》的"事寻思"改成了"义寻思"，而"名寻思"与"义寻思"的含义，就是推求名与义"唯是意言"，即名与义只是意识的寻思，只是意识的分别，或者说，只是意识的构建。至于四如实智中的"事如实智"，《摄论》的名称没有变化，但四如实智含义总说为"若名、若义、自性、差别皆是假立"，所以，"事"也就是"义"，最后也"皆同不可得"。这样，《摄论》的四寻思四如实智，所破的是三自性中的遍计所执性，在增益、损减二执中，属增益执，而不说破损减执。

而《瑜伽论》的四寻思四如实智，其事如实智，是要"观见一切色等想事，性离言说，不可言说"。其差别假立如实智，更是要观见"彼诸事，非有性，非无性。可言说性不成实故，非有性；离言说性实成立故，非无性"，所以与《摄论》不同。《瑜伽论》的四寻思四如实智，是要破名言境，证离言自性，是双破增益执与损减执。

两论四寻思四如实智差异的根源在于：四寻思四如实智

都是观名、事（义）、自性、差别，但此四法所指向的一切法，两论不同。

《瑜伽论》所说的见道时的一切法体系，是名言境与离言法性，此两分法，实际又是建立在"相、名、分别、正智、真如"五法体系上。就染法来说，实际是由分别（心与心所）在相上安立名，就有了名言诸法及诸法名言自性。而离言真如（及离言依他起相），由正智所证。这样，四寻思四如实智就是观诸法的名、事、自性、差别，双破增益执与损减执，证离言自性。

《摄论》的一切法体系，是由第八识现起的十一识。四寻思四如实智在十一识上观其名、义、自性、差别，皆不可得。因此，十一识是依他起性，名等四法是遍计所执性，四寻思四如实智所破是遍计所执性，相当于破增益执。

另一方面，就三自性来说，唯识论认为，依他起性和圆成实性是有，如否认此有，也是损减执，但这是见地上的破损减执；在修行上，加行位所修的是破遍计所执性而入见道位，所以不说破损减执。这是依三自性见道与依名言、离言两分法见道差异的根源。

最后，就所证来说，证世俗唯识性，《摄论》说的"悟入唯有识性"，是悟入"一切法即是识"，这与第三阶段《成论》所证的"一切不离识"不同。但证胜义唯识性时，两者所证都是真如，所以是一致的。

（3）《成论》的四寻思四如实智

《成论》对四寻思四如实智的定义是："四寻思者，寻思

名、义、自性、差别，假有实无。如实遍知此四离识及识非有，名如实智。"（卷九）

因此，四寻思四如实智的含义：一是寻思和遍知（所缘的）名、义、自性、差别是假有实无，实质是离识非有，二是遍知识也非有。前者所破是遍计所执性，所证是一切不离识，这是证世俗唯识性。后者是遣依他起性，证胜义唯识性，即证真如。

相比《瑜伽论》和《摄论》，《成论》的四寻思四如实智有其特点。

A.四寻思四如实智具体名称的演变

四寻思四如实智的具体所指，在《瑜伽论》中，是名、事、自性、差别；《摄论》中，是名、义（事）、自性、差别，即四寻思中是义寻思，四如实智中是事如实智；《成论》中，是名、义、自性、差别。此名称变化的根本原因，如上所说，是从依名言、离言两分法见道向依三自性见道的转变，《摄论》已作出了此种转变，但在名称上还一定程度与此前《瑜伽论》的名称衔接；《成论》则彻底转变了名称。

B.四寻思四如实智与遣二取

见道是一无所得，所以一般唯识经典在修证层面上，都说要遣所取和能取。而《成论》的特点是将四寻思四如实智与遣所取能取结合在一起："依明得定，发下寻思，观无所取，立为暖位……依明增定，发上寻思，观无所取，立为顶位……依印顺定，发下如实智，于无所取，决定印持；无能取中，亦顺乐忍……依无间定，发上如实智，印二取空，立世第一法。"
（卷九）大体就是：四寻思遣所取境，四如实智遣能取识，一
无所得而见道。

唯识经典中，《解深密经》没有遣二取的论述。《瑜伽论》
中，《本地分》《摄决择分》都没说遣所取能取，但到八十卷后
说了遣所取能取："又于所取观察故，于能取言说自性毕竟远
离……此中彼如实通达者，谓观察所取能取二种，如理作意思
惟为因，各别内证决定智生。"（卷八十）因此，《瑜伽论》中，
遣二取不是重要内容。究其原因，上述两部经论，其见道方法
是依名言、离言两分法。

《摄论》说了二取。《摄论》中，由阿赖耶识现起的十一
识，包括相识（被认识对象）与见识（认识主体，即诸转识），
相当于所取和能取。十一识都是依他起性，所以相识与见识，
或所取和能取，都是依他起性。

《摄论》还说了遣所取与能取的次第。《摄论》引《分别
瑜伽论》的颂："如是住内心，知所取非有，次能取亦无，后
触无所得。"（卷中）即先遣所取境，再遣能取识，后证无所得
（见道位）。即实际修观时，所取境是由能观识来观，所以先遣
所取境；进而，能取识也需遣，这样才能一无所得而证真如圆
成实性。

《成论》是承继《摄论》的遣二取观，只是《成论》将
遣二取结合到了四寻思四如实智中，成了四寻思四如实智的
内在步骤，而《摄论》说遣二取，是在四寻思四如实智之外

说的。

C. 断遍计所执与断二障

二执（我执与法执）与二障（烦恼障与所知障）在《成论》中有详尽展开。

遍计所执，包括能执与所执。能执是我执和法执，此二执是遍计所执，从三性说来，遍计所执是依他起性，因为是烦恼心所的现行活动。所执是实我实法，在三性中，实我实法属遍计所执性。（此外，若是能遍计与所遍计，依《摄论》，都是依他起性；只有能所遍计的结果，才是遍计所执性。）

如上所说，三自性见道，首要是断遍计所执性。那么，断烦恼障和所知障二障，与断遍计所执性是什么关系？

《成论》对二障有定义："烦恼障者，谓执遍计所执实我萨迦耶见而为上首百二十八根本烦恼，及彼等流诸随烦恼……所知障者，谓执遍计所执实法萨迦耶见而为上首见、疑、无明、爱、恚、慢等……七转识内，随其所应，或少或多，如烦恼说。"（卷九）

所以，烦恼障就是以人我见（我执）为首的根本烦恼和随烦恼；所知障是以法我见（法执）为首的烦恼，数量与烦恼障相同。由此可知，我执、法执二执是烦恼障、所知障二障的根本。

《成唯识论别抄》说："断惑自有二种：一者除本，末自然亡。如论所明，断二执时，余障随灭。二从浅向深，先粗后细。如异生断及那含不，先断迷事，后断二执。各据一义，亦不相违……又解：修惑本末不定。若见断者，先本断，末随。"
（卷一）

所以，断二执是断本，断二障是断末。断二执（我执法执），同时也断遍计所执性（实我实法）。见道是先断本（二执），再断末（二障）。修道位则不定，两种情况都有。

因此，三自性见道时，说断遍计所执性证圆成实性，实际上包含了断二执、二障等染依他。

D. 断染证净

如上所说，依名言、离言两分法见道与依三自性见道，共同的说法是断染证净。

在依名言、离言见道中，所断染分就是名言境，包括名言诸法及诸法名言自性；所证净法是离言法性（或离言自性）。

在依三自性见道中，染法包括遍计所执性与染分依他起性，如《成唯识论了义灯》说："断染依他，证真如理。"（卷六）

《摄论》对转依作了总结："转依，谓即依他起性对治起时，转舍杂染分，转得清净分。"（卷下）"此中生死，谓依他起性杂染分；涅槃，谓依他起性清净分。"（卷下）"于依他起自性中，遍计所执自性是杂染分，圆成实自性是清净分。"（卷中）所以，杂染分包括遍计所执性和染分依他起性，二执、二障，都属染分依他起性。

进而，《成论》说："有漏善心既称杂染，如恶心等，性非无漏。"（卷二）所以，更广义地说，杂染包括一切有漏法，转依就是转舍有漏法，转得无漏法。

（4）五重唯识观 [1]

A. 五重唯识观的内涵

窥基法师的"五重唯识"，出现在《义林章》第一卷和《般若波罗蜜多心经幽赞》（以下简称《心经幽赞》）卷上，两论所说，大体相同，但也稍有差异。

首先是名称，《心经幽赞》说："今详圣教所说唯识，虽无量种不过五重。"《义林章》说："所观唯识，以一切法而为自体，通观有无为唯识故，略有五重。"两论都说唯识有五重，因此，五重唯识就是说唯识有五种类别，或者说，五重唯识就是从五方面观唯识之理。由此可见，作为观法，五重唯识属理观。

关于第一遣虚存实，两论相同的说法是：1. 基本含义。"虚"指遍计所执性，"实"指依他起性和圆成实性。"遣"指空观，即观遍计所执性为空；"存"指有观，即观依他起性和圆成实性是有。2. 观行所证。两论都说，"遣虚存实"是为证入离言法性："故欲证入离言法性，皆须依此方便而入。"离言法性本非空非有，但观空可证入，而离言法性之体不空。3. 遣实有诸识。"此唯识言，既遮所执，若执实有诸识可唯，既是

----

[1] 此段文字为《〈解深密经〉的唯识义——暨论根本唯识论三阶段》一文的附录，该文发表于《唯识研究》（第四辑），中国社会科学出版社，2016年。本文对其作了较大修改。

所执，亦应除遣。"即"唯识"之说，就是要破遍计所执，若执实有诸识，也属遍计所执性，也应除遣。最后，就所观唯识之理来说，此观是观一切法唯识，如《义林章》引《成论》文："如是诸法皆不离识，总立识名。唯言但遮愚夫所执定离诸识实有色等。"

此外，两论相互所无的说法有二：1.《心经幽赞》说："诸处所言一切唯识、二谛、三性、三无性、三解脱门、三无生忍、四悉檀、四喝拕南、四寻思四如实智、五忍观等，皆此观摄。"（卷上）由此可见，四寻思四如实智，都属五重唯识的第一"遣虚存实（识）"。2.《义林章》说："此最初门所观唯识，于一切位思量修证。"（卷一）其中的"一切位"，释真兴《唯识义》说，"意云此最初观，地前位中思量，地上位中修行，于究竟位证之"（卷一），即此第一"遣虚存实"观，包括资粮位、加行位、见道位、修道位、究竟位五位。

综上所述，可得出以下结论。首先，第一"遣虚存实"涵盖资粮位等五位，所以是总观。其次，就五重唯识与四寻思四如实智的关系来说，并非五重唯识对应四寻思四如实智，而是第一"遣虚存实"就包含四寻思四如实智。再次，第一"遣虚存实"，与根本唯识论三阶段中第一阶段的观念相似，即空观与有观遣增益执和损减执，由此能证入离言法性。最后，此观所观唯识是，观一切法唯识。

第二舍滥留纯，两论说法基本一致。"滥"指外境，"纯"

指相分内境。所以，此观是舍外境而留（观）内境。此观遣外境，遣外境是所有唯识典籍的一致说法。"唯识无境"，首先肯定是无外境；至于内境是有是无（即是依他还是遍计），唯识论中虽有不同说法，但在窥基那里，内境肯定是有。

此观所观唯识是，唯识依心不依境，因为境通内外，外境属遍计所执性，"恐滥外故，但言唯识"。

第三摄末归本，其中的"末"与"本"，两论都说，"摄相、见末，归识本故"，所以，"末"是指相分与见分，"本"是指"识本"，即识自体。所以，此观是观相分和见分由识自体（自证分）而起，如《义林章》说："此见、相分俱依识有，离识自体本，末法必无故。"（卷一）

此观所观唯识是，唯识依体不依用，因为相分和见分是用，自证分是体，用依体起。

第四隐劣显胜，两论所说也基本相同，如《义林章》说："心王体殊胜，心所劣依胜生，隐劣不彰，唯显胜法。"（卷一）所以，此观是隐心所而观心王。

此观所观唯识是，唯识依心王不依心所，因为心所依心王而起。

第五遣相证性，两论所说也基本相同。"相"指事，即依他起性；"性"指理，即圆成实性。所以，此观是遣依他而证圆成。

此观所观唯识是，唯识依理不依事，因为理（圆成实性）是事（依他起性）的本性。

B. 对五重唯识观的误读

对此五重唯识，有这样的说法：第一观是遣外境，第二观是遣相分，第三观是遣见分，第四观遣心所，第五观遣心王（自证分）。这是一种似是而非的说法（笔者以前的文章也有如此说法），不是正确的解读。实际上，这是将五重唯识作为事观了，出现的主要问题如下：

首先，第二"舍滥留纯"，已明确第二观的舍与留，即舍的就是外境，留的就是内境，所以，舍外境是第二观，不是第一观。

其次，第三观"摄末归本"，"末"是相分和见分。第三观不是遣相分，不是遣见分，甚至不是遣相分和见分。因为相分和见分必定同起同灭，所以不可能是先后单独被遣除。如果认为，第三观是同时遣相分和见分（而观自证分），至第五观再遣自证分（识自体），那样又会出现一个问题：相、见分与自证分，能否先后遣？实际不能，因为自证分与相、见分也是同时生起的，所以，遣也应同时遣，不可能先后遣。道理如下：种子生现行，就是一刹那。若先生起自证分，下一刹那再生起见、相分，但前一刹那自证分已成过去，过去是无，则不能变现当下的见、相分。所以，自证分生起，应同时生起（即变现）见、相分。就如五遍行心所应同时生起，不可能先后生起，因为识生起时，有一心所不生起，那么此心所就不是遍行心所（辩五遍行心所生起孰先孰后，只能是从功能辩逻辑上的先后，不可能是事实上的先后）。所以，"摄末"不能理解为

"舍末"，第三观实际只是观相分和见分由自证分生起（变现），而不是遣相分和见分，观自证分，因为无法遣相分、见分，独留自证分。

同样，第四观"隐劣显胜"，也是如此，不能理解为遣心所，观心王。据理而言，心所依附心王，心王现行，心所也现行（至少有五遍行）；心王被遣，心所也不再现起。因此，心王、心所也不是先后遣。"隐劣显胜"，就是观心王胜，心所劣，心所依心王起。

而第五观"遣相证性"，也是广义地遣依他起性，即遣一切有为法，而不是单独遣自证分或心王，因为自证分不离相、见分，心王不离心所。

因此，五重唯识的意义，如《心经幽赞》说："如是所说空有、境心、用体、所王、事理五种，从粗至细，展转相推，唯识妙理，总摄一切。"（卷上）这就是说，五重唯识，是观空有（遍计空，依他、圆成有）、观境心（境和心）、观用体（相分和见分是用，自证分是体）、观所王（心所劣，心王胜）、观事理（依他是事，圆成是理），通过这五方面来观唯识。所以，作为观法，五重唯识可看作是理观。

C. 五重唯识与三阶段唯识观

进一步探究，第一遣虚存实，虽是遣遍计，存依他与圆成，但所证是"离言法性"，这可看作是与第一阶段《解深密经》和《瑜伽论》思想的会通。但对于第二阶段的"一切法即是识"，五重唯识中找不到踪影。吕澂《论庄严经论与唯识古学》说:"又古学唯识非但见、相为识性,心所亦以识为性。"[1]
即第二阶段的唯识论(吕澂称《庄严论》等为古学唯识)认
为,相分和见分,还有心所,都以识为性,"一切皆是识"。但
五重唯识的第四观"隐劣显胜",两论都说:"心及心所俱能变
现,但说唯心非唯心所。"即心王与心所都能变现相分和见分,
这就不是将心所的独立性取消,说心所即是识,而是采取心所
不离识的立场。同样,第三观"摄末归本",两论都说:"心内
所取境界显然,内能取心作用亦尔。"这也不是取消相分和见
分的独立性,不是"即是识"的立场,而是"不离识"的立
场。所以,在"一切法即是识"与"一切法不离识"的两种唯
识观中,窥基明确持"一切法不离识"的唯识立场。

# 七、唯识如来藏观

## (一)唯识系经典关于胜义谛的论述不同于如来藏系

根本唯识论中,直接论述如来藏的,主要是《楞伽经》和
《庄严论》,但其他唯识经论论述了胜义谛的性质,可成为判别
如来藏性质的基本原则。先看这些基本原则。

### 1.《解深密经》

本经说胜义谛相,既不同于般若系经,也不同于如来藏系
经。关于其与如来藏系经的差异,前文已有论述,现再概述于

---

[1] 吕澂:《论庄严经论与唯识古学》,《吕澂佛学论著选集》卷1,齐鲁书社,1991
年,第75页。

下。如来藏系经认为，真如是一种独立的存在，真如（或真如与无明和合）可生起万法。如真谛另立第九识，说真如就是第九识。而本经说胜义谛相，有"超过诸法一异性相""遍一切一味相"（卷一）。如果真如（即胜义谛）是一种独立的法（如第九识），不同于诸法，则真如与一切法就是异，不是一，就不能说"超过诸法一异性相"；此外，如果真如是一种独立的存在物，那真如也不可能"遍一切一味相"，而是有独立相。所以，本经的胜义谛真如，不同于如来藏系的真如。

又如，本经说："修观行苾刍，通达一蕴真如胜义法无我性已，更不寻求各别余蕴、诸处、缘起、食、谛、界、念住、正断、神足、根、力、觉支、道支真如胜义法无我性；唯即随此真如胜义无二智为依止故，于遍一切一味相胜义谛审察趣证。"（卷一）换言之，就五蕴来说，五蕴都有真如，证得一蕴（如色蕴）真如，就更不寻求其余诸蕴真如，因为诸蕴真如是平等一味的。所以，那种认为真如就是第八识（或第八识的某一成分，或第八识的清净相），都不是唯识论的（正宗）观点，因为唯识论认为，真如普遍存在于一切法中，是一切法的本性，并不是只存在于第八识中。（至于《楞伽经》说如来藏是藏识，下文会再详细分辨。）

### 2.《大乘百法明门论》

本论说，无为法是"四所显示故"。"四"指识法、心所法、色法、心不相应行法，即一切有为法。无为法可通过有为法来证得，这就是"所显示"。这也就是说，真如是一切有为法的本性，并不只是某一法（如第八识）的本性。

综上所说，胜义谛真如，是一切（有为法）的本性。所以，那种认为真如是独立的存在或真如就是第八识的说法，都不是唯识论的观点。

## （二）《楞伽经》的如来藏思想 [1]

唯识系经，不但阐述自宗观点，也作会通其他系经的努力。如果说《解深密经》主要是会通般若系经，那么，《楞伽经》则是努力会通如来藏系经，而此会通的一个主要说法是："如来藏是藏识"。应该说，本经的核心思想是唯识无境，而非如来藏思想，所以本经可作为唯识系的根本经之一，但其如来藏思想对如来藏系也产生了相当影响。那么，如何依据唯识观点来理解本经的如来藏思想？结合玄奘一系的相关论述，可作以下说明。

1. 如来藏是真如。经中说："自证圣智，以如来藏而为境界。"（卷一）即如来藏是圣智（根本无分别智）所证境界，所以是真如，如经说："内证智所行，清净真我相；此即如来藏，非外道所知。"（卷七）经中也"以性空、实际、涅槃、不生、无相无愿等诸句义，说如来藏"（卷二）。

2. 如来藏是藏识。经中说："如来藏是善、不善因，能遍兴造一切趣生……无始虚伪恶习所熏，名为藏识。"（卷五）对

---

[1] 此段论文，是发表在《上海佛教》2017年第1期《楞伽经要义》中的部分内容，本文对其稍作修改。

此引文分析如下：

（1）经中说："而实未舍未转如来藏中藏识之名。"（卷五）由此可知，藏识是如来藏的一部分，藏识可舍可转，故是有漏识。经中又说，如来藏"其体相续恒注不断，本性清净，离无常过、离于我论"（卷五）。由此可知，如来藏的本质是真如。这样来看，如来藏藏识，表现为染污的藏识，本性是清净真如。

（2）所谓"如来藏是善、不善因，能遍兴造一切趣生"，这里应该是指有漏藏识能生起善、不善一切法。首先，藏识能起七识，能起根身、器世间等，"若无藏识，七识则灭"（卷五）；进而七识又造善造恶，生起善、不善一切法，所以，"善不善者，所谓八识"（卷五）。由此引文可知，"如来藏是善、不善因"，主要是从识一面来说的，即如来藏作为藏识，是善、不善因。

3. 如来藏藏识辨析。对如来藏藏识可作进一步分析：

（1）既然如来藏藏识是真如，又是藏识，那么，能否说真如就是藏识（即真如只是藏识，不是其他任何法）？按玄奘一系的唯识论来说，不能，因为与其他唯识经论相违。如上所引，《解深密经》说，证得一蕴真如，无需再证其他诸蕴真如；《百法论》说，"四所显示故"。所以真如并不只是藏识。

（2）既是藏识，为何名如来藏？窥基《义林章》的解释是："彼经意说，阿赖耶识能含净种，名之为藏；为当佛因，名如来藏……所含无漏净法种子，报身因故，名如来藏……此生现行圆满果位，名报化身。"（卷七）即只有藏识能含藏清净法的种子，此清净种是将来成佛之因，能成佛的报化身（法身是真如，不由种子而成），所以藏识称如来藏。

（3）"如来藏……无始虚伪恶习所熏，名为藏识。"（卷五）是否是说，如来藏中的清净真如受熏，如来藏成藏识？并非。《成论》说，无为法（真如），既不是能熏，也不是所熏。所以，"无始虚伪恶习所熏"，说的还是如来藏所表现出的有漏识，此有漏识能受熏，所以称藏识。

（4）本经说："何者圆成自性？谓离名相事相一切分别，自证圣智所行真如。大慧，此是圆成自性如来藏心。"（卷二）此处的如来藏心，在玄奘一系来看，不应理解为真如心，真如是无为法，心是有为法，两者不应混为一谈。按如来藏系经典，真如心的展开，是真心起用，即真如心能在凡夫位，当下现行作善作恶、作修行主体。但首先，本经中找不到真心起用的任何论述。其次，本经说的如来藏，是无我如来藏。经中说："大慧，我说如来藏，为摄着我诸外道众，令离妄见入三解脱，速得证于阿耨多罗三藐三菩提。是故诸佛说如来藏，不同外道所说之我。若欲离于外道见者，应知无我如来藏义。"（卷二）所以，按本经的说法，如来藏不是实我、真我。因此，本经说的如来藏心，仍应作如来藏藏识来理解，即经中说的"藏识说名心"（卷六）。

但既然藏识是有漏法，如何能作圆成自性？慧沼在《能显中边慧日论》中说了三类佛性，可作参考。三类佛性是理佛性、行佛性、秘密佛性。理佛性就是无为真如。行佛性就是各种有为的修行法，如六波罗蜜多等；本经说如来藏含清净法种子，也是从行佛性来说。秘密佛性，是方便说，如说"烦恼是菩提"，烦恼本身不是菩提，但断烦恼可证菩提，所以方便说"烦恼是菩提"；同样，本经说藏识是圆成自性，也是秘密说、方便说。

此外，经中说"虚妄所立法，及心性真如"（卷六），"分别不起故，真如心转依"（卷七），其中的"心性真如"或"真如心"，也都应作方便说来理解，或都是指如来藏藏识。

（5）九识说。本经说："由虚妄分别，是则有识生，八九识种种，如海众波浪。"（卷六）由此，后世有立九识说。九识中，第八阿赖耶识为有漏染污识，第九为无漏清净识。但唯识论只立八识，对九识说，窥基《成论述记》指出："或以第八染、净别开，故言九识，非是依他识体有九，亦非体类别有九识。"（卷一）所以，就识体说，识只有八种，但将第八识染分（未成佛位）和净分（佛位）分开说，才有九识。

最后，就本经与如来藏系经的会通来说，本经的如来藏，有受熏义（即有漏藏识受熏），无能熏义，所以只受无明熏，不熏无明；有起七识、诸法等义，无能见闻觉知等义；无凡夫位当下现行作善作恶、作修行主体义。由此来看，本经会通的，似乎只是前期的《胜鬘经》等如来藏经，而不同于后来的《楞严经》等如来藏经。

再从对后来唯识论的影响来看，本经的唯识无境思想，为其后的唯识典籍一致接受；而本经的如来藏思想，只在《庄严论》中得到呼应，其后的唯识典籍，再也没有出现如来藏的说法。究其原因，本经的如来藏思想，确实包含了向以下方向引申的可能性：真如受熏，真如只是藏识，真如法身当下是现行（即当下是佛），如来藏心是一心两门（无漏真如与有漏藏识）现行，无漏心能当下作善作恶、作修行主体，等等。这大概是其他的唯识典籍不再提如来藏的原因。

回到"如来藏是藏识"这个说法上，本经的如来藏，既可指无漏法，如真如；也可指有漏法。在后一种情况下，如来藏是藏识，因为无漏法的种子依附于藏识而存在，而此无漏种子将来能证得如来果位，所以可称藏识为如来藏（即藏有如来种子之识）。

综上所说，本经的如来藏观，确实包含了被如来藏系引申的可能性，但唯识系则严格依据唯识基本原则来进行解释，即对"如来藏是藏识"，唯识系是依将来能成佛来解释（真谛等少数人除外），而不是像如来藏系那样从现在就是佛来解释。

## 结语：唯识思想的展开

唯识论由佛陀和弥勒、无著、世亲所说，也就是主要由见道后的圣者所说。圣者已见实相，对唯识思想的诸方面都有全面把握，但各部经论根据需要而展开唯识思想，所以诸经论的唯识思想各有侧重。总结诸经论的唯识思想，大体上有以下三个重点，相互关联，逐步展开，并呈现出不断简化和整合的演进趋势。

## （一）离言法性

唯识之初，为破恶取空，《解深密经》提出离言法性、三自性、三时教法。离言法性是真实有，是圣者所证。三自性中，圆成实性和依他起性是有，不是无。由此，本经依离言法性和三自性破恶取空。进而，本经由三时教法，判"一切法无自性"的般若教法与唯识教法并不相违，但般若经的"一切法无自性"等教法是密意说，不是显了说，由此而显示唯识论是了义说。

## （二）阿赖耶识缘起

然而，强调离言法性有、圆成实性和依他起性有，虽破了恶取空，但与小乘的诸法实有思想有什么区别？如色法，要是强调其有离言依他起性，那么，是否说色法是实有，色法是一种独立的存在？当然不是。《解深密经》说"识所缘，唯识所现"，《瑜伽论》将色法归入意地，都不将色法作为独立的存在。

而从《楞伽经》开始的阿赖耶识缘起论，更是强调了色法由心变现，不是独立的存在。具体说，阿赖耶识缘起，就是由阿赖耶识现起能取和所取二取，心法和色法都在二取范围内，所以都不是离识的独立存在。《中边论》和《庄严论》承继了《楞伽经》的阿赖耶识缘起论，只是关于缘起的二取种类有不同说法：《中边论》说是四种，《庄严论》说是六种。而二取是属于遍计所执性，还是属于依他起性，诸经论说法也有所不同。

《摄论》则提出阿赖耶识缘起十一识，十一识可分为见识与相识，相当于二取。十一识由阿赖耶识中的自种生起，所以是以（阿赖耶）识为性，或者更直截了当地说，十一识都是识。至此，唯识思想得到了强有力的表述。

## （三）三自性唯识

《解深密经》提出离言法性，《瑜伽论》详说离言自性，但在阿赖耶识缘起思想明确后（参见本文"唯识缘起观"），诸唯识经论中，离言法性（或离言自性）不再说了，而三自性仍是唯识思想的重点。唯识论的根本思想是一切法唯识，三自性也代表了一切法，所以理论上应该说三自性也唯识，但真正使此命题成立的，是第三阶段的一切法不离识的唯识思想。

在第一阶段，三自性思想只是用来判别诸法之有无。第二阶段的唯识思想是一切法即是识，以《摄论》为例，一切法是十一识，包括心法、色法和部分心不相应行法，相当于三自性中的依他起性，因此，说一切法即是识，相当于依他起性即是识。但进一步要问的是：遍计所执性是否即是识？圆成实性是否即是识？

对此探讨以后可以发现，遍计所执性肯定不是识，因为遍计所执性是不存在的东西。圆成实性呢？如上所引，《解深密经》说，"通达一蕴真如胜义法无我性已，更不寻求各别余蕴……真如胜义法无我性"（卷一）；《百法论》说，无为法是"四所显示故"。所以真如存在于一切有为法中，并不只是存在于识法中，这样，圆成实性真如也不即是识。

由此可见，三自性唯识，如果表述为三自性即是识，会遭遇到一系列困难。即使依他起性（一切有为法），如果说都以阿赖耶识为性，那也如上所说，会遇到阿赖耶识没有假法种子和现行阿赖耶识不变现七转识的困难；而说三自性即是识，则更增遍计所执性和圆成实性不即是识的困难。

第三阶段的唯识思想是一切法不离识，由此来说三自性不离识，那么，此命题完全成立。如遍计所执性，《成论》说，"彼实我法离识所变皆定非有"（卷七），即实我实法（遍计所执性）也由识变现，具体说，是由第六识和第七识的遍计所执而产生，所以遍计所执性不离识。进而，"是故一切有为无为、若实若假，皆不离识"（卷七），所以，依他起性（"有为"）和圆成实性（"无为"）也不离识（道理如上所说）。这样，就达到了完全意义上的三自性唯识。

## （四）根本唯识论的不断简化与整合的演进趋势

如上所说，根本唯识论三阶段，因各自的需要，而提出了各阶段的相关理论；但另一方面，三阶段唯识论也体现出了一种不断简化和整合的演进趋势。

唯识论的理论体系，如前所说，从《解深密经》开始，就是境、行、果体系。境，包括胜义谛与世俗谛，以及三自性与三无性。行，是闻思修，修则包括修止观、修波罗蜜多。果，就是证佛果。境、行、果中，行与果，唯识论各阶段的理论没有多大差别，差别主要在境。境中，胜义谛境，前后大体也相同，就是真如；世俗谛境，就是一切法，前后差别比较大，而唯识论之所以名相众多，令人眼花缭乱，极大部分原因就在于种种复杂的一切法体系。

在一切法体系上，唯识论经历了从共小乘法、共大乘法到自宗特有法这样一个不断简化与整合的过程。唯识论对一切法的论述，最终是要落实到一切法唯识的根本观点上，因此，这一简化和整合过程，实际正是为了能准确清晰地表达此唯识论的根本观点。

第一阶段中，《解深密经》和《瑜伽论》的一切法体系，既有共小乘的，如五蕴、十二处、十八界、六善巧、三十七道品等；也有共大乘的，如五法；更有唯识论自宗特有的一切法体系，如根本识及其执受和生起的色法和心法，还有三自性。

《楞伽经》的教理体系，简化成了"五法、三自性、八识"，其中，五法是对一切法的描述；三自性也是对一切法的描述；八识，最后归结到阿赖耶识变现能取和所取一切法，也是对一切法的描述。

虽然"五法、三自性、八识"是不共小乘的教法，但其中的五法，仍是共大乘的，《华严经》《般若经》等大乘经中都出现过五法体系。唯识思想，实际是大乘"一切皆心造"思想的展开和深化，五法体系可看作是从"一切皆心造"到唯识论过渡中所用的一种对一切法的描述体系。

第二阶段，一切法的体系更简化了，简化后的一切法体系中，共大乘的五法体系也不再用了。《中边论》《庄严论》《摄论》，都只是强调阿赖耶识变现一切法，不再把五法列入自己的理论体系中，只是在陈述和比较历史的理论体系时，会说到五法。这样，第二阶段的一切法体系就是三自性、八识。但在一切法即是识的强化唯识观中，三自性还不即是识，这样，实际上还不能说三自性唯识。

到了第三阶段，在三能变理论中，三自性不离识，由此就可说，三自性唯识。这样，三自性也纳入了唯识体系，而不再是一种独立的、与八识并列的一切法体系了。所以，这是一个不断简化的趋势，也在整合，把佛教史上关于一切法的学说整合为三能变，用三能变来说明一切法不离识的唯识观。

由此可见，根本唯识论三阶段的唯识思想，就是通过不断地简化与整合，直至最后，一切法唯识思想的表达趋于圆满。当然，如前所说，这只是在利益众生的弘法层面上的圆满，并非是圣者所证有圆满和不圆满之差别。

# 自　序

　　《解深密经直解》的正文部分，实际早在两年前（2015年下半年）已完成，后交清凉书院唯识研究班作为教材使用。但此书的《前言》和《丛书总序言》，迟迟未完成，一方面是因为事务繁忙；另一方面是因为，要对唯识论作整体研究，难度十分大，所以难以轻易落笔、轻易作结论。

　　事务方面，家庭就不说了。至于社会事务，在未退休前，主要是工作单位的事，一般的社会事务，我是能不参与就不参与，包括各种学术会议，也极少参加。但有一项工作，是我主动承担的，我在尽全力做，那就是弘扬佛教唯识论。此项工作主要包括两方面：一是唯识经典的诠释，一是后继人才的培养。

　　唯识经典的诠释，就是要对文字难读、义理难解的唯识经论，进行准确理解和清晰表述。大概从2008年开始，我制订了一个"唯识经典直解丛书"的计划，并为此计划挑选人才、筹集资金。人才方面，合适的人才，不但要有较强的对经典的理解能力和写作的文字表达能力，还要有不贪恋世间热闹、甘愿坐冷板凳的心理素质。2011年后，因缘逐渐成熟，此计划逐步实际展开。所选的人，主要是我的若干博士生和硕士生，还有佛学院唯识教师，以及其他院校的硕士生，我们组成了"唯识译经组"团队。所选的经论是：《解深密经》《瑜伽师地论》《成唯识论》《成唯识论述记》《成唯识论枢要》《成唯识论了义灯》《成唯识论演秘》《大乘法苑义林章》。在我的设想中，这些著作的直解，只是第一阶段的工作。因为熟悉唯识经典的人不难看出，这个计划中，还有一些非常重要的经典没有入选，比如《摄大乘论》等。这主要是因为我们的人手不够，基本上每人承担一部著作，已经没有精力再选其他经论了。再看所选经论，这些经论实际是以《成论》为中心。之所以作这种选择，是因为中国法相唯识宗实际是以《成论》为根本所依。《成论》的源头在《解深密经》和《瑜伽论》。《成论》的重要注疏（一注三疏等）是理解《成论》不可或缺的文献，而窥基法师的《义林章》是对唯识论的精辟总结。所选的经典，绝大多数都没有现代的注释译解，成了人们学习研究唯识论的拦路虎。本人设想，先从这些经典开始，在这个计划完成后，继续做其他重要唯识经论的注释译解。

关于后继人才的培养，"唯识译经组"本身就是一个人才培养工程，组员通过对有关唯识经典的注释译解，也在不断提高自己的研究能力。更为难得的是，2015 年夏天，苏州清凉书院来与我联系，商议办唯识研究班。此班作为佛教专业研究人才的培养基地，打破了一般佛学院的办学模式，花三五年甚至更长时间，全力攻读唯识经论。2016 年初研究班开班，由我主讲圆测《解深密经疏》，并自学《解深密经》（以我的《解深密经直解》为教材）。学习圆测《疏》的目的，一是加深对经的理解，二是进行学术研究的训练。经过一年多的时间，圆测《疏》学习顺利完成。接下来的《成唯识论述记》学习，是以《述记》为主，自学《成论》（以我的《成论直解》为教材）。值得欣喜的是，"唯识译经组"中承担《成论述记》的组员，已完成了《述记直解》的初稿（花了五年多的时间），这样就由该组员担任此门课程的主讲，通过教学修改初稿。《述记》的难度极大，能写出《直解》并主讲课程，可以说译经组人才培养已初见成效。清凉书院研究班方面，一年多来，学员流动较大，但仍有一些学员坚持下来，并有新学员不断加入。完全有理由相信，假以时日，这个班定能培养出若干人才。

回到《解深密经直解》上，此书与早先出版的《成唯识论直解》，写作上有所不同。《成论直解》的写作，只限于《成论》本身范围，进行研究和诠释，也就是说，主要是依《成论述记》，将《成论》讲清楚就完事了。而此次的《解深密经直解》，是将《深密》贯通《楞伽》《瑜伽》《中边》《庄严》《摄论》，直至《成论》，是对唯识论作整体性的研究和解释。此研究成果，反映在正文的"评析"、各品的"题解"，直至全书的《前言》中，但完整的陈述，是在《丛书总序言》中。而此整体性的研究，难度极大，每一个结论，都要反复核实诸经论的相关论述，仔细推敲，斟酌再三。此研究实际在几年前已开始，并获得了部分成果。此次《丛书总序言》的研究，是更为完整的成果。但这可能还不是终结，此项研究以后还会持续，还可能有更新成果面世。

回顾往事，有些事令自己汗颜。首先是在 2000 年《成唯识论直解》出版后，我就说要写《瑜伽师地论直解》，此说法在圈内为许多人所知，但至今此书面世仍渺无音讯。另外，近两年我说要出版《解深密经直解》，要开通"唯识译经网"，但也都迟迟没有音讯。实际上，这些事都因上述各种原因而被卡住。现在，《解深密经直解》完成，"唯识译经网"就可进入操作层面，因为，本网站是原创性网站，专门发布我们团队的著作、论文和其他文章、创作等，但又不想网站只有历史资料，希望能有最新成果，所以一直在等《解深密经直解》的完成。现在此书已完成，可以在网上发布了，网站也可开通了。至于《瑜伽论》，前些年我讲过《本地分》和《摄决择分》的《真实义品》，打算先将此二分《真实义品》的直解写成，单独出版；至于全书的写作和出版，还是要在上述各种事务中抽空进行，可能还要一段较长的时间。

另外值得一提的是，2012 年，上海古籍出版社刘海滨先生得知我的丛书计划后，来与我商议，接受了整个计划中的全部著作，由此解决了我在出版方面的后顾之忧。并且，出版社在 2013 年将此计划补报《2011—2020 年国家古籍整理出版规划》，也申报成功。非常感激上海古籍出版社为我们提供的一切帮助。同时也感激所有给我们提供各种帮助的热心人士。

唯识论从不是显学，本人无意也无能力使之成为显学。就诠释经典和培养人才来说，一个团队或一个班，人数毕竟有限，能培养成才的更是少数，其他人也不过是有所受益；而一部书，能流传更广，受众更多，如《成唯识论直解》，印刷两次，共印六千本，但市面上还是断档多年，若再印一两次，流传上万人，使更多人受益，也完全有可能。再者，培养人才，时兮，运兮，可遇而不可求；诠释经典，使之流传不绝，更能薪火相传，续佛慧命。因此，经典诠释，始终是我关注的重点；而培养人才，如果因缘具备，当为不为，也属缺乏担当。故谋事成事，在人在天，都无所谓了，尽力为之而已。

林国良

写于 2017 年秋

# 前言:《解深密经》对唯识论的奠基作用

## 一、本经概貌

《解深密经》,是唐代玄奘大师在贞观二十一年(647)译出,共五卷,分八品。此经在玄奘译本前,还有其他译本:一、刘宋元嘉中(424～453),求那跋陀罗译《相续解脱经》(分为《相续解脱地波罗蜜了义经》一卷、《相续解脱如来所作随顺处了义经》一卷),相当于玄奘译本最后两品。二、元魏延昌三年(514),菩提流支译《深密解脱经》,五卷,十一品,为全译本。三、陈天嘉二年(561),真谛译《解节经》,一卷,开为四品,相当于玄奘译本前两品。此外还有西藏译本。

在唯识论"六经十一论"中,《解深密经》是最重要的经典之一。本经构建了唯识论的基本理论框架,阐述了唯识论的核心理论,确立了唯识论在佛教中的了义教地位,因而是唯识论的奠基性著作。

本经八品,首先是《序品》,介绍本经说法地点、师尊功德,以及与会的大声闻众和菩萨功德等。

《序品》之后的七品,其结构可分为境、行、果三部分。

佛教教理体系可用境、行、果来阐释。《瑜伽师地论释》说："正为菩萨，令于诸乘境、行、果等，皆得善巧。"所以，境、行、果可用来描述所有佛教教派的教理体系。

本经其他七品中，《胜义谛相品》《心意识相品》《一切法相品》《无自性相品》四品属境，《分别瑜伽品》《地波罗蜜多品》属行，《如来成所作事品》属果。此境、行、果，狭义是指止观方法中的所观境、所修行、所证果；广义则是大乘修行的所观境、所修行、所证果。

就境来说，所有佛教教理，都是止观修行中的所观境。而佛教教理，首先是对一切法的认识。佛教传统说一切法，是从二谛来说，二谛就是胜义谛和世俗谛。本经用《胜义谛相品》来宣说胜义谛法，用《心意识相品》来宣说世俗谛法。此外，关于一切法，唯识论的特有理论是三自性，依三自性再密意说三无性。本经的《一切法相品》《无自性相品》二品，分别宣说三自性与三无性。由此，上述四品关于一切法的论述，构成了唯识修行的所观境。由此可见，境、行、果三分法，充分体现了唯识论，乃至佛教经典的根本特征，即佛教，包括唯识论的教理都是为修行服务的。

其次，《分别瑜伽品》《地波罗蜜多品》二品构成了唯识修行中的所修行。其中，《分别瑜伽品》宣说了唯识论的止观理论，其修行位次，包括从凡夫修行直至成佛；《地波罗蜜多品》则宣说十地菩萨修行，主要是修六波罗蜜多或十波罗蜜多。

《如来成所作事品》是说唯识修行的所证果，本品宣说佛地的不可思议性，佛的存在形态主要表现为佛身、佛心、佛土。

以上内容，每品题解都有详细介绍，此处不赘。以下主要讨论本经上述结构中的一些特色。

# 二、二谛与三自性

二谛是胜义谛与世俗谛，是佛教共同的教理，但本经的二谛又有唯识论的特色。三自性则是唯识论特有的教理。

## （一）胜义谛

关于胜义谛，本经说了五相：无二相、离言相、超过寻思所行相、超过诸法一异性相、遍一切一味相。其中，离言相通其他四相。

由本经胜义谛五相的阐述可知，唯识论的胜义谛，既不同于般若系，又不同于如来藏系。

般若系经典说胜义谛，是用遮诠，即彻底否定的方法，所以，胜义谛就是毕竟空。本经说胜义谛，是用表诠，具体宣说胜义谛五相。以五相中的"无二相"与"离言相"为例，般若系经典说有为法与无为法无二，那是从一切法无自性来说的，有为法与无为法都无自性，所以无二。但本经说无二相，是与离言相结合而说的，实际想说的是：名言的有为法与无为法非真实有，所以无二；但离言的有为法、无为法并非不存在。此离言的有为法、无为法，本经称离言法性。圣者证离言法性，依离言法性安立名言，称之为有为法，称之为无为法；凡夫则将名言有为法、无为法执为实有的有为法、无为法。

再看如来藏系的胜义谛，以真谛的第九识为例，这虽是一个特殊的理论，但与真如生万法的如来藏思想也不相违，即将胜义谛真如看作是一种独立的存在物。但本经的胜义谛五相中，有"超过诸法一异性相"与"遍一切一味相"，都否定胜义谛真如是一种独立的存在物。即如果真如是一种独立的存在物，则真如与一切法就是异，不是一，就不能说"超过诸法一异性相"；此外，如果真如是一种独立的存在物，那真如也不可能"遍一切一味相"，而是有独立相。所以，本经的胜义谛五相表明，本经的离言法性，也不是如来藏系的真如概念。

## （二）世俗谛

本经说世俗谛一切法，主要是《心意识相品》，另有多品中也说到一切法。这些一切法体系，有的是共他宗的，有的是唯识论自宗特有的。

### 1. 共小乘的一切法体系

本经的《胜义谛相品》《无自性相品》《分别瑜伽品》等品，都说到五蕴、十二处、十八界、六善巧、三十七道品等，这些一切法体系，实际上是共小乘的一切法体系。按本经"三时教法"，唯识论是为发心趣求一切乘者说的，所以，本经对三乘教法都有所涉及。

## 2. 共大乘的一切法体系

本经《心意识相品》说，一切种子心识执受"相、名、分别言说戏论习气"，其中，"相、名、分别"是五法体系（"相、名、分别、正智、真如"）的染法部分，代表了一切世间法（染法）。"相、名、分别"三者的关系，即"分别"（指识与心所）在"相"上安立"名"。"相"有离言相与名言相。离言相就是本经说的离言法性，离言法性上安立了名，就形成了人们所知的一切法，也就是名言诸法；进而，由诸法的名言，又形成了诸法的名言自性。执着诸法名言自性是真实有，乃至执着名言诸法真实有，是增益执；而认为离言法性是无，是损减执。本经说的修行证道，就是双破增益执和损减执，遣名言诸法及诸法名言自性（遣染法），证离言法性（证净法）。（详见下文）

此外，本经《如来成所作事品》说："世俗相者，当知三种：一者宣说补特伽罗故；二者宣说遍计所执自性故；三者宣说诸法作用事业故。"同类说法还有："安住者，谓或安立补特伽罗，或复安立诸法遍计所执自性。"这里的世俗相，也可从五法体系来理解。

此处的诸法遍计所执自性，实际就是名言自性，而名言自性是诸法安立了名言而产生的，所以，此处遍计所执自性（名言自性）实际上是指代名言诸法。所以，世俗相有三种：一是有情（补特伽罗），二是（名言）诸法，三是诸法作用。此说法反映了本经的一个倾向，即依他起性（名言诸法）与遍计所执性（名言自性）都是世俗谛。

由此来看，此一切（染）法体系，表现为有情与（名言）诸法。进而产生的执着，就是我执（补特伽罗执）与法执，如《如来成所作事品》说："凡夫异生，于粗重身，执着诸法、补特伽罗自性差别，随眠妄见以为缘故，计我我所。"而修行见道所要断除的，也是此我执、法执，如《地波罗蜜多品》说："谓于初地有二愚痴：一者执着补特伽罗及法愚痴，二者恶趣杂染愚痴；及彼粗重为所对治。"

由上可见，五法体系在本经中具有非常重要的地位。而实际上，五法体系是共大乘的，《华严经》《般若经》等大乘经中都出现过五法体系。唯识思想，实际是大乘"一切皆心造"思想的展开和深化，五法体系可看作是从"一切皆心造"到唯识论过渡中的一种一切法体系。

**3. 不共他宗的一切法体系**

本经《心意识相品》的一切法体系，就是唯识论自宗的一切法体系，是不共他宗的。

此品说，一切种子心识，能执受有色诸根及所依（即净色根与浮尘根），能执受相、名、分别习气，能生起六识。依此说，世俗谛包括根本识，及由其执受和依其生起的色法、心法和种子。从根本识说一切法，是唯识论的一切法体系的特征。

通常，唯识经典说唯识体系的一切法，会说八识，但本品却没有说第七识。按以上所说，其原因可以看作，第七识不是根本识所执受，也不是第八识所生起。第七识任运生，恒时转，虽然此识种子也在第八识中，此识也由种子刹那刹那生起，但其任运生、恒时转的特性，也可说其不依赖根本识而生（当然实际上第七识还是依赖三种所依或四种缘而生）。

因此，本品说世俗谛，不是要详说一切法，而是要指明一切法的源头，即根本识是一切法的源头。

作为一个例证，本品说，一切种子心识执受"相、名、分别言说戏论习气"，就是说，根本识中有"相、名、分别"一切（染）法种子，所以，根本识是世间一切法（染法）的源头。

因此，此品说世俗谛，主要是说根本识的特征。品题"心意识"，主要是说根本识具有心、意、识三方面的功能（详见该品题解）。

进而，般若系经典说世俗谛，强调其虚妄，空无所有；唯识论说世俗谛一切法，虽然虚幻，但仍是有，尤其根本识（第八识），绝对不是空无所有。

## （三）三自性

三自性论是唯识论的特色理论。三自性就是遍计所执自性、依他起自性和圆成实自性，这是对一切法的高度理论概括。佛教说一切法，有陈述性的，如有为法与无为法，五蕴、十二处、十八界、五位法（七十五法、百法）等；也有概括性的，如二谛（胜义谛与世俗谛）。

三自性是唯识论对一切法的理论概括，是对二谛的细化。三自性论将世俗、胜义二谛整合到一个理论框架中，同时又将世俗谛的一切法细分为遍计所执性（不存在的法）与依他起性（虽虚幻但存在的法）。这样，胜义谛就是圆成实性。而世俗谛可有两种说法：一是世俗谛包括依他起性与遍计所执性。二是世俗谛只是依他起性，不包括遍计所执性，因为依他起性是缘起法，有其存在性；遍计所执性只是对一切法产生的错误认识，不是存在的法，所以也不能说是世俗谛法。

这两种说法，以后的唯识典籍中都有，但以前者居多。如《辩中边论》第二卷说："世俗谛有三种：一、假世俗，二、行世俗，三、显了世俗。此三世俗，如其次第，依三根本真实建立。"即三种世俗是依三自性（"三根本真实"）来建立，其中，"假世俗"就是依遍计所执自性来建立，所以，遍计所执性也是世俗谛。

此外，本经关于三自性还有一些值得注意的观点。

### 1. 遍计所执性是名言自性

此点前文已有提及，现再稍作展开。

本经对遍计所执自性的定义是，"一切法假名安立自性差别"，即遍计所执性是名言自性。

此定义的背景，一是依名言、离言两分法。本经《胜义谛相品》说到圣者证离言法性，依离言法性安立有为法与无为法，因此，安立的有为法与无为法是名言法；由名言法而起的名言自性，是遍计所执性。

二是依"相、名、分别、正智、真如"五法体系。本经《心意识相品》说，一切种子心识有两种执受，其中之一是"相、名、分别言说戏论习气执受"。这里的"相、名、分别"，就是染分一切法。三者的关系，"分别"（识与心所）在"相"上安立了"名"，进而执"名"之"义"为实有，执此"义"是"相"之自性，这就是诸法的名言自性；此名言自性实际是在相上的增益，所以是遍计所执自性。

进一步分析，此种执着，根源在于人们执着"相"与"名"有必然的联系，如本经说，"相名相应以为缘故，遍计所执相而可了知"，即"相名相应"是遍计所执自性生起的原因。而凡夫对名言自性的执着或对"相名相应"的执着，是普遍存在的，以致有的经论（如《楞伽经》等）直接说，名是遍计所执性。

上述两种背景，即依"相、名、分别"染法体系，与依名言、离言两分法体系，本质上是一致的。因为相有名言相与离言相，未安立名的相是离言相，安立名的相是名言相。

### 2. 离言依他起性

本经对依他起性的定义是"一切法缘生自性"。此定义表明：一切缘起法，即一切有为法，都是依他起自性。

离言依他起性，首先是依他起性，所以也是缘起法；其次，在唯识论的背景下，离言依他起性也是识（与心所）变现，即是识或不离识。因此，不能将离言依他起性看作是一种离识的独立存在。

本经多处说到离言依他起性。首先,《一切法相品》中关于依他起性的一则比喻说,青色等诸色为名言种子,清净颇胝迦宝是未与青色等和合的依他起性,即未与名言和合的依他起性,所以是离言依他起性。

此外,《无自性相品》说:"彼诸有情于依他起自性及圆成实自性中,随起言说。"在依他起性上可起言说,由此可见,未起言说的依他起性是离言依他起性。

此外,《胜义谛相品》说,圣者证得离言法性后,"即于如是离言法性,为欲令他现等觉故,假立名相,谓之有为……谓之无为"。所以,在离言法性上,可安立有为法与无为法。《瑜伽论》说离言自性包括真如与唯事(离言依他起性),由此推论,圣者是在真如上安立无为法,在唯事(离言依他起性)上安立有为法。

进而可探讨的一个问题是:凡夫的第八识、前五识和五俱意识所认知的,是否是离言依他起性?因为这些识都是现量,所以都没有名言参与。但如果这些识认知的是离言依他起性,那么,这意味着凡夫的有漏识能认知离言自性,而这与离言自性只有圣者能认知的结论是相违的。因此,正确的结论应是:这些识的认知虽离名言,乃至认知的是离言相,但此离言相不是离言依他起性。因为,这些识所认知的色法都由名言种子(表义名言种子)生起,而色法的名言种子无始以来已被熏成,所以,这些识的认知虽离名言,但所认知的仍是名言法,而非离言自性(离言依他起性)。同样的例子就是,不能运用语言的婴儿和动物，虽然其认知是离言的，但这并不意味着他们（它们）是在认知离言自性（离言依他起性）。

### 3. 遍计所执性由依他起性与圆成实性而起

本经多处说，遍计所执性是在依他起性与圆成实性上而起，这与后来唯识典籍只说在依他起性上起遍计所执性，有所不同。

如本经说："彼诸有情于依他起自性及圆成实自性中，随起言说；如如随起言说，如是如是由言说熏习心故，由言说随觉故，由言说随眠故，于依他起自性及圆成实自性中，执着遍计所执自性相。"分析此段经文，"于依他起自性及圆成实自性中，随起言说"，意味着未起言说的依他、圆成是离言依他、圆成，起言说后的依他、圆成是名言依他、圆成。进而，由言说，在依他、圆成上起遍计，执着遍计所执性。

本经又说："如如执着，如是如是于依他起自性及圆成实自性上，执着遍计所执自性，由是因缘，生当来世依他起自性。由此因缘，或为烦恼杂染所染，或为业杂染所染，或为生杂染所染，于生死中长时驰骋，长时流转，无有休息；或在那洛迦，或在傍生，或在饿鬼，或在天上，或在阿素洛，或在人中，受诸苦恼。"

所以，对遍计所执性（名言自性）的执着，又会熏成新的种子，"生当来世依他起自性"，这就是烦恼杂染、业杂染、生杂染，由此而在生死中轮回。

综上所说，本经解释生死轮回的理论是名言、离言两分法。一方面是离言法性，包括圆成实真如和离言依他起性；另一方面是安立了名言的诸法（染分依他起性）及诸法名言自性（遍计所执性）。后者是杂染法，是生死轮回的根源。而本经的解脱方法，如下文所说，也依名言、离言两分法，即遣除杂染法，证离言法性。

# 三、唯识密意说

## （一）密意说之含义

密意说，是唯识论为与佛教其他教理作会通的一种说法。唯识密意说主要建立在唯识论的三无性上。

三无性就是相无自性性（简称相无性）、生无自性性（简称生无性）、胜义无自性性（简称胜义无性）。三无性分别依三自性而立，即相无性依遍计所执自性而立，因为遍计所执自性无自相；生无性依依他起自性而立，因为依他起自性有缘生性，无自然生性，就无自然生性说依他起自性为生无性；胜义无性主要依圆成实自性而立，因为圆成实自性是由诸法无我性所显，所以圆成实自性也称为胜义无性。

就三自性与三无性的关系来说，唯识论的立场是：三自性是本，三无性是末，因为三无性是依三自性而立。此中理由：一、如本经说，三无性一一依三自性而立。二、如本经说："非由有情界中诸有情类，别观遍计所执自性为自性故，亦非由彼别观依他起自性及圆成实自性为自性故，我立三种无自性性。然由有情于依他起自性及圆成实自性上，增益遍计所执自性故，我立三种无自性性。"即三无性并非要一一否定三自性，实际要否定的只是遍计所执自性，因为三自性并非都没有自性，实际只是遍计所执自性没有自性。

依三无性，本经立各种密意说。唯识论的"密意"，指相应的教法只强调法义的某一点或某一方面，尚未全面充分完整地说明法义，因此是"密意"的方便说，不是"显了"的究竟说。密意说不显了，因此也被说成是不了义。

唯识论立三无性，如下所说，主要是要会通般若经等流行佛经的说法，将其判为密意说，以确立唯识论为了义教的地位。

## （二）唯识了义说

依密意说，本经建立了唯识了义说。此唯识了义说，是依本经的"三时教法"而展开的。

"三时教法"是将佛陀的教法分为三个时期，按本经的说法，第一时中，佛陀为发心求声闻乘者，说四谛等教法，属不了义；第二时中，佛陀为发心求大乘者，密意说"一切法无自性"等教法，仍属不了义；第三时中，佛陀为三乘修行者，显了说"一切法无自性"等教法，是真了义。

"一切诸法皆无自性、无生无灭、本来寂静、自性涅槃"，是般若系经的根本教义。本经认为，般若系经的此类说法只是密意说，是佛陀第二期的说法，是不了义的。

　　首先看"一切法无自性"。按唯识论的看法，实际只是遍计所执自性无自性，依他起自性和圆成实自性实际是有自性；或者说，遍计所执性的一切法没有自性，依他起性和圆成实性的一切法有自性。这样的话，第二阶段，佛陀在般若经中说"一切法无自性"，就只是密意说，即没有充分全面完整地展开此说的内涵；到了第三阶段，佛陀显了说此教法，才真正展开了此说的内涵。

　　其次是"一切诸法无生无灭、本来寂静、自性涅槃"。唯识论认为，这是依相无性和一分胜义无性而说，因为遍计所执性（相无性）的一切法，本来就没有；而圆成实性（胜义无性）的一切法（真如、涅槃），确实是"无生无灭、本来寂静、自性涅槃"。但"一切诸法无生无灭、本来寂静、自性涅槃"，不能依生无性（即依他起性）说，因为依他起性的一切法（一切有为法），无论从什么意义上，都不能成立"无生无灭、本来寂静、自性涅槃"。由于"一切诸法无生无灭、本来寂静、自性涅槃"只是部分成立，不是无条件地完全成立，所以也只是"密意说"。

　　因此，"一切诸法皆无自性、无生无灭、本来寂静、自性涅槃"，是密意说，是佛陀第二时教法，是不了义；唯识论的相关说法，才是了义说，即唯识论是了义教法。

　　综上所说，本经以三自性和三无性为基础，判佛陀的教法为"三时教法"，由此确立了唯识论为了义教的地位。而"三时教法"，是唯一的佛经中说到的判教方法，作为圣言量，具有无可争辩的权威性。

## （三）三乘了义说

一乘究竟还是三乘究竟，这在佛经中有不同说法。本经依三无性，认为三乘是究竟，而将"唯有一乘"归为"密意说"，这可从修行论来论证，本经说三无性的意趣，也是为了指导修行。

本经指出，从修行位次来看，世尊先对资粮位（或从十信至十回向）的佛弟子说生无性（即依他起性），以明诸法缘生道理，使他们通过修行，最终使种善根等五事具足。继而，世尊对加行位修行者说相无性和胜义无性，使他们生起真正的厌离心，依两种无自性性，"令其于一切行能正厌"，从三种杂染解脱，最终证入通达位（见道位）。进而，在修习位（即修道位）中，诸菩萨仍依两种无自性性，勤奋修行，最终证入佛位。

由于所有修行者都依三无性修行（道一），并最终都能证得（无余依）涅槃（果一），所以世尊密意说"唯有一乘"。但实际上，修行者的根机不同，其中，有定性二乘，他们最终还是不能证得大乘的无住涅槃；同时也有不定性的二乘，他们能回向大乘。所以，就不定性二乘，也可说"唯有一乘"。但因为还有定性二乘，所以"唯有一乘"只是密意说。

本经的《地波罗蜜多品》也说一乘是密意说："善男子，如我于彼声闻乘中，宣说种种诸法自性，所谓五蕴，或内六处，或外六处，如是等类；于大乘中，即说彼法同一法界、同一理趣故。我不说乘差别性。于中或有如言于义妄起分别，一类增益，一类损减；又于诸乘差别道理，谓互相违。如是展转递兴诤论，如是名为此中密意。"

由引文可知，此一乘说，只是依同一法界、同一理趣说的，是密意说，实际上还是三乘究竟。

# 四、唯识修行观

本经的《分别瑜伽品》《地波罗蜜多品》二品宣说唯识修行。本经的修行论，既有传统的理论和方法，如闻思修、十地修波罗蜜多等，又有自宗特色。以下主要论述本经的唯识修行特色。

## （一）唯识修行种姓观

本经认为，有情种姓有种种差别，"或钝根性、或中根性、或利根性"。大乘修行是否能成功，首先取决于种姓。

"若一向趣寂声闻种姓补特伽罗，虽蒙诸佛施设种种勇猛加行方便化导，终不能令当坐道场证得阿耨多罗三藐三菩提。"所以，如果是定性声闻，那终不能修成佛果。

"若回向菩提声闻种姓补特伽罗，我亦异门说为菩萨。"所以，三乘不定种姓，才有可能修成佛果。

因此，有声闻乘种姓、独觉乘种姓、如来乘（或菩萨乘）种姓，还有三乘不定种姓，其中，只有如来乘种姓和不定种姓能修成佛道。

本经宣说的三乘定姓与不定种姓，开启了唯识论的种姓理论。

## （二）唯识修行次第论

佛教修行位次，简单地说，可分为五位：资粮位、加行位、见道位、修道位、究竟位。但具体修行内容，各宗有所不同，如见道，小乘是见四谛，大乘是证真如，因此修行内容有所差异。

本经对修行次第及相应修行内容，也作了唯识论的说明。如前所说，世尊先对资粮位（或从十信至十回向）的修行者说生无性（即依他起性），后对加行位的修行者说相无性和胜义无性，修行者依此次第，最终能证入通达位（见道位）。进而，在修习位（即修道位）中，诸菩萨仍依两种无自性性修行，断所知障等，最终证入佛位。

## （三）唯识止观理论

佛教修行的基本方法是止观，佛教各宗都有各自的止观理论和方法。本经的止观定义，就有明显的唯识论特点。

一是止与观的唯识性。关于止与观，本品突出了影像的概念，观的对象是有分别影像，止的对象是无分别影像，即观与止的差别就在于对影像是否作分别。此中的影像，就是闻思阶段所学习思维的一切佛法，包括教理，也包括修行方法。比如修数息观，看似在观气息，实际观的还是第六识中变现的气息的影像，这就是"识所缘，唯识所现"。

二是止观双运的唯识性。关于止观双运，本品指出其所缘类别有事边际所缘与所作成办所缘，前者是见道位所缘，后者是究竟位（佛位）所缘，这与本品的止观双运定义完全吻合。本品的止观双运定义是："正思惟心一境性。""心一境性"，通常似乎是止（定）的定义，但实际也可用在观中，各宗对其也有各自的表述。本品对"心一境性"的解释是："通达三摩地所行影像，唯是其识；或通达此已，复思惟如性。"这样，止观双运就是：依心一境性，通达世俗唯识性（一切唯识）与胜义唯识性（真如）。这就与上述的事边际所缘与所作成办所缘相吻合了。

因此，本品说的止观双运修习，就是证入见道位，并最终证入佛位。而止观双运的方法，是缘总法止观。此缘总法止观，起于加行位，修习纯熟则见道，然后在修道位继续修习，修习圆满则入佛位。

## （四）本经的见道方法

唯识见道的基本途径是闻思修。闻就是听闻佛法，包括教理和修行方法等。思就是对所闻佛法深入思考，理解把握，牢记不忘。修就是修止观，即依托止（定境），观所闻思佛法，进而遣一切法，无所得而见道。

修行方法，本经说了缘别法止观、缘总法止观，还有知法知义止观、由真如作意、空观、总空性相等。这些方法的相互关系，参见下表。

表　本经修行方法

| 缘　　别 | 缘　　总 |
|---|---|
| 知法知义止观<br>空观 | 由真如作意<br>缘总法止观<br>总空性相 |

上表中，缘别（法止观），就是依据佛的一一教法而修止观；缘总（法止观），则是将佛的所有教法集为一团而修止观。缘总中，由真如作意，实际是加行位的缘总法止观。总空性相，是依三自性作观，实际上也是缘总，因为依他起性就是总说一切有为法。

缘别法止观，是传统的止观方法，如知法知义止观，是对如来宣说的法相和义相（详见下文）一一作观；空观，是以一一空除遣难可除遣相，这些都是与其他教派共同的修行方法。

与见道相关的方法是缘总法止观与总空性相，此二法都是本宗特定的修行方法，与唯识教理密切相关，两者有异有同。

就本经的止观见道来说，所观境包括三类，一是名言境与离言法性，二是三自性，三是法相与义相；所修行主要是缘总法止观和总空性相；所证果为离言法性。

## 1. 名言境、离言法性与缘总法止观

本经《胜义谛相品》中提出了离言法性的概念，在唯识六

经十一论中，此概念只在本经和《瑜伽论》中出现（《瑜伽论》称作离言自性），此后的唯识典籍基本都不说了（此中原因，另外论述）。离言法性（或离言自性）的概念，导致了一系列特定的唯识教理的出现，包括本经的修行见道方法。

对离言法性，本经没有界定其含义，但说了其特征：一是离言法性只有圣者能证得，二是圣者证得离言法性后安立有为法与无为法。也就是说，有为法与无为法只是由名言所安立，此名言有为、无为法可称为名言境；与之相对的是离言法性，按《瑜伽论》，离言自性（即本经的离言法性）包括真如与唯事。进一步可推断：依真如安立无为法，依唯事安立有为法。

因此，《胜义谛相品》所说的所观境，是名言有为法、无为法。但《分别瑜伽品》所说的止观所缘境是法相与义相，法相有名、句、文等五法，义相则有十义（从存在详说一切法）、五义（从认知略说一切法）、四义（从心说一切法）、三义（从能诠所诠合说一切法）。止观修行中，先是观法相与义相，后由缘总法止观（其加行位是由真如作意）遣法相与义相（详见相应经文"评析"）。那么，此处的法相、义相，与前文的名言有为法、无为法是什么关系？应该说，法相、义相，就是名言有为、无为法的展开，所以，法相、义相也是名言境。缘总法止观就是遣名言境，证离言法性。

如《分别瑜伽品》说："由真如作意，除遣法相及与义相。若于其名及名自性无所得时，亦不观彼所依之相，如是除遣。如于其名，于句于文，于一切义，当知亦尔；乃至界及界自性无所得时，亦不观彼所依之相，如是除遣。"

此中，从"名"至"界"，指安立了名言的一切法，可称名言诸法；从"名自性"至"界自性"，指诸法名言自性。"除遣法相及与义相"，就是除遣名言诸法及诸法名言自性，至"无所得"。而名言诸法及其名言自性所依是离言法性，"不观彼所依之相"，就是不观离言法性。此法双破增益执与损减执。其中，执实有名言诸法及诸法名言自性，是增益执，因为名言诸法及诸法名言自性都是对离言法性的增益；不观离言自性，是破损减执，因为离言自性是有，无需破也无法破，只是在加行位中暂时不观。此不观正是见道后所证，即见道后所证是离言法性。

缘总法止观是依名言、离言两分法论述见道。名言、离言两分法并非不可用三自性来说明，如名言自性是遍计所执性，名言诸法是依他起性，离言法性是圆成实性（或者，离言法性中的真如是圆成实性，唯事是离言依他起性）。但名言、离言两分法本身就是一种对见道的论述体系，无需三自性也能说明见道，其所依据的是断染证净的修证方法，即名言境是染法，离言法性是净法，修行就是断除染法、证得净法。

### 2. 三自性与总空性相

总空性相表面上是依三自性论述见道，但在本经的体系中，总空性相实际仍是依名言、离言两分法论述见道。

总空性相的定义是："若于依他起相及圆成实相中，一切品类杂染清净遍计所执相毕竟远离性，及于此中都无所得，如是名为于大乘中总空性相。"

此定义中，"遍计所执相毕竟远离性"，指断遍计所执性。而此遍计所执性是在"依他起相及圆成实相"上生起，因此，此"依他起相及圆成实相"不是离言依他、圆成，而是名言依他、圆成。"于此中都无所得"就是遣名言依他、圆成，至无所得。此定义虽未说所证，但可推断，所证是离言依他、圆成，即离言法性（详见《直解》相关"评析"）。这样的话，总空性相虽是依三自性名相说见道，实际还是依名言、离言两分法说见道。

由此可见，本经论述见道方法，先由知法知义止观到由真如作意（缘总法止观）遣除法相、义相，再由空观（一一除遣难除之细相）到总空性相，实质上都是依名言、离言两分法论述见道，或者说，依断染（名言境）证净（离言法性）论述见道。

# 五、唯识佛果观

本经的《如来成所作事品》，是说所证果，主要宣说如来存在形态的不可思议性。如来的存在形态，通常表现为佛身和佛土。

首先，关于佛身，诸经论说法有所不同。大多数经论说有三身，但三身名称又有不同，有说法身、报身、化身，有说法身、报身、应身，有说法身、应身、化身，有说自性身、受用身、变化身。《成论》作了总结，认为自性身、自受用身、他受用身、变化身，统称法身。其中，自性身相当于其他经论说的法身，是真如理体，无形无相；自受用身相当于其他经论说的报身，是佛的无漏身心，为佛自己受用，并是他受用身和变化身的所依；他受用身和变化身依自受用身生起，他受用身是为十地菩萨受用，变化身是为凡夫有情受用，他受用身和变化身，相当于其他经论说的应身或化身，是如来教化凡圣有情之身。

本经说佛身，明确提到的只有二身，即法身与化身，但实际上还是说了三身或四身。

本经说法身："若于诸地波罗蜜多善修出离，转依成满，是名如来法身之相。当知此相，二因缘故不可思议：无戏论故，无所为故。"

此处所说的法身之相，具有如下特点。一、如来法身是转依而得。关于转依，本经只是说修十地波罗蜜多而成就圆满法身，没有更具体的说明；后来唯识论对转依则有详尽展开。二、如来法身无戏论，即法身离名言。三、如来法身无所为，即是无为法，所以只是真如理体。

但仔细辨别可知，本经所说的法身，具有广义和狭义两种含义。

本经的广义法身，如同《成论》所说的，包括三身或四身，如本经说如来法身不同于二乘解脱身：二乘所证只能说是解脱身，不能说是法身；如来所证，是法身，具无量功德。这是依广义法身而言。又说"如来法身为诸有情放大智光，及出无量化身影像，声闻、独觉解脱之身无如是事"，这也是依广义法身而言。本经的狭义法身，如同《成论》所说的自性身，如本经说"法身之相，无有生起"，这是依法身是真如理体而言。

由于本经有广、狭两种法身，所以，每一处经文中的法身究竟指什么，需根据内容仔细辨别。

本经说化身："一切如来化身作业，如世界起一切种类，如来功德众所庄严，住持为相。"此化身，可认为是包括圣者受用的他受用身和凡夫受用的变化身。本经认为，如来依法身起化身，所示现的化身能为十地菩萨和凡夫众生宣说契经、调伏（律）和本母（论议类的经）等各种教法。

此外，本经实际也说了自受用身。本经在宣说如来心时，说"有无加行心法生起"。"无加行心法"，就是不由作意等功用任运而起的心法。此"无加行心"，不属于法身，因为"法身之相，无有生起"，故法身无身心相。此外，此"无加行心"，也不同于化身之心，化身心"非是有心，亦非无心"，"无自依心故，有依他心"；而此"无加行心"，则是"有心"不是"无心"，是"自依心"非"依他心"。由此来看，此"无加行心"就是自受用身之心。而此自受用身之心，正是化身心之所依，即化身无自心，而是"依他"自受用身心而起。

综上所说，本经说的狭义法身，是真如理体，没有身心形态的存在；本经说的"无加行心法"，对应自受用身，是自受用身之心，此自受用身心，是如来真实的身心；本经说的化身，包括他受用身和变化身，此身及相应心，不是如来真实的身心，是依如来自受用身心而起的幻化的身心。

# 六、本经唯识义

唯识，就是一切法唯识。对此命题进一步展开，主要有两种唯识义：一、一切法唯识所生（以下简称为"唯识所生"）；二、一切法唯识所变现（以下简称为"唯识所变"）。此两种唯识义中，"唯识所生"，归根结底是说，一切法都由第八识中的种子生起，其前提或可推出的结论是，一切法都有种子；唯识所变，则是指一切法都由现行识变现。

《成论》论述过因能变和果能变两个概念，因能变指能生起诸法的种子，果能变指现行八识生起诸法（或者说，生起相分和见分）。"唯识所生"实际是从因能变角度说一切法唯识，"唯识所变"是从果能变角度说一切法唯识。

本经对唯识（如唯识无境）没有直接的阐述，但有两个相关观点：一是根本识藏一切法种子；二是识所缘，唯识所现。这两个观点，分别与唯识所生义与唯识所变义相关，对后来的唯识论产生了重要影响。

## （一）根本识藏一切法种子

本经《心意识相品》说，一切种子心识执受"相、名、分别言说戏论习气"，换言之，即第八识藏有"相、名、分别"

种子，[1] 这是取"相、名、分别、正智、真如"五法体系的染法部分，就染法来说，一切法就是"相、名、分别"。第八识藏有"相、名、分别"种子，又可推出两个结论：一是一切法都有种子，例如，"名"也有种子。二是第八识藏有一切法种子。

但本经的其他论述，似乎也说并非一切法都有种子，如《一切法相品》中依他起性的定义是："云何诸法依他起相？谓一切法缘生自性，则此有故彼有，此生故彼生，谓无明缘行，乃至招集纯大苦蕴。"从此定义来看，依他起性是"缘生自性"，所以，一切依他缘而起的法，都是依他起性，也就是说，一切法的生起，并不一定要有种子。此定义所举的例子是"无明缘行"，这是十二因缘的例子。而在十二因缘中，前支对后支，是增上缘，这似乎是说，依他起性的生起，只有增上缘亦可，并不一定需要因缘（种子）。

之所以出现说法不一的情况，是因为本经对一切法体系，有多种论述。与《摄论》相比，《摄论》的一切法体系就是十一识，十一识在阿赖耶识中都有自己的种子，由自种、依他缘而生起，所以十一识以（阿赖耶）识为性，由此可说，一切法唯识。这是从因能变角度说一切法唯识。

但本经的第八识藏有"相、名、分别"种子的教法，虽还不是真正的唯识义，却为此后唯识论的阿赖耶识中藏有一切法种子、一切法即是识性开了先声，可以说，《摄论》的十一识

---

[1] 种子概念，经部就有，所以说有种子，不意味着唯识；但说第八识藏有一切法种子，那必定是唯识。

都有种子，实际上是源于本经。

## （二）识所缘，唯识所现

本经对唯识义的最直接表达，是《分别瑜伽品》中所说的"识所缘，唯识所现"，这可说是唯识义的经典表达，为以后的唯识论所遵循。

但此"识所缘，唯识所现"，在本经中，主要是讨论定中所缘境，进而推广到散位所缘境，意谓定位和散位的认识对象（"所缘"），都是由识变现。而无论是定位还是散位所缘境，其能缘是前六识，主要是第六意识，并不涉及第八识（当然也不涉及第七识），因而此结论并不具有普遍性，但为唯识义提供了一条决定性的判别原则。到后来，《唯识三十颂》以三能变来说一切法的变现，使"识所缘，唯识所现"的原则，真正成为一个普遍成立的原则。

## 结　语

本经是唯识论奠基性经典。本经在般若系经之后出现，是为开示了义教法，也是为对治由对般若系经"一切法无自性"等教法不能正确理解而出现恶取空之弊端。为破恶取空，本经提出了离言法性、三自性等一系列唯识根本教义；为开示了义教法，本经提出了三时教法之判教方法。

本经指出，离言法性是真实有，是圣者所证；三自性中，圆成实性和依他起性也是有，不是无。由此，本经以离言法性和三自性破恶取空。进而，本经由三时教法，判"一切法无自性"的般若教法与唯识教法并不相违，但"一切法无自性"等教法是密意说，不是显了说，由此而显示唯识论是了义说。

离言法性的教法，对本经的理论体系影响重大。首先，离言法性影响了本经的三自性含义。三自性中，圆成实性就是离言法性（实际还包括离言依他起性，暂且不论），是出世间法；而世间法则是遍计所执性与依他起性。本经的遍计所执性是名言自性，如上文所分析。本经的依他起性，其定义虽是依不特定的"他缘"而起之法，但在论述依他起性之缘起时，本经又说，依他起性是依"遍计所执自性执"而起。"遍计所执自性执"，其中的遍计所执自性就是名言自性，分别心对名言自性的执着，熏成了诸法的名言种子，名言种子又能生起诸法，这就是依他起性。这样，世间法就是（名言）诸法与诸法名言自性。而世间法与出世间法就依名言与离言来划分。

其次，离言法性的教法又影响到了见道方法。本经的见道方法就是：遣名言诸法与诸法名言自性，证离言法性。

最后，这种名言、离言两分法，也一定程度上影响到了本经的唯识义，即世间是名言的世间，一切法都有其名言种子，阿赖耶识中藏有一切法的名言种子。此教法对以后的唯识论产生了重要影响。

再看本经对后世的其他影响。首先是离言法性，此概念其后只出现在《瑜伽论》中，对《瑜伽论》产生了重要影响，其他唯识典籍则基本不再提及离言法性。由此,其他唯识典籍的遍计所执性也不强调是名言自性,见道方法也不依名言、离言两分法,等等。但另一方面,虽然特定的离言法性概念没有延续下去,而胜义谛离言,真如境界是"言语道断、心行处灭"。这样的结论,却是所有唯识经典的共同观点,也是与其他大乘教派的共同观点。

此外,本经的胜义谛诸相、阿赖耶识是一切世间法的源头、三自性三无性的基本理论面目、唯识修行的基本途径、唯识佛果的基本特征,这些观点和理论,构成了此后唯识论的基本理论框架。尤其是"识所缘,唯识所现"的原则,虽在本经中只针对六识,但后来推广成了适用八识的普遍原则,成为"唯识无境"说的一个根本判别原则(上述本经对后世唯识论的影响,及其他未展开的内容,详见《丛书总序言》)。

# 序品第一

【题解】

佛经的结构，通常包括三部分：一是"因缘分"，即说本经的因缘；二是"正说分"，即本经的内容；三是"奉行分"，即与会大众闻教欢喜信受等（这三部分，旧说也称为序分、正分和流通分）。而以此结构来看，一般认为，本经缺"奉行分"；但也有一种解释是，本经的"奉行分"已分散在"正说分"中了。

本经的《序品》，就是"因缘分"。通常"因缘分"又包含两部分：一是"证信分"，二是"发起分"。"证信分"一般是佛经开始的"如是我闻"等语。"发起分"中，多数情况下是佛弟子（包括声闻或菩萨等）提问，由此引出佛的教说；但有时是佛无问而自说。而本经的《序品》，只有"证信分"，没有"发起分"。

关于本经的"证信分"，亲光的《佛地经论》判为五部分：一、总显己闻，二、说经时，三、说主，四、显说处，五、显听众。

再看《序品》的主要内容，本经的说法地点在大宫殿。大宫殿"超过三界",故非秽土;属如来的他受用土,即是净土。《序品》主要宣说大宫殿的庄严(十八圆满)、世尊的功德(总德与二十一别德),以及与会大众中,大声闻众的功德(十三功德)、大菩萨的功德(十大功德)。

**【原文】**

如是我闻:一时,

**【今译】**

以下是我的〔所见〕所闻〔真实不虚〕:当时,

**【评析】**

以下按亲光《佛地经论》所判的五分来介绍《序品》。

"一、总显己闻",即经中的"如是我闻"。为何佛经首句都是"如是我闻"?据《大智度论》等许多佛典记载,这是佛在圆寂前的嘱咐。相传佛即将涅槃时,阿难受阿泥楼驮比丘之托,向佛请问四事,其中的第四事就是"一切经首置何字?"佛答:"一切经首置'如是我闻'等言。"经首加上此句,是为了表示与外道(佛教外的各种宗教和哲学学派)的区别。"如是我闻"一句的作用,按测《疏》引真谛《七事记》的说法,是要"断三疑"。第一疑:是否释迦佛因慈悲,又从涅槃起而说本经深法?第二疑:是否从他方来的其他佛说本经?第三疑:是否阿难代兄转身成佛而说本经?"如是我闻"一句,可断此三疑，表明本经内容是释迦牟尼佛所说。所以，用"如是我闻"开卷，是要表示真实不虚。

"如是我闻"中的"我"，是指谁？测《疏》中有两种说法。一、据《大乘集法经》等佛典说，有三种阿难：一是阿难陀，传声闻法；二是阿难贤，传缘觉法；三是阿难海，传大乘法。据此来说，大乘经也是阿难所传。二、圆测说："谓传佛教，曼殊室利及阿难等，皆作此言：如是所说甚深等，我昔曾闻。"这样看来，"我"是指曼殊室利（即文殊师利）和阿难等。由此可作推论：小乘经是阿难所传，大乘经是文殊师利所传。因为在大乘教义中，菩萨乘高于声闻乘，而四大菩萨之首的文殊师利菩萨，更是七佛之师，智慧第一，所以传大乘佛经的应是文殊菩萨。

亲光所判的第二"说经时"，即是经文中的"一时"。由于佛经一般都没有确定的说经时间，所以用"一时"来表示说经时。据测《疏》，甚至有这样的传说：如来从证道至涅槃，一直在说《般若经》《华严经》《大集经》，未曾间断。

【原文】

薄伽梵住最胜光曜七宝[1]庄严[2]，放大光明，普照一切无边世界；无量方所，妙饰[3]间列；周圆无际，其量难测；超过三界所行之处；胜出世间善根所起；最极自在，净识为相；如来所都，诸大菩萨众所云集，无量天、龙、药叉、健达缚、阿素洛、揭路荼、紧捺洛、牟呼洛伽，人非人等常所翼从；广大法味喜乐所持；现作众生一切义利，蠲除一切烦恼缠垢，远离众魔；过诸庄严，如来庄严之所依处；大念、慧、行以为游路，大止、妙观以为所乘，大空、无相、无愿解脱为所入门；无量功德众所庄严、大宝华王众所建立大宫殿中。

## 【简注】

[１] 七宝：一般指金、银、吠琉璃、颇胝迦、赤真珠、阿湿摩揭拉婆、牟婆洛揭拉婆，大多为印度特产，此土所无，所以只用译音表达。

[２] 庄严：即装饰。大多用于褒义，如以丰富华美的装饰物来装饰物质环境；或以功德修身，使自己端庄威严。但也可用于贬义，如《佛说观无量寿佛经》："以诸恶法而自庄严。"

[３] 妙饰：测《疏》释为"如华、文等"，即花卉、图文等。

## 【今译】

世尊住在由无比光明的七种宝所装饰［的大宫殿中］；［七种宝］所放的大光明，［同时］普遍照耀无量无边的世界；［大宫殿中］无量的场所，都有无量美妙装饰物相间陈列；［大宫殿的］范围无边无际，其体积难以测量；［大宫殿非三界之内，而是］超出三界的一切范围；［大宫殿由如来根本无分别智与后得智等］殊胜的出世间善根［为因］而生起；［大宫殿以如来的］最为自在的清净识为体相；［大宫殿由］如来主持，众大菩萨云集，无量天、龙、夜叉、健达缚、阿修罗、妙翅鸟、乐神、蟒神［等天龙八部］似人非人等始终随从辅佐；［大宫殿中诸佛菩萨以］大乘法味所生喜乐来维持自身；每时每刻都作能使众生获大利益的一切事，断除了一切烦恼的现行和种子，破一切魔；[大宫殿] 胜过一切 [由众生所] 装饰 [之处]，是依如来功德所装饰之处；[大宫殿以] 大念、大慧、大行作为道路，大止和妙观作为车辆，大 [乘的] 空解脱、无相解脱、无愿解脱作为进入之门；[大宫殿] 建立在众多由无量功德 [所生和] 所装饰的、无比珍贵的众花之王（红莲花）之上，[佛就住此] 大宫殿中。

【评析】

此处宣说本经的"说主"和"说处"。

亲光所判的第三"说主"，即是经中所说的"薄伽梵"。"薄伽梵"是佛的多种称号（常说有十号）之一，也译作婆伽婆等，意译作有德，或世尊（意谓具备众德为世所尊敬）。《佛地经论》第一卷列举薄伽梵六义：自在义、炽盛义、端严义、名称义、吉祥义、尊贵义。

《大智度论》第二卷说："佛法有五种人说：一者佛自口说，二者佛弟子说，三者仙人说，四者诸天说，五者化人说。"当然，其他四种人的说法，归根到底是佛说。因为他们是在法会上于佛前所说，得到佛的印可，所以也被作为圣教而流传下来。

佛经中的说主，有的经，如《无上依经》《金刚经》等，佛、婆伽婆并称。据测《疏》引真谛《七事记》的说法，佛与婆伽婆两名号的关系，有四种情况：一、是佛非婆伽婆。即声闻、缘觉二乘，观四谛，证无余涅槃，可称为佛；但不修功德行，非婆伽婆。二、是婆伽婆非佛。即菩萨功德行满，可称婆伽婆；但还在因位，智能未圆满，不可称佛。三、非佛非婆伽婆。即凡夫，不修智能，不名为佛；不修功德，非婆伽婆。四、亦佛亦婆伽婆。即佛世尊，智能圆满，故名为佛；功德具足，名婆伽婆。所以，经中"佛婆伽婆"并称是因为，若只称佛，恐与二乘混同；若单称婆伽婆，恐与大菩萨及转轮王混同；"佛婆伽婆"合说，即是如来。

此后是亲光所判的第四"说处"，包括如来住处庄严以及如来总别功德。

本段从"住最胜光曜"至"大宫殿中"，就是宣说如来住处庄严。此住处就是说本经地点。具体说，"说处"就是本段末的"大宫殿"，而"大宫殿中"之前的文字，都是对"大宫殿"的描述，所包含的内容，按测《疏》，为十八圆满。

但此"大宫殿"究竟在何处，有二说。本经的另一译本《解节经》说，"如是我闻：一时，佛婆伽婆住王舍城耆阇崛山"，即认为此经是化身如来在秽土中说。而本译本和另一译本《深密解脱经》则认为，本经是佛的受用身在净土中说，即此"大宫殿"就是佛的净土。从下文来看，大宫殿"周圆无际，其量难测；超过三界所行之处"，故应以后说为准。

但《佛地经论》又提供了一种说法。该论讨论《佛地经》在何处说时，有三种说法。前两种说法如上，第三种是"如实义"说，即佛陀在说该经时，地前大众是见佛的变化身居此秽土，为其说法；地上菩萨是见佛的受用身居净土，为其说法。听到的虽然相同，而理解有浅有深，行持也各不相同。但本经所说的听众，只有菩萨和大阿罗汉，没有凡夫大众。

如上所说，"大宫殿"或佛净土有十八圆满，其中，第一是"显色圆满"，即"住最胜光曜七宝庄严，放大光明，普照一切无边世界"。所谓"显色"，即色法（物质）分显色、形色、表色，显色指青黄赤白等。此处的"住最胜光曜七宝庄严"，据测《疏》，此文可有两种解释：一、大宫殿由无比光明的七宝所装饰；二、大宫殿由七宝装饰，所以无比光明。由于在本段中，"住最胜光曜七宝庄严"是形容"大宫殿"，所以第一种解释较为通顺。

十八圆满的第二圆满是"形色圆满"，所谓"形色"，指长短方圆等，此处泛指房屋、场所、装饰物等一切物体。而"形色圆满"，即经中的"无量方所，妙饰间列"，意谓大宫殿中无量的场所都放置着无量美妙装饰物。

第三圆满是"分量圆满"，即经中的"周圆无际，其量难测"，意谓大宫殿或如来净土，无边无际，难以测量。但据实而言，如来净土，就受用土来说，有两种：一、自受用土，无边无际，诸大菩萨都不能见。二、他受用土，用以度地上菩萨，其土有边际，或大或小，或劣或胜，但只能为菩萨所见，凡夫仍不能见不能测其大小。本经中的大宫殿，就是如来的他受用净土，故说"其量难测"。

第四圆满是"方所圆满"，即经中的"超过三界所行之处"，意谓大宫殿并非在三界内，而是出三界。

第五圆满是"因圆满"，即经中的"胜出世间善根所起"，意谓大宫殿是以如来的根本无分别智和后得智为因而生起，佛菩萨的根本智与后得智超过二乘出世间圣道，所以是"胜出世间善根"。

第六圆满是"果圆满"，即经中的"最极自在，净识为相"，意谓大宫殿是以佛的最为自在的清净识为体相。这里的清净识，指与佛的大圆镜智相应的清净第八识心品，即由清净第八识心品变现自受用土，成为大宫殿（他受用土）的所依，所以，大宫殿以最极自在净识为体相。

第七圆满是"主圆满"，即经中的"如来所都"，意谓大宫殿由世尊主持摄受。

第八圆满是"辅翼圆满"，即经中的"诸大菩萨众所云集"，意谓有无数大菩萨常来辅翼，如亲光释，"诸来朝者，名为辅翼"。

第九圆满是"眷属圆满"，即经中的"无量天、龙……常所翼从"。"眷属"即天龙八部，包括天、龙、药叉、健达缚、阿素洛、揭路荼、紧捺洛、牟呼洛伽，又称八部众，为守护佛法而有大力之神。八部众中，以天、龙二众为首，故统称天龙八部。其中，"药叉"，即'夜叉'，指能飞腾空中的鬼神；"健达缚"，旧译"乾闼婆"，意为寻香行，以香为食，是帝释天的音乐神；"阿素洛"，即阿修罗，为六道之一，喜争斗，属恶神，常与天道众生发生战争，但作为天龙八部之一类，也能护持佛法;"揭路荼",旧译"迦楼罗",意为金翅鸟,今译妙翅鸟,身形巨大,取龙为食;"紧捺洛",体是畜生形状,面目似人,但顶有一角,是帝释天的歌神,与乾闼婆共同事奉诸天;"牟呼洛伽",即大蟒神。此外,"人非人",狭义指"紧捺洛",似人而非人;广义指天龙八部,天龙八部都是"非人",但他们来听佛法时都化作人形,故天龙八部都称"人非人"。关于大宫殿中的天龙八部是实是假,《佛地经论》中有讨论,大意是:既然净土超出三界,为何还有天龙八部?答:是佛化现,庄严净土;或菩萨化现,供养如来。所以并无真实天龙八部。

第十圆满是"主持圆满",即经中的"广大法味喜乐所持",意谓净土中的佛菩萨,其根本智体味真如生大欢喜,后得智能说能受大乘法生大欢喜,由此能任持身,使不断坏。

第十一圆满是"事业圆满",即经中的"现作众生一切义利","现"指现行,如来(广义包括菩萨)虽在定中,但能现行作一切利益众生之行;或者说,佛(菩萨)无时无刻不在定中,但又时时刻刻都在作利益众生之行。

第十二圆满是"摄益圆满",即经中的"蠲除一切烦恼缠垢",意谓断除了一切烦恼的现行和种子。关于"烦恼"与"缠垢"的含义,有种种不同说法。有说:烦恼、缠垢同义。有说:烦恼指根本烦恼,缠垢指随烦恼。有说:烦恼指烦恼种子,缠垢指烦恼现行。关于断烦恼的现行和种子,初地菩萨断分别烦恼障和分别所知障的现行和种子;八地菩萨,俱生烦恼障不起现行,俱生所知障还能现行;佛位则断俱生烦恼障种子，以及俱生所知障的现行和种子。

第十三圆满是"无畏圆满"，即经中的"远离众魔"。"众魔"指烦恼魔、蕴魔、死魔及与天魔，此四种都能损害善法，所以称为魔。按大乘的说法，初地以上，离粗四魔；至佛果，究竟永离。

第十四圆满是"住处圆满"，即经中的"过诸庄严……之所依处"，意谓佛所住处，胜过一切菩萨及其他庄严住处，因为是以如来妙饰庄严为所住处。

第十五圆满是"路圆满"，即经中的"大念、慧、行以为游路"，意谓大宫殿中，以大念、大慧、大行为所行路。其中，菩萨以闻所成慧为大念，思所成慧为大慧，修所成慧为大行，以此三慧得入净土，所以称游路；如来则以根本无分别智为大念，后得智为大慧，二智都属大行，由此二智而生起净土，所以称游路。

第十六圆满是"乘圆满"，即经中的"大止、妙观以为所乘"，意谓以止观双运为所乘。因佛的止观胜于二乘和菩萨，所以称大止、妙观。

第十七圆满是"门圆满"，即经中的"大空、无相……为所入门"，意谓大宫殿以空、无相、无愿三解脱门为所入门，从此门而入净土。其中，遍计所执法无我，是空；五尘、男女、生老死十相无，是无相；观三界苦无所愿求，是无愿。缘此三种三摩地，就是三解脱门，因能由此而入净土。

第十八圆满是"依持圆满"，即经中的"无量功德……众所建立"，意谓大宫殿就建立在众多的红莲花上。其中，"大宝华王"指红莲花。红莲花由无量功德所生，为无量功德所装饰，无比珍贵（即"大宝"）；是由佛最胜善根所起，为花中之王，故称"华（花）王"。

**【原文】**

　　是薄伽梵，最清净觉。不二现行；趣无相法；住于佛住；逮得一切佛平等性；到无障处；不可转法；所行无碍；其所安立不可思议；游于三世平等法性；其身流布一切世界；于一切法，智无疑滞；于一切行，成就大觉；于诸法智，无有疑惑；凡所现身，不可分别；一切菩萨正所求智；得佛无二，住胜彼岸；不相间杂如来解脱妙智究竟；证无中边佛地平等；极于法界；尽虚空性；穷未来际。

**【今译】**

　　［住在］此［大宫殿中的］世尊，证得［对一切法的］最清净圆满觉。［具体说有二十一种功德：第一德，生死涅槃］不二境界现行生起；［第二德，］证入［真如、无住涅槃、无余依涅槃等］无相之境；［第三德，］住于［四种静虑、四无量心、空、无相等，大悲、无住涅槃等］一切佛所住之境；［第四德，］已证得［三身无别、清净智无别、作用无别等］一切佛所具有的平等性；［第五德，永断烦恼障和所知障等一切障，］到达［涅槃］无障之处；［第六德，证得外道和众魔都不

能使之退转的〕不可退转法；〔第七德，已证得处世间不为八
风所动、行利益众生事没有高下之分、一切魔不能扰乱其心之
境，〕一切行都无碍；〔第八德，〕其所安立的〔十二部教等一
切〕教法不可思议；〔第九德，〕通达〔过去、现在、未来〕三
世平等〔真如〕法性〔了知过去、现在、未来一切现象，做过
去、现在、未来一切佛所做的利益众生事业〕；〔第十德，〕其
受用身和变化身能在一切世界示现；〔第十一德，〕其智已能了
知一切法，已断一切疑；〔第十二德，〕对一切根性的众生，都
能应其根性现相应身，以大觉教化；〔第十三德，〕其了知一切
法之智，〔能了知一切众生根器，善巧教诲各类众生〕都无疑
惑；〔第十四德，〕凡所现的受用身和变化身，都不由分别，自
然而起；〔第十五德，〕成就了一切菩萨所希望求得的〔自利利
他〕之正智；〔第十六德，〕成就了一切佛平等无二法身，住在
〔真如无差别的〕殊胜之彼岸；〔第十七德，如来应众生之需
变现种种佛土〕不相间杂地〔呈现在〕如来解脱妙智中；〔第
十八德，〕证得无中心、无边际的无差别佛身佛土；〔第十九
德，〕证得最清净法界；〔第二十德，佛智及利乐有情功德〕如
虚空般无边无际；〔第二十一德，佛智及利乐有情功德〕未来
无有穷尽。

## 【评析】

此处是第四"说处"的第二部分内容，即世尊总、别
功德。

世尊所证的总功德，就是证得"最清净觉"。此清净觉，包括对一切有为法、无为法的觉知，对根本智与后得智境界的觉知，对尽所有性和如所有性的觉知。"最清净觉"后的文字，则显示世尊所证的别德，具体包括二十一德，即二十一种性质。

测《疏》讨论了为何要说总德与别德。据《佛地经论》，说二德有二义：一、是要表示诸佛胜于其他大师。二、为了让人生起信心。无性的《摄论释》也说，是为了表示如来的觉，胜于一切声闻、独觉和菩萨。

关于二十一别德，具体内容，详见译文。据测《疏》，二十一德，每一德都可以有多种解释，译文尽可能涵盖多种解释。但若干别德，内容较复杂，所以再作一些介绍。

第一德"不二现行"，主要指生死和涅槃不二现行，即凡夫执着生死，二乘执着涅槃，佛则不住生死、不住涅槃。此外，测《疏》中还提到另外的解释，如：所说的现行，包括有障无障二现行，即声闻和独觉也有障也无障，如天眼在三千世界内无障，在其外就有障，而佛完全无障。

第十德"其身流布一切世界"，据测《疏》，世亲的解释，就如译文所说，在一切世界中示现受用身和变化身；而亲光的解释稍异，即世尊从兜率天宫下生，入母胎，其化身相在三千大千世界的一切小世界中同时示现。

第十一德"于一切法，智无疑滞"，与第十三德"于诸法智，无有疑惑"，此二德在经文字面上很难区分。从诸家注来看，二德区别主要在于：前者是说佛自己已断一切疑。后者是说佛度众生时，对众生根器悉知，全无疑惑，如一众生是否有善根，能以何种方式教化，等等。

第十四德"凡所现身，不可分别"，"现身"指受用身和变化身。"不可分别"，据测《疏》，有四解：一是指佛"所现身"，不由杂染分别而起，所以称"不可分别"。二是指佛"所现身"，众生见金色等种种相，但如来实无分别，所以称"不可分别"。三是指佛依所化有情之邪正而变现相应化身，称"不可分别"。四是指佛"所现身"之数量、相貌、时节、处所，都不可分别。

第十七德"不相间杂如来解脱妙智究竟"，"不相间杂"，按测《疏》，有五解：一是种种不同佛土不相间杂。二是诸佛自受用身不相间杂。三是诸佛他受用身不相间杂。四是诸佛妙智不相间杂。五是诸佛使菩萨受用法乐不相间杂。"妙智究竟"，指佛对所现佛土等无不了知。

第十八德"证无中边佛地平等"，据测《疏》，有四种解释：一、从三身说，法身无边无际，所以称"无中边"；受用身和变化身也是如此，如真谛《摄论释》说，受用、变化二身，不可说只是此世界有彼世界无，所以，无有一法出法身外，也无有众生界出应、化两身外。二、从比喻说，如同世界无中无边，佛地也无中无边。三、从世界与佛地的关系来说，所依的世界无中无边，能依的佛地是依世界而起，所以也无中无边。四、从世界与三身的关系来说，世界无中无边，三身遍满世界，所以也无中无边。

【原文】

　　与无量大声闻众俱，一切调顺；皆是佛子；心善解脱，慧善解脱；戒善清净；趣求法乐；多闻闻持，其闻积集；善思所思，善说所说，善作所作；捷慧、速慧、利慧、出慧、胜决择慧、大慧、广慧及无等慧，慧宝成就；具足三明；逮得一切现法乐住[1]；大净福田；威仪[2]寂静无不圆满；大忍柔和成就无减。已善奉行如来圣教。

【简注】

　　[1] 现法乐住：指色界四禅的根本定，能现量领受法味之乐而安住不动。

　　[2] 威仪：即行为举止。"威仪"一般含行为举止符合规矩、具有威严之意。

【今译】

　　与世尊同在法会的还有无量大声闻，[他们具有十三德：第一德，]一切[烦恼都已断除，回向大乘，心已]调顺；[第二德，]都是佛子；[第三德，]心已[离烦恼而]完全解脱，慧已[离无明而]完全解脱；[第四德，]戒律[具足六支、已得无漏戒、已回向大乘修菩萨戒而]完全清净；[第五德，不求名闻利养恭敬，]只求由正法带来的快乐；[第六德，]听受无量经典，牢记不忘，日积月累，不断巩固；[第七德，]深入思考，善于表达，精进修习；［第八德，］具足［能迅速掌握正法和戒律的］捷慧、［具足能深入理解正法和戒律并无碍付诸实施的］速慧、［具足能细致入微地理解正法和戒律的］利慧、［具足能出离生死的］出慧、［具足能证入涅槃的］胜决择慧、［具足能解答无量问题的］大慧、［具足能深入广泛圆满通达的］广慧，以及［具足超出一般声闻的］无等慧，［具足上述各种慧，而］慧宝成就；［第九德，］具足［宿命明、天眼明、漏尽明］三明；［第十德，］获得一切色界禅定之乐而安住不动；［第十一德，断尽一切烦恼，］福田极为清净；［第十二德，］举止庄严宁静，礼仪具足无缺；［第十三德，］成就大忍，心地柔和，无退无减。［诸大声闻，所作已圆满，出离生死，位登无学，］能极好地奉行如来圣教。

## 【评析】

此处开始，是亲光所判的第五"听众"，即与会大众，包括大声闻众与无量地上菩萨。

关于声闻众，有一个疑问：本经是在如来的他受用净土中说法，如来的他受用土只为菩萨受用，即应该只有菩萨，如何此处说有声闻众？测《疏》解释说，本经说的大声闻众，实际是回小向大的声闻众。从经中说的十三德来看，也应都是回向声闻所具有的功德。

现再对十三德中的若干德做些解释。

第二德"皆是佛子"，佛子一般指能继承佛种、使之不绝的人。测《疏》说，"佛子"有三种含义：一、专指声闻；二、专指菩萨；三、通称声闻与菩萨。但不包括缘觉。《大智度论》第七十二卷说，佛子指从佛的口生、法生，包括声闻四果与十地菩萨。但辟支佛，虽也是在佛法中种因缘，却是在无佛时自己得道，就不能说是从佛口生，因此缘觉不称佛子。当然也有广义地将所有佛弟子都称"佛子"的，乃至《法华文句》将所有众生都称为"佛子"，如其第九卷说，众生常依顺佛，佛之忆念众生，亦犹如父母之于子女；且众生本具成佛之性，故称众生为佛子。

第九德"具足三明"，所谓三明，一是宿住随念智证通明，又称宿命智证明，或宿命明，指能了知自己和其他众生一生直至百千万亿生宿世状况之智慧。二是死生智证通明，又称死生智证明，或天眼明，指能了知众生一期生命终结后去处——生善道还是生恶道之智慧。三是漏尽智证通明，或称漏尽智证明，或漏尽明，指能了知证四谛、获解脱、灭除一切烦恼之智能。关于宿命、天眼、漏尽之三明与三通的关系，《大智度论》第二卷说："直知过去宿命事，是名通；知过去因缘行业，是名明。直知死此生彼，是名天眼通；知行因缘际会不失，是名明。直尽结使，不知更生不生，是名漏尽通；若知漏尽，更不复生，是名明。此三明，大阿罗汉、大辟支佛所得。"关于三明的殊胜作用，测《疏》说，宿住随念智证通，见生前事而深生厌离；生死智证通，见死后事而深生厌离；漏尽智证通，既已厌离，欣乐涅槃。

第十一德"大净福田",所谓福田,是以田作比喻,指可生福德之对象。在各种对象中,佛、佛弟子、修行者等值得尊敬者,称为敬田;父母和师长等须报恩者,称为恩田;贫者、病者等应怜悯者,称为悲田。这三类对象都为福田。此外,贫苦等怜悯对象,除指老病、聋盲、喑哑等人外,也可包括蚊子等一切畜生道众生。而更广泛的福田概念,也可泛指相应的行为或心态。比如,断尽烦恼可证圣位,所以断烦恼也可称为福田。布施不求回报可获大利益,所以此类心态也可称为福田。

【原文】

复有无量菩萨摩诃萨众,从种种佛土而来集会,皆住大乘;游大乘法;于诸众生其心平等;离诸分别及不分别种种分别;摧伏一切众魔怨敌[1];远离一切声闻、独觉所有作意[2];广大法味喜乐所持;超五怖畏;一向趣入不退转地;息一切众生一切灾横而现在前。其名曰解甚深义密意菩萨摩诃萨、如理请问菩萨摩诃萨、法涌菩萨摩诃萨、善清净慧菩萨摩诃萨、广慧菩萨摩诃萨、德本菩萨摩诃萨、胜义生菩萨摩诃萨、观自在菩萨摩诃萨、慈氏菩萨摩诃萨、曼殊室利菩萨摩诃萨等,而为上首。

【简注】

[1] 众魔怨敌:即众恶魔。因恶魔向人行恶,是人之怨敌,故称魔怨敌。

［2］声闻、独觉所有作意：狭义的"作意"，指作意心所。此处是广义
　　"作意"的含义，相当于思维。"声闻、独觉所有作意"，即二乘的
　　思维，或二乘的心念，主要特征是自利，无利他之心。

## 【今译】

　　又有无量菩萨摩诃萨，从种种佛土来此集会。[菩萨摩诃萨具有十功德：第一德，]都安住大乘境界；[第二德，]修习大乘法；[第三德，]对一切众生怀有平等心；[第四德，对时间长短不作分别，]离一切分别和不分别[以及对分别和不分别所作的]种种分别[从而能三大劫修行犹如一念，而无厌倦]；[第五德，]摧毁制伏一切魔怨；[第六德，]远离一切声闻和独觉所具有的心念；[第七德，]以大乘法味所生之喜乐作依持；[第八德，诸菩萨在初地已]超越了五种恐惧；[第九德，诸菩萨从初地]一直修行直至证入[八地以上]不退转地；[第十德，诸菩萨]息除一切众生的三界一切苦恼逼迫[的慈悲救度，能]在每一当下现行生起。[众菩萨中有十位菩萨，]他们的名号是解甚深义密意菩萨摩诃萨、如理请问菩萨摩诃萨、法涌菩萨摩诃萨、善清净慧菩萨摩诃萨、广慧菩萨摩诃萨、德本菩萨摩诃萨、胜义生菩萨摩诃萨、观自在菩萨摩诃萨、慈氏菩萨摩诃萨、曼殊室利菩萨摩诃萨等，[众菩萨以这十位菩萨]作为上首。

## 【评析】

　　此处宣说"听众"中的菩萨众。菩萨是一个宽泛的用词，

也可用于凡夫，而与会的菩萨，都是证入圣位的地上菩萨，为示与一般用法的区别，所以加了"摩诃萨"，即称"菩萨摩诃萨"。与会的有无量菩萨摩诃萨，而以十位菩萨摩诃萨为首，此十位菩萨，即是本经以下提问和解答的菩萨。

菩萨摩诃萨具有十功德，或称十大。十大的名称，据测《疏》，一是精进大，二是因大，三是所缘大，四是时大，五是无染大，六是作意大，七是住持大，八是清净大，九是证得大，十是业大。十大的具体内容，详见译文。现对其中若干功德作些简介。

第八清净大，是"超五怖畏"。五怖畏：一是不活畏，即初学者因恐惧自己的生活或许会成问题，所以在布施时不能尽其所有。二是恶名畏，即初学者为度化众生而同入酒肆等处，但不能坦然自若，犹惧他人之讥谤。三是死畏，即大乘行者虽发大心布施财物等，但仍恐惧死亡，不能舍身布施。四是恶道畏，即恐惧造作不善业而堕恶道，始终处于此种恐惧中。五是怯众畏，即面对权威或大众，恐惧自己言行有失，而不能力陈己见。此五种怖畏，在入初地时即能远离之。

第九证得大，是"一向趣入不退转地"。不退转地，一般指菩萨八地以上。此外，不退还有多种说法。在唯识宗内，如按《庄严论》第十卷的说法，不退有三类：一是未成不退，指信行地；二是已成不退，指菩萨初地至七地；三是极成不退，即八地以上。

此外，窥基在《妙法莲华经玄赞》第二卷立四不退：

一、信不退，在十信位中，第六心以上菩萨，不再起邪见；
二、位不退，十住位中，第七住以上菩萨，不再退转二乘；
三、证不退，初地以上菩萨，所证之法，不再退失；四、行不
退，八地以上菩萨，能修有为与无为行，不再退转。

# 胜义谛相品第二

【题解】

　　本章宣说胜义谛相。胜义谛相就是真如相。佛教认为，凡夫修行，证得真如相是关键一步，由此进入菩萨位，由凡入圣，从生死轮回中获得解脱。

　　本经说胜义谛相，与般若类经典说法不同。般若类经典说胜义谛，是用遮诠，即彻底否定的方法，这样，胜义谛就是毕竟空。本经说胜义谛，是用表诠，具体宣说胜义谛五相（即五种性质）：一、无二相，即胜义谛中没有有为法与无为法的差别，或没有一切法的差别。但此无二相需联系离言相来理解。二、离言相，即胜义谛的状况并非能用语言来表达。所以，无二相只是指名言的有为法与无为法不存在，而非离言有为、无为法不存在。三、超过寻思所行相，即胜义谛的状况超越了思维所能理解把握的范围。四、超过诸法一异性相，即胜义谛与诸法非一非异。五、遍一切一味相，即胜义谛在一切法中同等性质地存在。其中，离言相通其他四相。

　　而此五相之所以能成立，是因为胜义谛是离言法性，如果按三自性来说，就是圆成实性。此离言法性或圆成实性是真实有（体）性，但此（体）性，离名言相，即不能用语言来表达，所以也是无二相，即名言施设的有为法与无为法在此（体）性中不能成立；离寻思相，所以不能用思维来理解；在一切法中同等性质地存在，所以与各各差别的一切法非一非异。

此外，此离言法性或圆成实性"超过诸法一异性相""遍一切一味相"，这两种性质，看似简单，但对一些佛教内的说法是否正确，提供了关键性的判别依据。例如，真谛另立第九识，说真如就是第九识，这样的话，真如（即胜义谛相）就是一种独立的法（第九识），不同于诸法，就不能说"超过诸法一异性相"；此外，这样的真如胜义谛相（第九识）由于独立存在，也不能说是"遍一切一味相"。因此，如果以本经来判，真谛的第九识是一种错误说法。同样，说真如（胜义谛相）是第八识的清净相之类的理论，也违背了本经关于胜义谛相"超过诸法一异性相""遍一切一味相"的教法（即真如普遍存在于一切法中，是一切法的本性，并不只是某一法）。

关于般若与唯识对胜义谛相说法的不同，根本上是由于般若经宣说了根本智境界，而唯识不但说根本智，还说了后得智的境界。

此外，本经说，在离言法性上安立无为法与有为法，如果离言法性只是胜义谛真如，安立无为法当然没有问题，但安立种种有为法则成了问题。而《一切法相品》的比喻中说到，清净颇胝迦宝是依他起相，由于青色等名言可与清净颇胝迦宝和

合，所以，清净颇胝迦宝是离言依他起自性，这样，在离言依
他起自性上安立种种有为法（名言依他起自性）就顺理成章
了。所以，离言法性包括胜义谛真如与离言依他起自性。这一
说法，在《瑜伽师地论·本地分·真实义品》（以下简称《真实
义品》）可得到印证，该论说，离言自性包括真如与唯事，唯
事就是离言依他起自性。

# 一、胜义谛无二相及离名言相

## 【原文】

尔时，如理请问菩萨摩诃萨即于佛前，问解甚深义密意菩
萨摩诃萨言：最胜子[1]，言一切法无二，一切法无二者，何等
一切法？云何为无二？

解甚深义密意菩萨谓如理请问菩萨曰：善男子[2]，一切
法者，略有二种，所谓有为、无为。是中，有为，非有为非无
为；无为，亦非无为非有为。

如理请问菩萨复问解甚深义密意菩萨言：最胜子，如何有
为非有为非无为，无为亦非无为非有为？

解甚深义密意菩萨谓如理请问菩萨曰：善男子，言有为
者，乃是本师假施设句；若是本师假施设句，即是遍计所集[3]
言辞所说；若是遍计所集言辞所说，即是究竟种种遍计言辞所
说不成实故，非是有为。善男子，言无为者，亦堕言辞。设离
有为无为，少有所说，其相亦尔。然非无事而有所说。何等为

事？谓诸圣者，以圣智圣见[4]，离名言故，现正等觉[5]，即于如是离言法性，为欲令他现等觉故，假立名相，谓之有为。

善男子，言无为者，亦是本师假施设句；若是本师假施设句，即是遍计所集言辞所说；若是遍计所集言辞所说，即是究竟种种遍计言辞所说不成实故，非是无为。善男子，言有为者，亦堕言辞。设离无为有为，少有所说，其相亦尔。然非无事而有所说。何等为事？谓诸圣者，以圣智圣见，离名言故，现正等觉，即于如是离言法性，为欲令他现等觉故，假立名相，谓之无为。

## 【简注】

[ 1 ] 最胜子：亦作"佛子"，即菩萨。

[ 2 ] 善男子：具备佛教所说的善良品德的男子，如有慈悲心、身口意三业无过失等。

[ 3 ] 遍计所集：据测《疏》，即遍计所执。

[ 4 ] 圣智圣见：也作"圣知圣见"。据测《疏》，智，意谓决断；见，意谓推求。无漏圣慧，决断推求，故称"圣智圣见"。另外，据世亲《金刚般若波罗蜜经论》，如果只说知，是指比量之知；如果只说见，是指肉眼所见。而现量的圣智，称为知见。

[ 5 ] 正等觉：也作"等正觉"，指佛的智慧。

## 【今译】

当时，如理请问菩萨摩诃萨就在佛前，问解甚深义密意菩萨：最尊敬的菩萨，[如来] 说"一切法无二"，所谓"一切法无二"，什么是一切法？为什么是无二？

解甚深义密意菩萨对如理请问菩萨说：善男子，一切法，大略有两种，所谓有为法与无为法。在此［胜义谛］中，有为法非有为非无为，无为法也非无为非有为。

如理请问菩萨又问解甚深义密意菩萨：最尊敬的菩萨，为什么有为法非有为非无为，无为法也非无为非有为？

解甚深义密意菩萨对如理请问菩萨说：善男子，［所谓有为法非有为非无为，首先，］所说的有为法，原是本师借助语言设立的概念；若是本师借助语言设立的概念，那就是［依众生］遍计所执的言辞所说［而建立的有为法］；若是［依众生］遍计所执的言辞所说［而建立的有为法］，那这种种遍计所执的言辞所说［的有为法］终究不是真实，所以［所谓的有为法］不是［真实的］有为法。［其次，］善男子，所说的无为法，也落在言辞［假说中，所以有为法也非无为］。而假设在有为法和无为法之外，无论再说存在什么，也都落在了言辞［假说］中而不是真实。但也并非无"事"而有所说。［那么，这里说的］"事"又是什么？即一切圣者，以圣智和圣见，由脱离了名称和言说，现证正等正觉，即对此离言法性，为要使他人也能现证正等正觉，假立名相，称之有为法。

善男子，［所谓无为法也非无为非有为，首先，］所说的无为法，也是本师借助语言设立的概念；若是本师借助语言设立的概念，那就是［依众生］遍计所执的言辞所说［而建立的无为法］；若是［依众生］遍计所执的言辞所说［而建立的无为法]，那这种种遍计所执的言辞所说［的无为法］终究不是真实，所以［所谓的无为法］不是［真实的］无为法。［其次，］善男子，所谓的有为法，也落在言辞［假说中，所以无为法也非有为］。而假设在无为法和有为法之外，无论再说存在什么，也都落在了言辞［假说］中而不是真实。但也并非无"事"而有所说。［那么，这里说的］"事"又是什么？即一切圣者，以圣智和圣见，由脱离了名言，现证正等正觉，即对此离言法性，为要使他人也能现证正等正觉，假立名相，称之无为法。

## 【评析】

此处宣说胜义谛五相中的无二相与离言相。

本经说胜义谛，与般若类经典说胜义谛不同。般若类经典说胜义谛，是用遮诠，即用彻底否定的方法，这样，胜义谛就是毕竟空。如《心经》说："行深般若波罗蜜多时，照见五蕴皆空……空中无色，无受想行识……无苦集灭道，无智亦无得。"即世间法空，出世间法也空。而本经说胜义谛，是用表诠，具体宣说胜义谛五相（即五种性质）。

首先是无二相，即"一切法无二"。"一切法无二"中，"一切法"可作多层次的展开，最基础也是最简略的分类是有为法和无为法，这是将一切法分为世间法（有漏有为法）和出世间法（无漏有为法和无为法）。进一步展开，有多种类别，如五蕴、十二处、十八界；又如相、名、分别、正智、真如；又如识法、心所法、色法、心不相应行法、无为法，此五位法又有小乘的七十五法与大乘的百法，等等。

本经说无二相，是从有为法和无为法二类法来说的，而"一切法无二"则表现为："有为，非有为非无为；无为，亦非无为非有为。"

这一说法，与般若类经典说法，形式上非常相似。如《大般若经》第五百九十六卷说："五蕴非有为非无为、非有漏非无漏、非世间非出世间、非有系非离系。十二处、十八界等，亦非有为非无为、非有漏非无漏、非世间非出世间、非有系非离系。如是，蕴、处、界等非有为非无为、非有漏非无漏、非世间非出世间、非有系非离系，是谓般若波罗蜜多。"

但仔细研究，本经的有为无为"无二相"，其根源在于"离名言相"。即此处说的有为法与无为法，都是"本师假施设句"，是世尊依有情的遍计所执言辞所说，所以毕竟无。这样的话，所无的只是遍计所执的有为法和无为法。另一方面，有为无为"非无事而有所说"。此"事"，即是"离言法性"，名言的有为无为正是在"离言法性"上施设。

因此，与般若类经典不同，本经此处要表达的只是，胜义谛中没有言说的有为法、无为法，或没有遍计所执的有为法、无为法，而不说胜义谛毕竟空。结合下文三自性来说，胜义谛是圆成实性，在唯识论中，圆成实性是真实有，不是空。通常说，证真如（胜义谛）时不见一切法，指的是不见一切有为法，而实际证到的是（离言的）圆成实性无为法。

进一步分析在"离言法性"上施设有为法与无为法，施设无为法，不难理解，大乘都说胜义谛是无为法，是真如，而按《成论》第二卷，"真如亦是假施设名"。但在"离言法性"上如何还能施设有为法？对此问题，如果按《真实义品》的说法，就不难理解。《真实义品》说有离言自性，离言自性包括真如和唯事，唯事就是离言依他起性，在唯事上可施设种种名言，这就是人们认识的一切法。而在本经中，下文《一切法相品》的比喻中也说到清净颇胝迦宝，清净颇胝迦宝可与名言和合而成种种法，所以相当于唯事，也就是离言依他起性。这样来看，本经此处的"离言法性"，实际上也包括了离言的圆成实性和离言的依他起性。

那么，离言依他起性能否包括在胜义谛中？实际上是可以的，因为关于胜义谛，有两种说法。一说：胜义谛只是真如。一说：胜义谛包括圆成实真如，也包括净分依他起性。

最后，贯通本经前后文，关于胜义谛的无二相和离言相，可以这样理解：就不存在名言的或遍计所执的有为法和无为法来说，胜义谛是无二相；就离言法性中圆成实性的无为法和净分依他起性的有为法都是离言的来说，胜义谛是离言相。

另外，此处经文中还有若干概念和义理需详细说明。

## 一、关于"本师假施设句"

按本品所说，有为法和无为法，都是"本师假施设句"。其中的"本师"，按测《疏》和伦《记》，有两种观点：一是指外道本师或劫初梵王，另一是指佛陀。所谓"劫初梵王"，即佛教认为，世界有成住坏空四劫。在成劫之初，世界又从虚空中逐渐形成，众生逐渐降生到此世界，此时的世界主宰是梵天之王，即"梵王"。本经的"本师假施设句"，按第一种观点的解释就是，在劫初，外道本师或劫初梵王假名安立了一切有为法与无为法。有为法与无为法由于是外道本师等假名安立，所以是遍计所执自性，非实有。但如果"本师"是外道本师或劫初梵王，为何下文说是如来？伦《记》解释说："外道称自师名如来，故无有过。"但佛典中的大多数解释，"本师"是指佛陀。如此，"本师假施设句"就是佛陀假立的有为法和无为法。

进而，此"假施设句"到底是依他起性还是遍计所执性？据测《疏》，有两种观点。

第一种观点认为，一切法本离名言，佛由大慈悲力为一切法安立名言，但这种假名安立，本质上还是"如来后得智中遍计所集言辞所说"，故非实，所以说"非有为非无为"。第二种观点认为，一切法是佛假名安立，但众生执假为实。圆测认为，真谛的观点大体上与第一种观点相同，而他自己取第二种观点。

对此两种观点进行分析，第一种观点认为佛陀的后得智有遍计所执（言辞），显然不合理。如《摄论》说，如来十二分教，为圆成实性所摄。《大智度论》说，一切世谛，于如来常是第一义谛。《涅槃经》说："一切世谛，若于如来即是第一义谛。"所以，佛陀的后得智不可能是遍计所执；佛陀所安立的法，也不可能是遍计所执自性。

　　而第二种观点，即佛陀假名安立、众生执假为实，主要问题是没有文本依据，与"本师假施设句，即是遍计所集言辞所说"之经文相去太远。此文若解释为"佛陀假立的有为法与无为法，就是［依众生］遍计所执的言辞所说［而假立］"，更合经文。此处意谓：佛的后得智，依众生的遍计所执言说而假立有为法与无为法，所以"不成实"。而此解释可以得到其他二译本的印证。如《解节经》的相应译文为："若是大师正教言句，即是世间所立言说，从分别起。此世言说若分别起，由种种分别及所言说一向不成，故非所作。"《深密解脱经》第一卷的相应译文为："如来名字说法者，惟分别言语名为说法。善男子，若惟名字分别言语名说法者，常不如是，但种种名字聚集言语成，是故言非有为。"参照此二译本，上述解释是合理的。

　　进一步分析，名（名言）究竟是遍计所执自性还是依他起自性？这在不同经论里有不同说法。按《瑜伽论》，名属依他起自性；按《楞伽经》等，名属遍计所执自性。这两种说法，实际上是可以统一起来的，即名属依他起自性，但名言自性属遍计所执自性，而经论中说名属遍计，实际是就名言自性而说。这样的话，有情的言说就是遍计所执自性，因此，如来依有情言说而假施设的有为法与无为法也就是遍计所执自性了。

　　而本经接下来的比喻，即魔术师用草叶木等变化出军队、财宝等，以及三自性定义中的比喻，即由眩翳过患生眩翳众相，都可表明，"本师假施设句"本身是依他起自性，但就众生对名言的执着来说，"本师假施设句"也可说是遍计所执自性。

## 二、关于"离有为无为，少有所说，其相亦尔"

测《疏》认为，这是破犊子部的"非有为非无为"说。即犊子部立五法藏：一、过去法藏，二、未来法藏，三、现在法藏，四、无为法藏，五、不可说法藏。该部认为，非即蕴非离蕴之我，属于不可说法藏。圆测认为，本经是破犊子部的上述观点，即"非有为非无为"的常住真我，仍是假名安立，故仍非实有。

但将本经此处文字，看作是破犊子部观点，值得商榷。首先，本经是否是一部独立的经？有种观点认为，本经是从《瑜伽论》中辑出。如按此观点，则本经可以是在犊子部之后出现，说此处是破犊子部观点，当然也能成立（这里暂且不论《瑜伽论》的作者和出现时间）。但佛教内一般都将本经看作是一部独立的经。而那又涉及一个问题，小乘和学术界有种观点，认为大乘经是后出的，非释迦牟尼佛所说。在此前提下，也可认为本经此处文字，是破犊子部观点。但如果按大乘的本位立场，大乘经也是释迦牟尼佛所说，那此处文字就不可能是直接针对后出的犊子部的观点，而只能说，其后犊子部的相应观点，也在此所破范围之内。

【原文】

尔时，如理请问菩萨摩诃萨复问解甚深义密意菩萨摩诃萨言：最胜子，如何此事，彼诸圣者，以圣智圣见，离名言故，现正等觉，即于如是离言法性，为欲令他现等觉故，假立名相，或谓有为，或谓无为？

解甚深义密意菩萨谓如理请问菩萨曰：善男子，如善幻师[1]，或彼弟子，住四衢道，积集草叶、木、瓦砾等，现作种种幻化事业，所谓象身、马身、车身、步身[2]，末尼真珠[3]、琉璃、螺贝、璧玉、珊瑚、种种财谷库藏等身。

若诸众生，愚痴顽钝，恶慧种类，无所知晓[4]，于草叶、木、瓦砾等上诸幻化事，见已闻已，作如是念：此所见者，实有象身，实有马身、车身、步身，末尼真珠、琉璃、螺贝、璧玉、珊瑚、种种财谷库藏等身。如其所见、如其所闻坚固执着，随起言说：唯此谛实，余皆愚妄。彼于后时，应更观察。

若有众生，非愚非钝，善慧种类，有所知晓，于草叶、木、瓦砾等上诸幻化事，见已闻已，作如是念：此所见者，无实象身，无实马身、车身、步身，末尼真珠、琉璃、螺贝、璧玉、珊瑚、种种财谷库藏等身；然有幻状，迷惑眼事，于中发起大象身想，或大象身差别之想，乃至发起种种财谷库藏等想，或彼种类差别之想。不如所见、不如所闻坚固执着，随起言说：唯此谛实，余皆愚妄。为欲表知如是义故，亦于此中，随起言说。彼于后时，不须观察。

如是，若有众生，是愚夫类，是异生类，未得诸圣出世间慧，于一切法离言法性不能了知，彼于一切有为、无为，见已闻已，作如是念：此所得者，决定实有有为、无为。如其所见、如其所闻坚固执着，随起言说：唯此谛实，余皆痴妄。彼于后时，应更观察。

若有众生，非愚夫类，已见圣谛，已得诸圣出世间慧，于一切法离言法性如实了知，彼于一切有为、无为，见已闻已，作如是念：此所得者，决定无实有为、无为，然有分别所起行相，犹如幻事，迷惑觉慧，于中发起为、无为想，或为、无为差别之想。不如所见、不如所闻坚固执着，随起言说：唯此谛实，余皆痴妄。为欲表知如是义故，亦于此中，随起言说。彼于后时，不须观察。

如是，善男子，彼诸圣者于此事中，以圣智圣见，离名言故，现正等觉，即于如是离言法性，为欲令他现等觉故，假立名相，谓之有为，谓之无为。

尔时，解甚深义密意菩萨摩诃萨欲重宣此义，而说颂曰：

佛说离言无二义，甚深非愚之所行。

愚夫于此痴所惑：乐着二依言戏论；

彼或不定或邪定，流转极长生死苦；

复违如是正智论，当生牛羊等类中。

## 【简注】

[ 1 ] 幻师：即魔术师。

[ 2 ] 象身、马身、车身、步身：即四兵，指古代印度军队的四种兵种。"身"，集合义，表示复数。

[ 3 ] 末尼真珠：即如意（宝）珠。"末尼"，又作摩尼，据《一切经音义》第二十卷，是珠的总称。传说末尼有消除灾难、疾病，及澄

清浊水、改变水色之性能。更有将此珠称为如意宝珠的，认为凡有所求，此珠都能变出。

［4］愚痴顽钝，恶慧种类，无所知晓：据测《疏》，真谛解："愚痴顽钝"，指凡夫；"恶慧种类"，指外道。圆测解："愚痴"，即无明；"顽钝"，无明之用。"恶慧种类"，即诸恶见；"无所知晓"，恶慧之用。

## 【今译】

当时，如理请问菩萨摩诃萨又问解甚深义密意菩萨摩诃萨：最尊敬的菩萨，如何理解：对此"事"，那一切圣者，以圣智圣见，由脱离了名言，现证正等正觉，即对此离言法性，为要使他人也能现证正等正觉，假立名相，或称有为，或称无为？

解甚深义密意菩萨对如理请问菩萨说：善男子，如同高明的魔术师，及他的弟子，在四通八达的十字街头，堆放了杂草、树叶、木头、碎砖乱瓦等［杂物］，当场变出种种虚幻的东西，如众多象兵、众多马兵、众多车兵、众多步兵，如意宝珠、琉璃、螺贝、璧玉、珊瑚、种种财宝谷物及库房里的储藏等众多物品。

若有众生，属愚痴、顽钝、恶慧种类，不明真相，对在杂草、枯叶、朽木、碎砖乱瓦等［杂物］上变化出的各种东西，看到后听到后，产生如此想法：现在所看到的，是真实存在的众多象兵，是真实存在的众多马兵、众多车兵、众多步兵，［是真实存在的］如意宝珠、琉璃、螺贝、璧玉、珊瑚、种种财宝谷物及库房里的储藏等众多物品。［他们］根据自己所看到的，根据自己所听到的，产生坚固执着，随之而起言说：只有这些现象是真实的，其余都属愚妄。那类众生，在以后，应再观察。

若有众生，非愚痴、非顽钝，是善慧种类，能明真相，对在杂草、枯叶、朽木、碎砖乱瓦等［杂物］上变化出的各种东西，看到听到后，产生如此想法：现在所见到的，并无实在的众多象兵，并无实在的众多马兵、众多车兵、众多步兵，［并无实在的］如意宝珠、琉璃、螺贝、璧玉、珊瑚、种种财宝谷物及库房里的储藏等众多物品；只有虚幻的现象，迷惑眼睛，在眼中产生了众多象兵的形象，或众多象兵的各不相同的形象，直至产生种种财宝谷物及库房里的储藏等众多物品的形象，或那众多物品的各不相同的形象。［他们］并不对所见到的，并不对所听到的现象，产生坚固执着，随之而起言说：只有这些现象是真实的，其余都属愚妄。但为了要表达已经知道这样的道理，也对这些现象，随之而起言说。这类众生，在以后，不须观察。

同样地，若有众生，是愚夫类，是凡夫类，未得一切圣者的出世间智慧，对一切法的离言法性不能了知，［他们］对一切有为法和无为法，见到听到后，产生如此想法：现在所见到听到的，必定是真实存在的有为法和无为法。［他们］根据自己所见到的，根据自己所听到的，产生坚固执着，随之而起言说：只有这些现象是真实的，其余都属痴妄。他们在以后，应再观察。

若有众生，并非愚夫类，已［证］见胜义谛，已得一切圣者的出世间智慧，对一切法的离言法性如实了知，他们对一切有为法和无为法，见到听到后，产生如此想法：现在所见到听到的，必定没有真实存在的有为法和无为法，只有思维分别所产生的现象，犹如虚幻的事物，迷惑知觉，在这些现象中产生有为法和无为法的想法，或［产生］存在着各种不同的有为法和无为法的想法。他们并不根据所见到的，并不根据所听到的现象，产生坚固执着，并随之而起言说：只有这些现象是真实的，其余都属痴妄。但他们为了要表达已经知道这样的道理，也对这些现象，随之而起言说。他们在以后，不须观察。

同样地，善男子，那一切圣者在此"事"中，以圣智圣见，脱离了名言，现证正等正觉，就对此离言法性，为了要使他人也能现证正等正觉，假立名相，称之有为法，称之无为法。

当时，解甚深义密意菩萨要重新宣说此道理，而说颂：

佛说的离言与无二道理，

极为深刻，并非愚夫所能认识。

愚夫对此道理为愚痴所迷惑［而产生三种过失］：

［一是］迷恋执着于有为和无为二分法，

依之生起种种语言戏论；

［二是］他们［由戏论而］或造善恶不定业，

或造极重恶业，从而流转于无尽的生死苦难中；

［三是愚夫在听到离言与无二道理后，］

又违背此出自正智的教导,

将来会生在牛羊等愚蠢众生类别中。

## 【评析】

此处再以比喻宣说有为法与无为法的无二相与离言相。比喻是说:魔术师及其助手,在大街十字路口,将堆积的杂草、枯叶、朽木、碎砖乱瓦等杂物,变成了象军、马军等军队及各种财宝。不明白的人将变出的军队及财宝当作是真实的,明白的人则不会当真。此处寓意:人们所知的一切法(即用名言表达的一切法),都如魔术变现出的东西,幻有而不实。幻有,就是一切法有其存在性;不实,就是一切法不真实。对此幻有不实之一切法,凡夫不能了知,圣者方能了知。

而历来的注释书,对此比喻的具体意象,有十分复杂的解释。其中,"幻师"及其"弟子",是变现幻物的原因,有如下多种解释:一、幻师喻聪明凡夫,即是外道;幻弟子喻愚痴凡夫,即是阐提。此释大概想说,凡夫外道不了真实,将名言诸法执为实有。二、幻师喻烦恼,弟子喻业,由烦恼起业。此释大概想说,由烦恼和业引生下一世生命,由此而轮回不止。三、幻师喻第八识,弟子喻前七识。此释大概想说,诸转识的现行,在第八识中熏成种子,由此而生起如幻的依他起性的一切法,而凡夫又将此依他起的一切法执为实有。

此外,"四衢道",是变现幻物之处所,有如下多种解释:一、喻四谛,取四谛能除惑义。二、喻四念处,取初学所观处义。三、喻四识住，即色识住、受识住、想识住、行识住，此四识住，由诸识攀缘色、受、想、行四蕴而成。此喻取幻主所住处义。四、真谛认为，四衢道喻三界及无漏界四种生死，或喻根、尘、我、识四种境界。

最后，"积集草叶、木、瓦砾等"，及"现作种种幻化事业，所谓象身……等身"，可作二解。一、"草叶"等喻诸种子，"象身"等喻现行一切法。即种子积集在第八识中，可生起现行一切法（三界、五趣、四生、有情与非情等现行果），犹如魔术师将草叶等变成军队、财宝等。据下文《心意识相品》中说，一切种子心识中藏有相、名、分别一切法种子。此解有合理性，但在本品中，此解与上文关系不大。二、联系上文，本师依"离言法性""假施设句"，此处，"草叶等"应是喻"离言法性"，包括无为法和离言有为法，即真如和唯事；"象身"等应是喻"假施设句"，即假安立的无为法与有为法。故而下文接着说，若愚痴恶慧众生见"诸幻化事"（即"假施设句"）而起执着，将其执为实有，此时的无为法与有为法方是遍计所执性；而"离言法性"与"假施设句"本身不是遍计所执性。

此外，此处经文中还有若干概念需详细解释。

## 一、"然有分别所起行相"中的"行相"

"行相"有多种含义。"行相"的早期运用，如"四谛十六行相"，是指止观修行中，观四谛的十六种状况。此时的"行相"，就是被观察的认识对象，或者说，是认识对象在心中的呈现。

而这种呈现，实际上涉及认识对象与认识主体两方面。此后，小乘与大乘唯识宗，对"行相"的解释就是从这两方面展开的。小乘的"行相"，依然指认识对象，而小乘的认识对象是心外实法，所以"行相"就是指心外的认识对象在心中的呈现。大乘唯识宗的"行相"则指认识主体，唯识宗不承认有心外实法，认识对象是识内的影像，或称相分，但影像相分在心中呈现，离不开认识主体，即见分，所以，唯识宗的"行相"，是指能对相分进行观察认识的见分。（广义地说，唯识宗的行相概念，还涉及自证分缘见分、无分别智缘真如等情况，此处不展开。）

而本经此处的"行相"，是说"有分别所起行相"，所以还是指在心中生起的影像，还是沿用佛经一开始的用法。

## 二、"二依言戏论"

据测《疏》，"二依"意谓有为、无为是八种戏论所依处。"言戏论"即言说戏论，也就是八种戏论。"戏论"，狭义地说，是指违背真理、不能增进善法的无意义之言论。广义地说，则一切言论都是戏论，因为一切言论都不能反映实相。八种戏论，即《瑜伽论》第三十六卷所说的八分别：一、自性分别，二、差别分别，三、总执分别，四、我分别，五、我所分别，六、爱分别，七、非爱分别，八、彼俱相违分别。

## 三、"不定或邪定"

指三种有情聚中的两种。三种有情聚指正定聚、邪定聚、不定聚。小乘和大乘对此有多种解释。小乘中，依有部的《集异门论》，邪定聚，指造了五无间业的有情；正定聚，指成就有学、无学法的有情；不定聚，指成就其他有漏法及无为法的有情。三聚所属的界趣，邪定聚在欲界人道中；正定聚在人天之中；不定聚则包括地狱、傍生、饿鬼的全部以及人天的部分。依经部，如譬喻师认为，三界六道都有三聚，能般涅槃的，称正性定聚；不般涅槃的，称邪性定聚；不决定的，称不定聚。大乘中关于三聚的说法更多，而《瑜伽论》的说法，大体与有部相同。

## 二、胜义谛超过一切寻思相

【原文】

尔时，法涌[1]菩萨摩诃萨白佛言：世尊，从此[2]东方过七十二殑伽河[3]沙等世界，有世界名具大名称，是中如来号广大名称。我于先日，从彼佛土发来至此。我于彼土，曾见一处，有七万七千外道，并其师首，同一会坐。为思诸法胜义谛相，彼共思议、称量、观察[4]，遍寻求时，于一切法胜义谛相竟不能得，唯除种种意解、别异意解、变异意解[5]，互相违背，共兴诤论，口出矛𮦏[6]，更相䜺刺，恼坏既已，各各离散。

世尊，我于尔时，窃作是念：如来出世，甚奇希有。由出世故，乃于如是超过一切寻思所行胜义谛相，亦有通达作证可得。

说是语已[7]，尔时，世尊告法涌菩萨摩诃萨曰：善男子，如是如是。如汝所说，我于超过一切寻思胜义谛相，现正等觉；现等觉已，为他宣说、显现、开解、施设、照了[8]。何以故？

我说胜义是诸圣者内自所证，寻思所行是诸异生[9]展转所证。是故法涌，由此道理，当知胜义超过一切寻思境相。

复次，法涌，我说胜义无相所行，寻思但行有相境界。是故法涌，由此道理，当知胜义超过一切寻思境相。

复次，法涌，我说胜义不可言说，寻思但行言说境界。是故法涌，由此道理，当知胜义超过一切寻思境相。

复次，法涌，我说胜义绝诸表示，寻思但行表示境界。是故法涌，由此道理，当知胜义超过一切寻思境相。

复次，法涌，我说胜义绝诸诤论，寻思但行诤论境界。是故法涌，由此道理，当知胜义超过一切寻思境相。

## 【简注】

[1] 法涌：《解节经》《深密解脱经》都作"昙无竭"。据测《疏》："昙者，梵音，此云法也。"据此，"昙无竭"即法无竭。《大智度论》称为"法盛"。玄奘则翻为"法涌"，意谓该菩萨法辩用而无竭，犹如涌泉。

[2] 此：据测《疏》，有三解。一、指此娑婆（或称"娑诃"）世界。二、指此净土，因此其他两个译本都没有娑诃世界的说法。三、《佛地经论》认为，如实义者，从此住处，自有二种：一者净

土，二者秽土。

［３］殑伽河：旧译恒河。

［４］思议、称量、观察：可作多种理解。据测《疏》转述真谛注，三者是外道所说的现量、比量、圣言量。或从因明来说，思议是立宗，称量是立因，观察是喻。

［５］种种意解、别异意解、变异意解：据测《疏》，有三种解释。一、"种种意解"，即认为种种法就是胜义，不另外存在胜义。"别异意解"，认为离诸法外，另有胜义，与一切法必定相异。"变异意解"，胜义实际上没有变异，但此外道认为有变异，并非常住。二、"种种意解"是总说，后两种意解是具体地说。三、三种意解，意义上无差别。"种种"是指众人看法有多种。"别异"是指众人意趣各别。"变异"指众人的认识变化多端，不能确定。

［６］矟：一种兵器，与矛相似。

［７］说是语已：此句断句方式有两种。一是测《疏》中，将此句与发问者的问题相连。二是《藏要》中，将此句与其下的"尔时"相连。本书取后种断句方式。

［８］宣说、显现、开解、施设、照了：演培法师的解释是："宣说是口讲，对全不理解的，讲给他听，使他了知。显现是以浅显的事实，显示深奥的妙理。开解是解开实相的妙门，令入法性的堂奥，明见诸法的真相。施设是假安立。照了是譬喻，如灯照破暗室，了知室中的一切。"笔者以为，"宣说"可看作是总说，其他诸项是别说，义如法师所说。

［９］异生：即凡夫。


【今译】

当时，法涌菩萨摩诃萨对佛说：世尊，从此土向东，过如同七十二条恒河所拥有的沙那样多数量的世界，有一世界名为

"具大名称"；其中的如来，号"广大名称"。我是前些天从该佛土出发来到此土。我在该佛土曾见一处，有七万七千外道，及其师长，在同一法会中坐。为思量一切法的胜义谛相，他们在一起用现量、比量、圣言量，反复推求，但最终对一切法的胜义谛相，竟不能求得；有的只是相互间见解不一，意趣各别，变化不定，互唱反调，争论不休；唇枪舌剑，相互攻击，最终恼怒不已，不能共处，各奔东西。

世尊，我当时私下在想：如来出世，真是极为奇妙，极其稀有。因［如来］出世［说法］，［人们］才能对这一超过一切思维境界的胜义谛相，也能通达，也能证得。

［法涌菩萨］说完此话，当时，世尊告诉法涌菩萨：善男子，正是如此，正是如此。如你所说，我对超过一切思维境界的胜义谛相，现证正等正觉；现证正等正觉后，为他人宣说：通俗表述，深入解释，设立概念，作出比喻。为什么［胜义谛相超过一切思维境界］呢？

我说胜义谛是一切圣者由自己内心［不假思维，直接］证得，而思维所得的认识，是一切凡夫［借助思维规则］间接证知。因此，法涌，由此道理，当知胜义谛超过一切思维境界。

其次，法涌，我说胜义谛是无相境界，而思维只能认识有相的对象。因此，法涌，由此道理，当知胜义谛超过一切思维境界。

其次，法涌，我说胜义谛不可言说，而思维只能认识言说对象。因此，法涌，由此道理，当知胜义谛超过一切思维境界。

其次，法涌，我说胜义谛没有任何表现，而思维只能认识有所表现的对象。因此，法涌，由此道理，当知胜义谛超过一切思维境界。

其次，法涌，我说胜义谛息灭一切［歧义和］争论，而思维只在［歧义和］争论的境界中活动。因此，法涌，由此道理，当知胜义谛超过一切思维境界。

## 【评析】

此处宣说胜义谛相超过一切寻思境相。具体地说，胜义谛相具有以下五个特征：一、"内自所证"，二、"无相所行"，三、"不可言说"，四、"绝诸表示"，五、"绝诸诤论"。由于胜义谛相有此五特征，所以超过一切寻思（即凡夫思维）的境界。

此五特征的内涵，以及所涉及的唯识学理论问题如下。

## 一、"胜义是诸圣者内自所证，寻思所行是诸异生展转所证"

即圣者的"内自所证"区别于凡夫的"寻思所行"。凡夫的"寻思所行"，就对一般事物的认识来说，凡夫的思维是通过思维规则进行推理而得，所以是"展转所证"，即间接的认知；就对胜义谛真如的认识来说，凡夫是依据圣者对胜义谛的描述言说进行思维，间接地了知胜义谛。而圣者的"内自所证"，不假思维，也不是依据他人的描述，而是由自己直接证得。"内"，即自己的内心，或者说，自己的无分别智。诸圣者是以无分别智缘真如，亲（直接）证真如自体。

关于"无分别智证真如"，有三种观点。第一种观点认为，一切根本智和后得智都是亲证真如，而不是变现影像而缘，因为是无漏智缘真如。第二种观点认为，根本智及后得智都是变现影像而缘真如，并非亲证，不然的话，唯识理就不成立了。第三种观点认为，根本智亲证真如自体，并非变现影像而缘，就如自证分缘见分；后得智则变现真如影像而缘，因为后得智有分别。在此三种观点中，护法和玄奘持第三种观点。

本经此处"寻思"的含义，有两种观点。一种观点取狭义看法，认为此处的"寻思"指寻与伺两心所。另一种观点取广义看法，认为此处的寻思，就是三界有漏心、心所（的思维作用），相当于相、名、分别、正智、真如五法中的分别。所以此处只称寻思，不称寻伺。从经文看，广义的寻思更为合理。

综上所述，胜义谛相是圣者的亲证对象，而非凡夫的寻思（即思维）境界。

## 二、"胜义无相所行，寻思但行有相境界"

"胜义无相所行"，即胜义谛相就是"无相"境界。但"无相"究竟指什么，有不同看法。据测《疏》，一种观点认为，能观之无分别智为"无相"，因无分别智远离能取与所取相；无相观智之所行，称"无相所行"。另一种观点认为，所观的真如、涅槃为"无相"，即涅槃等无十相（五境、男女，及生、老、无常），名为"无相"；此无相即是智所行，称"无相所行"。真谛译的《解节经》认为，真实相（即胜义谛相）无十八界，大体相当于后一种观点。

但关于"无相"即无十八界，中观与唯识的看法也不同。清辨等中观宗认为，五蕴、十二处、十八界毕竟空，就是"无相"。而护法、玄奘等唯识宗认为，蕴、处、界不是毕竟空，毕竟空的只是遍计所执的蕴、处、界，依他起的蕴、处、界还是有。但无分别智证真如时，只缘真如，不缘蕴、处、界等一切依他起法，故为"无相"。

综上所述，胜义谛相是无相境界，不是凡夫思维（即寻思）的有相境界，凡夫思维不证无相真如，所以，胜义谛是超思维境界。

### 三、"胜义不可言说，寻思但行言说境界"

即胜义谛真如超越了言说的有为法与无为法，故不可言说。而寻思（即凡夫的思维）只以言说的有为法与无为法为对象。

据测《疏》，关于"不可说"，佛教内有各种不同说法。小乘有两种说法。一是犊子部的"非四藏故，名不可说"。即犊子部立五法藏：过去法藏、未来法藏、现在法藏、无为法藏、不可说法藏。其不可说法藏即真我，此真我非过去、现在、未来的有为法，也非无为法，故称"不可说"。二是有部等的"离损益等，名不可说"，意谓若可说者，说火应烧舌，说食应除饥。故诸法自相不可说（即诸法自相超出了言说的作用范围）。大乘对"不可说"，则有四种说法。一是"离损益等，名不可说"，含义与有部相同。二是"现量境故，名不可说"。因明学认为，一切法都有二相，自相与共相。自相为现量所得，不可言说；共相为比量所得，可言说。三是"名义互为客，不可言说"。即名与义（名所指称的事物）没有必然联系，如一事物可有多种名称，每一名称都不必然地代表该事物。四是"一切法无所得故，不可言说"。如《金刚经》说："如来所说法，皆不可取，不可说。"而《维摩诘经》中，维摩诘以默然无说，应答"如何是不二法门"之问。

在上述大乘四种义中，中观宗一般取第四义；唯识宗一般取第三义，而不说一切法都无所得，因为唯识论认为，依他起诸法属"幻有"，虽诸法"如幻"，但并非完全没有。

此外，关于言说与寻伺的关系，也有不同说法。亲光认为，八地以上不依寻伺而起言说，因为诸寻伺唯有漏。护法认为，十地中所有菩萨，必假寻伺而起言说。寻伺亦通无漏后得智。那么，无分别智现在前时，能不能说法？圆测认为，说亦无妨。因为（五地以上）根本智与后得智可同时生起。其中，根本智非寻伺俱；后得智与寻伺俱，能起言说。而按《大智度论》第十七卷的说法，"菩萨常入禅定，摄心不动，不生觉观，亦能为十方一切众生，以无量音声说法而度脱之"，故也能说法。

### 四、"胜义绝诸表示，寻思但行表示境界"

"表示"指见闻觉知，见闻觉知属有漏戏论，为寻思（思维）境界；胜义谛理非见闻觉知所取之境，故"绝诸表示"。

关于见闻觉知，小乘与大乘各宗中，有依根与依识的不同说法。如见，究竟是眼根见还是眼识见，就有不同观点。大乘唯识宗一般持识见，或根识和合见。如《杂集论》第二卷："问：为眼见色，为识等耶？答：非眼见色，亦非识等，以一切法无作用故。由有和合，假立为见。"

## 五、"胜义绝诸诤论，寻思但行诤论境界"

诤论的含义，《俱舍论》第一卷说："有漏名取蕴，亦说为有诤。"《大毗婆沙论》第一百七十九卷说："诤有三：一、烦恼诤，二、蕴诤，三、斗诤。烦恼诤者，谓百八烦恼。蕴诤者，谓死。斗诤者，谓诸有情互相陵辱，言语相违。"依《集论》等的说法，贪瞋痴为诤体性。

关于"胜义绝诸诤论，寻思但行诤论境界"，据测《疏》，诤论是指我见与我所见执着五蕴中有真我，故是寻思境界；胜义谛真如则离我与我所，非我见等诤论烦恼所行之处，故名"绝诸诤论"。

## 【原文】

法涌当知，譬如有人，尽其寿量习辛苦味，于蜜、石蜜[1]上妙美味，不能寻思，不能比度，不能信解。

或于长夜，由欲贪胜解[2]，诸欲炽火所烧然故，于内除灭一切色声香味触相妙远离乐，不能寻思，不能比度，不能信解。

或于长夜，由言说胜解，乐着世间绮言说<sup>[3]</sup>故，于内寂静圣默然乐，不能寻思，不能比度，不能信解。

或于长夜，由见闻觉知表示胜解，乐着世间诸表示故，于永除断一切表示萨迦耶<sup>[4]</sup>灭究竟涅槃，不能寻思，不能比度，不能信解。

法涌当知，譬如有人，于其长夜，由有种种我所摄受<sup>[5]</sup>诤论胜解，乐着世间诸诤论故，于北拘卢洲<sup>[6]</sup>无我所、无摄受、离诤论，不能寻思，不能比度，不能信解。

如是法涌，诸寻思者，于超一切寻思所行胜义谛相，不能寻思，不能比度，不能信解。

尔时，世尊欲重宣此义，而说颂曰：

内证无相之所行，不可言说绝表示，

息诸诤论胜义谛，超过一切寻思相。

## 【简注】

［１］石蜜：也称冰糖。

［２］胜解：作为唯识学的心所，指形成确定性的理解和认识。此处意谓习惯性的思维方式，即惯常的心态。下同。

［３］绮言说：也称绮语，指由一切染心所发，或不合时机等的不恰当言词。又作"杂秽语"或"无义语"。

［４］萨迦耶：即萨迦耶见，意译为身见，即对众生的五蕴和合之身，执着有我和我所等妄见。

［５］我所摄受："我所"指属于我的东西，包括自己的身心，以及父

母、妻儿、朋友等家庭和社会成员，还有财产、谷物、房屋等私
人财物。"摄受"指对属于我的东西的享用。

[6] 北拘卢洲：也作"北俱卢洲"。佛经所说四大洲之一，在须弥山
北，形状为正方形。该洲没有家庭，没有私有财产，人民平等安
乐，寿命长达千岁。

## 【今译】

法涌当知，譬如有的人，在一生中习惯于辣苦的味道，
对于蜜和冰糖的绝妙美味，不能思量，不能推测，不能相信
理解。

[同样，] 有的人在 [生死] 长夜中，因习惯于欲界之贪，
被诸贪欲之炽热火焰所燃烧，对 [初禅] 在内心由除灭一切色
声香味触相而获得的奇妙的远离之乐，不能思量，不能推测，
不能相信理解。

有的人在 [生死] 长夜中，因习惯于言说，贪恋执着世
间各种无意义的言说，对 [二禅以上] 内心寂静、神圣默然之
乐，不能思量，不能推测，不能相信理解。

有的人在 [生死] 长夜中，因习惯于见闻觉知之表现，贪
恋执着世间的各种表现，对永远断除一切世间表现、我见灭除
的究竟涅槃，不能思量，不能推测，不能相信理解。

法涌当知，譬如有的人，在其 [生死] 长夜中，因为有种
种属于我的东西以及对这些东西的享用，习惯于由此而来的种
种争论，贪恋执着世间的各种争论，对北拘卢洲没有属于我的
东西、没有对属于我的东西的享用、远离由此而来的种种争论

的境界，不能思量，不能推测，不能相信理解。

因此，法涌，一切思维者，对超过一切思维境界的胜义谛相，不能思量，不能推测，不能相信理解。

当时，世尊要重新宣说此道理，而说颂：

内心所证的、无相境界的、不能言说的、没有任何表现的、消除一切争论的胜义谛，超过一切思维境界。

## 【评析】

此处以五个比喻，进一步说明上述胜义谛超过寻思五相。

第一个比喻之意：就如有的人一生中一直在吃苦的东西，从未尝过糖的甜味。同样，凡夫一生中也只习惯于世俗生活之苦，从未体验过胜义谛出世间之乐。此喻对应上述胜义谛五相中的第一"内自所证"。

第二个比喻之意：欲界凡夫惯于贪着五境，其贪欲犹如炽热烈火不能止息，故不能了知初禅灭除五境贪欲的妙远离乐。或者说，惯于寻思的凡夫，不能了知离五境之相的无相真如。此喻对应上述胜义谛五相中的第二"无相所行"。

第三个比喻之意：有寻伺者，贪恋执着世间各种无意义的言说，不能了知二禅以上寂静乐。同样，有寻思者，由寻思力，行言说境，而不能了知离言法性寂静真如。此喻对应上述胜义谛五相中的第三"不可言说"。

第四个比喻之意：凡夫在生死长夜中，习惯于由见闻觉知表现的一切世间现象，贪恋执着，不能了知永寂之乐。同样，有寻思者，习惯于见闻觉知的境界，不能了知断灭一切见闻觉知的胜义谛相。此喻对应上述胜义谛五相中的第四"绝诸表示"。

第五个比喻之意：习惯于我见和我所见者，贪恋执着世间属于我的妻儿和财物，不能了知北俱卢洲众生无妻儿、财物等状态。同样，有寻思者，只习惯于烦恼诤论境界，不能了知胜义谛相无烦恼等离诤论境。此喻对应上述胜义谛五相中的第五"绝诸诤论"。

综上所述，一切寻思者，对于超过一切寻思所行的胜义谛相，不能寻思，不能比度，不能信解。

此外，上述五喻，真谛配五乐来说明，即凡夫不明五乐，习惯于寻思境界而不能了知胜义谛相。所谓五乐，即出家乐、远离乐、寂静乐、正觉乐（或菩提乐）、涅槃乐。五乐中，涅槃乐最真实，其余四乐是方便。四种方便中，第一出家乐，是涅槃缘起，由信根成；第二远离乐，是涅槃资粮，由精进根成；第三寂静乐，是涅槃道依止，即涅槃缘，由定根成；第四正觉乐，是涅槃正道，由慧根成。念根通此四乐，因为都是识忆念。由此四方便，依次得涅槃之常乐我净。此外，第四与第五也常合为涅槃乐。测《疏》中就只用四乐。

# 三、胜义谛超过诸法一异性相

## 【原文】

尔时，善清净慧菩萨摩诃萨[1]白佛言：世尊，甚奇，乃至世尊善说。谓世尊言：胜义谛相，微细甚深，超过诸法一异性相，难可通达。世尊，我即于此，曾见一处，有众菩萨等正修行胜解行地[2]，同一会坐，皆共思议：胜义谛相与诸行相一异性相。于此会中，一类菩萨作如是言：胜义谛相与诸行相都无有异。一类菩萨复作是言：非胜义谛相与诸行相都无有异，然胜义谛相异诸行相。有余菩萨疑惑犹豫，复作是言：是诸菩萨，谁言谛实，谁言虚妄？谁如理行，谁不如理？或唱是言：胜义谛相与诸行相都无有异。或唱是言：胜义谛相异诸行相。

世尊，我见彼已，窃作是念：此诸善男子，愚痴顽钝，不明不善，不如理行，于胜义谛微细甚深、超过诸行一异性相，不能解了。

说是语已，尔时，世尊告善清净慧菩萨摩诃萨曰：善男子，如是如是。如汝所说：此诸善男子，愚痴顽钝，不明不善，不如理行，于胜义谛微细甚深、超过诸行一异性相，不能解了。何以故？善清净慧，非于诸行如是行时，名能通达胜义谛相，或于胜义谛而得作证。何以故？

善清净慧，若胜义谛相与诸行相都无异者，应于今时，一切异生皆已见谛，又诸异生皆应已得无上方便安隐涅槃，或应已证阿耨多罗三藐三菩提。若胜义谛相与诸行相一向异者，已见谛者，于诸行相应不除遣；若不除遣诸行相者，应于相缚不得解脱；此见谛者于诸相缚不解脱故，于粗重缚亦应不脱。由于二缚不解脱故，已见谛者应不能得无上方便安隐涅槃，或不应证阿耨多罗三藐三菩提[3]。

善清净慧，由于今时，非诸异生皆已见谛，非诸异生已能获得无上方便安隐涅槃，亦非已证阿耨多罗三藐三菩提，是故胜义谛相与诸行相都无异相，不应道理。若于此中作如是言"胜义谛相与诸行相都无异"者，由此道理，当知一切非如理行，不如正理。

善清净慧，由于今时，非见谛者，于诸行相不能除遣，然能除遣；非见谛者，于诸相缚不能解脱，然能解脱；非见谛者，于粗重缚不能解脱，然能解脱；以于二障能解脱故，亦能获得无上方便安隐涅槃，或有能证阿耨多罗三藐三菩提。是故胜义谛相与诸行相一向异相，不应道理。若于此中作如是言"胜义谛相与诸行相一向异"者，由此道理，当知一切非如理行，不如正理。

## 【简注】

[ 1 ] 善清净慧菩萨摩诃萨：《深密解脱经》同此经。《解节经》称"净慧菩萨"。据测《疏》引真谛解，此菩萨位居九地，善答问，常转法轮，自己已得净慧，又能使他人生净慧，故名净慧。

[ 2 ] 胜解行地：也作"解地"。在修行五十二位中，包括十信、十住、十行、十回向；在五位中，包括资粮位和加行位。

[ 3 ] 阿耨多罗三藐三菩提：即佛所证悟的智慧。

## 【今译】

当时，善清净慧菩萨摩诃萨对佛说：世尊 [ 真是 ] 极为稀奇，以至世尊善巧的说法 [ 也真是极为稀奇 ]。如世尊所说，胜义谛相，极其微细，极其深隐，在本性和相状上超越了与一切现象或同一或相异的关系，[使人们] 难以通达。世尊，我就在此土，曾见一处，有众多菩萨等，正在作解行地的如法修行。[他们在] 同一法会上共坐，一起思量商议：胜义谛相与一切现象，在本性和相状上，究竟是同一还是相异？在此会中，有一类菩萨是这样说的：胜义谛相与一切现象，完全没有差异。有一类菩萨又是这样说的：并非胜义谛相与一切现象完全没有差异，而是胜义谛相完全不同于一切现象。还有其余菩萨疑惑犹豫，又是这样说的：那些菩萨，谁的说法真实，谁的说法虚妄？谁如理行，谁不如理？[因为那些菩萨] 有的这样主张，胜义谛相与一切现象完全没有差异；有的这样主张，胜义谛相不同于一切现象。

世尊，我见到他们后，私下想：这些善男子，[未破无明而] 愚痴顽钝，不明 [理]，不通达 [法]，不如理行，所以对极其微细、极其深隐的胜义谛相，在本性和相状上超越了与一切现象或同一或相异的关系，不能理解。

[善清净慧菩萨] 说完此话，当时，世尊告诉善清净慧菩萨：善男子，正是如此，正是如此。如你所说，这些善男子，愚痴顽钝，不明 [理]，不通达 [法]，不如理行，所以对极其微细、极其深隐的胜义谛，在本性和相状上超越了与一切现象或同一或相异的关系，不能理解。为什么呢？善清净慧，并非按认识 [世间] 一切现象那样的方式 [去认识胜义谛]，可说是能通达胜义谛相，或能证得胜义谛。为什么呢？

善清净慧，若胜义谛相与一切现象完全没有差异，[那么见一切现象就是见胜义谛，所以] 在现时，一切凡夫都应已 [证] 见 [胜义] 谛，或一切凡夫都应已证得无上方便安稳涅槃，或都应已证得阿耨多罗三藐三菩提。若胜义谛相与一切现象完全相异，[则胜义谛与一切现象各自独立存在，互不相干，那样的话，] 已 [证] 见 [胜义] 谛的圣者对一切现象 [实有自性的执着]，应不能除遣；若不能除遣 [对] 一切现象 [实有自性的执着]，对相缚（即被现象的束缚）应不能获得解脱；此见谛圣者对各种相缚不能解脱，对粗重缚（即由现象而生起的贪等烦恼的束缚）也应不能解脱。由于二缚不能解脱，已见谛者应不能证得无上方便安稳涅槃，或不应证得阿耨多罗三藐三菩提。

善清净慧，因为在现时，并非一切凡夫都已 [证] 见 [胜义] 谛，并非一切凡夫已能获得无上方便安稳涅槃，也并非 [一切凡夫] 已证得阿耨多罗三藐三菩提，因此，胜义谛相与一切现象完全没有差异，不合道理。若对二者关系这样说，"胜义谛相与一切现象完全没有差异"，由以上道理，当知所有这样的说法，非如理行，不合正理。

善清净慧，因为在现时，没有 [证] 见 [胜义] 谛的凡夫，对一切现象 [实有自性的执着] 没有除遣，但 [最终] 能除遣；没有 [证] 见 [胜义] 谛的凡夫，对各种相缚没有解脱，但 [最终] 能解脱；没有 [证] 见 [胜义] 谛的凡夫，对粗重缚没有解脱，但 [最终] 能解脱；因为对二障能解脱，也能获得无上方便安稳涅槃，或能证得阿耨多罗三藐三菩提。因此，胜义谛相与一切现象完全相异，不合道理。若对二者的关系这样说，"胜义谛相与一切现象完全相异"，由以上道理，当知所有这样的说法，非如理行，不合正理。

【评析】

此处以下宣说胜义谛相超越诸法一异性相。先是善清净慧菩萨见一处修行者法会上，修行者对胜义谛相超越诸法一异性相不能明了，有的认为胜义谛相与诸法性相完全相同，有的认为胜义谛相与诸法性相完全不同，另一些则不知哪种观点正确。

佛陀的回答分三个层次。此处是第一层次，即若胜义谛真如与一切事物完全相同，则一切众生在见任何一事物时，都应见到了胜义谛真如，由此可说，一切众生都已证得涅槃与大菩提。另一方面，如果胜义谛真如与一切事物完全相异（即完全不相干），则圣者在证见真如时，无需除遣对一切现象的执着，无需除遣一切现象的束缚（相缚）及以由现象生起的贪等一切烦恼的束缚（粗重缚），因为一切现象既然与真如无关，当然不会对见真如形成障碍。但按经中的说法，不除遣相缚与粗重缚，就不可能证得真如与大菩提。

而从现实来看，一切凡夫都未见真如，未证得涅槃和大菩提，所以，认为真如与一切事物完全相同，这种观点是不正确的。另一方面，虽然现实中，凡夫尚未除遣相缚与粗重缚，但

通过闻思修最终能除遣相缚与粗重缚而证真如，所以认为真如
与一切现象完全相异，这种观点也是不正确的。

这里涉及的一个问题是：唯识学认为，依他起相（性）是
有，那么，证真如时如何能遣依他起相？圆测解释说，真如
观时，依他起一切法存在而不显现，就说这是除遣了依他起的
众相。

另外，此处经文中还有一些概念需仔细解释。

## 一、"微细""甚深""难可通达"

据测《疏》转述真谛释，有多种说法。（一）非凡夫所知，
故称"微细"；非二乘所知，故称"甚深"；非地前菩萨所能
证见，故称"难可通达"。（二）真如与一切事物，不一，故称
"微细"；不异，故称"甚深"；超过一异，故称"难可通达"。
（三）胜义谛相，非闻慧之境，故称"微细"；非思慧之境，故
称"甚深"；非凡夫、二乘、初学菩萨修慧之境，故称"难可
通达"。圆测认为，真谛三释中，以第三释为优胜。故《大般
若经》第五百六十七卷说，真如法界是出世般若及后得无分别
智境，非三慧境。

## 二、"不明不善，不如理行"

据测《疏》，"不明"故未得未知当知根，"不善"故未得
已知根，"不如理行"故未得具知根。未知当知根、已知根、
具知根是三无漏根，所对应的位次：未知当知根在见道位，已

知根在修道位，具知根在无学位。但笔者以为，此处经文明确，此类菩萨在胜解行地，当然不具三无漏根，所以，"不明不善，不如理行"完全没有必要联系到三无漏根，而可只作一般意义上的理解，即释为"不明理，不通达法，不如理行"。

### 三、"通达""作证"

两者的区别，按测《疏》："知胜义名为通达，能得涅槃及菩提果名为作证。又无间道名为通达，其解脱道名为通达，亦名作证，证无间为故。又后得智名为通达，其正体智名为作证。"

### 四、"相缚""粗重缚"

此二缚都有多种解释。心为相所拘，就是相缚。综合测《疏》、《了义灯》等，相缚主要有三种：（一）一切有漏相（或说相分）都是缚。由有漏相分的力量，见分心等不能了知诸有漏法皆如幻，执实有色心等法。（二）末那（第七识）称为相缚，相指相分，缚就是末那。也就是说，相缚之体是末那。由于末那识的我执在凡夫位永远存在，所以无论前六识处在三性的何种状态中，相缚永远存在。（三）据修行六波罗蜜多时有三轮相（如布施，有施者、被施者、施物），说有相缚。此相缚主要是由第六识所起，但据所依也可说由第七识所起。粗重缚有四种：（一）现行有漏诸心、心所。（二）现行二障。（三）二障种子。（四）二障习气。本经此处说，若不能解脱二缚，就不能证得阿耨多罗三藐三菩提（佛智）。本经此处的相缚，应指一切相；粗重缚，则包括全部四种。

## 【原文】

复次，善清净慧，若胜义谛相与诸行相都无异者，如诸行相堕杂染相，此胜义谛相亦应如是堕杂染相。善清净慧，若胜义谛相与诸行相一向异者，应非一切行相共相名胜义谛相。善清净慧，由于今时，胜义谛相非堕杂染相，诸行共相名胜义谛相，是故胜义谛相与诸行相都无异相，不应道理；胜义谛相与诸行相一向异相，不应道理。若于此中，作如是言"胜义谛相与诸行相都无有异，或胜义谛相与诸行相一向异"者，由此道理，当知一切非如理行，不如正理。

复次，善清净慧，若胜义谛相与诸行相都无异者，如胜义谛相于诸行相无有差别，一切行相亦应如是无有差别。修观行者于诸行中，如其所见，如其所闻，如其所觉，如其所知，不应后时更求胜义。若胜义谛相与诸行相一向异者，应非诸行唯无我性、唯无自性之所显现，是胜义相；又应俱时别相成立，谓杂染相及清净相。善清净慧，由于今时，一切行相皆有差别，非无差别；修观行者于诸行中，如其所见，如其所闻，如其所觉，如其所知，复于后时更求胜义；又即诸行唯无我性、唯无自性之所显现，名胜义相；又非俱时染净二相别相成立；是故胜义谛相与诸行相都无有异或一向异，不应道理。若于此中作如是言"胜义谛相与诸行相都无有异或一向异"者，由此道理，当知一切非如理行，不如正理。

善清净慧，如螺贝上鲜白色性，不易施设与彼螺贝一相异相。如螺贝上鲜白色性，金上黄色亦复如是。如箜篌声上美妙曲性，不易施设与箜篌声一相异相。如黑沉上有妙香性，不易施设与彼黑沉一相异相。如胡椒上辛猛利性，不易施设与彼胡椒一相异相。如胡椒上辛猛利性，诃梨[1]涩性亦复如是。如囊罗绵上有柔软性，不易施设与囊罗绵一相异相。如熟酥上所有醍醐，不易施设与彼熟酥一相异相。又如一切行上无常性、一切有漏法上苦性、一切法上补特伽罗无我性，不易施设与彼行等一相异相。又如贪上不寂静相及杂染相，不易施设此与彼贪一相异相。如于贪上，于瞋、痴上，当知亦尔。如是善清净慧，胜义谛相，不可施设与诸行相一相异相。

善清净慧，我于如是微细、极微细，甚深、极甚深，难通达、极难通达，超过诸法一异性相胜义谛相，现正等觉；现等觉已，为他宣说、显示、开解、施设、照了。

尔时，世尊欲重宣此义，而说颂曰：

行界[2]胜义相，离一异性相。

若分别一异，彼非如理行。

众生为相缚，及为粗重缚，

要勤修止观，尔乃得解脱。

【简注】

[1] 诃梨：梨的一种。

［２］行界：“行”即迁流不息的一切有为法。“界”是性，有二说：一
　　是指有为法自性；一是指真如，一切有为法都以真如为自性。故
　　“行界”即是一切有为法的真如本性。

## 【今译】

　　其次，善清净慧，若胜义谛相与一切现象完全无异，则如
果一切现象堕在混杂污染的状态，此胜义谛相也应同样堕在混
杂污染的状态。善清净慧，若胜义谛相与一切现象完全相异，
则一切现象之共相不应称为胜义谛相。善清净慧，因为在现
时，胜义谛相并非堕杂染相，一切现象之共相称为胜义谛相，
所以，胜义谛相与一切现象完全无异，不合道理；［同样，］胜
义谛相与一切现象完全相异，不合道理。若对二者关系这样
说，“胜义谛相与一切现象完全无异，或胜义谛相与一切现象
完全相异”，由以上道理，当知一切非如理行，不如正理。

　　其次，善清净慧，若胜义谛相与一切现象完全无异，那
么，胜义谛相与一切现象没有差别，则一切现象相互间也应同
样没有差别。修观行者在一切观行中，［最初的观行，］如其所
见，如其所闻，如其所觉，如其所知，［就是胜义谛相，这样
就］不应在以后的观行中再求胜义。若胜义谛相与一切现象
完全相异，则胜义谛相应该不是一切现象唯无我性和唯无自性
所显现；此胜义相又应同时以另一种相成立，即［在］杂染相
［之外，同时另有一种］清净相。善清净慧，因为在现时，一
切现象都有差别，并非无差别；修观行者在各种观行中，如其

所见，如其所闻，如其所觉，如其所知，又在以后〔的观行中〕更求胜义；此外，正是一切现象唯无我性和唯无自性所显现的，称为胜义谛相；此外，并非杂染相和清净相两种相同时独立成立：因此，胜义谛相与一切现象相完全无异或完全相异，不合道理。若对二者关系这样说，"胜义谛相与一切现象相完全无异或完全相异"，由以上道理，当知一切非如理行，不如正理。

善清净慧，如螺贝上的纯白色，不能将它说成与那螺贝是同一或是相异。如同螺贝上的纯白色，金上的黄色也是如此。如箜篌之声上的美妙曲调，不能将它说成与箜篌之声是同一或是相异。如黑沉香上有美妙之香气，不能将它说成与那黑沉香是同一或是相异。如胡椒上强烈的辛辣味，不能将它说成与那胡椒是同一或是相异。如同胡椒上强烈的辛辣味，诃梨的涩味也是如此。如蠹罗绵上有柔软性，不能将它说成与蠹罗绵是同一或是相异。如熟酥上所有醍醐，不能将它说成与那熟酥是同一或是相异。又如一切现象上的无常性、一切有漏法上的苦性、一切法上的补特伽罗无我性，不能将它们说成与那一切现象等是同一或是相异。又如贪上的不寂静相和杂染相，不能将它们说成与那贪是同一或是相异。如在贪上一样，在瞋、痴上，当知也是如此。同样，善清净慧，胜义谛相，不能将它与一切现象说成是同一或是相异。

善清净慧，我对如此微细、极其微细、非常深奥、极其深奥、难以通达、极难通达的、在本性和相状上超越与一切法同一或相异的胜义谛相，现证正等正觉；现证正等正觉后，为他人宣说：通俗表述，深入解释，设立概念，作出比喻。

当时，世尊要重新宣说此道理，而说颂：

一切法与胜义谛相，在本性和相状上非一非异。

若人思维两者或一或异，那样的做法并非如理行。

众生被相缚，并被粗重缚，

要勤修止观，那样才能得解脱。

## 【评析】

此处是关于胜义谛相超过诸行一异性相的另二层论述。一、若真如与一切现象完全无异，则一切现象不清净，真如也不清净；若真如与一切现象完全相异，则真如不能说是一切现象的共相。二、若真如与一切现象完全无异，则一切现象相互间也应完全没有差异；若真如与一切现象完全相异，则不能说真如是"诸行唯无我性、唯无自性之所显现"，因为真如与一切现象完全无关；另外，在一切现象的污染相外，还应另有真如的清净相。但上述结论显然都与真实的情况相反，因此，真如与一切现象的关系，超过了一异相。

唯识论认为，胜义谛（即真如）与一切行（即一切有为法）的关系，应是"非一非异"。如果完全"一"或完全"异"，就会出现上述种种困难。

此外，本经说"诸行共相名胜义谛相"，即真如（胜义谛）是诸法共性。《成论》则进一步说，真如超过了一切事物的共相，因为一切事物的共相是二空无我，真如则是二空所显之性，也就是真如是一切法之本性，即真如有体，并非仅是空。《成论》的说法，实际与本经不违，因为本经下文也说，胜义谛相是"诸行唯无我性、唯无自性之所显现"，这样来说，胜义谛（真如）就不仅仅是空，而是空所显现之体。

# 四、胜义谛遍一切一味相

## 【原文】

尔时，世尊告长老善现曰：善现，汝于有情界中，知几有情怀增上慢[1]，为增上慢所执持故记别所解？汝于有情界中，知几有情离增上慢记别所解？

尔时，长老善现白佛言：世尊，我知有情界中，少分有情离增上慢记别所解。世尊，我知有情界中，有无量无数不可说有情怀增上慢，为增上慢所执持故记别所解。

世尊，我于一时，住阿练若[2]大树林中，时有众多苾刍[3]，亦于此林依近我住。我见彼诸苾刍，于日后分展转聚集，依有所得现观，各说种种相法，记别所解。于中一类由得蕴故，得蕴相故，得蕴起故，得蕴尽故，得蕴灭故，得蕴灭作证故，记别所解。如此一类由得蕴故，复有一类由得处故，复有一类得缘起故，当知亦尔。复有一类由得食故，得食相故，得食起故，得食尽故，得食灭故，得食灭作证故，记别所解。复有一类由得谛故，得谛相故，得谛遍知故，得谛永断故，得谛作证故，得谛修习故，记别所解。复有一类由得界故，得界相故，得界种种性故，得界非一性故，得界灭故，得界灭作证故，记别所解。复有一类由得念住故，得念住相故，得念住能治所治故，得念住修故，得念住未生令生故，得念住生已坚住不忘、倍修增广故，记别所解。如有一类得念住故，复有一类得正断故，得神足故，得诸根故，得诸力故，得觉支故，当知亦尔。复有一类得八支圣道故，得八支圣道相故，得八支圣道能治所治故，得八支圣道修故，得八支圣道未生令生故，得八支圣道生已坚住不忘、倍修增广故，记别所解。世尊，我见彼已，便作是念：此诸长老，依有所得现观，各说种种相法，记别所解。当知彼诸长老，一切皆怀增上慢，为增上慢所执持故，于胜义谛遍一切一味相不能解了。是故世尊甚奇，乃至世尊善说。如世尊言：胜义谛相微细、最微细，甚深、最甚深，难通达、最难通达，遍一切一味相。世尊，此圣教中修行苾刍，于胜义谛遍一切一味相尚难通达，况诸外道。

尔时，世尊告长老善现曰：如是如是。善现，我于微细、最微细，甚深、最甚深，难通达、最难通达，遍一切一味相胜义谛，现正等觉；现等觉已，为他宣说、显示、开解、施设、照了。何以故？善现，我已显示于一切蕴中，清净所缘是胜义谛。我已显示于一切处、缘起、食、谛、界、念住、正断、神足、根、力、觉支、道支中，清净所缘是胜义谛。此清净所缘，于一切蕴中，是一味相，无别异相。如于蕴中，如是于一切处中，乃至一切道支中，是一味相，无别异相。是故善现，由此道理，当知胜义谛是遍一切一味相。复次，善现，修观行苾刍，通达一蕴真如胜义法无我性已，更不寻求各别余蕴、诸处、缘起、食、谛、界、念住、正断、神足、根、力、觉支、道支真如胜义法无我性；唯即随此真如胜义无二智为依止故，于遍一切一味相胜义谛审察趣证。是故善现，由此道理，当知胜义谛是遍一切一味相。复次，善现，如彼诸蕴展转异相，如彼诸处、缘起、食、谛、界、念住、正断、神足、根、力、觉支、道支展转异相，若一切法真如胜义法无我性亦异相者，是则真如胜义法无我性亦应有因，从因所生；若从因生，应是有为；若是有为，应非胜义；若非胜义，应更寻求余胜义谛。善现，由此真如胜义法无我性，不名有因，非因所生，亦非有为，是胜义谛；得此胜义，更不寻求余胜义谛，唯有常常时、恒恒时，如来出世、若不出世，诸法法性安立，法界安住。是故善现，由此道理，当知胜义谛是遍一切一味相。善现，譬如种种非一品类异相色中，虚空无相、无分别、无变异，遍一切一味相；如是异性异相一切法中，胜义谛遍一切一味相，当知亦然。

尔时，世尊欲重宣此义，而说颂曰：

此遍一切一味相，胜义诸佛说无异，

若有于中异分别，彼定愚痴依上慢。

【简注】

[1] 增上慢：极强烈的傲慢和自负，此处主要指未得谓得，未证谓证。

[2] 阿练若：也称阿兰若，译为山林、荒野。指适合于出家人修行与

居住之僻静场所。

[ 3 ] 苾刍：即比丘，指出家人。

## 【今译】

当时，世尊对长老善现说：善现，你知道在有情界中，有多少有情抱有［未证谓证的］强烈傲慢，被强烈的傲慢控制其心，［以傲慢心态］来表白自己的见解？你知道在有情界中，有多少有情能不以傲慢心态来表白自己的见解？

当时，长老善现对佛说：世尊，我知道有情界中，只有少量有情能不以傲慢心态来表白自己的见解。世尊，我知道有情界中，有无量无数、［数量］不可说的有情，抱有傲慢心态，被强烈的傲慢控制其心，［以傲慢心态］来表白自己的见解。

世尊，我有一段时间，住在一处清静适宜修行的大树林中。当时有众多比丘，也在此林中我的住处附近居住。我见那些比丘，在每天傍晚陆续聚集在一起，依各自有所得的现观，各说种种形式的法，来表白自己的［所谓证悟］见解。其中有一类比丘，由现观得五蕴，观得五蕴［种种］相，观得五蕴生起，观得五蕴消散，观得五蕴寂灭，观得五蕴寂灭之修证，［执此种种以为实相，］来表白自己的［所谓证悟］见解。与一类比丘由观得五蕴［来表白自己的证悟见解］一样，又有一类比丘由观得十二处，又有一类比丘观得缘起［来表白自己的证悟见解］，当知也是如此。又有一类比丘由观得四食，观得食相，观得食生起，观得食消散，观得食寂灭，观得食寂灭之修证，[执此种种以为实相，]来表白自己的［所谓证悟］见解。又有一类比丘由观得四谛，观得四谛相，观得四谛遍知，观得四谛永断，观得四谛作证，观得四谛修习，[执此种种以为实相，]来表白自己的［所谓证悟］见解。又有一类比丘，由观得十八界，观得十八界相，观得十八界种种性，观得十八界非同一性，观得十八界寂灭，观得十八界寂灭之修证，[执此种种以为实相，]来表白自己的［所谓证悟］见解。又有一类比丘，由观得念住，观得念住相，观得念住能治和所治，观得念住修习，观得念住未生起使之生起，观得念住生起后坚固不忘、加倍修习使之增广，[执此种种以为实相，]来表白自己的［所谓证悟］见解。与有一类比丘由观得念住［来表白自己的见解］一样，又有一类比丘由观得正断、观得神足、观得诸根、观得诸力、观得觉支［来表白自己的所谓证悟见解］，当知也是如此。又有一类比丘，观得八支圣道，观得八支圣道［种种］相，观得八支圣道之能对治和所对治，观得八支圣道修习，观得八支圣道未生起使之生起，观得八支圣道生起后使之坚固不忘、加倍修习使之增广，[执此种种以为实相，]来表白自己的［所谓证悟］见解。

世尊，我见到他们后，就产生这样的想法：这些长老依有所得之现观，各自说种种形式的法，来表白自己的［所谓证悟］见解。当知那些长老，所有人都怀有强烈的傲慢，被强烈的傲慢控制其心，对胜义谛在一切事物中完全一味的性质不能理解。因此，世尊是极其稀有的，以至世尊的善巧说法也是极其稀有的。如世尊所说，胜义谛相，微细、最微细，非常深奥、最为深奥，难以通达、最难通达，在一切事物中完全一味。世尊，在此圣教中修行的比丘，对胜义谛在一切事物中完全一味的性质尚难通达，何况一切外道。

当时，世尊告诉长老善现道：正是如此，正是如此。善现，我对微细、最微细、非常深奥、最为深奥、难以通达、最难通达、在一切事物中完全一味性质的胜义谛，证得正等觉；证得正等觉后，为他人宣说：通俗表述，深入解释，设立概念，作出比喻。为什么呢？善现，我已显示在一切蕴中，清净所缘是胜义谛。我已显示在一切处、缘起、四食、四谛、十八界、四念住、四正断、四神足、五根、五力、七觉支、八正道支中，其清净所缘是胜义谛。此清净所缘，在一切蕴中，是一味性，没有差异性。与在一切蕴中一样，同样，在一切处中直至一切道支中，是一味性，没有差异性。因此，善现，由此道理，当知胜义谛是在一切事物中完全一味性。

其次，善现，修观行的比丘，通达一蕴的真如胜义法无我性后，再不用寻求其他各蕴、一切处、缘起、四食、四谛、十八界、四念住、四正断、四神足、五根、五力、七觉支、八正道支的真如胜义法无我性；而是就以此［能观］真如胜义无二［之］智为依止，对一切事物中完全一味性的胜义谛，仔细观察，努力求证。因此，善现，由此道理，当知胜义谛是在一切事物中完全一味性。

其次，善现，如那一切蕴相互之间各不相同，如那一切处、缘起、四食、四谛、十八界、四念住、四正断、四神足、五根、五力、七觉支、八正道支，相互之间各不相同，若在一切法中的真如胜义法无我性，也各不相同，如此则真如胜义法无我性，也应有因，从因所生；若从因生，应是有为；若是有为，应非胜义；若非胜义，应再寻求其余胜义谛。善现，由此真如胜义法无我性，不能说是有因，而是非因所生；也不是有为，是胜义谛；得此胜义，再不用寻求其余胜义谛，只有常常时、恒恒时，无论如来出世或不出世，一切法的法性安立，法界安住。因此，善现，由此道理，当知胜义谛是一切事物中完全一味性。

［其次，］善现，譬如存在于各种各样种类不同的物质中的虚空，无相，无差别，无变化，在一切事物中完全一味；同样，在性质不同、现象相异的一切事物中，胜义谛在其中完全一味，当知也是如此。

当时，世尊要重新宣说此道理，而说颂：

此遍一切一味相的胜义谛，

诸佛说完全无异，

若有人在此中作相异的分别，

他们必定是愚痴并依增上慢。

【评析】

此处宣说胜义谛遍一切一味相。与宣说前四相不同，此处首先由世尊提问：在众生中，有多少人持有未得谓得、未证谓证的傲慢心态？尊者善现回答说：有无量众生有此傲慢心态。他们观六善巧（五蕴、十二处、缘起、四食、四谛、十八界）、三十七道品（四念住、四正断、五根、五力、七觉支、八正道），稍有所得，就说自己已证得胜义谛。实际上，胜义谛遍一切一味相，是"微细、最微细，甚深、最甚深，难通达、最难通达"。世尊肯定了善现尊者的说法，并进一步说明胜义谛遍一切一味相的道理。此道理包含以下几层意思。

首先，胜义谛是诸法中清净智所缘的境界。清净智就是无漏智（此处指根本无分别智），这是说，清净智并不缘诸法自身，缘诸法自身的是有漏智。清净无漏智是缘诸法共同的本性，即真如。其次，虽然诸法各各不同，但此清净智所缘的对象（即真如），在一切法中都是同样的，这就是"一味"相。这样，修观行者观任何一法，证得真如，就不需再观其他法，证其他法中的真如，因为所有法中的真如都是一味的。再从反面说，如果一切法中的真如，如同一切法各不相同，真如也各不相同，那么，每一法都由因而生，是有为法，则每一法中的真如，也应与每一法一样，由因而生，是有为法，而非胜义谛。但实际上，此胜义谛真如，无论如来出世或不出世，都永恒存在，无有差异，由此道理，可知胜义谛是遍一切一味相。

另外，此处经文中，有若干概念和义理需详细说明。

一、一切法，此处列举的是诸存在法（六善巧）与诸修行法（三十七道品），其中，六善巧，一般指蕴、界、处、处非处、缘起、根，但本经说法稍异，为蕴、界、处、缘起、食、谛。

二、现观，旧译为正观，指以无漏慧直接清晰地觉知四圣
谛。有多种说法，主要有：

（一）小乘俱舍宗认为，在见道位以无漏智观四谛之境，
此种观法称为圣谛现观。共有三种现观：1. 见现观，即以无漏
慧对四谛之境现见分明。2. 缘现观，即合此无漏慧及与此慧相
应之心、心所共同缘四谛之境。3. 事现观，即以无漏慧及与之
相应之心、心所及无表色和四相（生、住、异、灭）等不相应
法，共同对四谛作知、断、证、修等观。大众部以为一刹那之
心可同时现观四谛，此称"顿现观"。有部则认为是由八忍八
智之十六刹那次第现观，此称"渐现观"。

（二）大乘唯识宗认为，现观就是以有漏、无漏之慧观现
前境明了，并资助使之不退转。共有六种现观：1. 思现观，即
思所成之慧。观察诸法时，此慧作用最为突出，故立为现观。
2. 信现观，即对佛法僧三宝具有有漏、无漏之决定信，可助现
观，使其不退转。3. 戒现观，即得无漏戒能除破戒之垢秽，使
现观更明了。4. 现观智谛现观，指缘非安立谛的根本、后得
二智，通见修二道。5. 现观边智谛现观，这是现观智谛现观之
后，缘诸安立谛的后得智，通有漏无漏和见修二道。6. 究竟现
观，指究竟位之无漏智。这六种现观，后三种是现观之自性，
前三种是与现观共同生起之法。

三、善现尊者的回答，较为复杂，现作一些解释。

以"由得蕴故，得蕴相故，得蕴起故，得蕴尽故，得蕴灭

故，得蕴灭作证故，记别所解"为例：

"由得蕴故……记别所解"，指修行者在现观修行中观见五蕴，不能了知五蕴虚幻，诸法一味，产生执着，认为实有五蕴，并认为自己已证得实相，因此而生增上慢。

"得蕴相故……记别所解"，指修行者在现观修行中观见种种五蕴相，不能了知种种相一味，执着种种相实有，并认为自己已证得实相，而生增上慢。种种五蕴相，据测《疏》，指功德相、过恶相、因缘相、三世相、生住灭相、苦等四谛相、三界相、无漏界相、一向答相、分别答相、问答相、置答相、四食相乃至有漏色心、非色心等相。

"得蕴起故……记别所解"，指修行者在现观修行中观见五蕴生起，不能了知因果一味，故执五蕴真实有生，并认为自己已证得实相，而生增上慢。

"得蕴尽故……记别所解"，"蕴尽"指五蕴变异或缘尽而散，此句指修行者在现观修行中观见五蕴变异或消散，不能了知无异一味，故执五蕴有真实变异或消散，并认为自己已证得实相，而生增上慢。

"得蕴灭故……记别所解"，指修行者在现观修行中证见五蕴寂灭，不能了知清净一味，故执五蕴真实有灭或有蕴灭之清净，并认为自己已证得实相，而生增上慢。

"得蕴灭作证故……记别所解"，指修行者在现观修行中观见五蕴灭之方法，即证得道谛，不能了知境智一味，故执五蕴灭的方法为真实有，并认为自己已证得实相，而生增上慢。

总而言之，"得蕴"即执实有五蕴，"得蕴相"即执实有五蕴种种差别，"得蕴起"即执实有五蕴生起，"得蕴尽"即执实有五蕴消散，"得蕴灭"即实有五蕴灭之灭谛，"得蕴灭作证"即实有灭五蕴之道谛。

经中诸比丘观其他法之"得"，大体都是如此，即实有所得，而非真正证得无相一味真如，所以，都不是真现观，也非真正证得胜义谛。

# 心意识相品第三

【题解】

继上一品宣说胜义谛相，本品宣说世俗谛相。对"于心意识秘密善巧"，本品有两个层次：一是宣说"心意识秘密"，这是在世俗谛层面上宣说。二是宣说"于心意识秘密善巧"，即在胜义谛层面上宣说。此二层次的宗旨：一是宣说根本识（第八识）的含义，即根本识具有"心意识"三方面的功能，从而说明世俗谛一切法的根源。二是进而说明，了知根本识的秘密（即具有三方面的功能）并非目的，根本目的是要由世俗谛证得胜义谛。

本品的"心意识秘密"，笔者认为，实际上都是说根本识，即根本识具有"心意识"三方面的功能。历来一些研究者没看清这一点，所以对本品的"心意识"，产生了各种不同看法。

一般理解"心意识"，都从"集起名心，思量名意，了别名识"含义来理解，这样理解的话，第八识是心，第七识是意，前六识是识。而本品只说了第八识与前六识，没说第七识，所以，相比八识体系，有人说本经是七识体系（如今人演培法师），也有人说本经只是对第七识略而不说（如古代圆测法师），但这些说法恐怕都不得要领。实际上，"心意识"有众多含义，如《大毗婆沙论》第七十二卷说："心是种族义，意是生门义，识是积聚义。"其中，"意是生门义"，对理解根本识是"意"至关重要。那么，说"心意识"都是在说根本识，有何依据？一、从经文本身看，应作如此理解。二、在对经文作此解后，再细阅各家注释，发现伦《记》中的文备释，应该也持同样看法。

伦《记》中文备释说"总有三名以释识义"，即本品是以"一切种子心识""阿陀那识""阿赖耶识"此"三名"，及各自功能，来释"心意识"之"识"义。此外，本品又以"由此识，色、声、香、味、触等积集滋长"释"心"义。关于"意"，文备说："心义已竟，欲辨意义，故以所依义总显起识义。"所以，本品是以阿陀那识生起六识作为"意"义，这就是据"意是生门义"而说。至于本经为什么只说六识，不说第七识，文备没有解释。笔者以为，这是因为第七识是任运生起，虽说第八识也是其俱有依（第七识与第八识互为俱有依），是增上缘，其在第八识中的自种是其因缘，但对说明第八识的"意"功能来说，任运而起的第七识，实际对此功能没有多大意义，所以说第八识作为"意"，无需说第七识。而前六识才是依第八识生起（即文备说的"故以所依义总显起识义"），是第八识"意"功能的体现。所以，说本经是七识体系，或说本经是对第七识略而不说，应该说都没有准确理解本经意趣。

再看根本识三名及其功能。本经说，一切种子心识具有两种执受，即执受根身及所依（指净色根及所依之扶根尘，不包括器世间，因为器世间只是根本识的了别对象，不是执受对象）、执受"相、名、分别"一切法种子。执受之义，窥基在《成论述记》第三卷中总结为：执是摄、是持，受是领、是觉。就根本识执受根身来说，执受的含义，就是根本识将根身"摄为自体，持令不坏，安危共同而领受之，能生觉受，名为执受，领为境也"。

继而，阿陀那识，本经说其功能是执持根身，最后结颂又说阿陀那识执持一切种子，这样，除了"能生觉受"（即使身体产生感受）外，阿陀那识的功能基本上就是一切种子心识的功能了。而阿赖耶识，本经说其功能是"摄受、藏隐、同安危"，这也是一切种子心识的功能，只是增加了（根本识）藏隐在根身中等细节。

因此，根本识三名及相应功能中，一切种子心识的两种执受，是对根本识总体性质的描述；而阿陀那识和阿赖耶识的功能，只是分别突出了上述总体性质的不同方面。由此来看一些研究者的说法，如印顺法师说"末那就是阿陀那识"，此说依本经来看，是毫无根据的。

那么，本经说世俗谛相，为何只说根本识？本品说，根本识（一切种子心识）执受有情根身，执受一切法种子，由此可说，根本识是一切法的源头。因此，本经说世俗谛相，不在于描述世俗谛的具体内容（如百法等），而是要揭示世俗谛相的根本原因。

此外，本经还说了胜义谛的"于心意识秘密善巧"，那就是如实不见一切识（及一切法），此即为胜义善巧。而此境界在唯识论看来，实际是根本无分别智生起，证得真如，此时一切法消隐，这就是如实不见一切法。在此问题上，唯识论与般若经、中观宗观点的差别在于：唯识论认为，根本智并不破一切法，只是不见一切法。详见后文。

# 一、心意识秘密

## （一）根本识之"识"义与"心"义

【原文】

尔时，广慧菩萨摩诃萨白佛言：世尊，如世尊说"于心意识秘密善巧菩萨"，"于心意识秘密善巧菩萨"者，齐何名为"于心意识秘密善巧菩萨"？如来齐何施设彼为"于心意识秘密善巧菩萨"？

说是语已，尔时，世尊告广慧菩萨摩诃萨曰：善哉，善哉！广慧，汝今乃能请问如来如是深义。汝今为欲利益安乐无量众生，哀愍世间及诸天、人、阿素洛[1]等，为令获得义利安乐，故发斯问。汝应谛听，吾当为汝说心意识秘密之义。

广慧当知，于六趣[2]生死，彼彼有情堕彼彼有情众中，或在卵生，或在胎生，或在湿生，或在化生[3]，身分生起。于中最初一切种子心识成熟，展转和合，增长广大，依二执受：一者有色诸根及所依执受，二者相、名、分别言说戏论习气执受。有色界中具二执受，无色界中不具二种。

广慧，此识亦名阿陀那识。何以故？由此识于身随逐执持故。

亦名阿赖耶识。何以故？由此识于身摄受、藏隐、同安危义故。

亦名为心。何以故？由此识，色、声、香、味、触等积集滋长故。

## 【简注】

［１］阿素洛：即阿修罗。

［２］六趣：即那落迦（地狱）、饿鬼、傍生（畜生）、人、阿修罗、天。

［３］"或在卵生"至"或在化生"：卵生、胎生、湿生、化生，此四生，是佛教及古印度人认为的众生四种出生方式。其中，卵生即由孵卵而生，如鸡鸭等；胎生即由母胎孕育而生，如马牛等；湿生指由湿气而生，如虫、蝎、飞蛾等；化生即变化而生，包括天道众生与地狱众生等。

## 【今译】

当时，广慧菩萨摩诃萨对佛说：世尊，如世尊说过"于心意识秘密善巧菩萨"，所谓"于心意识秘密善巧菩萨"，究竟到什么境界可称为"于心意识秘密善巧菩萨"？如来依据什么标准说他们是"于心意识秘密善巧菩萨"？

［广慧菩萨］说了这些话后，当时，世尊告诉广慧菩萨摩诃萨：善哉，善哉！广慧，你现在能请问如来如此深义。你现在为了利益安乐无量众生，怜悯世间以及一切天、人、阿修罗

等［众生］，为使他们获得利益安乐，而发此问。你应仔细听，我要为你说心意识秘密的道理。

广慧当知，在六道生死流转中，那无量种类的有情，堕在无量种类的有情群体中，或在卵生［群体］，或在胎生［群体］，或在湿生［群体］，或在化生［群体］。［以胎生为例，］其身体生起时，其中，最初一切种子心识［入胎而］成熟，［其后在胎内一切种子心识与胎儿身的］进一步结合，［直至出胎后，身心］不断发育成长，［此身心的整个发育成长过程］是依［一切种子心识的］两种执受：一是对物质类的各种根及其所依［之身］的执受，二是对相、名、分别的言说戏论种子的执受。有物质的［欲界和色界两种］界中，［一切种子心识］具有两种执受；无色界中，［一切种子心识］不具两种［执受，只有种子执受］。

广慧，此识也称阿陀那识。为什么呢？因为此识永远跟随着有情一期生命的身体，并保持着身体的存在。

［此识］也称阿赖耶识。为什么呢？因为此识能将有情身体摄［为自体、使之产生感］受，并在有情身体中隐藏，［与有情身］安危与共。

［此识］也称为心。为什么呢？因为有此识，色、声、香、味、触等［得以］积集和滋长。

【评析】

本品分两个层次，包括心意识秘密，以及于心意识秘密善巧。此处以下，佛陀宣说心意识秘密。此处是广慧菩萨的问题，以及佛陀宣说心意识中识与心的含义。

首先是广慧菩萨提了两个问题，第一是"齐何名为于心意识秘密善巧菩萨？"第二是"如来齐何施设彼为于心意识秘密善巧菩萨？"对这两个问题，有不同说法。测《疏》认为，第一个问题是"问菩萨位，即是教所说义"，即"于心意识秘密善巧"是什么含义？第二个问题是"问如来依何菩萨施设彼教"，即什么人才可称之为"于心意识秘密善巧菩萨"？伦《记》则认为，此二问中，前一问题是指地前菩萨，后一问题是指地上菩萨。意谓：地前菩萨要到什么境界才能称"于心意识秘密善巧"？地上菩萨要具有什么境界才能称"于心意识秘密善巧"？但笔者以为，这两个问题的内涵并没有很大差别，问的都是"于心意识秘密善巧"究竟是怎样一种境界。所以，两个问题可看作是同一个问题的不同修辞。不过，本经说"于心意识秘密善巧"，实际包含两个层面，即世俗谛层面与胜义谛层面（笔者的此说与伦《记》上述说法有相似之处，但在以下的内涵展开上有所不同）。在世俗谛层面上，"于心意识秘密善巧"（即"心意识秘密"）是指了知根本识（即第八识）的三种功能；在胜义谛层面上，"于心意识秘密善巧"是指能证无相真如。

佛陀的回答，首先是解答世俗谛层面上"于心意识秘密善巧"，即解答心意识秘密。

在一般唯识经论中，心意识的含义，通常取"集起名心，思量名意，了别名识"，以此解，心就指第八识，意就指第七识，识则指前六识。但本品说的心意识，实际都是说根本识，即第八识，心意识就是根本识的三种功能。伦《记》中的文备释，应该也持同样看法。

本经首先说的是根本识作为识的功能。伦《记》文备释说："总有三名以释识义。"即根本识是识，此识主要有三个名称：一切种子心识、阿陀那识和阿赖耶识。这就是根本识的识义，而此三名称也包含了各自相应的功能。

首先，此根本识称一切种子心识。此一切种子心识，在有情一期生命开始时就进入有情身中，所谓"彼彼有情堕彼彼有情众中……身分生起"。此一切种子心识的功能，是有两种执受：一是执受有情身体，二是执受一切法的种子。欲界和色界有情的一切种子心识有这两种执受，无色界有情只有对一切法种子的执受，因为无色界没有物质身和物质世界。所以，有情"身分生起"直至"展转和合，增长广大"（即包括胎儿以及出胎后，有情身体的形成和成长），是依靠了根本识两种执受中的第一种执受。此外，《瑜伽论》说根本识（阿赖耶识）的所缘是三种：种子、根身、器世间。但器世间只是根本识的了别对象，不是执受对象，所以本经此处不说器世间。

其次，此根本识称阿陀那识，本经说其功能是"于身随逐执持"，即此阿陀那识对有情一期生命的身体，追随并执持，也就是它永远跟随着身体，并保持着身体的存在。

最后，此根本识称阿赖耶识，本经说其功能是"于身摄受、藏隐、同安危",其中,"摄受"之"摄",据《成论述记》第三卷,指"摄为自体",即根本识将身体摄为自己的一部分,也就是后世唯识论说的,根身是第八识的相分;"受",指使有情身体产生感受;"藏隐、同安危",即根本识在有情身体中隐藏,与根身安危与共。

现将根本识三种名对应的功能作一比较。一切种子心识的功能是两种执受,阿陀那识的功能是"于身随逐执持",阿赖耶识的功能是"于身摄受、藏隐、同安危"。那么,此三名对应的功能,到底是异是同?

首先,在对众生的身体方面,一切种子心识的功能是执受,阿陀那识的功能是执持,阿赖耶识的功能是摄受、藏隐。

什么是执受?《俱舍论》第二卷说:"有执受者,此言何义?心、心所法共所执持,摄为依处,名有执受,损益展转更相随故,即诸世间说有觉触,众缘所触觉乐等故。与此相违,名无执受。"

《瑜伽论》第一百卷说:"执受法者,谓诸色法为心、心所之所执持,由托彼故,心、心所转,安危事同。"

由上述定义可知,执受的含义,一是执持,(根本识)执持(即保持)根身("色法为心、心所之所执持");二是(根本识)依靠根身("摄为依处""托彼"),与根身安危与共("损益展转更相随""安危事同");三是(根本识)使根身产生觉受("有觉触")。

由此可见,(一切种子心识的)"执受"含义中包含了(阿陀那识的）"执持"义，也包含了（阿赖耶识的）"摄受、藏隐"义。

所以，《成论述记》第三卷总结为："执受义者，执是摄义、持义，受是领义、觉义。摄为自体，持令不坏，安危共同而领受之，能生觉受，名为执受，领为境也。"

此外，关于种子，一切种子心识有执受种子义；而本品结尾的颂中说，"阿陀那识甚深细，一切种子如瀑流"，所以阿陀那识也有执持种子的功能。

由上可见，在本经的论述中，一切种子心识是总的说根本识的功能，阿陀那识与阿赖耶识则分别突出根本识的部分功能。

对根本识的名称，诸唯识经论的说法都有所不同。如《摄论》是以阿赖耶识为总名（"且说所知依，即阿赖耶识"），此识又"名阿陀那识"，"亦名心"。《成论》是以第八识为总名（"阿罗汉……永失阿赖耶名，说之为舍，非舍一切第八识体"）。第八识主要名称有三种，即阿赖耶识、异熟识、一切种识（见《唯识三十颂》）。第八识的其他名称，"或名心""或名阿陀那""或名所知依""或名无垢识"。而与这些名称对应的功能，诸经论说法有时也会稍有不同。

实际上，执受、执持、摄受藏隐等，都是根本识的功能，分在不同名称之下，都只是相对的，所以诸经论中稍有不同的说法。

这些稍有不同的说法，本无足轻重，但有论者据此提出异说，就需要仔细分辨了。如印顺法师《摄大乘论讲记》说：
"真谛说，染末那就是阿陀那，这是非常正确的。"在依据"一
种七现"的立场上，他经过一番论证，最后强调："末那就是
阿陀那。"对"一种七现"说，笔者另有论文表达不同观点，
此处只从本经来说。本经中，阿陀那识与一切种子心识、阿赖
耶识，都指同一识，即根本识，并无任何证据说它们分别指不
同识。甚至，其他唯识经论（除真谛译）也没有"末那就是阿
陀那"的说法。因此，据诸唯识经论对根本识的不同名称及相
应功能有不同说法，就说它们是不同识，并不足信。

另外，此处经文中还有若干概念和义理需详细说明。

## 一、"世间及诸天、人、阿素洛"

"世间"本就包括一切"天、人"等众生，那么，此处的
"世间"与"天、人"等是什么关系？《大智度论》说，有三
世间：一、器世间，二、五蕴世间，三、众生世间。测《疏》认
为，这里的世间是指五蕴世间："言世间者，五蕴世间，成人
之法；人天等者，蕴所成人。"所以，五蕴世间与天、人等，
是能成与所成的关系。

## 二、四生与五趣（或六趣）的关系

首先，有情是六趣还是五趣，佛典中有不同说法。小乘的
有部、经部及大乘的《佛地经》《维摩诘经》《瑜伽论》等，只
立五趣，阿修罗不单独立为一趣，而是归入天或饿鬼或傍生

中。而本经及《法华经》《大智度论》等立六趣。

其次，四生与五趣（或六趣）的关系。四生包括五趣，五趣不全收四生，即中有（这一世向下一世生命的过渡形态）属化生，但不包括在五趣或六趣中。

进而，为什么既说六趣又说四生？据测《疏》，六趣揭示了众生受生由善恶业力；四生只是四种受生方式，不涉及众生善恶果报的原因。


### 三、"一切种子心识成熟，展转和合，增长广大"

这是指一期生命身心成长的三阶段。其中，"一切种子心识成熟"，就是每一期生命第八识的成熟，以胎生有情来说，就在第八识最初入胎之际，识入胎即为成熟。

"展转和合"，据测《疏》，有两种解释：一、指以一切种识（即第八识）为依，根、大种等和合而生。二、指种识（第八识）与羯罗蓝（即胚胎），辗转和合。

"增长广大"，也有两种解释：一是指胎儿的生长发育，二是指生命体的全部成长过程。前者是胎藏八位（即将胎儿在胎内成长直至出胎分成八个阶段）。后者是通相八位，按《瑜伽论》第二卷的分法，指处胎位、出生位、婴孩位、童子位、少年位、中年位、老年位、耄熟位。此处文意，若单纯据"增长广大"来说，以胎藏八位为宜，因为如果是通相八位，则至老年位，身体就不是"增长广大"，而是不断衰落，而在胎儿阶段，胎儿身体可说是不断"增长广大"；但若据一切种子心识执受根身来说，则以通相八位为宜，因为根本识在一期生命中始终"随逐执持"根身，并非只在胎儿位执持根身，所以，此"增长广大"，包括胎儿以及出胎后有情身体的发育成长。以上是根本识"心意识"三义中的"识"义。

至于根本识的"心"义，就是经文所说的"由此识，色、声、香、味、触等积集滋长故"。"心"的含义及功能，据测《疏》，有三个方面：一是集起，即集诸法种子，生起诸法。二是积集，这又有两个方面的含义：1. 积集诸法种子；2. 即本经所说的，色、声、香、味、触等积集滋长。三是采集，采集种种所缘境。

## （二）根本识之"意"义

【原文】

广慧，阿陀那识为依止、为建立故，六识身转，谓眼识，耳、鼻、舌、身、意识。此中，有识眼及色为缘，生眼识；与眼识俱随行，同时同境，有分别意识转。有识耳、鼻、舌、身及声、香、味、触为缘，生耳、鼻、舌、身识；与耳、鼻、舌、身识俱随行，同时同境，有分别意识转。广慧，若于尔时，一眼识转，即于此时，唯有一分别意识与眼识同所行转；若于尔时，二、三、四、五诸识身转，即于此时，唯有一分别意识与五识身同所行转。

广慧，譬如大瀑水流，若有一浪生缘现前，唯一浪转；若二若多浪生缘现前，有多浪转。然此瀑水自类恒流，无断无尽。又如善净镜面，若有一影生缘现前，唯一影起；若二若多影生缘现前，有多影起。非此镜面转变为影，亦无受用灭尽可得。

如是广慧，由似瀑流阿陀那识为依止、为建立故，若于尔时，有一眼识生缘现前，即于此时，一眼识转；若于尔时，乃至有五识身生缘现前，即于此时，五识身转。

## 【今译】

广慧，以阿陀那识为依止、为建立，六识生起，即眼识，耳、鼻、舌、身、意识。[以眼识为例，]在六识生起中，以有识眼[根]和色为缘，生起眼识；与眼识共同活动，同时、同一对象上，有分别意识生起。[同样，在六识生起中，]以有识耳[根]、有识鼻[根]、有识舌[根]、有识身[根]，以及声、香、味、触为缘，生起耳识、鼻识、舌识、身识；与耳识、鼻识、舌识、身识共同活动，同时、同一对象上，有分别意识生起。广慧，若在某时，一眼识生起，就在同时只有一个分别意识生起，与眼识共同活动；若在某时，二、三、四、五种识生起，就在同时，[也]只有一个分别意识生起，与五识共同活动。

广慧，譬如大水洪流，若有一浪生起的缘出现，只有一浪生起；若有二浪或多浪生起的缘出现，则有多浪生起。但此大水洪流的水一直在流，无断无尽。又如平正干净的镜面，若有一影生起的缘出现，只有一影生起；若有二影或多影生起的缘出现，就有多影生起。并非此镜面转变为影，［镜面］作用也永远不会消失。

如此，广慧，由与大水洪流相似的阿陀那识为依止、为建立，若在某时，有一眼识生起的缘出现，就在此时，一眼识生起；若在某时，［有二识］直至有五识生起的缘出现，就在此时，［有二识直至有］五识生起。

## 【评析】

此处宣说根本识的心意识三功能中的"意"功能，这就是生起六识。

"意"的含义，一般是思量，这样，"意"就是指第七识。但心意识的含义实际上有多种，如《大毗婆沙论》第七十二卷说："复有说者，心意识三亦有差别，谓名即差别，名心、名意、名识异故。复次，世亦差别，谓过去名意，未来名心，现在名识故。复次，施设亦有差别，谓界中施设心，处中施设意，蕴中施设识故。复次，义亦有差别，谓心是种族义，意是生门义，识是积聚义……复次，滋长是心业，思量是意业，分别是识业。"

心意识含义的上述差别，有的明显是就同一识说的，如"过去名意，未来名心，现在名识"。而说根本识的"意"功能是生起六识，是就上述"意是生门义"而说的，根本识能生起六识，就说根本识是"意"。

说根本识（第八识）是"意"，与说末那识（第七识）

是"意"，两者含义不同。即依第八识生起前六识，与依第七识生起第六识，两者作为所依有所不同：第八识对前六识是根本依，而第七识对第六识则是作为意根，犹如五识依五根。

此处，说依根本识生起六识，不说第七识，这是因为，虽然第八识是第七识的俱有所依，但实际上第七识生起的缘（三种所依等）是始终存在的，所以第七识是任运生起的；而前六识生起，则需各种缘具足，尤其需依根本识作为根本依。因此，作为根本识的"意"功能，本经只说依根本识生六识，而不说生第七识，因为第七识无需依根本识的"意"功能而生起。

此外，在六识生起中，前五识生起也依第六识。前五识，或生起一识，或生起多识，或生起全部五识，同时生起的第六识只需一个，这就是五俱意识。而第六识生起则不必依前五识，如独头意识。

另外，此处经文中还有若干概念和义理需详细说明。

## 一、"有识眼"

眼两种：一是有识眼，也称同分眼；二是无识眼，也称彼同分。关于同分与彼同分，小乘与大乘的说法稍有差异。大乘说同分与彼同分，是依五根说。五根有作用的，称同分；无作用的，称彼同分。以眼根为例，在视线所及范围内，眼根见色，生起眼识，此时眼根称同分眼根；若超出视线范围，色在生生灭灭，眼根不见，不能生识，此时眼根称彼同分眼根。真谛曾举死人眼作彼同分例子，圆测不同意，说人死后，眼根也就不成眼根了。

### 二、水生浪喻及镜生影喻

此二比喻，有人说含义相同，即都表示诸识共同生起；也有人说含义不同。所谓含义不同，即水生浪，喻六识与本识同生灭；镜生影，喻六识的生起，是依自种子生起，并非是本识体转作六识。此外，前喻因果相续不断，后喻第八生果无尽。

# 二、于心意识秘密善巧

## 【原文】

广慧，如是菩萨虽由法住智[1]为依止、为建立故，于心意识秘密善巧，然诸如来不齐于此，施设彼为"于心意识一切秘密善巧菩萨"。广慧，若诸菩萨于内各别[2]，如实不见阿陀那，不见阿陀那识；不见阿赖耶，不见阿赖耶识；不见积集，不见心；不见眼、色及眼识，不见耳、声及耳识，不见鼻、香及鼻识，不见舌、味及舌识，不见身、触及身识，不见意、法及意识：是名胜义善巧菩萨，如来施设彼为胜义善巧菩萨。广慧，齐此名为"于心意识一切秘密善巧菩萨"；如来齐此施设彼为"于心意识一切秘密善巧菩萨"。

## 【简注】

[1] 法住智：小乘、大乘有多种说法。小乘主要说法是：能了知诸法生起原因（即缘起）的智，是法住智。大乘说法，也包含上述意思，此外，还包括能依经教安立法门之智，及对佛的开示能正确理解之智。

[2] 于内各别："内"指真如，真如为诸法本性；"各别"，意谓一一法上都有真如，随在一法上都可证真如，称为"各别"。

## 【今译】

广慧，如此，若菩萨虽由法住智为依止、为建立，对〔上述〕心意识秘密〔能〕善巧〔把握〕，但诸如来不以此为标准，施设他们为"于心意识一切秘密善巧菩萨"。广慧，若一切菩萨在内各自如实不见阿陀那〔之功用，即执持〕，不见阿陀那识〔之体〕；不见阿赖耶〔之功用，即摄受〕，不见阿赖耶识〔之体〕；不见〔心之功用，即〕积集，不见心〔之体〕；不见眼根、诸色和眼识，不见耳根、诸声和耳识，不见鼻根、诸气味和鼻识，不见舌根、诸味和舌识，不见身根、诸触和身识，不见意根、诸法和意识：这称为胜义善巧菩萨，如来施设他们为胜义善巧菩萨。广慧，准此境界，〔这些菩萨〕名为"于心意识一切秘密善巧菩萨"；如来依此标准，施设他们为"于心意识一切秘密善巧菩萨"。

## 【评析】

此处宣说胜义谛"于心意识秘密善巧"，或者说，如何才是胜义善巧菩萨。那就是如实不见一切识及其所生一切法，这就是胜义善巧。

如实不见一切识及其所生一切法，此有二解。

一、根本无分别智不见一切法，因为根本智只缘真如，不缘一切法。而根本智证真如，是在见道位。

在此问题上，唯识与中观的观点差别在于：中观是空一切法；唯识则认为，根本智并不破一切法，只是不见一切法。因为在见道位，根本智生起，后得智不生起，修行者只见真如，不见一切法；而出见道位，后得智生起，修行者又见一切法。由此可见，根本智不破一切法。比如第八识，如果在见道位断灭，则到修道位，断灭的第八识如何能再生起？如果断灭后能再生起，那前后有情是否能说还是同一有情？从教证看，没有任何唯识经论说第八识会断灭（除非无余依涅槃）。有的唯识经论说阿赖耶识灭，只是指第八识的染污性灭，其体不灭。

二、后得智是否能说不见一切法？后得智肯定缘一切法，特别是佛的后得智，如果不缘一切法，就不能称佛是"遍知"。如此说来，后得智不能说不见一切法。

但测《疏》第十二卷提供了另一种解释："正体、后得皆是现量，如实了知陀那自相，离诸分别，故名不见；非无分别乃名不见。"大意是：佛的根本智与后得智都是现量，所以能如实了知阿陀那识等一切法的自相，而不起其他各种分别，这就可以称为"不见"。所以，并非要完全没有分别才称不见一切法。由此释，后得智缘一切法时，有了别其自相的分别，没有其他分别，也是不见一切法。

最后，"于心意识一切秘密善巧菩萨"，或"胜义善巧菩萨"，就是见道位以上的菩萨。

# 三、结颂

**【原文】**

> 尔时，世尊欲重宣此义，而说颂曰：
> 阿陀那识甚深细，一切种子如瀑流，
> 我于凡愚不开演，恐彼分别执为我。

**【今译】**

当时，世尊欲重新宣说此道理，而说颂：
阿陀那识极其深隐微细，
[阿陀那识执持的] 一切种子如瀑流，
我对凡夫和愚者不宣说 [阿陀那识]，
恐他们的分别 [心将此识] 执为我。

**【评析】**

此处佛陀重新宣说全品要义。首先，此处值得注意的是"欲重宣此义"的"此义"，究竟指什么？

如前所说，本品主要可分两部分，一是宣说心意识秘密，也就是第八识秘密；二是宣说"于心意识秘密善巧"，或者说"胜义善巧"。此处文字紧接"胜义善巧",但"胜义善巧"指"如实不见"第八识（阿陀那识、阿赖耶识、心），及"如实不见"六根、六境、六识，而此颂的内容似乎与此离得较远。另一方面，此颂与第一部分内容颇为吻合，即按笔者的理解，心意识秘密就是第八识秘密，最后重颂又归到此点，宣说第八识（阿陀那识）极其隐微，关于此识的心意识义，很难对凡愚开示。同时，此颂也是本品所说心意识都指第八识的一个明证，因为最后的重颂总结全品是落到了阿陀那识上。如果阿陀那识是第七末那识，则此总结性的重颂，就是无的放矢了。

此外，颂中的最后两句还可探讨。

## 一、"我于凡愚不开演"

本品开始处说"哀愍世间及诸天、人、阿素洛等"而说心意识秘密，此处又说"我于凡愚不开演"，是否前后矛盾？测《疏》解释：如来说教，有多种含义。"哀愍世间及诸天、人、阿素洛等"，是为使其离恶修善，所以，不论有无菩萨种姓，都为他们说。此处"我于凡愚不开演"，是为趣无上正等菩提，证得佛果，所以只对菩萨种姓与二乘不定种姓说，不对凡夫与定性二乘说。

## 二、"恐彼分别执为我"

伦《记》说，俱生我见，不论说不说心意识秘密教法，都会生起；为了区别俱生我见，所以颂中只是"分别"。即不说心意识秘密，愚夫不会对根本识产生（分别）我执；说了心意识秘密，恐怕愚夫会因此而对根本识产生（分别）我执，认为这就是实我。

# 一切法相品第四

**【题解】**

本品宣说三自性教法。三自性是唯识论的特色教法。唯识论通过三自性来分辨一切法的有无与真幻，由此将佛教传统的世俗谛区分为遍计所执性（不存在的法）与依他起性（存在却是虚幻的法），从而深化了二谛理论。进而，三自性教法，不但是一种对一切法的理论性的描述体系，其意趣更在于修行，即可以通过观三自性来观唯识性，包括世俗唯识性和胜义唯识性。本经《分别瑜伽品》中，观总空性相，就是观三自性而证胜义谛真如。

本品的内容，先是三自性各自的定义；然后是两个比喻，说明三自性相互的关系，第一个比喻是略说，第二个比喻是详论；最后，本品归纳了三自性缘起（即产生的根源）。

三自性是指一切法，但佛典中关于一切法，通常又有多种描述体系。值得注意的是《庄严论》，该论将一切法分为所相与能相。该论的所相是"色法、心法、心数法、不相应法、无为法"五位法，能相则是"分别相、依他相、真实相"（即遍计所执相、依他起相、圆成实相）三自性。以此来理解，所相的一切法，就是从具体性质来描述的一切法；能相的三自性，则是从有无、真幻等存在性来描述的一切法。

从能相与所相来看本经的一切法，本经的能相仍是三自性；关于所相一切法，由《心意识相品》说一切法的种子是"相、名、分别"种子，可知本经的所相一切法，是相、名、分别、正智、真如五法体系。

本经的三自性定义，一定要放在五法体系的背景下，才能准确清晰地予以理解。现综合全品的论述，对本经三自性定义等作一分析。

## 一、遍计所执自性（经中称"遍计所执相"）

关于遍计所执自性，本品的定义说是诸法名言自性；关于其缘起，本品说是缘"相名相应"而起。

（一）遍计所执自性是诸法名言自性。本经对遍计所执自性的定义是"一切法假名安立自性差别"。这是在五法体系背景下的定义，即在"相、名、分别"的一切法体系中，"分别"（即识与心所）在"相"（即"一切法"）上安立"名"（一切法的名称），即执"名"之"义"为实有（名实际就是概念；义是概念的本质规定，用唯识术语来说，就是名之体）。此"义"是"相"之自性，这就是诸法的名言自性。此名言自性实际是在相上的增益，所以是遍计所执自性（名是不是遍计所执自性，诸经论有不同说法。按《瑜伽论》，相、名、分别、正智都是依他起自性。本经《心意识相品》说"相、名、分别"都有种子，因此，本经的名，也是依他起自性，详见下文）。

（二）遍计所执自性缘"相名相应"而起。进一步分析上述执"名"之"义"为"相"之自性的根源，那就是"相名相应"。即在"相、名、分别"中，"分别"执着"相"与"名"有必然联系，进而就将"名"之"义"执为"相"之自性，或者说，将名言自性执为实有，这就是遍计所执自性的缘起。

## 二、依他起自性（经中称"依他起相"）

关于依他起自性，经中有定义和比喻等多处论述，主要思想如下：依他起自性，是缘生自性，由遍计所执相所生，依遍计所执相执而起。进一步分析，本经的依他起自性，也是五法背景下的依他起自性；且本经关于依他起自性的多处论述，有着内在的关联性。

（一）依他起自性是"一切法缘生自性"，这是本经对依他起自性的定义。此定义表明：一切缘起法，即一切有为法，都是依他起自性。如《显扬论》第六卷说，识法、心所法、色法、心不相应行法，都是依他起自性。而按本经的说法，"相、名、分别"都有种子，所以《瑜伽论》判"相、名、分别"都是依他起自性。

（二）依他起自性由遍计所执自性所生。这是本品第一个比喻所说，即由眩翳过患起眩翳众相。经中明确说道，眩翳过患是遍计所执自性，眩翳众相是依他起自性，因此，此喻意谓，由遍计所执自性生依他起自性。《瑜伽论》第七十四卷也有同样说法。然而，若按后期唯识论的严格分析，遍计所执自性是无，依他起自性是有，无如何能生有？理解此问题的关键，在于本经继而对依他起自性缘起的论述。

（三）依他起相依遍计所执相执而起。本经说："依他起相上遍计所执相执以为缘故，依他起相而可了知。"经中的"遍计所执相执"（也称遍计所执自性执），是从能执心来说的，即在"相、名、分别"中的"分别"，是能执心，此"分别"心执着遍计所执相（实有），就是"遍计所执相执"。由于是"分别"心的执着，所以"遍计所执相执"本身就是依他起自性；而此"分别"心的执着，作为现行，能熏成种子，由种子又能生起将来的现行（依他起自性）。

因此，第一个比喻说，依他起相由遍计所执相生，这是一种简略的说法，没有涉及能执心。继而，依他起自性依"遍计所执相执"而起，则是一种完整的说法，是从能执心来说依他起自性的生起。

（四）五法背景下的依他起相。本经第二个比喻中，清净（即纯净无色）颇胝迦宝与青色等各种色合，则显现青色等各色末尼宝像。经中明确，青色等各种色是名言种子，而清净颇胝迦宝是依他起自性，这样的话，清净颇胝迦宝就是没有名言相合的依他起性，也就是离言依他起自性，以"相、名、分别"来判，就是"相"。清净颇胝迦宝与各种色和合，可比作"相"与"名"合，或者说，是在"相"上安立了"名"。此"相"与"名"的和合物（即经中的"似帝青"等末尼宝像），由于依"相"与"名"而起，按本经的定义，当然也是依他起。但"分别"将此"相""名"和合物（即"似帝青"等末尼宝像）执为实有，那就是遍计所执相了。进而，"分别"的此种执着，作为现行，能熏成种子，这就是名言种子。此名言种子能生起以后的依他起相（即一切法）。

在前期的唯识论中，一切法的种子都由名言所熏成，所以都称为名言种子。到后来，《成论》第八卷进一步区分了两类名言种子，即显境名言种子和表义名言种子。前者是识与心所的种子，实际不是名言熏成的；后者如色法，是真正的名言种子，是由名言熏成的。

（五）本经与其他唯识经论的依他起性比较。依他起性的基本含义是依他缘而生起的一切法，其中的"他缘"泛指一切缘，诸法相互为缘，所谓"此有故彼有，此生故彼生"。但诸唯识经论中依他起性的含义，又会随其教理体系表现不同，而有不同说法。先看《楞伽经》的依他起性。

《楞伽经》说："缘起是依他。"所以，依他起性与缘起观密切相关。《楞伽经》的缘起观，简略地说，就是阿赖耶识现起所取和能取一切法，所以，一切法是依阿赖耶识之缘而生起。这样，传统的依他缘而起，转变成依阿赖耶识之缘而起。《中边论》和《庄严论》都是阿赖耶识现起所取和能取，所以，其依他起性也都是依阿赖耶识之缘而起。而《摄论》的依他起性，更具体化为两点：一是依（阿赖耶识中的）自种，二是依他缘（其他诸缘）。具足此二缘，就能生起一切法。

由此来看，本经的"一切法缘生自性"，与《摄论》依他起性的第二个条件相合。那么，依自种而生起呢？

本经的《心意识相品》说，一切种子心识执受"相、名、分别"种子，这意味着"相、名、分别"染法体系中的一切法都有种子。此外，如上所说，依他起自性是依遍计所执自性执而起。其中，遍计所执自性，就是名言自性；遍计所执自性执，就是"分别"执着名言自性，由此熏成了诸法的名言种子，因此，一切法都有各自的名言种子。这些论述，都蕴含着一切法都有种子的观念。

但本经毕竟没有出现类似阿赖耶识缘起所取和能取一切法的论述，也没有如《摄论》那样明确说依他起性是依自种借他缘而生起的一切法。相反，本经对一切法有众多论述，如《胜义谛相品》说到的一切法有：有为法与无为法、六善巧、三十七道品等。又如《分别瑜伽品》说一切法，有法相与义相：法相有名、句、文等五法；义相则有十义、五义、四义、三义。上述各种一切法体系，完全符合"此有故彼有"的依他缘而起的依他起性定义，但或许很难都归为依自种而生起。因此，虽然可认为，《摄论》关于依他起自性的两种特征实际上也源自本经，但本经的依他起性终究不是《摄论》的依他起性。

而与上说不同，《瑜伽论》提出依他起自性有实法与假法。实法有种子，假法没有种子，如"名"是分位假，是心不相应行法，没有种子。《成论》继承了《瑜伽论》，也说"依他起性，有实有假"。这就与一切有为法或依他起性都有自种的说法，有所不同。

最后《成论述记》提出了实种与假种的概念。实种是真实种子，能生诸法；假种是方便说，实际上不是种子，不能作为因缘生法。这样就将上述两种依他起自性的教法作了会通，由此能说一切有为法都由种子生起。

### 三、圆成实自性（本经说就是真如）

圆成实自性的证得，是在依他起自性上断除遍计所执自性，这意味着，圆成实自性不离依他起自性，或者说，真如不离一切（有为）法。这不同于某些大乘佛教教派所称的，真如是一种独立的存在，是一切法的源头，能生起一切法。

最后，如来回答了德本菩萨一开始提出的问题，怎样才能称为"于诸法相善巧菩萨"，那就是：证得三自性的菩萨，才能称为"于诸法相善巧菩萨"。

# 一、诸法三相

## （一）三自相定义

### 【原文】

尔时，德本菩萨摩诃萨白佛言：世尊，如世尊说"于诸法相善巧菩萨"，"于诸法相善巧菩萨"者，齐何名为"于诸法相善巧菩萨"？如来齐何施设彼为"于诸法相善巧菩萨"？

　　说是语已，尔时，世尊告德本菩萨曰：善哉！德本，汝今乃能请问如来如是深义。汝今为欲利益安乐无量众生，哀愍世间及诸天、人、阿素洛等，为令获得义利安乐，故发斯问。汝应谛听，吾当为汝说诸法相。"

## 【今译】

　　当时，德本菩萨摩诃萨对佛说：世尊，如世尊说"于诸法相善巧菩萨"，所谓"于诸法相善巧菩萨"，究竟到什么境界可称为"于诸法相善巧菩萨"？如来依据什么标准说他们是"于诸法相善巧菩萨"？

　　[德本菩萨]说完此话，当时，世尊告诉德本菩萨：善哉！德本，你现在能向如来请问如此深义。你现在为要利益安乐无量众生，怜悯世间，及一切天、人、阿修罗等，为使他们获得利益安乐，而发此问。你应仔细听，我将为你说一切法的相状。

## 【评析】

　　本经以上两品宣说胜义谛与世俗谛，本品及下品要宣说三自性与三无性。

　　三自性是唯识论的特色理论。在唯识论之前，般若类经典（包括以后的中观宗）是以二谛说一切法，二谛即是胜义谛与世俗谛（或称真谛与俗谛等）。般若类经典与中观宗用遮诠说二谛：胜义谛是毕竟空；世俗谛则虚妄不实，唯有假名，如

《大般若经》第四百六十二卷说："是一切法唯有假名，唯有假相，而无真实。"而唯识经典则对世俗法区分了遍计所执性与依他起性：遍计所执性是假且无，依他起性是幻而有。所以，诸法并非仅是假名，还有假名施设所依的事或相。关于般若类经典与唯识经典的这种差异，本经以下《无自性相品》说，般若类经典的说法是佛陀第二时的说法，是密意说，非了义说；唯识论的说法是佛陀第三时的说法，是显了说，是了义说。

本经此处是德本菩萨的提问，问题虽分两个，意思实际一样，问的是佛陀依据什么称菩萨为"于诸法相善巧菩萨"。

## 【原文】

谓诸法相，略有三种。何等为三？一者遍计所执相，二者依他起相，三者圆成实相。

云何诸法遍计所执相？谓一切法假名[1]安立自性差别，乃至为令随起言说。

云何诸法依他起相？谓一切法缘生自性，则此有故彼有，此生故彼生。谓无明缘行，乃至招集纯大苦蕴。

云何诸法圆成实相？谓一切法平等真如[2]。于此真如，诸菩萨众勇猛精进为因缘故，如理作意、无倒思惟为因缘故，乃能通达；于此通达渐渐修习，乃至无上正等菩提方证圆满。

## 【简注】

[1]假名：大正本作"名假"。

[2] 平等真如："平等"指真如为一切法平等拥有，或真如在一切法中性质同一。

## 【今译】

所谓一切法的相状，略说有三种。是哪三种？一是遍计所执相，二是依他起相，三是圆成实相。

什么是一切法的遍计所执相？即一切法借助名而安立的自性和差别，直至为了生起言说。

什么是一切法的依他起相？那就是一切法由缘而生的自性，即"此有故彼有，此生故彼生"。所谓无明缘行，[行缘识,]直至招集纯粹大苦的五蕴[身心的生和老死]。

什么是一切法的圆成实相？即一切法的平等真如。对此真如，一切菩萨勇猛精进作为因缘，如理作意、无颠倒思维作为因缘，才能通达；在此通达的基础上渐渐修习，直至[证得]无上正等菩提，才证得圆满。

## 【评析】

此处宣说三自性定义。关于三自性，唯识经论中有多种定义。伦《记》第十九卷中记载有三门说与九门说，其中，三门说就是对三自性的三种定义。伦《记》中，惠景引述了摄论宗道奘法师的三种定义。一、情事理门。"情"是妄情，妄情所执实我实法，即是遍计所执自性。"事"指因缘事，即是依他起自性。"理"是无相等理，即是圆成实自性。二、尘识理门。尘

（境）是遍计所执自性，识是依他起自性，无相、无生等理是圆成实自性。三、染净通门。染法是遍计所执自性，净法是圆成实自性，依他起自性通染法与净法。

而本经的三自性定义，又有何种特征？

三自性是指一切法，但一切法通常又表述为多种不同体系，包括有为法与无为法、五蕴、五位法（识法、心所法、色法、心不相应行法、无为法），等等。那么，上述种种一切法与三自性是什么关系？

《庄严论》第五卷将一切法分为所相与能相。该论的所相是"色法、心法、心数（心所）法、不相应法、无为法"，能相则是"分别相、依他相、真实相"（即遍计所执相、依他起相、圆成实相）。以此来理解，所相的一切法，就是从具体性质来描述的一切法；能相的三自性，则是从有无、真幻等存在性来描述的一切法。而不同的所相一切法体系，会使能相三自性的定义有所不同。

以能相与所相来看本经的一切法，本经的能相仍是三自性。关于所相一切法，本经有多处说一切法，如前几品说了六善巧（五蕴、十二处、十八界等存在的一切法）及三十七道品（修行的一切法）；但关于一切法的种子，《心意识相品》说，一切种子心识执受"相、名、分别言说戏论习气"，即一切法的种子是"相、名、分别"种子，由此可知，本经的所相一切法，是相、名、分别、正智、真如五法体系。

本经的三自性定义，一定要放在五法体系的背景下，才能准确清晰地理解。先由五法体系来看遍计所执自性、依他起自性及其相互关系。

五法体系中的相，某种意义上也可说是一切法，因为相中包括相相、名相、分别相、真如相、正智相。名是在相上安立，因而名也遍（所知的）一切法。分别则是三界心和心所，即一切心法，而相（与名）则是分别所行境，即分别的认识对象。

再看本经的三自性。遍计所执自性，本经定义是"一切法假名安立自性差别"。其中，"假名"有二解：一、"假"，即借助，一切法借助名而安立自性；二、"假"，即"名"的性质为假，名与所命名的事物（法）没有必然联系。"自性差别"，即一切法各各差别的自性，诸法由自性的差别而形成诸法的差别。

由此来看上述定义，遍计所执自性，就是借助名而安立的诸法各自的自性；此自性由名而来，也就是一切法的名言自性。

此定义实际是在五法体系背景下的定义。所谓名言自性，即一切法，世人对之一一建立名称，每一名称都有其特定含义，世人就将此特定含义认作此法的自性，而此自性就是遍计所执自性。从"相、名、分别"来看，人们的"分别"（识与心所）在"相"（一切法）上安立了"名"，就认为此名的含义就是此相的自性，这就是一切法的名言自性。此自性由于是在相上增益，所以是遍计所执自性。

不同的所相一切法体系，给出的遍计所执自性定义不尽相同。如《摄论》的一切法是阿赖耶识变现的十一识，不同于"相、名、分别"的五法体系，所以《摄论》的遍计所执自性定义，也不同于本经。《摄论》说，能遍计心（意识）在所遍计法上生起遍计所执，所形成的错误观念，就是遍计所执自性。所以，本经的遍计所执自性是名言自性的定义，正表明这是按"相、名、分别"的所相一切法体系，来定义遍计所执自性。

依他起自性，按本经定义，是一切法的缘生自性，这就包括了一切依众缘而起之法，即一切有为法。如五事中的"相、名、分别、正智"，五法中的"识、心所、色法、心不相应行法"，都是有为法，也都是依他起性。唯识论认为有为法虽属幻却是有，这又与般若类经典的说法不一样。般若类经典说一切法"唯有假名"，世俗谛一切法只是"假名有"，如《大般若经》第八十五卷说："诸所有法无非假名"，"假名不离法性"。而唯识论认为，世俗谛一切法有其现象上的存在性，有其离言法体，因此，并不只是假名。

此外，本经依他起自性基本含义是依他缘而生起的一切法，其中的"他缘"泛指一切缘，所以是"此有故彼有，此生故彼生"。而在其他唯识经论中，依他起性的含义，除上述基本含义，又随诸经论的教理体系表现不同，出现了不同说法。

先看《楞伽经》的依他起性。《楞伽经》说："缘起是依他。"所以，依他起性与缘起观密切相关。《楞伽经》的缘起观，简略地说，就是阿赖耶识现起所取和能取一切法，所以，一切法是依阿赖耶识之缘而生起。这样传统的依他起性定义，即依他缘起，转变成依阿赖耶识缘起，即将泛泛而指的、众多的"他缘"变成了单一的"阿赖耶识"。其次，《中边论》和《庄严论》都是阿赖耶识现起所取和能取，所以，其依他起性也都是依阿赖耶识缘起。而《摄论》的依他起性，更具体化为两点：一是依（阿赖耶识中的）自种，二是依他缘（其他诸缘）。具足此二缘，就能生起一切法。

由此来看，本经的依他起自性的定义是"一切法缘生自性"，这与《摄论》依他起性的后一特征相合。那么，依自种而生起呢？

本经的《心意识相品》说，一切种子心识执受"相、名、分别"种子，这意味着"相、名、分别"染法体系中的一切法都有种子。因为，如果"名"也有种子，那么，"相"与"分别"当然都有种子，所以，一切法都有自种。此外，如上所说，依他起自性是依遍计所执自性执而起。其中，遍计所执自性，就是名言自性；遍计所执自性执，就是"分别"的执着。"分别"执着名言自性，由此熏成了诸法的名言种子，又由名言种子生起一切法。所以，相、名、分别，都由名言种子生起，或者说，都有各自的名言种子。这些论述，都蕴含着一切法都有种子的观念。

但本经毕竟没有出现类似阿赖耶识缘起所取和能取一切法的论述，也没有如《摄论》那样明确说依他起性是依自种借他缘而生起的一切法。相反，本经对一切法有众多论述，如《胜义谛相品》说到的一切法有：有为法与无为法、六善巧（蕴、界、处、处非处、缘起、根）、三十七道品等。又如《分别瑜伽品》说一切法，有法相与义相：法相有名、句、文等五法；义相则有十义（从存在详说一切法）、五义（从认知略说一切法）、四义（从心说一切法）、三义（从能诠所诠合说一切法）。上述各种一切法，完全符合"此有故彼有"的依他缘而起的依他起性定义，但或许很难都归为依自种而生起。因此，虽然可认为，《摄论》关于依他起自性的两种特征实际上也源自本经，但本经的依他起性终究不是《摄论》的依他起性。

而另一方面，《瑜伽论》提出依他起自性有实法与假法。实法有种子，假法没有种子，如"名"就是分位假，是心不相应行法，没有种子。《成论》继承了《瑜伽论》，也说"依他起性，有实有假"。这就与一切有为法或依他起性都有自种的说法，有所不同。

最后《成论述记》提出了实种与假种的概念。实种是真实种子，能生诸法；假种是方便说，实际上不是种子，不能作为因缘生法。这样就将上述两种依他起自性的教法作了会通，由此能说一切有为法都由种子生起。

关于圆成实自性，本经的定义，就是"一切法平等真如"。唯识经论对圆成实自性的定义大多如此。

但值得注意的是五法体系中"正智"的归属。本经说根本识执受"相、名、分别"种子，由此可推出的结论是，本经说的是染污根本识，所以这里只说染法种子，没说正智。而这样的分类，实际是有漏法与无漏法的二分法。从本经关于依他起自性的多处论述来看，本经的依他起自性确实是说有漏法，这样，正智就要归入圆成实自性（本经说正智，只有一处，即在《分别瑜伽品》中说细相时，说到"或正智相或真如相"。由此可见，正智相是与真如相一样的细相）。但本经在说圆成实自性时，又说圆成实自性是真如，没说包括正智。所以，圆测对此所作的结论是："今此一部，说后非前，唯说真如圆成实故；或可说前非后，唯说染法为缘生故；或可通有二义，前二说故。"

此处是对三自性各自下定义，而三自性相互的关系，则需用以下两个比喻来说明。

## （二）两个比喻

### 【原文】

善男子，如眩翳[1]人眼中所有眩翳过患，遍计所执相当知亦尔。如眩翳人眩翳众相，或发、毛、轮、蜂、蝇、苣藤[2]，或复青黄赤白等相差别现前，依他起相当知亦尔。如净眼人远离眼中眩翳过患，即此净眼本性所行无乱境界，圆成实相当知亦尔。

### 【简注】

[1] 眩翳："翳"即眼内有膜，"眩"即眼昏发花，故"眩翳"就是眼

有障膜一类的眼病。

[ 2 ] 苣藤：即胡麻。

**【今译】**

善男子，就像眼生眩翳之人眼中所有的眩翳病患，遍计所执相当知就是如此。如眼生眩翳之人［所看到的］各种眩翳幻像，或如发、毛、车轮、蜂、蝇、苣藤，或又如青黄赤白等不同相显现在前，依他起相当知就是如此。如眼目清净之人，远离眼中眩翳病患，正是此清净无病之眼所看到的无惑乱的境界，圆成实相当知就是如此。

**【评析】**

此处以下宣说比喻。从上述三自性定义来看，三者似乎都是独立的存在，那么，此三性有没有联系？接下来的两个比喻，说明三者的联系。此处是第一个比喻，是略说三自性的关系。

首先是遍计所执性与依他起性的关系。此比喻中，按经中所说，眩翳过患喻遍计所执性，眩翳众相喻依他起性，因此，由眩翳过患起眩翳众相，就喻为，由遍计所执性起依他起性。由此来看，虽说定义中，依他起自性是众缘所生之法，但实际上，这里说的缘，就是指遍计所执自性，即凭借遍计所执自性而生起依他起自性。

其次，比喻中的眩翳过患，虽然本身也是依他起的，但此比喻不着眼于眩翳过患本身，而只着眼于眩翳过患与眩翳众相两者的关系。本经将眩翳过患定义为遍计所执自性，将眩翳众相定义为依他起自性，由此来说明遍计与依他的关系。

此外，眩翳众相为什么是依他起相？经中说：依他起相是"一切法缘生自性，则此有故彼有，此生故彼生"。眩翳众相是由眩翳过患而起，据由缘而起，或据"此有故彼有，此生故彼生"，眩翳众相就是依他起性。

此外，此比喻中，眩翳过患与眩翳众相都属虚妄。眩翳众相虽是依他起性，但仍属如幻，这突出了依他起自性如幻的特征，诚如《金刚经》所说："一切有为法，如梦幻泡影。"但依他起自性虽属幻性，却是有（即存在的法）；与之相比，遍计所执自性也属幻，却是无（即不存在的法）。

此外，依他起自性可分为染分与净分，由眩翳过患起眩翳众相是比喻由遍计生染依他。染依他虚妄、如幻，那么，净依他如何？如上所说，净依他也可被归入圆成实自性，因为净依他无颠倒，由此不能说净依他虚妄。但净依他如归入依他起自性，则作为依他起自性，仍属如幻，因为一切依他起自性都属如幻。但净依他的如幻，又该如何理解？这应该与圆成实自性相比，即圆成实真如，因为是无为法，所以是不生不灭的；但作为净分依他起自性的正智，因为是有为法，所以仍是刹那生灭的。因此，与圆成实自性相比，净分依他起自性仍属如幻。

最后，圆成实自性是断遍计而证得。虽然经中此处只说断遍计，但按以上所说，由遍计生（染）依他，遍计既断，（染）

依他便能遣除而不生。所以，证圆成，如下文所说，实际上需断遍计和遣依他。

综上所说，此比喻之意，第一，由遍计所执自性生起（染分）依他起自性（实际是遍计所执自性执生依他起自性，如下比喻所说）；第二，（染分）依他起自性具染污性和如幻性；第三，在依他起自性上断了遍计所执自性，如幻的依他起自性也不生起，如此就证得圆成实自性。

## 【原文】

善男子，譬如清净颇胝迦宝[1]，若与青染色合，则似帝青、大青末尼宝[2]像，由邪执取帝青、大青末尼宝故，惑乱有情；若与赤染色合，则似琥珀末尼宝像，由邪执取琥珀末尼宝故，惑乱有情；若与绿染色合，则似末罗羯多[3]末尼宝像，由邪执取末罗羯多末尼宝故，惑乱有情；若与黄染色合，则似金像[4]，由邪执取真金像故，惑乱有情。

如是德本，如彼清净颇胝迦上所有染色相应，依他起相上遍计所执相言说习气，当知亦尔。如彼清净颇胝迦上所有帝青、大青、琥珀、末罗羯多、金等邪执，依他起相上遍计所执相执，当知亦尔。如彼清净颇胝迦宝，依他起相，当知亦尔。如彼清净颇胝迦上所有帝青、大青、琥珀、末罗羯多、真金等相，于常常时，于恒恒时，无有真实，无自性性，即依他起相上，由遍计所执相，于常常时，于恒恒时，无有真实，无自性性，圆成实相，当知亦尔。

## 【简注】

[ 1 ] 颇胝迦宝：据测《疏》，此土无此物，所以只作音译。由其他经论看，此物也应有各种色，本经要与四色对照，所以说此物无色。玄应《众经音义》说，此物称水玉，或称白珠。所以，"清净颇胝迦宝"，可看作是纯净无色宝珠。

[ 2 ] 帝青、大青末尼宝："帝"指帝释天，忉利天之天主，与梵天同为佛教之护法主神。"末尼宝"，即如意珠。"帝青、大青"，都是帝释之宝物，为青色如意珠。

[ 3 ] 末罗羯多：据测《疏》，此土无此物，所以只作音译。

[ 4 ] 金像：以上三色形成的像。"像"之前都有"末尼宝"，因此，此处应为"金末尼宝像"。

## 【今译】

善男子，譬如有一纯净无色宝珠，若与青色和合，则显现与帝释天之青如意宝珠、碧青如意宝珠相似的形象，众生由于错误地将其认作是真实的帝释天青如意宝珠、碧青如意宝珠，从而产生错乱的认识；若［纯净无色宝珠］与红色和合，则显现与琥珀色如意宝珠相似的形象，众生由于错误地将其认作是真实的琥珀色如意宝珠，从而产生错乱的认识；若［纯净无色宝珠］与绿色和合，则显现与绿色如意宝珠相似的形象，众生由于错误地将其认作是真实的绿色如意宝珠，从而产生错乱的认识；若［纯净无色宝珠］与黄色和合，则显现与金色如意宝珠相似的形象，众生由于错误地将其认作是真实的金色如意宝珠，从而产生错乱的认识。

因此，德本，如同那纯净无色宝珠上各种色彩，依他起相上遍计所执相的言说习气，当知就是如此。如同对那纯净无色宝珠上所具有的帝释天青如意宝珠、碧青如意宝珠、琥珀色如意宝珠、绿色如意宝珠、金色如意宝珠等错误形象的执取，依他起相上遍计所执相的执取，当知也是如此。如同那纯净无色宝珠，依他起相，当知也是如此。如同那纯净无色宝珠上的所有帝释天青如意宝珠、碧青如意宝珠、琥珀色如意宝珠、绿色如意宝珠、金色如意宝珠等形象，在一切时，在任何时，都无有真实，无有自性性，即在依他起相上，由遍计所执相，在每一时，在每一刻，都无有真实，无有自性性，圆成实相，当知也是如此。

**【评析】**

此处第二个比喻，是深入分析三自性的相互关系。

先对原文中的比喻物稍作简化：清净颇胝迦宝，可比作纯净无色宝珠，简称无色珠。青色与颇胝迦宝和合，生成帝青、大青末尼宝像，简称为青色如意珠，或青色珠。其他类推。

**一、清净颇胝迦宝**

此比喻中的清净颇胝迦宝，即无色珠，本经明确是依他起自性，进一步说，应该是离言依他起性。因为青色等色与其和合，能生青珠等相，而青色等色，经中比作言说习气（即名言种子），所以，无色珠在比喻上，应该是尚未安立名言的依他起自性，即离言依他起自性。关于离言依他起自性，下文将再作详尽分析。

## 二、"如彼清净颇胝迦上所有染色相应，依他起相上遍计所执相言说习气，当知亦尔"

上述"染色"包括青、赤、绿、黄等色，仍举青色为例，经中的"言说习气"应是指青珠等各色珠的种子。这里可能产生的一个疑问是：经文中明明将"染色"比作"言说习气"，那"言说习气"就应该是青色等各种色的种子，为何说是各色珠的种子？这是因为，青色与无色珠合，生起的是青色珠，而不是生起纯青色，就此来说，青色可比喻作青珠的"言说习气"（即名言种子）。就如在相上安立了名，熏成的名言种子（见下文），并非只是名的种子，而是相名和合物（即由名所指称的相）的种子。

同样，红色生起红珠，黄色生起黄珠，绿色生起绿珠，所有这些色都可比喻作各色珠的种子。

那么，这样的种子为什么要称"言说习气"，即名言种子呢？这要从种子的来源来说。

在"相、名、分别"体系中，"分别"（心与心所）在"相"上安立了"名"，就起言说。此"分别"的言说，作为现行，能熏成种子，这样，所熏成的种子就被称为"言说习气"，即名言种子。前期唯识论，将一切种子都称为名言种子，这似乎意味着一切种子都由名言熏成。《成论》则将名言种子区分为显境名言种子与表义名言种子。前者是识与心所的种子，实际不是由名言熏成种子，因为识与心所的种子本身一直存在，只是比喻成名言种子；后者是真正的名言种子，即由名言熏成的种子。

### 三、青珠等各色珠，究竟是依他起性，还是遍计所执性？

应该说，青珠等各色珠是依他起性，因为它们是依无色珠与青色等染色和合而起，符合依他起性定义，就如依眩翳过患起眩翳众相，眩翳众相就是依他起性。

但经中说，"如彼清净颇胝迦上所有帝青、大青、琥珀、末罗羯多、金等邪执，依他起相上遍计所执相执，当知亦尔"，似乎说青珠等各色珠是遍计所执自性。但实际上，此段经文的意思是：对青珠等各色珠的执着（"邪执"），即将青珠等各色珠执为实有，这是遍计所执自性。简言之，青珠如幻，本身是依他起自性；但人们依青珠等各色珠起言说，就赋予了它们名言自性；人们执着其名言自性，这就是遍计所执自性。而说青珠等各色珠是"依他起相上遍计所执相"，这是因为，青珠等各色珠，是在无色珠上（由青色等各种色和合）生起，无色珠是"依他起相"，这样，（具有名言自性的，或被人们执为实有的）青珠等各色珠就是"依他起相上遍计所执相"。

最后还可补充或强调的是，如果青珠等各色珠，即"依他起相上遍计所执相"，就是遍计所执性，而遍计所执性是没有种子的，那样的话，经中的"依他起相上遍计所执相言说习气"就不能成立。所以，青珠等各色珠，虽然是"依他起相上遍计所执相"，但必定是依他起性，这样才可能有"言说习气"，即名言种子。至于称它们为"依他起相上遍计所执相"，是因为它们具有名言自性，而人们必定会对它们的名言自性产生执着。这与前文的依草叶木等变现似象兵等一样，似象兵也是依他起自性，将其执为实有，就是遍计所执自性。

## 四、离言依他起性

如上所说，清净颇胝迦宝是离言依他起性。本经对离言依他起性没有展开，《瑜伽论》的《真实义品》则有详尽阐述。据《真实义品》，圣者能证离言自性，离言自性包括真如与（实有）唯事，如论中说："于一切法离言自性……唯取其事，唯取真如。"其中，（实有）唯事是离言依他起性，也是名言安立处，即诸法的假说所依，如论中说："如是要有色等诸法实有唯事，方可得有色等诸法假说所表。"

此外，关于本经的"依他起相上遍计所执相"，还可参考《瑜伽论》的以下说法："云何复名善取空者？谓由于此，彼无所有，即由彼故正观为空。复由于此，余实是有，即由余故如实知有。"

其中，"此"，在《瑜伽论》中指"色等想事"，简单地说，就是进入人们认识领域的一切法；"彼"，就是诸法的名言自性；"余"是离言法性或离言自性，包括真如和实有唯事，是名言的"假说所依"。简言之，一切法中，"彼无所有"，即名言自性实际没有；"余实是有"，即真如和唯事实际是有，是假说所依。

就本经的上述例子来说，青珠，就是"此"；在此青珠中，"彼"青珠的名言自性"实是无"；而"余"无色珠，即离言自性"实是有"。

由此来看，离言依他起自性，实际上是由本经首先提出，然后由《瑜伽论》详尽展开的。

**五、圆成实自性**

关于圆成实自性，经中明确指出，在依他起自性上断遍计所执自性，可证得圆成实自性。这意味着，圆成实自性不离依他起自性，或者说，真如不离一切（有为）法。这不同于某些大乘佛教派别所称的，真如是一种独立的存在，是一切法的源头，能生起一切法。

**（三）三自相之缘起**

【原文】

复次，德本，相名相应以为缘故，遍计所执相而可了知。依他起相上遍计所执相执以为缘故，依他起相而可了知。依他起相上遍计所执相无执以为缘故，圆成实相而可了知。

【今译】

其次，德本，依据相名相应，可以了知遍计所执相［的生起］。依据依他起相上的遍计所执相执，可以了知依他起相［的生起］。依据依他起相上无遍计所执相执，可以了知圆成实相［的证得］。

【评析】

此处宣说三自性之缘起。经中圆成实自性的证得在于断遍计所执自性等，以上已有分析，不再重复。

### 一、遍计所执自性源于"相名相应"（《瑜伽论》也称"相名相属"）

所谓"相名相应"，即"名"在"相"上安立，人们就认为"相"（事物）与"名"有必然联系；或者说，一个"相"必然有它对应的"名"；或者说，"名"所具有的"义"（名之本质属性）就是"相"的实有自性。

"相名相应"的错误，其他唯识经论有详尽论述。如《瑜伽论》《摄论》等都说到了"一相多名"的问题，即一个相可以有多个名。如果相与名有必然的联系，而且名对应的是相的自体，那一相多名就意味着一相有多个体，这显然是不能成立的。例如，一个人可以有多个名，如果每一个名都对应实体，那一个人就变成了多个人。

实际上，相与名的关系，是世人的约定俗成。例如，人们世代沿袭，将发光发热冒烟的现象称为燃烧，具有燃烧性质的事物称为火，这是约定俗成。假如从一开始，人们就将具有燃烧性质的事物称为水，那以后世代相传的，具有燃烧性质的事物就都称为水了。但由于世人长期以来一直将燃烧现象称为火，于是产生了一种习惯性的思维：火具有燃烧性。实际上，火这个名称没有燃烧性，说火不会烧口。所以，那个称之为燃烧的现象（相）与火这个名称（名）没有必然联系，火这个名称只是对那个燃烧现象的习惯性的指称。由此可见，相与名没有必然联系，有的只是一种约定俗成的关系。

另一方面，说火不烧口，本是一种常识，唯识论何以要如此强调"相名相应"的错误性？这是因为，"相名相应"与名言自性有着必然联系。虽然人们都知道说火不烧口，也都知道一个人可以有多个名字，但人们也天然地认为，名称与事物有着必然的关联，名称指向事物的实体，这就是"相名相应"。认为事物有实体，这是人们坚固的法执（包括俱生和分别法执）。此法执，在五法体系中，如果就能执来说，是五法中的"分别"（心）；就所执来说，就是名言自性（如果从五位百法来说，如《成论》，那能执就是第六识和第七识及其相应的萨迦耶见，所执就是被增益的诸法实有自性）。而名言自性就来源于"相名相应"。

## 二、依他起自性源于遍计所执相执

在本经的定义中，依他起自性是缘生自性，即来自缘起，而此处说依他起自性起于遍计所执自性执。要理解此说法，可先看《瑜伽论》第七十四卷的一段相似说法："问：遍计所执自性当言何所依止？答：当言依止三事，谓相、名、分别。问：依他起自性当言何所依止？答：当言即依遍计所执自性执，及自等流。"从引文可知，这里所说的遍计所执自性和依他起自性的依止，都是依"相、名、分别"的五法体系而说的。

在五法体系中，"分别"（心）在"相"上安立"名"，并由此执着名言自性，此执着就是遍计所执自性执；此执作为"分别"（心）的现行，会熏成种子，此种子就称为名言种子，此名言种子会在以后遇缘生起现行的名言诸法。而上述过程中，被熏成的名言种子和由名言种子生起的现行，都是依他起自性，这就是由遍计所执自性执生起依他起自性。

此外，《瑜伽论》还说了依他起自性依止"自等流"，意谓能执的"分别"（心），无始以来一直存在，其种子生种子，乃至种子生现行、现行熏种子的过程，持续不断，这就是"自等流"。

### 三、三自性的相互关系

综上所说，本经关于依他起自性的两个比喻和缘起，都是说明三自性相互的关系，现再作个简单总结。

#### （一）遍计所执性与依他起性

1. 遍计所执性生依他起性

《瑜伽论》也有相同说法。该论第七十四卷："问：遍计所执自性，能为几业？答：五。一、能生依他起自性。"即遍计所执自性的作用就是生依他起自性。但按此处经文，实际是遍计所执自性执生依他起性。

2. 依他起性是遍计所执性的所依

《瑜伽论》第七十四卷："问：依他起自性，能为几业？答：亦五……二、能为遍计所执自性及圆成实自性所依。"这里说依他起自性是遍计所执自性的所依，意谓若对依他起之法，执着此法实有名言自性，这就是遍计所执自性。

**（二）圆成实性与依他起性**

本经说，圆成实自性是在依他起自性上断除了遍计所执自性，这也意味着，圆成实性不离依他起性。《成论》第八卷进一步说明了此道理："此圆成实与彼依他起，非异非不异。异，应真如非彼实性。不异，此性应是无常，彼此俱应净非净境，则本后智、用应无别。"所以，圆成实自性与依他起自性非一非异，因为依他起自性就是一切有为法，圆成实自性是一切有为法的真实本性，所以非一非异。

在有些佛教学派的教理中，圆成实性可以是一种超越诸法的独立存在，甚至是诸法的源头，而在唯识论中，圆成实性不能离诸法独立存在，而只是存在于诸法之中。由此可说，一切不离识，真如也不即是识又不离识。

**（三）遍计所执自性与圆成实自性**

1. 圆成实自性是遍计所执自性的所依

许多唯识经论只说遍计所执性是在依他起性上生起，但本经以下的《无自性相品》说："由有依他起相及圆成实相故，遍计所执相方可施设。"所以，本经说，遍计所执性也在圆成实性上生起。此说意谓，对真如等圆成实性的执着，也是遍计所执，其所执着的对象也是遍计所执自性。实际上，真如有非安立谛与安立谛两种。非安立谛真如是离言的，非名言可及。安立谛真如，则是名言施设，有以下各种情况。首先，安立谛真如是如来的名言施设，是如来清净法的等流，并非遍计所执自性。其次，佛弟子依正见，对此安立谛真如作闻思修，这也不是遍计所执，不是遍计所执自性。最后，若人依邪见（萨迦耶见），执取安立谛真如，这是遍计所执（从能执说），是遍计所执自性（从所执说）。

《成论》第二卷也有相同说法："若执唯识真实有者，如执外境，亦是法执。"唯识，按《成论》的说法，包括世俗唯识性与胜义唯识性。其中，世俗唯识性，即一切法唯识，这是依他起自性；胜义唯识性就是真如圆成实性。世俗唯识性如幻，若执着世俗唯识性实有，是遍计所执，是法执。若执着胜义唯识性真实有，则如上分析，也是遍计所执，是法执。《成论》的这一说法，与本经相同，也与般若类经典相通。

2.断除遍计所执自性证圆成实自性

一般说断除遍计所执性能证圆成实性，实际上还可再区分遍计所执与遍计所执自性。遍计所执是能执心的执着，准确说是萨迦耶见，包括人我见和法我见，也就是通常说的我执和法执；其执着的对象，就是实我和实法，是遍计所执自性。所以，遍计所执与遍计所执自性是能执与所执的关系，断了能执，自然就除了所执，或者说，所执自然不生。

## 二、于法相善巧

【原文】

　　善男子，若诸菩萨能于诸法依他起相上，如实了知遍计所执相，即能如实了知一切无相之法。若诸菩萨如实了知依他起相，即能如实了知一切杂染相法。若诸菩萨如实了知圆成实相，即能如实了知一切清净相法。

善男子，若诸菩萨能于依他起相上，如实了知无相之法，即能断灭杂染相法；若能断灭杂染相法，即能证得清净相法。如是，德本，由诸菩萨如实了知遍计所执相、依他起相、圆成实相故，如实了知诸无相法、杂染相法、清净相法。如实了知无相法故，断灭一切杂染相法；断灭一切染相法故，证得一切清净相法。齐此名为于诸法相善巧菩萨，如来齐此施设彼为于诸法相善巧菩萨。

## 【今译】

善男子，若诸菩萨能在一切法的依他起相上，如实了知遍计所执相，就能如实了知一切无相之法。若诸菩萨如实了知依他起相，就能如实了知一切杂染相法。若诸菩萨如实了知圆成实相，就能如实了知一切清净相法。

善男子，若诸菩萨能在依他起相上，如实了知无相之法，就能断灭杂染相法；若能断灭杂染相法，就能证得清净相法。因此，德本，由诸菩萨如实了知遍计所执相、依他起相、圆成实相，［同时］如实了知诸无相法、杂染相法、清净相法。由如实了知无相法，［就］断灭一切杂染相法；由断灭一切染相法，［就］证得一切清净相法。准此境界，［这些菩萨］名为"于诸法相善巧菩萨"；如来依此标准，施设他们为"于诸法相善巧菩萨"。

**【评析】**

此处宣说依三自性证道之要点，即如实了知遍计所执相是无，就能断灭杂染依他起相，证得清净圆成实性相。由此就回答了德本菩萨一开始提出的问题：依据什么如来施设菩萨为"于诸法相善巧菩萨"？那就是，证得三自性的菩萨，才能称为"于诸法相善巧菩萨"。

但需进一步说明的是，这里说的如实了知遍计所执自性是无，是在见道位断（分别）我执和（分别）法执的种子。而在此见道位前，修行者仅是在认识上知道遍计所执自性不存在，这只是暂时制伏二执现行，但二执种子犹在，遇缘仍会生起现行。

# 三、结颂

**【原文】**

> 尔时，世尊欲重宣此义，而说颂曰：
> 若不了知无相法，杂染相法不能断；
> 不断杂染相法故，坏证微妙净相法。
> 不观诸行众过失，放逸过失害众生；
> 懈怠住法动法中，无有失坏可怜愍。

**【今译】**

当时，世尊要重新宣说此道理，而说颂：
若不了知无相法，杂染相法就不能断；

由于不断杂染相法，就不能证微妙净相法。

众生由放逸，不能观察自己行为的过失，将最终伤害自己；

众生由懈怠，心住散乱，不能证三性有无之理，值得怜悯。

## 【评析】

此处二首颂，据测《疏》，第一颂"颂不了无相失"，第二颂"释不观诸行失"。前颂含义较清楚，后颂有若干概念需解释。圆测说，后颂前二句"明放逸失"，后二句"明懈怠失"。其中，"住法"和"动法"主要有两种解释：一、住法指定，动法指散乱。相应地，"无有"指无定法，有散乱。二、住法指圆成实性，动法指遍计所执性和依他起性（测《疏》只说动法是依他，伦《记》说动法是遍计和依他）。相应地，"无有"指"无"圆成法（即未证圆成实性），有遍计、依他法。

而藏要本的注释说，藏文本此处的颂为："众生放逸有懈怠，不能分别行过失，于诸无住无动法，极失坏故成可悯。"其中，玄奘译本的"住法动法"，藏文本为"无住无动法"，所以"住法"和"动法"不是两个概念，而就是一个概念，若就三自性来说，就是圆成实性。

# 无自性相品第五

　　本品宣说三无性，并依三无性宣说"一切法无自性"等教法之密意。

　　三无性即相无自性性（简称相无性）、生无自性性（简称生无性）、胜义无自性性（简称胜义无性）。此三无性分别依三自性而立。即依遍计所执自性立相无性，因为遍计所执自性无自相。依依他起自性立生无性，因为依他起自性有缘生性，无自然生性，就无自然生性说依他起自性为生无性。胜义无性则依依他起自性以及圆成实自性而立，胜义谛中无依他起自性，所以依他起自性称为胜义无自性性；此外，圆成实自性是由诸法无我性所显，所以圆成实自性也称为胜义无性。

　　依三无性可成立各种密意说。密意主要有两种含义：一、指深密难知之意。二、指非显了说或非了义说。中观一般说前一义；唯识经典一般在后一义上使用此词，此时的"密意"，指相应的教法属非"显了"的方便说法，也就是只强调法义的某一点或某一方面，尚未全面充分完整地说明法义。

　　依三无性成立密意说，首先是依三无性，密意说"一切法无自性"。三无性中，真正无性的是相无性，即遍计所执自性，而依他起自性和圆成实自性在某种意义上也可说无性，所以可依三无性说"一切法无自性"。但实际上，真正能完全成立"一切法无自性"的，只是相无性；其他两种无性，都不能使"一切法无自性"完全成立。由此可说，"一切法无自性"是密意说。

其次是依相无性和一分胜义无性，密意说"一切诸法无生无灭、本来寂静、自性涅槃"等教法。因为遍计所执性（相无性）的一切法，本来就没有；而圆成实性（胜义无性）的一切法（真如、涅槃），确实是"无生无灭、本来寂静、自性涅槃"。但"一切诸法无生无灭、本来寂静、自性涅槃"，不能依生无性或依他起性而说，因为依他起性一切法（一切有为法），无论从什么意义上，都不能成立"无生无灭、本来寂静、自性涅槃"。

由于"一切诸法皆无自性、无生无灭、本来寂静、自性涅槃"，只是部分成立，不是无条件地完全成立，所以只是密意说。

而三无性说的意趣，是为了指导修行。从修行位次来说，世尊先对资粮位（或从十信至十回向）的佛弟子说生无性（即依他起性），以明诸法缘生道理，使他们通过修行，最终使种善根等五事具足。继而，世尊对加行位（即十回向最后位）修行者说相无性和胜义无性，使他们生起真正的厌离心，依两种无自性性，"令其于一切行能正厌"，从三种杂染解脱，最终证入通达位（见道位）。进而，在修习位（即修道位）中，诸菩萨仍依两种无自性性，勤奋修行，最终证入佛位。

由于所有修行者都依三无性修行（道一），并最终都能证得（无余依）涅槃（果一），所以世尊密意说"唯有一乘"。但实际上，修行者的根机不同，其中，有定性二乘，他们最终还是不能证得大乘的无住涅槃；同时也有不定性的二乘，他们能回向大乘。所以，就不定性二乘，也可说"唯有一乘"；但因为还有定性二乘，所以"唯有一乘"只是密意说。

而在实际修行中，修行者由于根性不同，对三无性的教法，接受和理解也不同。有完全相信和理解的，有相信但不理解的，有固执己见而谬解的，有不相信不理解且诽谤毁骂的，更有视作仇敌而处处攻击的。这些人会由此或证果，或受益，或遭恶报。

最后，胜义生菩萨对佛陀上述教法作了总结，进而宣说了佛陀三时教法。即世尊先为发心求声闻乘者，说四谛等教法，属不了义；其后为发心求大乘者，密意说"一切法无自性"等教法，仍属不了义；最后为三乘修行者，显了说"一切法无自性"等教法，是真了义。

三时教法，是唯一的佛经中说及的判教方法，作为圣言量，具有无可争辩的权威性。

关于三无性与三自性的关系，本经说："非由有情界中诸有情类，别观遍计所执自性为自性故，亦非由彼别观依他起自性及圆成实自性为自性故，我立三种无自性性。然由有情于依他起自性及圆成实自性上，增益遍计所执自性故，我立三种无自性性。"这就是说：三无性并不是一一否定三自性，要否定的只是遍计所执自性，而依他起性和圆成实性实际是有，不能否定。

由此来看三自性与三无性的关系，唯识宗的立场是：三自性是本，三无性是末，因为三无性是依三自性而立。如测《疏》第四卷说："有性是本，所以先明；无性是末，故在后说。"真谛遣三性入三无性，意谓三自性最终都是无性，伦《记》第九卷批驳说："旧翻《摄论》云，遣于三性入三无性，故知二性亦空。此亦不可。所以云何？遍计所执但倒，本无有法，为舍倒情，义说为遣；依他、圆成非情立，云何名遣？"所以，不能说遣三性入三无性，因为依他起性和圆成实性并非无，故不可遣。

# 一、三无性与诸说密意

## （一）诸法无自性密意

### 【原文】

尔时，胜义生菩萨摩诃萨白佛言：世尊，我曾独在静处，心生如是寻思[1]：

世尊以无量门曾说诸蕴所有自相[2]、生相灭相、永断遍知[3]；如说诸蕴，诸处[4]、缘起[5]、诸食[6]亦尔。以无量门曾说诸谛[7]所有自相、遍知永断、作证修习[8]。以无量门曾说诸界所有自相、种种界性、非一界性[9]、永断遍知。以无量门曾说念住所有自相、能治所治，及以修习未生令生、生已坚住、不忘倍修、增长广大；如说念住，正断、神足、根、力、觉支，亦复如是。以无量门曾说八支圣道所有自相、能治所治，及以修习未生令生、生已坚住、不忘倍修、增长广大。

世尊复说，一切诸法皆无自性、无生无灭、本来寂静、自性涅槃。未审世尊依何密意作如是说：一切诸法皆无自性、无生无灭、本来寂静、自性涅槃？

我今请问如来斯义，惟愿如来哀愍解释，说一切法皆无自性、无生无灭、本来寂静、自性涅槃所有密意。

## 【简注】

［1］寻思：此处指心、心所等的思维。

［2］自相：即是诸法（或诸蕴）不同于他法（或他蕴）的特性，如地为坚硬，水为湿润，色（蕴）为质碍，识（蕴）为了别等。

［3］永断遍知："永断"指四谛中的集谛，"遍知"指苦谛。即一切有为法，本质都是苦，此需遍知；能招当前或未来苦果的，是集谛的一切因，此需永断。

［4］诸处：即眼、耳、鼻、舌、身、意、色、声、香、味、触、法十二处。其各自的自相，如眼的自相是能见色，色的自相是为眼所见；直至意的自相是能见法，法的自相是为意所见。

［5］缘起：指从无明直至老死的十二缘起。各支自相，如无明以覆蔽为自相，老为渐衰，死为顿灭。

［6］诸食：即段食、触食、思食、识食等四食。诸食自相，如段食为分段而吞，识食为了别执持。

[ 7 ] 诸谛：即苦、集、灭、道四谛。诸谛自相，苦为逼迫，集为召集，
　　　灭为灭尽，道为能通。

[ 8 ] 作证修习："作证"指证灭谛。"修习"指修道谛。

[ 9 ] "诸界所有"至"非一界性"："诸界"指十八界。"种种界"指
　　　十八界各不相同。"非一界"指无量众生所依之界各不相同。或
　　　者，此处的"诸界"指六界，即地、水、火、风、空、识。

## 【今译】

当时，胜义生菩萨摩诃萨对佛说：世尊，我曾经独自在静
处，心中如此思维：

世尊曾以无量种方法，宣说诸蕴所具有的自相、生相、灭
相、永断、遍知；如说诸蕴，[世尊] 对十二处、十二缘起、
四食，也说了它们所具有的自相等。[世尊] 曾以无量种方法，
宣说四谛所具有的自相、遍知永断、作证修习。[世尊] 曾以
无量种方法，宣说诸界所具有的自相、种种界性、非一界性、
永断遍知。[世尊] 曾以无量种方法，宣说四念住所具有的自
相、能治所治，以及修习 [使之] 未生令生、生已坚住、不忘
倍修、增长广大；如说四念住，[世尊] 对四正断、四神足、
五根、五力、七觉支，也说了它们的自相等。[世尊] 曾以无
量种方法，宣说八正道所具有自相、能治所治，以及修习 [使
之] 未生令生、生已坚住、不忘倍修、增长广大。

[但后来] 世尊又说，一切诸法皆无自性、无生无灭、本
来寂静、自性涅槃。[此说法岂不与上述说法矛盾？] 不知世
尊依何密意而如此说：一切诸法皆无自性、无生无灭、本来寂

静、自性涅槃？

我今请问如来此中的道理，希望如来能慈悲地解释所说的一切法皆无自性、无生无灭、本来寂静、自性涅槃所具有的密意。

## 【评析】

此处是胜义生菩萨提问，大意是：世尊以前曾说过无量种法门，包括属世间法的五蕴、十二处、十八界、十二缘起、四食等，以及属出世间法的四谛、三十七道品（四念住、四正断、四神足、五根、五力、七觉支、八正道）。世尊对这些世间法和出世间法都说了它们的自相、生相和灭相，还说了这些法的永断、遍知及作证、修习。这说明这些世间法和出世间法都是有。但世尊又说，一切诸法皆无自性、无生无灭、本来寂静、自性涅槃。这似乎是说这些世间法和出世间法都没有。这两种教法，前一种教法可称为有性教，后一种可称为无性教，而这是两种相互矛盾的教法，但世尊不可能自相矛盾，所以只能认为这里有密意。据此，胜义生菩萨问：世尊先说有性教，后说无性教，那么，后一种无性教法，有什么密意？

密意，在不同场合有不同的含义，主要有两种含义：一、指深密难知之意，如佛意深密，非凡夫所能知。般若类经典以及许多佛典都在此意义上用"密意"一词。二、指非显了说或非了义说。唯识经典一般在此意义上用"密意"一词。此时，"密意"是对"显了"而言，"显了"在本经中也作"了义"。即诸佛之教，有密意方便教与显了真实教，前者指非"显了"的方便说法，也就是只强调法义的某一点或某一方面，尚未全面充分完整地说明法义。

**【原文】**

尔时，世尊告胜义生菩萨曰：善哉，善哉！胜义生，汝所寻思甚为如理。善哉，善哉！善男子，汝今乃能请问如来如是深义。汝今为欲利益安乐无量众生，哀愍世间及诸天、人、阿素洛等，为令获得义利安乐，故发斯问。汝应谛听，吾当为汝解释所说一切诸法皆无自性、无生无灭、本来寂静、自性涅槃所有密意。

胜义生当知，我依三种无自性性，密意说言一切诸法皆无自性，所谓相无自性性、生无自性性、胜义无自性性。

善男子，云何诸法相无自性性？谓诸法遍计所执相。何以故？此由假名安立为相，非由自相安立为相，是故说名相无自性性。

云何诸法生无自性性？谓诸法依他起相。何以故？此由依他缘力故有，非自然有，是故说名生无自性性。

云何诸法胜义无自性性？谓诸法由生无自性性故，说名无自性性，即缘生法亦名胜义无自性性。何以故？于诸法中，若是清净所缘境界，我显示彼以为胜义无自性性；依他起相，非是清净所缘境界，是故亦说名为胜义无自性性。复有诸法圆成实相，亦名胜义无自性性。何以故？一切诸法法无我性，名为胜义，亦得名为无自性性，是一切法胜义谛故，无自性性之所显故，由此因缘，名为胜义无自性性。

善男子，譬如空华，相无自性性当知亦尔。譬如幻像，生无自性性当知亦尔，一分胜义无自性性当知亦尔。譬如虚空，惟是众色无性所显，遍一切处，一分胜义无自性性当知亦尔，法无我性之所显故，遍一切故。

善男子，我依如是三种无自性性，密意说言一切诸法皆无自性。

## 【今译】

当时，世尊告诉胜义生菩萨：善哉，善哉！胜义生，你的思考非常合理。善哉，善哉！善男子，你现在能向如来请问如此深入的道理。你现在为要利益安乐无量众生，怜悯世间和一切天、人、阿修罗等，为使他们获得利益安乐，而发此问。你应仔细听，我将为你解释我所说的一切法都无自性、无生无灭、本来寂静、自性涅槃所具有的密意。

胜义生当知，我依三种无自性性，密意说一切法都无自性，这就是相无自性性、生无自性性、胜义无自性性。

善男子，什么是一切法的相无自性性？即一切法的遍计所执相。为什么呢？［因为］此［遍计所执相是］由假名安立为相，非由自相安立为相，因此［由遍计所执相无自相］称之为相无自性性。

什么是一切法的生无自性性？即一切法的依他起相。为什么呢？［因为］此［依他起相是］由依他缘之力而生起，并非自然而有，因此［由依他起相非自然而有］称之为生无自性性。

什么是一切法的胜义无自性性？即一切法由生无自性性，称之为无自性性，正是这由缘而生之法，也称为胜义无自性性。为什么［生无自性性也可称为胜义无自性性］？在一切法中，若是清净［智］所缘境界，我说此境界为胜义无自性性；依他起相不是清净［智］所缘境界，［这意味着清净所缘境界即胜义谛中无此自性，］因此也称为胜义无自性性。又有一切法的圆成实相，也称胜义无自性性。为什么呢？一切法的法无我性，称为胜义，也可称为无自性性，因为是一切法的胜义谛，也是无自性性之所显，由此因缘，［圆成实相也］称为胜义无自性性。

善男子，譬如虚空幻花相，［遍计所执相的］相无自性性，当知也是如此。譬如［由魔术变出的］幻像，［依他起相的］生无自性性当知也是如此，一部分的胜义无自性性当知也是如此。譬如虚空，只是一切物质不存在而显示，普遍存在于一切处，一部分的胜义无自性性当知也是如此，［因胜义无自性性］就是法无我性之所显，普遍存在于一切法中。

善男子，我依如上三种无自性性，密意说道：一切法都无自性。

**【评析】**

以下宣说不了义经中一些说法的密意，分两部分。此处是

第一部分，宣说"一切法无自性"之密意。此密意即是："一切法无自性"是依三种无自性性（也称三无性）而说。三种无自性性指相无自性性（或称相无性）、生无自性性（或称生无性）、胜义无自性性（或称胜义无性）。那么，为什么说"一切法无自性"或"三无性"是密意说？

## 一、三无性依三自性而立

三无性是依三自性而立。具体地说，相无性是依遍计所执相（性）而立，生无性是依依他起相（性）而立，胜义无性是依圆成实相（性）而立。因此可说，三自性是本，三无性是末，如测《疏》第四卷说："有性是本，所以先明；无性是末，故在后说。"至于有人在解释唯识经典时，说三自性最后要回归到三无性，三无性是本，三自性是末，因为"一切法无自性"是佛教的根本教义，这实际上是站在中观宗的立场上了。如真谛遣三性入三无性，伦《记》第九卷批驳说："旧翻《摄论》云，遣于三性入三无性，故知二性亦空。此亦不可。所以云何？遍计所执但倒，本无有法，为舍倒情，义说为遣；依他、圆成非情立，云何名遣？"所以，不能说遣三性入三无性，因为依他起性和圆成实性并非无，故不可遣。

## 二、一切法无自性是密意说

三无性中，相无性是真实说，其他两种都是方便说。

**（一）相无性是真实说**

相无性依遍计所执性而立，相无性意谓遍计所执性无自相，如本经说："此由假名安立为相，非由自相安立为相。"即依他起诸法都有自相，地为坚硬，水为湿润，色蕴为质碍，识蕴为了别等等。但遍计所执自性，按本经所说，就是名言自性。名言自性实际无，即无自相（或者说"非自相安立"），只是由于"相名相属"，即在相上安立名，执着相与名有必然联系，名所具有的义即是相的自性（本质、本体），这就是名言自性。《成论述记》第二卷说："名诠诸法，但得共相，不得自相。"所以，名言自性是一种虚假错误的观念，执无为有，是遍计所执自性。

综上所说，遍计所执自性由于无自相，所以称相无性。

**（二）生无性是方便说**

生无性依依他起相（即依他起性）而立，或者说，生无性即依他起相。为何依他起相可说是生无性呢？本经说："此由依他缘力故有，非自然有。"即依他起诸法，是依众缘而生起，并非自然而生（即并非不依他缘而自己生起），如《成论》第九卷说："托众缘生，无如妄执自然性故。"所以，依他起自性，有缘生性，无自然生性。进而，依无自然生性，依他起相可说是生无性（即生无自然性）；但如果依缘生性，则不能说依他起相是生无性，就好比说某人无眼或瞎了眼，只是指他走路不看环境，或看人不识本性，是比喻说，并非该人真的是生理上无眼或瞎了眼。

所以，将依他起相称为生无性，只是一种方便说，不是真实说。

### （三）胜义无性是方便说

关于胜义无性，本经说有两种，一是指依他起相，二是指圆成实相。

依他起相（依他起自性）称为胜义无性，是因为胜义（真如）中无依他起性。

圆成实相（圆成实自性）称胜义无性，按本经所说，即"法无我性"。其中的"法无我"属胜义谛；"性"是由"法无我"所显之理（此处"性"即理）。因此，"法无我性"就是属胜义的、由"无自性"（即"法无我"）所显之理，所以被称为"胜义无自性性"。正如《显扬论》第十六卷所说："谓圆成实自性，由此自性，体是胜义，又是诸法无性故。"

上述第一种胜义无性是方便说，已如上所说。第二种胜义无性，只是按"法无我"说无性，即"法我"（法自体）不存在；但如果是"法无我"所显之理，就不能说是无，这样，"法无我性"就不是无性。

所以，将"法无我性"说成（胜义）无性，就只是方便说，不是真实说。

综上所说，将依他起性与圆成实性说成是无性，只是方便说，实际此二性是有性，非无性。如《成论》第九卷说，依他起自性的生无性与圆成实自性的胜义无性，都是"假说无性，非性全无"。

### （四）一切法无自性密意说的意趣

再回到三自性与三无性的关系，三自性是唯识论的特色理论，也是佛陀三时说法的第三时了义说法；而三无性则是不了义说法，是方便说，此方便说，旨在与般若经会通。

就唯识论来说，三自性即已满足其理论施设之需要，但这与此前般若类经典说的"一切法无自性"似乎相矛盾、有冲突，所以建立三无性来会通，以说明唯识经典与般若经典并无矛盾和冲突。例如，对"一切法无自性"，唯识论建立了三无性，这样，唯识论也可说"一切法无自性"了。但实际上，此三种无自性性并不是真的全无自性，真正无自性的，只是相无性，即遍计所执自性。

## 三、三无性的比喻

本品关于三无性（或三自性）的比喻是：空华（虚空幻现的花朵）喻相无自性性（即遍计所执自性），幻像（魔术中变出的东西）喻生无自性性（即依他起自性），虚空喻胜义无自性性。

空华与幻像的区别在于：空华是不存在的东西，如眼花看到空中有一朵花，你伸手去摸却没有。幻像则是存在的东西，比如，魔术师将任何一样东西变成一朵花，你伸手去摸，花是有的。

空华喻相无性或遍计所执自性，就是说，被执着存在的那些东西，如实我、实法，实际是根本不存在的。

而以魔术变出的幻像喻生无性或依他起自性，仔细分析，或有不足，因为魔术师变出的东西，实际上是早就准备好的东西，并不是真的将一物变成另一物，但只是就魔术的表面现象来作比喻，魔术师将一物变成了另一物，在此意义上，依他起自性犹如幻像。即依他起的一切法（依他起自性），实际并不如我们用语言表达进而理解的那个样子（即依他起自性本身是离言的），而我们的语言犹如魔术师，将它们变成了我们所理解的那个样子。

所以，唯识经论一般都用"无"来描述遍计所执自性，用"幻（有）"来描述依他起自性。

虚空喻胜义无性（圆成实自性），意谓虚空存在于一切色法（物质）中，在色法不存在时，虚空就显现了；真如也是如此，存在于一切法中，当见道位除遣一切法时，真如就能显现。

进一步说明，小乘教理中，有虚空（无为）和空界两个概念。有部认为，虚空（无为）与空界有所不同：虚空非色法，空界是色法；虚空不能见，空界能见；虚空无漏，空界有漏；虚空无为，空界有为。所以经文中的虚空遍一切处，是指虚空无为。

## （二）诸法无生灭等密意

### 【原文】

胜义生当知，我依相无自性性，密意说言一切诸法无生无灭、本来寂静、自性涅槃。何以故？若法自相都无所有，则无有生；若无有生，则无有灭；若无生无灭，则本来寂静；若本来寂静，则自性涅槃，于中都无少分所有更可令其般涅槃故。是故我依相无自性性，密意说言一切诸法无生无灭、本来寂静、自性涅槃。

善男子，我亦依法无我性所显胜义无自性性，密意说言一切诸法无生无灭、本来寂静、自性涅槃。何以故？法无我性所显胜义无自性性，于常常时，于恒恒时，诸法法性安住无为，一切杂染不相应故；于常常时，于恒恒时，诸法法性安住故无为，由无为故无生无灭，一切杂染不相应故，本来寂静、自性涅槃。是故我依法无我性所显胜义无自性性，密意说言一切诸法无生无灭、本来寂静、自性涅槃。

## 【今译】

胜义生当知，我依相无自性性，密意说一切法无生无灭、本来寂静、自性涅槃。为什么呢？若法的自相根本没有，则没有生；若没有生，则没有灭；若无生无灭，则本来寂静；若本来寂静，则自性涅槃，因为在此［遍计所执法］中根本没有一点东西可入涅槃。因此，我依相无自性性，密意说一切法无生无灭、本来寂静、自性涅槃。

善男子，我也依法无我性所显胜义无自性性，密意说一切法无生无灭、本来寂静、自性涅槃。为什么呢？法无我性所显的胜义无自性性，在一切时，在任何时，一切法的法性安住无为，与一切杂染不相应；在一切时，在任何时，一切法的法性由安住而无为，由无为而无生无灭，因与一切杂染不相应，本来寂静、自性涅槃。因此，我依法无我性所显胜义无自性性，密意说一切法无生无灭、本来寂静、自性涅槃。

## 【评析】

此处宣说经中诸说密意的第二部分，即说一切法无生无灭、本来寂静、自性涅槃之密意。按本经所说，此中的密意，即此说是依相无性和一分胜义无性（即圆成实性）而成立。

按相无性来说"一切法无生无灭"等，相无性就是遍计所执性（即遍计所执的一切法），所以完全没有自相，这样也就没有真正的法生起，如虚空中幻现的花朵，除幻觉中的花朵之外没有真实的花朵生起；没有生也就没有灭；由于无生无灭，则本来寂静。关于自性涅槃，经文的意思是：因为在遍计所执法中根本没有一点东西可入涅槃，所以可说，本来寂静也就是自性涅槃。伦《记》的注释中，惠景、神泰等人认为："寂静之义，即与涅槃相似，名为涅槃，非灭谛涅槃。"文备认为："欲辨遍计对治真实涅槃，故云本性涅槃。"遁伦的解释为："即是遍计所执涅槃，非真实涅槃。"

再按胜义无性来说"一切法无生无灭"等，此胜义无性指圆成实性，不是依他起性。圆成实性是诸法法性，永恒地安住于诸法中，由于安住，所以无为，由安住和无为，所以无生无灭；圆成实性，本性清净，与一切杂染性不相应，所以本来寂静、自性涅槃。

综上所述，本经说"一切诸法无生无灭、本来寂静、自性涅槃"，只是依相无性和一分胜义无性（即圆成实性）而说。这也就是说，是依遍计所执自性与圆成实自性而说，却不能说是依依他起自性而说，因此，"一切诸法无生无灭、本来寂静、自性涅槃"并不能普遍成立，而只是密意说。

## （三）立三无性旨意

【原文】

复次，胜义生，非由有情界中诸有情类，别观遍计所执自性为自性故，亦非由彼别观依他起自性及圆成实自性为自性故，我立三种无自性性；然由有情于依他起自性及圆成实自性上，增益遍计所执自性故，我立三种无自性性。

由遍计所执自性相故，彼诸有情于依他起自性及圆成实自性中，随起言说；如如随起言说，如是如是由言说熏习心故，由言说随觉故，由言说随眠故，于依他起自性及圆成实自性中，执着遍计所执自性相。如如执着，如是如是于依他起自性及圆成实自性上，执着遍计所执自性；由是因缘，生当来世依他起自性。由此因缘，或为烦恼杂染所染，或为业杂染所染，或为生杂染所染，于生死中长时驰骋，长时流转，无有休息；或在那洛迦，或在傍生，或在饿鬼，或在天上，或在阿素洛，或在人中，受诸苦恼。

## 【今译】

其次，胜义生，并非因为有情界中一切类别的有情，单独地观遍计所执自性为自性，也并非因为他们单独地观依他起自性和圆成实自性为自性，我立三种无自性性；而是因为有情在依他起自性和圆成实自性上，增加了遍计所执自性，我立三种无自性性。

由遍计所执自性的［名言］相，那一切有情在依他起自性和圆成实自性中，随之而起言说；随着一一所起的言说，一一由能熏成名言种子的心，包括能理解名言［如人、天］的心，以及不能理解名言［如婴儿、动物等，但仍由名言种子而起分别］的心，在依他起自性和圆成实自性中，执着遍计所执自性的［名言］相。由这样不断地执着，于是就不断地在依他起自性和圆成实自性上，执着遍计所执自性；由此因缘，生将来世的依他起自性。由此因缘，或为烦恼杂染所染，或为业杂染所染，或为生杂染所染，在生死中长时驰骋，长时流转，没有止息；或在地狱，或在傍生，或在饿鬼，或在天上，或在阿修罗，或在人中，受各种苦恼。

## 【评析】

此处宣说立三无性之意趣。如经所说，立三无性，并非是要一一除遣相应的三自性，实质上要除遣的只是遍计所执自性。众生在依他起性（的有为法）和圆成实性（的无为法）上，增加了遍计所执自性，因此，立三无性，是为了破除遍计所执自性，使众生能正确理解依他起性和圆成实性。

那么，众生是如何在依他、圆成上增加了遍计所执自性？经中的大意就是：人们依据事物的名称（"遍计所执自性相"），进行言说；由言说，（人们的）心就对事物的名称产生遍计所执，即执着事物的名称（所蕴含之义）是事物的实在自性（"遍计所执自性"）；由此执着，能生以后的依他起自性，成为三种杂染的所依，流转生死六趣。

再回到"遍计所执自性相"的含义上，本经的遍计所执自性，就是假说自性、名言自性。也就是，当人们约定俗成地给事物起名后，人们就执着"相名相属"，即认为名称与事物有必然联系，或者说，名（称）的（含）义就是事物的自性。所以，"遍计所执自性相"就是名言自性的（表现）相，也就是事物的名称。

此外，众生的执着心，本经说了言说熏习心，另外还说了言说随觉、言说随眠。这三个名称，《深密解脱经》第二卷为名字心、随顺心、名用使心，即后两个也都有"心"字；而本经后文也说到相应三智：言说不熏习智、言说不随觉智、言说离随眠智。由此可见，言说随觉、言说随眠实际上也是指心（智）。

言说熏习心，指能将言说熏习成种子的心，实际上是第六识，第六识能依言说熏成一切法的名言种子。言说随觉（心）与言说随眠（心），则分别指能理解言说的心，以及虽不能理解言说但仍能由名言种子而起分别的心。其中，能理解言说的，如人、天等；不能理解言说的，包括婴儿以及畜生道众生（即各类动物）等。因此，言说熏习心是总说，言说随觉与言说随眠，是言说熏习心的两种具体情况，指能运用名言的心和不能运用名言的心。

还需说明，如畜生道众生的"言说随眠（心）"，此世虽无理解和运用名言的能力，但过去无数世中已熏成了一切法的名言种子，因此，仍能以名言种子的力量产生分别（即认识），以至生起遍计所执。

综上所说，众生的心，依事物名称而起言说，由言说而执着事物的名言自性，又由此遍计所执性，进而生起下一世的依他起性（心识、根身和器世间），以及三种杂染，即烦恼杂染、业杂染、生杂染。

据《成论述记》第二卷，单说"染"，即指烦恼；合说"杂染"，则通善、恶、无记等三性，为一切有漏法之总称。杂染分为三类，称三杂染：（一）烦恼杂染，即一切烦恼及随烦恼之总名。（二）业杂染，指身语意三业，从烦恼生，或助烦恼造作。（三）生杂染，又作苦杂染，指依烦恼及业而受生于三界之苦。以上三类依序相当于惑、业、苦三道。据《辩中边论》，三杂染与十二缘起的关系为：（一）烦恼杂染，即十二缘起中之无明、爱、取。（二）业杂染，即行、有。（三）生杂染，即余支。

关于依他起性与杂染的关系，测《疏》说："总别有异，或可宽狭不同。依他是宽，从缘生者皆依他故，三杂染中不摄长养五根等故。"所以，依他起性的范围更宽，如一期生命中的"长养五根"（浮尘根），不属三杂染，但仍是依他起性。

# 二、三无性与修行

## （一）三无性与修行位

【原文】

复次，胜义生，若诸有情从本已来未种善根，未清净障，未成熟相续，未多修胜解，未能积集福德、智慧二种资粮，我为彼故，依生无自性性宣说诸法。彼闻是已，能于一切缘生行中，随分解了无常无恒、是不安隐变坏法已，于一切行心生怖畏，深起厌患；心生怖畏、深厌患已，遮止诸恶，于诸恶法能不造作，于诸善法能勤修习。习善因故，未种善根，能种善根；未清净障，能令清净；未成熟相续，能令成熟。由此因缘多修胜解，亦多积集福德、智慧二种资粮。

彼虽如是种诸善根，乃至积集福德、智慧二种资粮，然于生无自性性中，未能如实了知相无自性性及二种胜义无自性性，于一切行未能正厌，未正离欲，未正解脱[1]；未遍解脱烦恼杂染，未遍解脱诸业杂染，未遍解脱诸生杂染。如来为彼更说法要，谓相无自性性及胜义无自性性，为欲令其于一切行能正厌故，正离欲故，正解脱故；超过一切烦恼杂染故，超过一切业杂染故，超过一切生杂染故。彼闻如是所说法已，于生无自性性中，能正信解相无自性性及胜义无自性性，拣择思惟，如实通达<sup>[2]</sup>。

于依他起自性中，能不执着遍计所执自性相；由言说不熏习智<sup>[3]</sup>故，由言说不随觉智故，由言说离随眠智故，能灭依他起相；于现法中智力所持，能永断灭当来世因。由此因缘，于一切行能正厌患，能正离欲，能正解脱；能遍解脱烦恼、业、生三种杂染。

## 【简注】

[ 1 ]"未能正厌"至"未正解脱"：据测《疏》，正厌是加行道；正离欲是无间道；正解脱等是解脱道及胜进道。

[ 2 ]拣择思惟，如实通达：如《瑜伽论》的四寻思、四如实智。

[ 3 ]"言说不熏习智"三句：指以下三种状态中的智，其中，"言说不熏习"，即不执着名言，所以没有名言熏习；"言说不随觉"，指不随名起分别；"言说离随眠"，指断言说种子。

## 【今译】

其次，胜义生，若［资粮位］诸有情，无数世来，一直未种善根，未断除烦恼障和所知障，未使［所修法门］成熟相续，未能广泛学习佛法的正确见解，未能积集福德和智慧两种资粮，我为［利益］他们，依生无自性性宣说诸法。他们听后，能在一切由缘而生的现象中，根据自己的能力，理解［这一切现象都是］无常无恒，是不安稳的能变坏法，此后对这一切现象心生畏惧，深深地厌恶；心生畏惧，深深厌恶后，能制止［自己的］一切恶法，对一切恶法能不造作，对一切善法能勤奋修习。由于修习善因，未种善根，能种善根；未断除烦恼障和所知障，能逐步断除；[所修法门]未成熟相续，能使之成熟[相续]。由此因缘，能广泛学习佛法，也能广泛积集福德和智慧两种资粮[由此而入加行位]。

[加行位]有情虽能如此种各种善根，直至能积集福德和智慧两种资粮，但在生无自性性中，未能如实了知相无自性性和两种胜义无自性性，[所以]对一切现象未能根本厌恶，未能根本离欲，未能根本解脱；未完全解脱烦恼杂染，未完全解脱一切业杂染，未完全解脱一切生杂染。如来为[利益]他们，更说法要，即相无自性性和胜义无自性性，这是为了使他们对一切现象能根本厌恶，能根本离欲，能根本解脱；超越一切烦恼杂染，超越一切业杂染，超越一切生杂染。他们听闻如此所说法后，在生无自性性中，能正确相信理解相无自性性和胜义无自性性，判断思维，如实通达[而证入见道位]。

[见道后的地上菩萨，]在依他起自性中，能不执着遍计所执自性[的名言]相；依[不执着名言而]不随言说熏习[成种]之智，依不随言说起分别之智，依断言说种子之智，能灭依他起相；在现在世中，由上述智力的作用，能永断灭将来世之因。由此因缘，[他们]对一切现象能根本厌恶，能根本离欲，能根本解脱；能完全解脱烦恼、业、生三种杂染。

【评析】

此处依修行位宣说立三无性密意。修行位有多种说法。最简要的说法是五位，即资粮位、加行位、见道位、修道位、究竟位。而更详尽的修行位是五十二位，包括十信、十住、十行、十回向、十地、等觉、妙觉。此处经文，也有相应的两种解释。

按五位解释，本经说，世尊首先对资粮位的佛弟子说生无性（即依他起性）。因为凡夫无始来由于未悟诸法缘生道理，妄执诸法无因而自然生，故世尊说生无性（或者说，以生无性宣说诸法），以使佛弟子明白一切法皆由缘生，生命现象从无明至老死，都是缘生，不从自在天生，也非自然生。由此，佛弟子可了知：一切法都是无常，都会变坏；对一切法心生畏惧厌恶；不造诸恶，勤修善法；最终使（种善根，清净障，成熟相续，多修胜解，积集福德、智慧两种资粮等）五事具足。

继而，世尊对加行位行者说相无性和胜义无性。因为生无性虽可使人了知诸法无常，生起厌离心，但还不能使人了知诸法如幻，仍执诸法定有实性，因而不能生起真正的厌离心，不能使三种杂染真正得以解脱，所以需要进而宣说其他两种无性。行者依此两种无自性性，"令其于一切行能正厌"，从三种杂染解脱，最终能证入通达位（见道位）。

证入通达位的菩萨，依两种无自性性，可进而获得六种殊胜利益：一是遣遍计所执相；二是将遍计所执性的三因，转变成三智，即言说不熏习智、言说不随觉智、言说离随眠智；三是灭将来世的染分依他起；四是断将来世的苦因；五是能引正厌患、正离欲、正解脱三道；六是能真正解脱烦恼、业、生三杂染。

此外，如果按五十二位来说，经中的"未种善根，未清净障，未成熟相续，未多修胜解，未能积集福德、智慧两种资粮"，指十信位至十回向位。其中，一、种善根位，在十信位前。二、清净位，在十信位。三、成熟相续位，在十住位。四、多修胜解位，在十行位。五、积集福智资粮位，在十回向位。

这样，对从初发心至十回向的修行者，世尊为他们宣说生无性。此后世尊为修行者宣说相无性与胜义无性，与五位相同，也在加行位。五十二位中，加行位相当于十回向位的最后阶段。

## （二）三无性与一乘密意

【原文】

复次，胜义生，诸声闻乘种姓有情，亦由此道[1]、此行迹[2]故，证得无上安隐[3]涅槃；诸独觉乘种姓有情、诸如来乘种姓有情，亦由此道、此行迹故，证得无上安隐涅槃。一切声闻、独觉、菩萨，皆共此一妙清净道，皆同此一究竟清净，更无第二。我依此故，密意说言惟有一乘。

非于一切有情界中，无有种种有情种姓，或钝根性、或中根性、或利根性有情差别。善男子，若一向趣寂声闻种姓补特伽罗，虽蒙诸佛施设种种勇猛加行方便化导，终不能令当坐道场证得阿耨多罗三藐三菩提。何以故？由彼本来惟有下劣种姓故，一向慈悲薄弱故，一向怖畏众苦故[4]。由彼一向慈悲薄弱，是故一向弃背利益诸众生事；由彼一向怖畏众苦，是故一向弃背发起诸行所作。我终不说一向弃背利益众生事者、一向弃背发起诸行所作者，当坐道场能得阿耨多罗三藐三菩提，是故说彼名为一向趣寂声闻。

若回向菩提声闻种姓[5]补特伽罗，我亦异门说为菩萨。何以故？彼既解脱烦恼障已，若蒙诸佛等觉悟时，于所知障其心亦可当得解脱；由彼最初为自利益，修行加行，脱烦恼障，是故如来施设彼为声闻种姓。

【简注】

[1] 道：即道路，指通往涅槃之路。此处"道"是指无性之道，亦即下文"妙清净道"。

[2] 行迹：即此圣道，为诸圣游履，故称"行迹"。

[3] 安隐：涅槃具常住寂灭之乐，故称"安隐"。

[4] 一向慈悲薄弱故，一向怖畏众苦故：据《无上依经》，厌畏疲极，是声闻障；背利益他，是缘觉障。但测《疏》认为，"理实二乘皆具二障"。

[5] 回向菩提声闻种姓：即回心大乘的声闻，为五种姓论中的不定种姓。

【今译】

其次，胜义生，一切声闻乘种姓有情，也由此道、此行迹，证得无上安稳涅槃；一切独觉乘种姓有情、一切如来乘种姓有情，也由此道、此行迹，证得无上安稳涅槃。一切声闻、独觉、菩萨，都共此一种妙清净道，都同此一种究竟清净，更无第二种。我依此而密意说惟有一乘。

并非在一切有情界中，没有种种有情种姓［差别］，没有或钝根性、或中根性、或利根性有情之差别。善男子，如果是一向趣寂声闻种姓有情，虽蒙诸佛施设种种勇猛修行方法来化导，终不能使他们将来坐道场，证得阿耨多罗三藐三菩提。为什么呢？因为他们本来只有下劣种姓，一向慈悲薄弱，一向害怕各种苦。因为他们一向慈悲薄弱，因此一向放弃背离利益一切众生之事；因为他们一向害怕各种苦，因此一向放弃背离发起各种［利益众生的］行动作为。我始终没有说过，一向放弃背离利益众生之事者、一向放弃背离发起一切［利益众生的］行动作为者，将来坐道场，能证得阿耨多罗三藐三菩提，因此称他们为一向趣寂声闻。

若是回向菩提的声闻种姓有情，我也在某种意义上称他们为菩萨。为什么呢？他们既已解脱了烦恼障，若蒙诸佛菩萨［教化使之］觉悟，他们的心将来对所知障也能获得解脱；但因为他们最初是为自己的利益，修行加行，脱离烦恼障，因此如来称他们为声闻种姓。

【评析】

此处宣说一乘密意。关于三乘与一乘，有的经论说三乘是密意，一乘是究竟；而唯识经论则说，一乘是密意，三乘是究竟。

本经中，世尊说，"惟有一乘"属"密意"说。那么，既然实有三乘，为何能将三乘说成一乘？经中说："一切声闻、独觉、菩萨，皆共此一妙清净道，皆同此一究竟清净。"其中，"共此一妙清净道"，即"道一"；"同此一究竟清净"，即"果一"。进一步说，所谓"道一"，据上文，即都依三无性而修行，即在资粮位修生无性，在加行位修相无性与胜义无性。所谓"果一"，即三乘同证无余依涅槃。因此，由"道一""果一"，可说"惟有一乘"。

但经中又说，实际上，有情根性有钝根、中根、利根之差别，故而真实地说，则有三乘。即定性二乘，一向慈悲薄弱、怖畏众苦，所以必定不能证阿耨多罗三藐三菩提。但如果是回向菩提的二乘，则最终可证大菩提，因此，就回向二乘，也可说，三乘是一乘。

但进一步分析，"道一""果一"只是就三乘的共同性而言，除共同性外，三乘的"道"与"果"还有差异性的一面。就"道"来说，定性二乘是修出离；大乘不但修出离，还修菩提。即三乘在依三无性见道后，定性二乘速求出离；大乘则需再修二大阿僧祇劫，积集无量功德，以作未来无穷时间中普度众生之资粮。所以，大乘与定性二乘，道既一又非一。再就"果"来说，定性二乘速求出离，最后证得无余依涅槃，灰身灭智；大乘则修无量功德，证入无住涅槃，不离生死不住涅槃。所以，大乘与定性二乘，果也是既一又非一。

因此，三乘与一乘，在唯识论看来，三乘是真实，一乘只是就同依三无性见道和同证无余依涅槃而言成立，所以，一乘是方便说。就如依他起自性，本身有众缘所生性，只是就无自然生性，说依他起自性为无性。

此外，关于三乘与一乘，还有一个关于种姓的不同看法。其他宗认为，不存在定性二乘，二乘都有可能回向大乘，由此可说，一乘是真实。但唯识论认为，众生根性不同，是由种姓决定的。众生有五种不同种姓，即大乘种姓、定性声闻种姓、定性独觉种姓、不定性二乘种姓、无种姓（一阐提），这是无法改变的。以此五种姓论来看，定性二乘不能成佛，所以，三乘是真实，一乘是方便。而此五种姓论，是佛教其他宗派难以接受的。

## （三）三无性与四种有情

### 【原文】

复次，胜义生，如是于我善说善制法毗奈耶[1]、最极清净意乐所说善教法中，诸有情类意解种种差别可得。善男子，如来但依如是三种无自性性，由深密意，于所宣说不了义经，以隐密[2]相，说诸法要，谓一切法皆无自性、无生无灭、本来寂静、自性涅槃。

### 【简注】

[1] 法毗奈耶："毗奈耶"即律。因下句"最极清净意乐所说善教法"，指如来善说之法，所以此处"法毗奈耶"即是"毗奈耶"，指如来善说之律。

[2] 隐密：测《疏》："隐有说无，故言隐密。"即将依他起性和圆成实

性之有"隐"去，只就遍计所执性之无，说"一切法无自性"。

## 【今译】

此外，胜义生，如是在我善巧宣说、善巧制定的符合正法的戒律，以及最清净意乐所说的善巧教法中，各类有情会有种种不同理解。善男子，如来只依如此三种无自性性，由极深密意，在所宣说的不了义经中，以隐密相，说诸法要，即一切法都无自性、无生无灭、本来寂静、自性涅槃。

## 【评析】

此处以下宣说各类有情对三无性教法的不同理解和态度。首先是对佛的一般教法，诸有情"意解"（理解）有"种种差别"。佛的教法，是由"最极清净意乐所说"，这是由于佛说法无功用，说法不假寻伺。相比而言，凡夫思维言说必假寻伺。而对菩萨依后得智说法有无寻伺，有不同看法。据测《疏》：龙树认为，菩萨说法不借助寻伺。亲光认为，八地以上菩萨不借助寻伺，八地以下还借助寻伺。护法认为，十地菩萨都借助寻伺，八地以上也借助无漏寻伺说法。但对佛"最极清净意乐所说"教法，众生"意解种种差别"，测《疏》说，有四种不同意解：一、信解教义；二、唯信教义；三、信教不信义；四、教义俱不信。

## 【原文】

于是经中，若诸有情，已种上品善根，已清净诸障，已成熟

相续，已多修胜解，已能积集上品福德、智慧资粮，彼若听闻如
是法已，于我甚深密意言说如实解了，于如是法深生信解，于如
是义以无倒慧如实通达；于此通达善修习故，速疾能证最极究竟。
亦于我所 [1] 深生净信，知是如来应正等觉于一切法现正等觉。

## 【简注】

[1] 我所：此处指佛身，亦即佛。

## 【今译】

在此经中，若诸有情，已种上品善根，已断除诸[烦恼
障和所知]障，已[使所修法门]成熟相续，已广泛学习佛
法的正确见解，已能积集上品福德和智慧资粮，他们若听闻
如此法后，对我的极深密意言说能如实理解，对如此教法能深
生信解，对如此道理以无颠倒的智慧如实通达[而证入通达
位]；并依此通达，[在修习位]努力修习，能迅速证得最为究
竟[佛位]。[他们]也对我所[证法身]深生净信，知道这是
如来应正等觉对一切法现正等觉。

## 【评析】

此处以下宣说四类有情对本经三无性教法的理解和态度，
由此而导致种种利益和损害。此处是第一类人。

第一类人的特点是，"种善根，清净诸障，成熟相续，修
胜解，积集福德、智慧资粮"等五事具足，由此可知，是加

行位的修行者。他们能对此教法相信和理解，因此将能顺利修行，证得真如，从而证入见道位；并能在修道位努力修习；迅速证得涅槃，证入究竟位。

## 【原文】

若诸有情，已种上品善根，已清净诸障，已成熟相续，已多修胜解，未能积集上品福德、智慧资粮，其性质直[1]，是质直类，虽无力能思择废立，而不安住自见取中。彼若听闻如是法已，于我甚深秘密言说，虽无力能如实解了，然于此法能生胜解，发清净信：信此经典是如来说，是其甚深，显现甚深，空性相应，难见难悟，不可寻思，非诸寻思所行境界，微细详审聪明智者[2]之所解了。

于此经典所说义中，自轻而住，作如是言：诸佛菩提为最甚深，诸法法性亦最甚深，惟佛如来能善了达，非是我等所能解了。诸佛如来为彼种种胜解有情，转正法教。诸佛如来无边智见，我等智见犹如牛迹。

于此经典，虽能恭敬为他宣说，书写护持，披阅流布，殷重供养，受诵温习，然犹未能以其修相发起加行，是故于我甚深密意所说言辞不能通达。由此因缘，彼诸有情亦能增长福德、智慧二种资粮，于彼相续未成熟者亦能成熟[3]。

## 【简注】

[1] 性质直：据测《疏》，即直心，亦即信心。

[ 2 ] 聪明智者：据测《疏》，指地上菩萨。

[ 3 ] 亦能成熟：据测《疏》，此处不是指五事相续成熟，而是指十地修
行逐步成熟。

## 【今译】

若诸有情，已种上品善根，已断除各种障，已 [使所修法
门] 成熟相续，已广泛学习佛法的正确见解，但未能积集上品
福德和智慧资粮，其本性质直，是质直类，虽无能力思维判断
各种见解的是非对错，但不固执己见。他们若听闻如此法后，
对我甚深秘密的言说，虽无能力如实理解，但对此法能生如下
确定认识，产生完全的信心：信此经典是如来说，是如来甚深
境界的显现，与甚深空性相应，难见难悟，不可寻思，并非一
切寻思所行境界，只有 [具有] 细微观察和评判能力的 [地上
菩萨类的] 聪明智者能理解明了。

他们对此经典所说的义理，感到自卑，产生这样的想法：
诸佛菩提 [智慧] 最为甚深，诸法法性也最甚深，只有佛如来
能完全了知通达，不是我等所能理解明了。诸佛如来为各种理
解能力的有情，宣说正法教。诸佛如来具有无量无边智见，我
们 [凡夫] 智见犹如牛迹。

他们对此经典，虽能恭敬为他人宣说、书写、护持、阅
读、流传、郑重供养、读诵温习，但犹未能按其修行方法进行
修行，因此对我以甚深密意所说的言辞不能通达。由此因缘，
那些有情 [以后] 也能增长福德和智慧两种资粮，[使未来十

地中] 那些修行相续未成熟的法门也能成熟。

## 【评析】

此处宣说第二类人对三无性教法的态度。此类人，"种善根"等五事还未具足，只具足前四，尚未能积集上品福德和智慧资粮，所以此类人还未达十回向位。但此类人能信此教法。他们虽然自卑，不能通达此教法的甚深密意，但对此经典能恭敬信受，大力弘扬。由此因缘，他们能增长福德和智慧两种资粮，并在未来十地中成熟应修的法门。

## 【原文】

若诸有情，广说乃至未能积集上品福德、智慧资粮，性非质直，非质直类，虽有力能思择废立，而复安住自见取中[1]。彼若听闻如是法已，于我甚深密意言说，不能如实解了；于如是法虽生信解，然于其义随言执着，谓一切法决定皆无自性，决定不生不灭，决定本来寂静，决定自性涅槃。由此因缘，于一切法，获得无见及无相见[2]；由得无见、无相见故，拨一切相皆是无相，诽拨诸法遍计所执相、依他起相、圆成实相。何以故？由有依他起相及圆成实相故，遍计所执相方可施设；若于依他起相及圆成实相，见为无相，彼亦诽拨遍计所执相，是故说彼诽拨三相。虽于我法起于法想，而非义中起于义想[3]。由于我法起法想故，及非义中起义想故，于是法中持为是法，于非义中持为是义。彼虽于法起信解故，福德增长，然于非义起执着故，退失智慧；智慧退故，退失广大无量善法。

复有有情，从他听闻，谓法为法、非义为义，若随其见，彼即于法起于法想，于非义中起于义想，执法为法、非义为义。由此因缘，当知同彼退失善法。

若有有情，不随其见，从彼欻闻一切诸法皆无自性、无生无灭、本来寂静、自性涅槃，便生恐怖；生恐怖已，作如是言：此非佛语，是魔所说。作此解已，于是经典诽谤毁骂。由此因缘，获大衰损，触大业障。由是缘故，我说若有于一切相起无相见，于非义中宣说为义，是起广大业障方便。由彼陷坠无量众生，令其获得大业障故。

【简注】

[1] 安住自见取中：指执着不了义经的说法，不求获知了义经的道理。

[2] 无见及无相见：据测《疏》，此二见有两释。一、"无见"，指否定依他起性及圆成实性。"无相见"，否定遍计所执所依的名言相。二、"无见"，指认为一切法必定无自性，必定无生无灭、本来寂静、自性涅槃。"无相见"，指由"无见"引起的否定三自性的三种见，即损减施设见（否定对一切法的名言施设）、损减分别见（否定依他起性）、损减真实见（否定圆成实性）。

[3] "虽于我法"至"起于义想"："法"指三无性的教法。此法之"义"，即依他起性与圆成实性是有，只有遍计所执性是无。"非义"，则是认为三性皆无。

【今译】

若诸有情，详说［从未种善根］直至未能积集上品福德和智慧资粮，本性非质直，非质直类，虽有能力思维抉择并作出否定或肯定，但又固执己见。他们若听闻此法，对我极深密意的言说，不能如实理解；对如是法虽生信解，但对其义理，随言说而执着，说一切法必定都无自性，必定不生不灭，必定本来寂静，必定自性涅槃。由此因缘，［他们］对一切法，获得无见和无相见；由于获得无见和无相见，否定一切相，认为［三相］都是无相，［由此而］诋毁否定一切法的遍计所执相、依他起相、圆成实相。为什么呢？因为有依他起相和圆成实相，遍计所执相方可施设；若将依他起相和圆成实相视为无相，他们也诋毁否定遍计所执相，因此说他们诋毁否定三相。他们虽把我说的［三无性］法认作是正法，但将其错解的义理当作是正确的义理。因把我说的法认作是正法，同时将错解的义理当作是正确的义理，就把正法奉持为正法，将错解的义理奉持为正确的义理。他们虽对正法产生信解，所以福德增长，但对错解的义理产生执着，所以退失智慧；因智慧退失，所以退失广大无量善法。

又有有情，从他人处听了将正法说是正法、将错解的义理说是正确义理的教法，若这些有情追随说法者的见解，就将正法认作正法，将错解义理当作正确义理，执着正法为正法、错解义理为正确义理。由此因缘，当知这些有情就与说法者一样退失善法。

若有有情，不追随说法者的见解，从说法者那里刚听到一切法都无自性、无生无灭、本来寂静、自性涅槃，便生恐怖；

生恐怖后，说了这样的话：此非佛语，是魔所说。作此理解后，对此类经典诽谤、诋毁、谩骂。由此因缘，就产生极大的衰退损害，生起极大的业障。由此因缘，所以我说，若有人对一切相生起无相见，将错解义理宣说为正确义理，这是生起广大业障的途径。因为这些人使无量众生坠落陷阱，使他们获得广大业障。

## 【评析】

此处宣说第三类人及其两类弟子对三自性的态度及业果。

第三类人，五事不具足，包括缺一事直至缺五事。他们虽能信此三无性的教法，但又随言执着，对此法之义理错误理解，认为一切法必定都无自性等。由此因缘，他们虽因信正法而福德增长，却又因执着错误义理而退失智慧、退失无量善法。此类人的两类弟子，第一类弟子，见解从其师获得，与师见解相同，损益也与师相同；第二类弟子，见解走得更远，从师处听闻教法，即认为三无性一类的说法不是佛说，而是魔说，由此诋毁诽谤，而造恶业。

## 【原文】

善男子，若诸有情，未种善根，未清净障，未熟相续，无多胜解，未集福德、智慧资粮，性非质直，非质直类，虽有力能思择废立，而常安住自见取中。彼若听闻如是法已，不能如实解我甚深密意言说，亦于此法不生信解，于是法中起非法想，于是义中起非义想，于是法中执为非法，于是义中执为非义，唱如是言：此非佛语，是魔所说。作此解已，于是经典诽谤毁骂，拨为虚伪，以无量门毁灭摧伏如是经典，于诸信解此经典者起怨家想。彼先为诸业障所障，由此因缘，复为如是业障所障。如是业障，初易施设，乃至齐于百千俱胝那庾多劫无有出期。

善男子，如是于我善说善制法毗奈耶、最极清净意乐所说善教法中，有如是等诸有情类意解种种差别可得。

尔时，世尊欲重宣此义，而说颂曰：

一切诸法皆无性，无生无灭本来寂，

诸法自性恒涅槃，谁有智言无密意？

相生胜义无自性，如是我皆已显示，

若不知佛此密意，失坏正道不能往。

依诸净道清净者，惟依此一无第二，

故于其中立一乘，非有情性无差别。

众生界中无量生，惟度一身趣寂灭。

大悲勇猛证涅槃，不舍众生甚难得。

微妙难思无漏界，于中解脱等无差，

一切义成离惑苦，二种异说谓常乐。

## 【今译】

善男子，若诸有情，未种善根，未断除障，未［使所修法门］成熟相续，未广泛学习佛法的正确见解，未积集福德和智慧资粮，本性非质直，非质直类，虽有能力思维判断是非道理，但始终固执己见。他们若听闻此法，不能如实理解我极深密意的言说，也对此法不能相信和理解，对正法生起非正法之想，对正确义理生起错误义理之想，[进而]将正法执为非法，将正确义理执为错误义理，就作如此扬言：此非佛语，是魔所说。作此理解后，对此经典诽谤、诋毁、谩骂，批为虚假不实，以无数方法毁灭摧残压制此类经典，对一切信解此经典者生起怨家之想。他们先前为各种业障所障，由此因缘，又为此业障所障。如此业障，最初容易建立，直至百千万亿劫无有出期。

善男子，就是如此，对我善巧宣说、善巧制定的符合正法的戒律，以及最清净意乐所说的善巧教法，各类有情会有上述种种不同理解。

当时，世尊要重宣此义，而说颂：

一切诸法皆无自性、无生无灭、本来寂静，

诸法自性永恒涅槃，[这样的说法，]有智者谁说无密意？

[此密意依]相无性、生无性、胜义无自性，

如此[道理]我都已说明。

若不知佛此密意，失坏正道，不能趣往无上菩提。

依诸清净道[证]清净[涅槃]者，

惟依此[三无性]一[道，更]无第二[道]，

所以在其中立一乘，并非有情本性无差别。

众生界中[有]无量众生，[他们]只度[自己]一身趣

寂灭。

　　[具] 大悲 [心的修行者，他们既] 勇猛证涅槃，

　　[又] 不舍众生，[他们] 极为难得。

　　微妙而难以思量的无漏界，

　　其中 [三乘的] 解脱 [身] 平等而无差别，

　　一切无为功德都已证得，远离烦恼及苦，

　　由离烦恼而说是常，由离苦而说是乐。

## 【评析】

　　此处宣说第四类人的见解及业果。此类人，五事全无，又不信此教法。他们将正法当作邪法，将正确义理当作错误义理，将佛说当作魔说。他们过去世业障深重，现在又添此业障，如此百千万劫将无有出期。

　　最后，如来又对"一切诸法皆无自性、无生无灭、本来寂静、自性涅槃"的密意，以重颂作了总结归纳。

# 三、佛陀三时教

## 【原文】

　　尔时，胜义生菩萨复白佛言：世尊，诸佛如来密意语言，甚奇希有，乃至微妙、最微妙，甚深、最甚深，难通达、最难通达。

　　如是我今领解世尊所说义者：若于分别所行、遍计所执

相所依行相[1]中，假名安立以为色蕴或自性相或差别相，假名安立为色蕴生、为色蕴灭及为色蕴永断遍知或自性相或差别相，是名遍计所执相，世尊依此施设诸法相无自性性。

若即分别所行、遍计所执相所依行相，是名依他起相，世尊依此施设诸法生无自性性及一分胜义无自性性。

如是我今领解世尊所说义者：若即于此分别所行、遍计所执相所依行相中，由遍计所执相不成实故，即此自性无自性性、法无我真如清净所缘，是名圆成实相，世尊依此施设一分胜义无自性性。

如于色蕴，如是于余蕴，皆应广说。如于诸蕴，如是于十二处，一一处中皆应广说；于十二有支，一一支中皆应广说；于四种食，一一食中皆应广说；于六界[2]、十八界，一一界中皆应广说。

如是我今领解世尊所说义者：若于分别所行、遍计所执相所依行相中，假名安立以为苦谛、苦谛遍知或自性相或差别相，是名遍计所执相，世尊依此施设诸法相无自性性。

若即分别所行、遍计所执相所依行相，是名依他起相，世尊依此施设诸法生无自性性及一分胜义无自性性。

如是我今领解世尊所说义者：若即于此分别所行、遍计所执相所依行相中，由遍计所执相不成实故，即此自性无自性性、法无我真如清净所缘，是名圆成实相，世尊依此施设一分胜义无自性性。

如于苦谛，如是于余谛，皆应广说。如于圣谛，如是于诸念住、正断、神足、根、力、觉支、道支中，一一皆应广说。

如是我今领解世尊所说义者：若于分别所行、遍计所执相所依行相中，假名安立以为正定，及为正定能治所治，若正修未生令生、生已坚住不忘、倍修增长广大，或自性相或差别相，是名遍计所执相，世尊依此施设诸法相无自性性。

若即分别所行、遍计所执相所依行相，是名依他起相，世尊依此施设诸法生无自性性及一分胜义无自性性。

如是我今领解世尊所说义者：若即于此分别所行、遍计所执相所依行相中，由遍计所执相不成实故，即此自性无自性性、法无我真如清净所缘，是名圆成实相，世尊依此施设诸法一分胜义无自性性。

世尊，譬如毗湿缚药[3]，一切散药、仙药方中皆应安处；如是世尊，依此诸法皆无自性、无生无灭、本来寂静、自性涅槃、无自性性了义言教，遍于一切不了义经皆应安处。

世尊，如彩画地，遍于一切彩画事业，皆同一味，或青或黄或赤或白，复能显发彩画事业；如是世尊，依此诸法皆无自性，广说乃至自性涅槃、无自性性了义言教，遍于一切不了义经，皆同一味，复能显发彼诸经中所不了义。

世尊，譬如一切成熟珍羞诸饼果内，投之熟酥，更生胜味；如是世尊，依此诸法皆无自性，广说乃至自性涅槃、无自性性了义言教，置于一切不了义经，生胜欢喜。

世尊，譬如虚空遍一切处皆同一味，不障一切所作事业；如是世尊，依此诸法皆无自性，广说乃至自性涅槃、无自性性了义言教，遍于一切不了义经，皆同一味，不障一切声闻、独觉及诸大乘所修事业。

说是语已，尔时，世尊叹胜义生菩萨曰：善哉善哉！善男子，汝今乃能善解如来所说甚深密意言义，复于此义善作譬喻，所谓世间毗湿缚药、杂彩画地、熟酥、虚空。胜义生，如是如是，更无有异；如是如是，汝应受持。

## 【简注】

[1] 行相：此处指依他起的一切有为法。一切有为法是识与心所的认识对象（即"分别所行"）。能遍计的心识在一切有为法上增加了自性、差别等观念，即是遍计所执性，所以，一切有为法也是"遍计所执相所依"。

[2] 六界：地、水、火、风，以及空、识。

[3] 毗湿缚药：印度的一种药，中国无。据说将此药放在其他药中，能使其他药产生神奇作用。

## 【今译】

当时，胜义生菩萨又对佛说：世尊，诸佛如来密意的语言，极其奇妙稀有，以至微妙、最微妙，深奥、最深奥，难通达、最难通达。

我现在是如此理解世尊所说的道理：若在分别［心］所认识、遍计所执相所依的一切事物中，假名安立作为色蕴的自性相或差别相，假名安立为色蕴生［的自性相或差别相］，［假名安立］为色蕴灭［的自性相或差别相］，以及［假名安立］为色蕴永断、遍知的自性相或差别相，这称为遍计所执相，世尊依此施设一切法的相无自性性。

若就是分别［心］所认识、遍计所执相所依的一切事物，这称为依他起相，世尊依此施设一切法的生无自性性和一分胜义无自性性。

我现在是如此理解世尊所说的道理：若就在此分别［心］所认识、遍计所执相所依的一切事物中，由［证得］遍计所执相实际不存在，正是此［遍计所执相的］自性无自性［所显］性、［法］无我真如，清净［智］所缘，称为圆成实相，世尊依此施设一分胜义无自性性。

如对色蕴，同样对其他蕴，详说都是如此。如对五蕴，同样对十二处，一一处中详说都是如此；对十二有支，一一支中详说都是如此；对四种食，一一食中详说都是如此；对六界、十八界，一一界中详说都是如此。

我现在是如此理解世尊所说的道理：若在分别［心］所认识、遍计所执相所依的一切事物中，假名安立为苦谛、苦谛遍知的自性相或差别相，这称为遍计所执相，世尊依此施设一切法的相无自性性。

若就是分别［心］所认识、遍计所执相所依的一切事物，这称为依他起相，世尊依此施设一切法的生无自性性和一分胜义无自性性。

我现在是如此理解世尊所说的义理：若就对此分别［心］所认识、遍计所执相所依的一切事物中，由［证得］遍计所执相实际不存在，正是此［遍计所执相的］自性无自性［所显］性、［法］无我真如，清净［智］所缘，称为圆成实相，世尊依此施设一分胜义无自性性。

如对苦谛，同样对其他谛，详说都是如此。如对四圣谛，同样对四念住、四正断、四神足、五根、五力、七觉支、八正道支，一一详说都是如此。

我现在是如此理解世尊所说的道理：若对分别［心］所认识、遍计所执相所依的一切事物中，假名安立作为正定［的自性相或差别相］，以及［假名安立］作为正定的能治和所治［的自性相或差别相］，［以及假名安立］若正式修持未生善法使之生起、生起后把握不忘、加倍修持使之增长广大［的自性相或差别相］，这称为遍计所执相，世尊依此施设一切法的相无自性性。

若就是分别［心］所认识、遍计所执相所依的一切事物，这称为依他起相，世尊依此施设一切法的生无自性性和一分胜义无自性性。

我现在是如此理解世尊所说的道理：若就在此分别［心］所认识、遍计所执相所依的一切事物中，由［证得］遍计所执相实际不存在，正是此［遍计所执相的］自性无自性［所显］性、［法］无我真如，清净［智］所缘，称为圆成实相，世尊依此施设一切法的一分胜义无自性性。

世尊，譬如一切散药、仙药方中都应安放毗湿缚药；同样，世尊［此处说的］依此一切法都无自性、无生无灭、本来

寂静、自性涅槃、无自性性的了义言教，在一切不了义经中都
应普遍安放。

世尊，又如彩画的底色，存在于一切彩画作品中，都是
同一味［色］，或青或黄或赤或白，由此能表现彰显彩画作品；
同样，世尊［此处说的］依此一切法都无自性，详说直至自性
涅槃、无自性性的了义言教，存在于一切不了义经，都是同一
味［理］，由此能表现彰显那些经中所不了义。

世尊，譬如在一切烧熟的佳肴、各种饼果内，放入熟酥，
更增美味；同样，世尊［此处说的］依此一切法都无自性，详
说直至自性涅槃、无自性性的了义言教，置于一切不了义经，
更生无比欢喜。

世尊，譬如虚空在一切处都同一味，不障一切所作事业；
同样，世尊［此处说的］依此一切法都无自性，详说直至自
性涅槃、无自性性的了义言教，在一切不了义经，皆同一味
［理］，不障一切声闻、独觉和一切大乘所修事业。

［胜义生菩萨］说了这些话，当时，世尊对胜义生菩萨赞
叹道：善哉，善哉！善男子，你现在已能很好地理解如来所说
的极深密意言语的道理，又对此道理作了很好的譬喻，所谓世
间毗湿缚药、杂彩画地、熟酥、虚空。胜义生，正是如此，正
是如此，更无有异；正是如此，正是如此，你应受持。

## 【评析】

此处，胜义生作了总结，三自性与三无性涵盖一切法；如

来对胜义生赞叹和肯定。

首先是五蕴（经中以色蕴为代表）、十二处、十二支、四食、六界或十八界与三自性、三无性的关系。大意是：在诸法上假名安立的自性、差别等，是遍计所执性或相无性；诸法自身是依他起性或生无性；在诸法上不执着（即断除）其假名安立的遍计所执性，就是（或证得）圆成实性或胜义无性。

其次是四谛、三十七道品（四念住、四正断、四神足、五根、五力、七觉支、八道支）与三自性、三无性的关系。以苦谛为例，在依他起的一切法上，假名安立苦谛的目相（逼迫为苦自相），安立苦谛的差别相（三苦、八苦等），安立遍知苦谛的自性，安立遍知苦谛的差别，这是遍计所执性或相无性；诸法自身是依他起性或生无性；在诸法上不执着（即断除）其假名安立的遍计所执性，就是（或证得）圆成实性或胜义无性。八道支中的正定，也是如此。假名安立定自体、定差别（如未至定、中间定、四静虑等），假名安立定的能治和所治的自体和差别相，假名安立正修未生令生、生已坚住不忘、倍修增长广大等的自体和差别相，都是遍计所执性或相无性；定本身是依他起性或生无性；在定上离遍计所执性，即是圆成实性或胜义无性。

最后，胜义生以毗湿缚药、各种色彩、熟酥、虚空四种比喻，说明本经的了义言教，遍于一切不了义经。

## 【原文】

尔时，胜义生菩萨复白佛言：世尊初于一时，在婆罗疱斯仙人堕处施鹿林中，惟为发趣声闻乘者，以四谛相，转正法轮。虽是甚奇，甚为希有，一切世间诸天、人等先无有能如法转者，而于彼时所转法轮，有上有容，是未了义，是诸诤论安足处所。

世尊在昔第二时中，惟为发趣修大乘者，依一切法皆无自性、无生无灭、本来寂静、自性涅槃，以隐密相，转正法轮。虽更甚奇，甚为希有，而于彼时所转法轮，亦是有上有所容受，犹未了义，是诸诤论安足处所。

世尊于今第三时中，普为发趣一切乘者，依一切法皆无自性、无生无灭、本来寂静、自性涅槃、无自性性，以显了相，转正法轮。第一甚奇，最为希有，于今世尊所转法轮，无上无容，是真了义，非诸诤论安足处所。

## 【今译】

当时，胜义生菩萨又对佛说：世尊最初一时在婆罗疶斯仙人堕处施鹿林中，只为发心趣声闻乘者，以四谛的教法，说正法。[此教法] 虽是极为奇妙，极为稀有，一切世间、一切天人等此前从没有能如此说正法的，但在那时所说的正法，[还] 有 [更] 上 [层次的教法]，[还] 有 [更深层次的道理可] 容 [受]，是未了义，是各种争论立足之处。

世尊在过去第二时中，只为发心趣修大乘者，依一切法都无自性、无生无灭、本来寂静、自性涅槃，以隐密的方式，说正法。[此教法] 虽更奇妙，更为稀有，但在那时所说的正法，也是〔还〕有〔更〕上〔层次的教法〕，〔还〕有〔更深层次的道理可〕容受，犹未了义，是各种争论立足之处。

世尊在现今第三时中，普遍为发心趣一切乘者，依一切法都无自性、无生无灭、本来寂静、自性涅槃、无自性性，以显了的方式，说正法。〔此教法〕是第一奇妙，最最稀有，现在世尊所说的法，〔已〕无〔更〕上〔层次的教法〕，无〔更深层次的道理可〕容〔受〕，是真了义，并非各种争论立足之处。

## 【评析】

此处首先由胜义生宣说佛陀的"三时说法"。第一时，世尊对声闻乘说四谛等法，此法虽超世间一切法，但"是未了义"。第二时，世尊为发趣大乘者，"以隐密相"说一切法皆无自性、无生无灭、本来寂静、自性涅槃，"犹未了义"。第三时，世尊为发趣一切乘者，"以显了相"说一切法皆无自性、无生无灭、本来寂静、自性涅槃、无自性性，"是真了义"。

所谓"显了相"，就是明确说明了遍计所执性无、依他起性和圆成实性有之道理。

"三时说法"的差异在于：第一时，隐空说有。第二时，隐有说空。第三时，非空非有之中道说。

此"三时说法"，作为判教，是佛陀亲口所说，是圣言量，远较佛教其他宗派由祖师判教，更具权威。唯识宗由此而立宗，自然更有底气。

# 四、结语

【原文】

世尊，若善男子或善女人，于此如来依一切法皆无自性、无生无灭、本来寂静、自性涅槃所说甚深了义言教，闻已信解，书写护持，供养流布，受诵温习，如理思惟，以其修相发起加行，生几所福？

说是语已，尔时，世尊告胜义生菩萨曰：胜义生，是善男子或善女人，其所生福，无量无数，难可喻知，吾今为汝略说少分。如爪上土比大地土，百分不及一，千分不及一，百千分不及一，数、算、计、喻、邬波尼杀昙分亦不及一；或如牛迹中水比四大海水，百分不及一，广说乃至邬波尼杀昙分亦不及一。如是于诸不了义经，闻已信解，广说乃至以其修相发起加行所获功德，比此所说了义经教，闻已信解所集功德，广说乃至以其修相发起加行所集功德，百分不及一，广说乃至邬波尼杀昙分亦不及一。

说是语已，尔时，胜义生菩萨复白佛言：世尊，于是解深密法门中，当何名此教？我当云何奉持？

佛告胜义生菩萨曰：善男子，此名胜义了义之教。于此胜义了义之教，汝当奉持。

说此胜义了义教时，于大会中，有六百千众生发阿耨多罗三藐三菩提心；三百千声闻远尘离垢，于诸法中得法眼净；

一百五十千声闻永尽诸漏，心得解脱；七十五千菩萨得无生法忍。

## 【今译】

[胜义生菩萨又问世尊：] 世尊，如果善男子或善女人，对此如来依一切法都无自性、无生无灭、本来寂静、自性涅槃而说的极深的了义言教，听闻后能深信、理解、书写、护持、供养、流传、读诵、温习，如理思维，按其修行方法进行修行，能生多少福？

[胜义生菩萨] 说完这些话，当时，世尊告诉胜义生菩萨：胜义生，此类善男子或善女人，其所生福，无量无数，难以用比喻了知，我现在为你略说一些。比如爪上土，与大地土相比，百分不及一，千分不及一，百千分不及一，数［分］、算［分］、计［分］、喻［分］、邬波尼杀昙分亦不及一；或如牛迹中水，与四大海水相比，百分不及一，详说乃至邬波尼杀昙分也不及一。同样，对诸不了义经，听闻后相信理解，详说直至按其修行方法进行修行所获功德，与此所说了义经教，听闻后相信理解所集功德，详说直至按其修行方法进行修行所集功德相比，百分不及一，详说直至邬波尼杀昙分亦不及一。

[世尊] 说完这些话，当时，胜义生菩萨又对佛说：世尊，在此解深密法门中，应当如何命名此教法？我们应当如何奉持？

佛告诉胜义生菩萨：善男子，此［教法］名胜义了义之教。对此胜义了义之教，你们应当奉持。

说此胜义了义教时，在大会中，有六十万众生发阿耨多罗三藐三菩提心；三十万声闻远尘离垢，对一切法得法眼净；十五万声闻永尽诸漏，心得解脱；七万五千菩萨得无生法忍。

## 【评析】

此处宣说依三无性教法而闻思修所获的无量功德、此教法的名称，以及与会大众依此教法而获利益证果位。

# 分别瑜伽[1]品第六

【题解】

按境、行、果来判，本品与《地波罗蜜多品》都属行，是宣说大乘的修行法门。两品的差别：《地波罗蜜多品》是说十地菩萨修六种（或十种）波罗蜜多；本品则是说修止观，或者说，是修六波罗蜜多中的定和慧波罗蜜多。本品所说的止观，包括从凡夫位，到菩萨位，直至佛位的止观。

关于止观，佛教有众多论述，本品集中论述了唯识论的止观理论。关于本品内容，测《疏》分了十八门，伦《记》分了二十六门。西藏智藏论师的《分别瑜伽品释》，若与测《疏》比较（据台湾惠敏法师的《止观之研究》，《狮子吼》1985年3月），其第二"加行因"、第三"得"、第四"得之方便"，相当于测《疏》的第一至第四门；而第六"为不退失之抉择假"，则相当于测《疏》的第五至十八门。笔者以为，上述科判，或过于琐碎，或过于笼统，似难以反映本品真正的内在结构，因此，本书对本品的逻辑结构重新作了梳理。

本书认为，本品阐述的止观理论，主要分为三部分：止观三种形态、止观遣相见道、止观断障证果。

## 一、止观三种形态

止观的三种形态，就是（一向修）止、（一向修）观、止观双运。

止观的修习，主要有三类。（一）欲界修习。欲界的止观修习，又分两种情况：1. 单纯以强身健体、修身养性，或开发某些功能神通等为目标，如静坐冥想等，当代的气功、瑜伽等就属此类。2. 为得定（四禅四无色定）而作的止观修习，佛教与外道都需作此类止观修习。但此两种欲界的止观都还未得定。（二）四禅四无色定的修习，即修行者先经欲界修习得未至定，后继续修四禅四无色定。修成四禅四无色定后，外道认为已证解脱，佛教则不认为这是真正解脱。此类止观修习，只得定，未得（出世间）慧。（三）依定修解脱。在得定（四禅等）后，佛教修行者依佛教教法继续以止观修出世间解脱，包括加行位、见道位、修道位的修习，直至证入究竟位（佛位）。

本品的止观，是奢摩他、毗钵舍那。奢摩他是得轻安的止，所以是四禅四无色定的止；毗钵舍那，是依奢摩他的观，所以是依定修解脱的观。

依定修解脱，本品说是由闻思修，即首先在闻思阶段学习掌握佛教教法，然后修止，得止（奢摩他）后，再依定修观（毗钵舍那），即止观双运。

依定修解脱的止观修习，首先是在加行位（可发端于资粮位）。此位的观，其所缘（所观），是"三摩地所行影像"，即闻思阶段所学习掌握的教法在定心中呈现的影像，在四种所缘中属有分别影像所缘；其能观，是慧心所，或依慧心所而立的寻、伺心所。此位的止（即四禅等），能缘是定心所，所缘是闻思心（或闻思慧），如本经说止是"缘心为境"等，在四种所缘中属无分别影像所缘。

其次是见道位，此位止观属止观双运，所缘（所观）是真如，能缘（能观）是根本无分别智，在四种所缘中属事边际所缘。事边际所缘与前两种所缘（有分别影像、无分别影像）的差别在于无影像，因为真如无相，根本智也不变现影像而缘。

然后是修习位（修道位），十地止观修习，能缘是尤漏的根本智与后得智；所缘有三种，即根本智缘真如时是事边际所缘，后得智缘一切法时，或是有分别影像所缘，或是无分别影像所缘，或是俱缘两种所缘。

最后是佛地，佛地的止观已获圆满，恒处止观双运的现量中，能缘（能观）是四智，所缘为四种所缘，即前三种所缘加所作成办所缘。所作成办所缘，即圆满成办了四智心品各自的功能。

本品的止观定义，有明显的唯识论特点。一是止与观的唯识性。关于止与观，本品突出了影像的概念，观的对象是有分别影像，止的对象是无分别影像，即观与止的差别就在于对影像是否作分别。此中的影像，就是闻思阶段所学习思维的一切佛法，即使数息观，看似在观气息，实际观的还是第六识中变现的气息的影像，这就是"识所缘，唯识所现"。二是止观双运的唯识性。关于止观双运，本品指出其所缘类别有事边际所缘与所作成办所缘，前者是见道位所缘，后者是究竟位（佛位）所缘，这与本品的止观双运定义完全吻合。本品的止观双运定义是："正思惟心一境性。""心一境性"，通常似乎是止（定）的定义，但实际也可用在观中，各宗对其也有各自的表述。本品对"心一境性"的进而解释是："通达三摩地所行影像，唯是其识；或通达此已，复思惟如性。"这样，止观双运就是：依心一境性，通达世俗唯识性（一切唯识）与胜义唯识性（真如）。这就与上述的事边际所缘与所作成办所缘相吻合了。

因此，本品说的止观双运修习，就是证入见道位，并最终证入佛位。而止观双运的方法，主要是缘总法止观。此缘总法止观，起于加行位，修习纯熟则见道，然后在修道位继续修习，修习圆满则入佛位。

## 二、止观遣相见道

如上所说，止观的目的是，通过闻思修，证唯识性，尤其是证胜义唯识性。证胜义唯识性，就是证真如。其方法，本经强调是除遣诸相，由遣相而见道，或者说，由遣相而证性。

遣相证性，包括所遣与能遣两方面。所遣包括如来教法的能诠法相和所诠义相。法相有名、句、文等五法；义相则有十义（从存在详说一切法）、五义（从认知略说一切法）、四义（从心说一切法）、三义（从能诠所诠合说一切法）。

能遣则包括能遣之心与能遣之法门。能遣之心是三慧（闻慧、思慧、修慧）中的修慧，具体又分为智和见。智是指与缘总法止观相应的慧，见是指与缘别法止观相应的慧。

能遣之法门，本品说了多种，包括缘别法止观、缘总法止观，还有知法知义止观、由真如作意（除遣法相义相）、空观（除遣难可除遣相）、总空性相。

上述法门中，缘别法止观与缘总法止观的差异是：缘别法止观，就是依据佛的一一教法而修止观；缘总法止观，则是将佛的所有教法集为一团而修止观。

进而，知法知义观与空观，都属缘别法止观。由真如作意实际是加行位的缘总法止观，如缘总法止观说："作意思惟：此一切法随顺真如、趣向真如、临入真如。"而总空性相也属缘总性质的止观。

缘总法止观与总空性相有异有同。缘总法止观是依名言、离言两分法论述见道，即见道是遣名言境，证离言法性。总空性相，是依三自性的名相（在依他起性和圆成实性上断遍计所执性）论述见道，但如文中分析，其实际还是依名言、离言两分法论述见道，即同样是遣名言境，证离言法性。

由此可见，本经论述见道方法，先由知法知义止观到由真如作意（缘总法止观）遣除法相义相，再由空观（一一除遣难除之细相）到总空性相，实质上都是依名言、离言两分法论述见道，或者说，依断染（名言境）证净（离言法性）论述见道。

### 三、止观断障证果

就证果（证入菩萨地和佛地）来说，遣相固然是关键，但真要证果，还需去缚断障。缚指相缚与粗重缚。障包括凡位障和圣位障：凡位障指障碍止观的各种烦恼和随烦恼，以及其他各种因素（五种散动）；圣位障指证入十一地（菩萨十地和佛地）所要对治的各种障。由去缚断障，从而见道，并最终证得大菩提，引发大神通，灭诸受而入涅槃。

【简注】

[1] 分别瑜伽："分别"，即分辨、说明。如《瑜伽论》第七十七卷在全文引《解深密经》之前所说的"依法假安立，分别解说瑜伽所摄奢摩他、毗钵舍那道"。"瑜伽"，本品中主要指修止观。"分别瑜伽"，即说明止观修行的理论与方法。

# 一、止观三种形态

## （一）大乘止观所依所住

【原文】

尔时，慈氏[1]菩萨摩诃萨白佛言：世尊，菩萨何依何住，于大乘中修奢摩他、毗钵舍那？

佛告慈氏菩萨曰：善男子，当知菩萨法假安立，及不舍阿耨多罗三藐三菩提愿，为依为住，于大乘中修奢摩他、毗钵舍那。

## 【简注】

[ 1 ]慈氏：即弥勒菩萨，未来佛。

## 【今译】

当时，慈氏菩萨摩诃萨对佛说：世尊，菩萨以何为依，以何为住，在大乘中修奢摩他和毗钵舍那？

佛告诉慈氏菩萨：善男子，当知菩萨以名言安立的［佛的］教法为依，以不弃舍追求佛智之大愿为住，修大乘的奢摩他和毗钵舍那。

## 【评析】

此处以下宣说唯识论关于止、观、止观双运的定义、修习等各种相关教法，首先宣说修大乘奢摩他和毗钵舍那的所依和所住。

奢摩他和毗钵舍那，通常说法，就是止和观。止观的作用，据《大般若经》第五百六十八卷，止是一心不乱，观是如实见法。奢摩他和毗钵舍那，通常又称定和慧。据无性《摄论释》第七卷，定能对治一切散乱，慧能对治一切颠倒。佛教认为，众生轮回生死的根本原因是认识颠倒，而要获得正见（善慧）对治颠倒，需要有定力，因此需要修止观而得定慧。定慧达到一定层次就能见道（小乘是未至定以上；大乘，按《成论》，是第四禅）。这是修止观的意义或必要性。

但奢摩他、毗钵舍那，与一般说的止观还不完全一样。

《瑜伽论》第六十四卷说："复次，由五种相立奢摩他。一、近分定所摄世间奢摩他。二、根本色定所摄世间奢摩他。三、根本无色定所摄世间奢摩他。四、声闻独觉作意所摄出世奢摩他。五、菩萨作意所摄出世奢摩他。"所以，奢摩他是指色界和无色界的止。同样，毗钵舍那，据《集异门论》第三卷，是指与奢摩他相应、依奢摩他而作的观。所以，奢摩他和毗钵舍那，都不包括欲界的止观修习。

综合来看，止观修习主要有三类。

一、欲界修习。欲界的止观修习，又分两种情况：（一）单纯以强身健体、修身养性，或开发某些功能神通等为目标，如静坐冥想等，当代的气功、瑜伽等就属此类。此类止观，从百法范畴分析，虽修习主体也是（第六识及其相应的）定心所与慧心所，但与依定发慧无关，与追求解脱无关。（二）以得定（四禅四无色定）为目标，佛教与外道都需作此类止观修习。但欲界上述两种止观都还未得定。二、修习得定，即修习并证得四禅四无色定。得定的标志是得轻安。欲界没有真正轻安，所以没有真正的定；色界以上才得轻安，才可说是真正得定。修得四禅四无色定，是佛教外一些宗派（佛教称为外道）的修行目标，他们认为由此就获得了解脱；但在佛教看来，这只是世间解脱，即只是从欲界烦恼获得暂时解脱，而不是真正的解脱。此类止观修习，只得定，未得（出世间）慧。此外，欲界众生也可修习并证得四禅四无色定。三、依定修证出世间解脱，这是佛教修行的目的。此类止观，依定（四禅等止观双运之定）引发出世间智慧，从而证得解脱（证见道、证佛果）。

本经的止观，主要指第三类止观，即依奢摩他的定境，如实观见一切法的实相而证解脱，是指向佛教终极目标（证见道、证佛果）的止观。

此外，各种教派都修止观。本品指出，修大乘止观，是以佛的教法为依，以不舍大菩提愿为住。以此来看，一些流行观点是有问题的。

如有人认为，修定就是要什么都不想，什么都空掉。但那样的话，就没有观只有止了。解脱到底依什么？是依止还是依观？应该说是依止中作观，即止观双运。那种只管打坐的说法，也就是只要止不要观了。那么，观又是观什么？

本经指出，止观要以"法假安立"为依。所谓"法假安立"，也就是"假安立之法"，据本品下文所说，就是十二部经，或者说，是佛所说的一切法。"假安立"，就是借助语言文字而安立。一切法本离言，语言文字并不就是一切法的本身，故称为"假安立"。但佛用语言文字安立的一切法，是佛的清净法的"等流"，故也不违离言的一切法。所以，佛教的修行，包括唯识宗的修行，就是要以佛的一切教法为依止，观也就是观佛的一切教法。

再看止观的所住，由于《金刚经》说"应无所住而生其心"，一些人没有正确理解，就以为真的什么也不住了。诚然，不住有为不住无为，不住生死不住涅槃，这是"无住"，但这并不是说可以舍弃大菩提愿，故本品说要"不舍阿耨多罗三藐三菩提愿"为住，《心经》最后也说"得阿耨多罗三藐三菩提"，故不应以恶取空来看待"无住"。

所以，不知所依，修止观无从下手，或者，将大乘佛教的止观混同于世间锻炼身体、涵养性情等气功。同样，不知所住，修大乘止观也就会混同于世间、外道或小乘的止观。

就小乘与大乘修止观之异同来说，两者都以佛的教法为依（除禅宗，按禅宗自己的说法，该宗是不立文字、教外别传），但所发之愿不同。小乘之愿是入无余依涅槃，这样，虽然小乘行者在世时有时也会行教化众生之事，但最终就只求自己解脱，入无余依涅槃而不再入世。大乘之愿是入无住涅槃，所以大乘行者不离生死不住涅槃，在无量时间中普度众生。

进一步说不舍大菩提愿为住。住，就是始终安顿在此境界中，不能时有时无，时进时出。阿耨多罗三藐三菩提是佛的境界，在修行者那里，是求此大菩提之愿，故"不舍阿耨多罗三藐三菩提愿"，就是始终保持着追求大菩提之愿。那么，以什么东西来始终保持此愿？那就要有一个主体意识。这个主体意识，禅宗称之为"主人公"，并认为"主人公"就是如来藏自性或佛性，如《天如惟则禅师语录》第三卷："只是你日用常行见成受用底，强而名之唤作自性天真佛，又唤作自己主人公。"《聚云吹万真禅师语录》卷上："参得自性，念佛底主人公。"而在唯识宗看来，此主体意识就是善性第六识，即与善心所相应的第六识，或者说，是善意识心品，即第六识与一组善心所。如窥基在《义林章》中说："于大乘中，古德或说七识修道、八识修道，皆非正义，不可依据。若能观识，因唯第六。《瑜伽》第一云，能离欲是第六意识不共业故，通真俗三智。余不能起行总缘观理趣入真故。"所以，在"因"位，即凡夫位，保持愿力、主持修行的就是善性第六识。

因此，"不舍阿耨多罗三藐三菩提愿"的前提是要始终保持那个主体意识，有那个主体意识，就在修道；没有那个主体意识，就在放逸，乃至在作恶。进而，有那个主体意识，就能静中、动中时时检点自己的身口意三业；没有那个主体意识，就会忽冷忽热，保持不了精进状态。

此段所说的所依和所住，是大乘共法，接下来要展开的是唯识宗的止观理论。

## （二）止观三种形态与四种所缘

【原文】

慈氏菩萨复白佛言：如世尊说四种所缘境事[1]：一者有分别影像所缘境事，二者无分别影像所缘境事，三者事边际所缘境事，四者所作成办所缘境事。于此四中，几是奢摩他所缘境事？几是毗钵舍那所缘境事？几是俱所缘境事？

佛告慈氏菩萨曰：善男子，一是奢摩他所缘境事，谓无分别影像；一是毗钵舍那所缘境事，谓有分别影像；二是俱所缘境事，谓事边际、所作成办。

## 【简注】

［1］境事：据测《疏》，"境"指境界，"事"指体事。所以，"境事"就是境界之体；而"所缘境事"，就是所缘境界之体，略说就是所缘对象。

## 【今译】

慈氏菩萨又对佛说：如世尊说的四种所缘对象：第一有分别影像所缘对象，第二无分别影像所缘对象，第三事边际所缘对象，第四所作成办所缘对象。在此四种所缘对象中，几种是奢摩他所缘对象？几种是毗钵舍那所缘对象？几种是两者共同的所缘对象？

佛告诉慈氏菩萨：善男子，一种是奢摩他所缘对象，即无分别影像；一种是毗钵舍那所缘对象，即有分别影像；两种是共同的所缘对象，即事边际和所作成办。

## 【评析】

此处宣说四种所缘与止观三种形态的关系。

止观的四种所缘，就是有分别影像所缘、无分别影像所缘、事边际所缘、所作成办所缘。经中说，四种所缘与止观三种形态（止、观、止观双运）的对应关系为：观的所缘是有分别影像所缘，止的所缘是无分别影像所缘，止观双运的所缘是事边际所缘与所作成办所缘。

此四种所缘的含义，本经下文有所提及，现主要依据本经，结合《瑜伽论》，先作些必要说明。

## 一、四种所缘的含义及相互关系

四种所缘，涉及影像。影像是理解唯识论四种所缘概念的关键，也是理解唯识论止观定义的关键。

### （一）有分别影像所缘

有分别影像所缘的影像，如本经下文所说，就是"三摩地所行影像"。"三摩地"，在百法中是别境心所中的一个心所，即定心所，本义是专注而不散乱，通散位与定位。散位，即欲界的三摩地，仅是心专注一境；定位，即色界和无色界的三摩地，是指得轻安的定（欲界有情也可成就色界和无色界的定）。

如上所说，有分别影像所缘是毗钵舍那的所缘，毗钵舍那则是与奢摩他相应的观，所以，本经此处"三摩地"指定位；"三摩地所行影像"就是定心中所观影像，简称定中影像。此定中影像来源于闻思修。即在闻的阶段，学习佛的一切教法；在思的阶段，对所学习的佛法作意思维，牢记不忘；其后在止观修行中，闻思的内容，即学习的内容，在修观心中呈现影像，这就是"三摩地所行影像"。例如，修不净观，在闻思阶段学习不净观的修法，在修习阶段，所学习的修法在修观的心中呈现，这就是修观心中的影像；对此影像作分别，实际上也就是按所学习的修法进行一步步的修习。观教理也是如此，闻思阶段学习，修习阶段一步步深入观察，直至见道。

### （二）无分别影像所缘

无分别影像所缘，《瑜伽论》第二十六卷的定义是："云何无分别影像？谓修观行者，受取如是影像相已，不复观察、简择、极简择、遍寻思、遍伺察，然即于此所缘影像，以奢摩他行寂静其心。"

此定义中可注意的是：第一，"受取如是影像相已，不复观察"，其中，"如是影像"，就是有分别影像所缘的"三摩地所行影像"，也就是观的影像。因此，无分别影像所缘，不是没有影像，而是对所受取影像"不复观察"；换言之，观是对"如是影像"作观察，止是对"如是影像"不作观察。因此可说，止与观所缘的差别，不在于有无影像，区别只是对影像有无分别：观是对影像有分别，止是对影像无分别。所以《瑜伽论》第六十七卷将有分别影像与无分别影像都称为"影像修"："云何影像修？谓或于有分别毗钵舍那品三摩地所行影像所知事同分作意思惟故，或于无分别奢摩他品三摩地所行影像所知事同分作意思惟故，诸所有修名影像修。"第二，如果说止与观所缘都是"如是影像"，那是否说二者所缘相同？需注意定义中的"然即于此所缘影像，以奢摩他行寂静其心"一句，此句意谓，止是缘此影像，摄心而不散乱。据此可说，《瑜伽论》的止并不只是缘所观之境（"如是影像"），实际是"摄心缘境"。

对于止，有一种错误理解，认为修止就是缘空，是观空境，但实际并非如此。对无分别影像的所缘，本经有三说：一是此处的"此能思惟心"，二是下文的"缘心为境"，三是下文的"缘彼影像心"（即"无间心"）。对此三说，下文有详尽论述，此处可得出的结论是：据本经，修止是缘心。

那么，《瑜伽论》的"摄心缘境"，与本经的"缘心"，两说是异是同？下文再作讨论。

### （三）事边际所缘

事边际所缘，其中，"边际"意谓穷极、穷尽。《瑜伽论》第二十六卷对事边际所缘的定义是："如是若所缘境尽所有性、如所有性，总说为一事边际性。"同卷还说："若说事边际性，即是此中一切事、真实事。"由此可见，"尽所有性"就是"一切事"，也就是一切法；"如所有性"是"真实事"，也就是真如。而事边际所缘，就是穷极一切事和理。事边际所缘的位次，本经下文说"彼于今时得见道故，更证得事边际所缘"，所以是见道位的所缘，是见道时根本无分别智缘真如所证的无相境界。

这里可能出现的问题是：一、如所有性无疑是在见道位证得，但尽所有性为何也是在见道位证得？二、见道位所证是无相境界，为何能证尽所有性之一切事？

《成论》说，见道分为真见道与相见道：真见道是根本无分别智证真如；相见道有多种，如缘安立谛十六心，就是证四谛，四谛也就是一切法。所以，从真见道与相见道可知，事边际所缘是见道位的所缘。

更深入地探讨，《成论》说："诸相见道依真假说，世第一法无间而生及断随眠，非实如是。真见道后方得生故，非安立后起安立故，分别随眠真已断故。"所以，相见道只是假立，断烦恼种子的是真见道而不是相见道。由此分析，真见道时已断烦恼、遣一切法（《唯识三十颂》说见道位，"若时于所缘，智都无所得"，故见道位时已遣一切法，不得一法），如何见道位的事边际所缘又会缘一切法（即尽所有性）？

如此，假如我们不考虑假立的相见道，只从真见道来看，事边际所缘又该如何理解？如上所说，事边际中的"边际"，意谓穷极、穷尽，因此，有些唯识典籍将事边际中的尽所有性释为真如，因为真如就是一切法的边际。此释虽有一定道理，但不宜将尽所有性简单地解作真如，因为如果尽所有性就是真如，那么尽所有性就与如所有性等同了，这样就没有必要说二性，只要说一性即可。

笔者以为，事边际所缘中的尽所有性，就是遣一切法后的我空法空境界；如所有性就是真如。唯识论不将二空（我空法空）等同于真如，《成论》说，"二空所显圆满成就诸法实性名圆成实"，即圆成实性（真如）是二空所显之（诸法实）性。所以，见道的实际步骤是：先遣一切法得二空（无间道），然后真如显现（解脱道）。同时，见道位中，始终是真如显现、一切法不显（二空），这就是如所有性与尽所有性，是事边际所缘。

三种所缘中，事边际所缘与前述两种所缘的差别在于：有分别影像所缘和无分别影像所缘，是有影像。事边际所缘则无影像，因为事边际所缘是以真如为所缘，真如无相；能缘真如的是根本无分别智，根本无分别智缘（证）真如也不变影像，而是直接缘真如体。

　　与此相关的，还有一种错误观点，即认为根本无分别智缘真如是止，《杂集论》中就有类似说法。但据本经，根本智缘真如是事边际所缘，是止观双运之境界，并非只是止的境界。对《杂集论》中的类似说法，测《疏》解释说："问：若尔，《杂集》所说如何会释？彼论说云：'无分别影像所缘者，谓由真实作意所有止观所缘境界。真实作意者，一向出世间，及此后所得作意。'解云：无著但名真实作意，不言出世间智。故知出世间等言，师子觉意，非无著说。故不相违。"

　　《杂集论》是无著弟子师子觉所作，安慧加以合糅《集论》而成。对上述观点（即缘真如是止），圆测认为，无分别影像所缘，无著只是说"真实作意"，没有说是"出世间"；说无分别影像所缘是出世间，是师子觉的意思，不是无著的意思。

　　此外，如本经所说，菩萨见道位是止观双运。但进一步需说明的是，修道位（菩萨十地）则不一定止观双运，因为十地菩萨具有根本智与后得智，根本智缘真如是止观双运，后得智则或止、或观、或止观双运，所以，十地菩萨有三种所缘。

**（四）所作成办所缘**

　　所作成办（又作"所作成满"）所缘，据以下经文，是证得无上菩提后所得，所以是佛的止观所缘，是十地三种所缘的圆满，是第四种所缘。

　　所谓十地三种所缘，按本经下文所说，从初地到十地终结，菩萨修止观有三种所缘，即有分别所缘、无分别所缘和事边际所缘。其中，有分别所缘和无分别所缘，不再是凡夫的有漏智缘一切法的事和理，而是菩萨的无漏后得智缘一切法的事和理；事边际所缘则是菩萨的根本智缘真如。而所作成办所缘则是上述三种所缘的圆满境界，所以，所作成办所缘，一般是指佛地证得转依后的止观境界（《瑜伽论》则补充说，四禅四无色定也是所作成办所缘）。

此外，所作成办所缘是第四种所缘，是佛的四智心品各自圆满了各自的作用，详见下文。

另外，如本经所说，所作成办所缘是止观双运。因为在佛地，佛恒在定中，佛智恒为现量，所以佛智的所缘也恒为止观双运。

## 二、本经与《瑜伽论》相应概念之异同

本经对此四种所缘，所说极略，而《瑜伽论》对此则有详尽论述，但本经所说与《瑜伽论》不尽相同。

《瑜伽论》先说四大类所缘，即遍满所缘、净行所缘、善巧所缘、净惑所缘，而本经的有分别影像、无分别影像、事边际、所作成办四种所缘属第一类遍满所缘。

至于《瑜伽论》的另三类所缘，其中，"净行所缘"是五停心观（不净观、慈悲观、缘起观、界差别观、数息观），是佛陀教导的具体修行方法，或者说，通向证得解脱的基础修行方法。

"善巧所缘"包括蕴善巧、界善巧、处善巧、缘起善巧、处非处善巧。其中，蕴、界、处即五蕴、十八界、十二处，这是佛教对于一切法的分类。之所以称为"善巧"，是因为这一

分类，并非是学术性的对世界的理解，而是透过这种分类，可善巧地理解"诸法无我"等道理。例如，众生是由五蕴和合而成，其中并无实我；而进一步广说一切法的十二处、十八界，其中也无实我。"缘起善巧"是说，众生虽无实我，但由缘起（十二缘起），而一世又一世生死流转，轮回于六道之中。"处非处善巧"是说众生行为有善与不善之差别，这是导致众生在六道轮回中得善与不善果的根源。因此，"善巧所缘"所观的是一切有为法，是诸行无常、诸法无我之理，即一切法的事和理。

"净惑所缘"，包括下地粗性上地静性、苦集灭道四谛，是解脱之道。观下地粗性上地静性，可脱离欲界，生往上界（色界和无色界），证得世间解脱；观四谛，可证得出世间解脱。总之，"净惑所缘"就是证得解脱的特定修行方法。

综上所述，三类所缘包括一切法的事及理、证得解脱的基础方法和特定修行方法，因此，也就是佛陀的一切教法。

再看这四大类所缘与本经四种所缘的相互关系。据《瑜伽论》，有分别影像所缘的定义是"所知事同分影像"。"所知事者，谓或不净，或慈愍，或缘性缘起，或界差别，或阿那波那念；或蕴善巧，或界善巧，或处善巧，或缘起善巧，或处非处善巧；或下地粗性上地静性，或苦谛、集谛、灭谛、道谛，是名所知事。"由此可见，"所知事"就是上述"净行所缘、善巧所缘、净惑所缘"三类所缘，也就是一切法的事及理、证得解脱的基础修行方法和特定修行方法，因此，也是指佛陀的一切教法。

由此可见，在《瑜伽论》中，遍满所缘的内容，是净行所缘、善巧所缘、净惑所缘三类所缘；而遍满所缘的止观类别，则是有分别影像、无分别影像、事边际、所作成办四种所缘。

本经与《瑜伽论》的差别在于，本经不说净行所缘、善巧所缘、净惑所缘三类所缘，因为就具体的所缘内容来说，本经的所缘主要是下文所说的法相和义相等需除遣之相。法相是佛陀教法的能诠，包括名、句、文等；义相则是佛陀教法的内容，包括十义（从存在论说一切法）、五义（从认识论说一切法）、四义（从心说一切法）、三义（能诠所诠合说一切法）等。上述法相与义相，相当于《瑜伽论》的善巧所缘，即一切法的事和理。此外，本品似乎未涉及净行所缘和净惑所缘，这是本经与《瑜伽论》说法略有差异之处。当然，如果以所缘是十二部经，即佛的一切教法来说，本经还是包括了净行所缘和净惑所缘，只是在论述中未展开。

而上述差异的根源在于：《瑜伽论》关于"有分别影像所缘"的论述，是在《声闻地》中说的，所以是说小乘修行；本经则是就大乘修行而说，大乘修行要证真如，主要修行途径是"遣相证性"，所以，所缘就是需除遣的各种相。

## （三）止与观

### 1. 止与观之修习

#### （1）止观之正修

【原文】

慈氏菩萨复白佛言：世尊，云何菩萨依是四种奢摩他、毗钵舍那所缘境事，能求奢摩他，能善毗钵舍那？

佛告慈氏菩萨曰：善男子，如我为诸菩萨所说法假安立，所谓契经、应诵[1]、记别、讽诵、自说、因缘、譬喻、本事、本生、方广、希法、论议，菩萨于此善听，善受，言善通利，意善寻思，见善通达；即于如所善思惟法，独处空闲，作意思惟；复即于此能思惟心[2]，内[3]心相续，作意思惟，如是正行，多安住故，起身轻安，及心轻安，是名奢摩他。如是菩萨能求奢摩他。

彼由获得身心轻安为所依故，即于如所善思惟法内三摩地[4]所行影像，观察胜解，舍离心相[5]；即于如是三摩地影像所知义[6]中，能正思择[7]、最极思择[8]、周遍寻思[9]、周遍伺察[10]，若忍、若乐、若慧、若见、若观[11]，是名毗钵舍那。如是菩萨能善毗钵舍那。

## 【简注】

[ 1 ] 诵：又作"颂"。

[ 2 ] 能思惟心：据测《疏》，有两解：一、对闻思二慧思维之心。二、即与闻思二慧相应之心。简言之，即闻思心。

[ 3 ] 内：止观通定位与散位，故"内"有二解。一、若在定位，"内"指定内；二、若在散位，还未真正得定，则摄心不散即为"内"。此处"内心相续，作意思惟"，还在身轻安和心轻安之前，可见还未入定，故是摄心不散为"内"。

[ 4 ] 三摩地：旧译为三昧，即别境心所中的定心所；亦译为等持，指心住于一境平等维持。三摩地通于定位与散位，通常指定位心；

若在散位（即欲界还未得定状态），三摩地指心专注一境。

[ 5 ] 舍离心相：舍奢摩他所缘心相，即舍止入观。

[ 6 ] 所知义：即三摩地所行影像，是所观境。

[ 7 ] 正思择：指思择尽所有性。

[ 8 ] 最极思择：指思择如所有性。

[ 9 ] 周遍寻思：指对尽所有性和如所有性作初步的、粗浅的思维。

[10] 周遍伺察：指对尽所有性和如所有性作细致深入的思维。

[11] 若忍、若乐、若慧、若见、若观：据测《疏》，从"忍"至"观"
是观的五种异名：忍指理解，乐指接受，慧指分辨，见是推求，
观即观察。

## 【今译】

慈氏菩萨又对佛说：世尊，为什么菩萨依此四种奢摩他和
毗钵舍那所缘对象，能修奢摩他，能通达毗钵舍那？

佛告诉慈氏菩萨：善男子，如我为诸菩萨所说的借助语
言而安立的一切法，所谓契经、应诵、记别、讽诵、自说、因
缘、譬喻、本事、本生、方广、希法、论议［等十二部经］，
菩萨对这些法，能专心聆听，正确领受，读诵流畅，思考深
入，见解通达［而无颠倒，由此形成闻慧］；就此对已能无颠
倒思维之法，独处清静之地，作意思维［所学法义，牢记不
忘，由此形成思慧］；然后就以此［闻思阶段的］能思维之心
［作为所缘］，内心连续而无间断地［对之］作意思维，如此经
常地安住在正行中，［直至］生起身轻安和心轻安，这称为奢
摩他。如此，菩萨能修奢摩他。

上述菩萨以所获得的身心轻安为所依，就此对已能无颠倒

思维之法在定内心中生起的影像，以闻思中形成的理解进行观察，［在观察时即］舍离了［奢摩他所缘］心相；就此对上述定境影像所表现的一切法，能正确地观察抉择，最为深入地观察抉择［其真实本性］，［对一切法及其真实本性］作全面的思索，［对一切法及其真实本性］作全面的深入考察，［如此］理解、接受、辨别、推断、观察，这就称为毗钵舍那。如此，菩萨能通达毗钵舍那。

## 【评析】

此处宣说唯识宗的止观修习方法。如前所说，止观修习，有欲界散位修习（如静坐冥想），有修习证定（四禅四无色定），还有依定修解脱。本经此处，"能求奢摩他"是指能得四禅等定，"能善毗钵舍那"是指能依定修解脱，这也是本经此品的宗旨。

依定修解脱，佛教小乘和大乘走的是共同途径，即闻思修。本经此处说的方法是：首先，在闻思阶段，学习佛陀教法，即十二部经，正确把握（闻），并深入思考、牢记不忘（思）；然后，在修的阶段，先修止，得止后再修观。

此处经文所说的修止，可以是从欲界的修习开始；而得止，是已得"身轻安及心轻安"，所以，已不是欲界的止，而是色界以上的止，即四禅四无色定（但身仍在欲界）。进而，在修成四禅四无色定后所作的观，是修解脱的观，是修见道的观，所以"能正思择、最极思择"，即能观尽所有性和如所有性。

## 一、止的修习

止的修习，本经说是"复即于此能思惟心，内心相续，作意思惟"。所以，止的所缘就是"此能思惟心"。而"此能思惟心"，在闻思阶段就是闻思心；从闻思阶段进入修习阶段的第一刹那，此心就是前一刹那的闻思心；此后，若得定，此心相续不断。所以，止的所缘，在整个修习阶段，可以说都是闻思阶段的闻思心。此闻思心，可以是闻思具体修行方法（如不净观、慈悲观等）之心，也可以是闻思正知正见（如六善巧或三法印等）之心。例如，欲界散位修不净观，闻思阶段学习了不净观，那闻思不净观的心（即闻思心），就是修习阶段中止的所缘。

修止的方法，有多种说法。一般说，修四禅四无色定，是依六行观。但说修初禅，一般又说依数息观，甚至有说依不净观等。而说修止，一般又说依九住心。现对各种方法作如下分析。

首先看六行观。六行观就是观下地苦、粗、障，观上地静、妙、离。修四禅四无色定依六行观，如《大毗婆沙论》第六十四卷说："谓修行者将离欲染，先起如是分别思惟：欲界苦、粗、障，初静虑静、妙、离。……诸异生者离欲染时，九无间道中修三行相，谓苦、粗、障；八解脱道中修六行相，谓苦、粗、障及静、妙、离；最后解脱道中即修此六行相，亦修未来初静虑地无边行相。如是乃至离无所有处染。"即从欲界到色界初禅的修习，是修六行观，"离欲染"（欲界烦恼），从而证入初禅。进而，从初禅修二禅，也是修六行观，离初禅染，证入二禅。直至从无色界第三"无所有处"定修第四非想非非想定，也是修六行观，离"无所有处"定染，证入非想非非想定。

这也就是说，修四禅四无色定，都依六行观。依六行观，观的所缘就是下地的苦、粗、障和上地的静、妙、离。

至于修初禅依数息观，如《释禅波罗蜜次第法门》第五卷说："第一明所修法者，即是阿那波那，为修习根本初禅之法。"其中的"阿那波那"是数息观，此处意谓，从欲界修至初禅，是依数息观。进而，"今明修二禅者，若凡夫人，亦当先修六行"，即修二禅是修六行观。此后，二禅以上诸禅和诸无色定的修习，都依六行观（关于修止的方法，还有其他一些说法，此处不作展开）。

这两种说法该如何看待？《思惟略要法》说："凡求初禅先习诸观，或行四无量，或观不净，或观因缘，或念佛三昧，或安那般那，然后得入初禅则易。若利根之人直求禅者，观于五欲种种过患，犹如火坑亦如厕舍；念初禅地，如清凉池如高台观，五盖则除便得初禅。"

引文意谓，一般说，修五停心观中的任何一观，都可以入初禅。而利根人，可以修六行观，即观欲界的过患及初禅的清净，由此入初禅（由此可见，从欲界到初禅的六行观也包含了不净观）。

再就五停心观来说，如果依次修习，则不净观、慈悲观、因缘观等对治欲界的贪、嗔、痴等烦恼，然后由数息观对治散乱，由此而渐次入初禅。所以，一般说是修数息观而入初禅。

但无论是五停心观还是六行观，都是观法，那么，为何修止是依观法？

来看依九住心修止。《庄严论》第七卷称九住心为："一、安住心，二、摄住心，三、解住心，四、转住心，五、伏住心，六、息住心，七、灭住心，八、性住心，九、持住心。"其第一住安住心的含义是："应知系缘者，谓安住心，安心所缘，不令离故。"《瑜伽论》第三十卷称九住心为：内住、等住、安住、近住、调顺、寂静、最极寂静、专注一趣、等持。其第一住内住的含义是："云何内住？谓从外一切所缘境界，摄录其心，系在于内，令不散乱。此则最初系缚其心，令住于内不外散乱，故名内住。"

由两论的第一住可见，九住心可从"一切所缘境界"入手，即既可从不净观的诸种不净入手，也可从数息观的气息入手，也就是可由任一观的所缘入手。由此可见，九住心与上述种种方法并无冲突，而是可以借助于上述种种方法修止。

进而，九住心在借助任何一种缘入手后，"安心所缘，不令离"，"系缚其心，令住于内不外散乱"，所以，九住心从第一步开始，就是在所缘上"安心""缚其心"；其后，心若有波动，妄念生起，觉察后就要将心拉回来。这样的过程不断地反复，最后，妄念越来越少，修止心越来越安静，直至最后（第九住）得定。这大体上就是"九住心"的过程。对此过程，可从止的所缘作进一步分析。

关于止的所缘，佛典中有三种说法：缘境、缘心、心境合说。

如康僧会《佛说大安般守意经序》说修数息观是："注意鼻头，谓之止也。"即止的所缘是境，修止的方法是缘境。而《大乘义章》第十三卷说："摄心住缘，目之为止。"这是心境合说。上述《瑜伽论》的教法也属此类。而本经说修止，是说缘心。本经对止的所缘，有三说：一是"此能思惟心"，二是"缘心为境"，三是"缘彼影像心"（即"无间心"），说的都是缘心。

以下分析缘境、缘心、心境合说三种说法。

先看缘境，以"注意鼻头"为例，"注意鼻头"实际是观的所缘，如果止的所缘也是如此，则止与观有何区别？或者说，既有止，何需观？实际上，此例中，观是"注意鼻头"，止是将心保持在"注意鼻头"上，所以，实际是"摄心住缘"。由此可见，缘境（修止），只是一种简略说法；心境同说（"摄心住缘"），是完整说法。

再看缘心，有的研究者认为，缘心实际上就是缘境。如韩清净《解深密经分别瑜伽品略释》中说："'缘心为境'者，谓所缘境，唯内三摩地所行影像，为简外境，故说缘心。……或奢摩他所摄持心，以毗钵舍那所缘境为疏影像故。"所以该书认为，奢摩他的所缘，还是"三摩地所行影像"，是以毗钵舍那所缘境为疏所缘缘。但唐代的唯识注疏则明确，观的所缘是相分，止的所缘是见分，这样就将观与止的所缘作了明确区分，两者所缘不同。

再看"摄心住缘"，这里的"缘"是观的所缘，所以"住缘"不是止的本质；止实际是在"摄心"，"摄心"是以心为所缘，因此，缘心是修止的本质说法。

综上所说，关于止的三种说法中，缘境是略说，摄心住缘是完整说法，缘心则是本质说法。

再回到修习得止（修四禅四无色定）的问题。从欲界到初禅，需解决两个问题：一是离下地染（即欲界烦恼），二是离散乱。五停心观的不净观、慈悲观等可解决第一个问题，数息观可解决第二个问题。初禅以上，至非想非非想定，都已得定（即得心一境性），离散乱，所以从下地到上地，都只需解决第一个问题，即离下地染，即可得上地定。

## 二、观的修习

关于观，本经说："即于如是三摩地影像所知义中，能正思择、最极思择、周遍寻思、周遍伺察。"

如上所说，此观是在得轻安之止后，即在四禅四无色定之上的观；在佛教，就是修见道解脱的观。所以，此观的所缘是"正思择"，即观尽所有性（世俗唯识性）；是"最极思择"，即观如所有性（胜义唯识性）。而能观尽所有性与如所有性的，实际是加行位的四寻思四如实智（如《瑜伽论》所说），或者是本经所说的缘总法止观。

另外，此观是用寻、伺心所，所以要"周遍寻思、周遍伺察"。寻（思）是粗思维，伺（察）是细思维，所以，寻思、伺察的过程，就是逐渐由粗入细的过程。《瑜伽论》第三十卷说："谓即于彼所缘境界，由慧俱行有分别作意，取彼相状周遍寻思……审谛推求周遍伺察。"所以，寻、伺是依（思与）慧而假立，即寻、伺活动根本上说是慧心所的思维分别。这是有漏慧的思维分别。此思维分别逐渐深入细微，直至停止，无漏慧被引生。由无漏慧证真如，即证尽所有性和如所有性，这就是"能善毗钵舍那"。

在四禅四无色定中，寻、伺在二禅以上即无，二禅以上修解脱，如需用寻、伺心所，则借助于初禅的寻、伺。

### 三、止观先后

关于止观修行，究竟是先止后观，还是先观后止，众说纷纭。

测《疏》说："观行自有二义：一、依止发观；二、由观引止。故《瑜伽论》三十一云：'由奢摩他为依止故，令毗钵舍那速得清净；由毗钵舍那为依止故，令奢摩他增长广大。'由此义故，互不相违。"所以，在一般的修持中，先止后观与先观后止，是交替运用的：修止而心静即修观，修观遇心散乱又修止。这样交替地修止观，使定力逐渐增强。但这是指欲界修随顺奢摩他、毗钵舍那。

至于本经说先止后观，是就修见道解脱而言。见道依赖各宗特定的观法，唯识宗特定的观法是四寻思四如实智，而此特定观法要能成就见道，需依赖色界以上的定（《成论》等说要依赖第四禅），这样，就需先修止（定），后修观。但就唯识宗修行次第来看，《六门教授习定论》认为，此次第分三阶段。第一阶段，修五停心观；第二阶段，修四禅四无色定；第三阶段，修唯识观。此次第中，正修是第二阶段的止（定）和第三阶段的观（慧），即得定后才能作唯识观而见道。而第一阶段修五停心观，可看作是修加行，即只有制伏欲界贪、嗔、痴、我见、散乱等烦恼，才能得第二阶段的上界定。这样来看三阶段：第一阶段是修方便观，以能得定；第二阶段是修止（定），得四禅，尤其是第四禅，以能作见道之观；第三阶段是修特定的观，以真正见道。换言之，此次第是：先修（方便）观，再修止（定），再修（特定）观，最后见道。

## （2）相似止观
## 【原文】

慈氏菩萨复白佛言：世尊，若诸菩萨，缘心[1]为境，内思惟心，乃至未得身心轻安，所有作意，当名何等？

佛告慈氏菩萨曰：善男子，非奢摩他作意，是随顺奢摩他胜解相应作意。

世尊，若诸菩萨乃至未得身心轻安，于如所思所有诸法内三摩地所缘影像作意思惟，如是作意，当名何等？

善男子，非毗钵舍那作意，是随顺毗钵舍那胜解相应作意。

【简注】

[1] 心：即如上所说的闻思心。

【今译】

慈氏菩萨又对佛说：世尊，若诸菩萨，以［闻思］心为所缘，内心相续作意思维，但还未获得身心轻安，此过程中的所有作意，应当称为什么？

佛告诉慈氏菩萨：善男子，这还不是奢摩他作意，这是顺应奢摩他境界的相应作意。

世尊，若诸菩萨还未获得身心轻安，对所思维的一切法在定中的影像作意思维，如此的作意，应当称为什么？

善男子，这不是毗钵舍那作意，这是顺应毗钵舍那境界的相应作意。

【评析】

此处宣说真正止观境界与相似止观境界的差别，此差别就在于是否得轻安。只有得轻安，才是真正的奢摩他、毗钵舍那，即真正的止观。而轻安到色界定才能生起，所以，欲界的止观修习，若还未得轻安，只是随顺修习，即相似的修习，不是真正的止观。只有修到未至定或初禅以上（身可仍在欲界），才能说得真正的止观。

## 2. 止与观之有异无异

【原文】

慈氏菩萨复白佛言：世尊，奢摩他道与毗钵舍那道，当言有异，当言无异？

佛告慈氏菩萨曰：善男子，当言非有异非无异。何故非有异？以毗钵舍那所缘境，心为所缘故。何故非无异？有分别影像非所缘故。

【今译】

慈氏菩萨又对佛说：世尊，奢摩他道与毗钵舍那道，应当说是有异，应当说是无异？

佛告诉慈氏菩萨：善男子，应当说是非有异非无异。为什么非有异？因为毗钵舍那的所缘境，是以心［中的影像］作为所缘之境［而奢摩他是以缘影像的心作为所缘之境，同是缘心，可说无异］。为什么非无异？［因为奢摩他只缘无分别影像，毗钵舍那缘有分别影像，］有分别影像非［奢摩他的］所缘境。

【评析】

此处宣说止与观之异同。本经指出：止与观非有异非无异。

止与观为什么非有异？如上所说，止是以闻思心（或闻思慧）为所缘，观是以闻思心（或闻思慧）中的影像为所缘。或者，用后期唯识学的心识结构说更能说明问题，即止是以闻思心的见分为所缘，观是以闻思心的相分为所缘。所以可说都以心为所缘，故两者非有异。

至于止与观非无异，则更容易理解，即观是以有分别影像为所缘，而止以无分别影像为所缘，所以非无异。

### 3. 观之影像与心有异无异

【原文】

慈氏菩萨复白佛言：世尊，诸毗钵舍那三摩地所行影像，彼与此心，当言有异，当言无异？

佛告慈氏菩萨曰：善男子，当言无异。何以故？由彼影像唯是识故。善男子，我说识所缘，唯识所现故。

世尊，若彼所行影像，即与此心无有异者，云何此心还见此心？

善男子，此中无有少法能见少法。然即此心如是生时，即有如是影像显现。

【今译】

慈氏菩萨又对佛说：世尊，定中观到的［青黄赤白、地水火风等］影像，那所观的影像与此［能观］心，应当说是有异，应当说是无异？

佛告诉慈氏菩萨：善男子，应当说是无异。为什么呢？

因为那所观的影像只是识。善男子，我说识之所缘只是识所显现。

世尊，若那所观的影像与此［能观］心并无相异，为何此心还见此心？

善男子，这里没有任何东西能见其他任何东西。但就在此心如此生起时，就有如此影像显现。

## 【评析】

此处宣说止观中的影像与心的关系，先说定位，后说散位；在定位中，先说理，后说喻。此处所说的理，就是"识所缘，唯识所现"的唯识观，是从认识论角度论述"唯识无（外）境"思想。

此处，慈氏菩萨最初的问题是由观修实践所引出，即在作十遍处等观修时，需观青黄赤白、地水火风等色法。那么，所观的色法与能观的心，到底有异还是无异？世尊的回答是：两者无异，因为"识所缘，唯识所现"，即识所认识的，只是识自己变现出的东西。进而，慈氏菩萨又问：如果两者无异，所观境就是自心。那么，世人都知，眼不自见，指不自指，刀不自割，为何自心能见自心？世尊答道：不存在自心见自心的问题，因为没有任何东西能见其他东西（"无有少法能见少法"），只是心生起时，自然有相应的影像随之显现，心认识的只是自己变现的影像。

由此可见，"识所缘，唯识所现"这个唯识论的基本结论，理由就是"无有少法能见少法"，因此需对此理由进行仔细分析。

"无有少法能见少法"的理论背景是"无作者、无作用"："无有少法"，即无作者；"能见少法"，即无作用。而"无作者、无作用"的理论背景又是"无我"。佛教否定实我，所以也否定一切形式的"作者"，如能见者、能听者直至能思维者、能造作者；进而，无造作者，当然也无实在作用。

但另一方面，虽然"无作者、无作用"，却有世界万象生生灭灭，佛教认为这一切皆由缘起。即虽无实作者，但由诸缘可生起诸法；虽无实作用，但诸法生起，就有各自不同的特性显现，如眼识了别色境、耳识了别声境，乃至地水火风、色声香味触，各有各的特性，表现为各自特定的作用。所以，虽无实作者和实作用，但有缘起的诸法和缘起的作用。

进而，如果"无作者"也"无作用"，或者，"无有少法能见少法"，认识又是如何进行？本经的回答是："此心如是生时，即有如是影像显现。"对此，无性《摄论释》解作："如是生时者，缘起诸法威力大故，即一体上有二影生，更互相望，不即不离。诸心、心法由缘起力，其性法尔如是而生。"所以，这是"法尔如是"，是缘起力之作用，在心生起时，心体上就有"二影生"。此"二影"，在后来的心识结构理论中，就是见分和相分，心体就是自证分。心体之自证分生起时，就有见分和相分生起或显现。所谓心的认识，就是见分对相分的认识。虽然由于见分和相分都是心之显现，所以也可说这仍是自心认识自心，但这是在唯识论的"识变"理论意义上的认识，与唯识论之外其他理论的心认识心外实法的认识观不同，也与一般意义上的心不能认识自心的观念不同。

**【原文】**

善男子，如依善莹清净镜面，以质为缘，还见本质，而谓我今见于影像，及谓离质别有所行影像显现。如是，此心生时，相似有异三摩地所行影像显现。

**【今译】**

善男子，如依平正、明亮、干净的镜面，将［某物作为］本质进行观察，［在镜面中］还能见此本质，却［有人］说"我现见到［某物的］影像"，并说"离［某物的］本质外，另有所观的影像显现"。同样［他们会说］，此［定中］心生时，也有不同［于定心］的定境所观影像显现。

**【评析】**

此处是止观中影像与心的关系的比喻。先看比喻本身的意思：比如镜子，以本质（如人脸）为缘，照见的还是本质（人脸），但持颠倒见解者却说，见到了影像，并说，镜中的影像是在本质（人脸）之外的独立存在。同样，定中心生起时，实际上影像也是同时显现，但持颠倒见解者却说，离定心另有独立的影像显现。

　　此处所说的镜面比喻，看上去非常简单，但测《疏》对此作了非常复杂的讨论，介绍了从小乘到大乘关于影像的众多说法，讨论的问题是镜中有无影像，主要有两种观点。一种观点认为，镜中有影像，或者说，有独立于本质而存在的影像。另一种观点认为，镜中无影像，或者说，无不同于本质的影像。

　　关于镜中有影像的观点，《大智度论》举了一些例子：如在油中照脸，脸成黑色；又如在刀上照脸，横照则脸阔，竖照则脸长；又如在水精中会出现多张脸，而非一张脸。由于本质（人脸）与媒介上所成之像可以不相同，所以，镜中应该有影像。（测《疏》将《大智度论》归为镜中有影像的观点，认为龙树"立镜中影别有体性"。慧沼《了义灯》则认为，《大智度论》的此说法，只是"就他"，并非龙树执此影像为实。）

　　分析上述例子，所成之像与本质是否相同，关键还是在于媒介。即在油和刀等媒介上，成像不能反映本质真相；但在本经所说的"善莹清净"（平正、明亮、清洁）的镜面上，成像能反映本质真相。此外，即使不反映本质真相的成像，仍是依本质而成。所以，这些例子不能证明镜中影像是不同于本质的存在，是"别有体性"。

　　此外，唯识论中也有观点认为，镜中应该有影像。《演秘》第六卷对此作了介绍。该观点认为：镜中另有影像，眼识生起时就是缘影像而生，不然，就变成有见无相（只有见分没有相分）。此外，《摄论》等唯识典籍中，镜像是比喻依他起性，空花则比喻遍计所执性。由此可知，镜中另有影像，只是没有实用，就说离本质无影像。另外，经中说"以质为缘，还见本质"，这是摄影像从本质。

但唯识论中另有观点认为，镜中无影像，《佛地经论》、世亲和无性的《摄论释》都持此观点。如《佛地经论》说："以无别影镜中生故。"无性的《摄论释》第五卷说："而此影像实无所有。"世亲《摄论释》第五卷说："譬如影像实无有义，即于本质起影像觉，然影像义无别可得。"

而另一方面，本经《心意识相品》则说："又如善净镜面，若有一影生缘现前，唯一影起；若二若多影生缘现前，有多影起。"《佛地经》说："如依圆镜众像影现。"又说："又如圆镜依缘本质，种种影像相貌生起。"因此，此二经都说镜中有影像生起。对此，测《疏》、《演秘》第六卷等都解释说，这是依像显现而假说生起。《了义灯》则说，这是"就他宗及世间许，取以为喻"，即说镜中有影像"生"，只是取其他宗派和世人的说法作为比喻，不是自宗的观点。

因此，对于唯识论中有影像与无影像两种观点，测《疏》、《演秘》、《了义灯》等都认为，镜中无影像的观点，更为合理。

回到本经的说法——"而谓我今见于影像，及谓离质别有所行影像显现"，笔者以为，后句的"离质影像"实际是对前句"见于影像"中的"影像"之界定，所以，本经此处实际要否定的还是"离质影像"。也就是说，镜中有像，这是一个事实，但此像就是本质，或者说，是本质显现的像，并没有离本质而独立存在的影像。

再仔细分析，如果说人看镜，看到的是本质，但按唯识论的说法，人实际看到的是自识相分；既然看到的只是相分，为何要说看到本质？《了义灯》解释说："摄相从质，以似于质。据实所见，亲见自相，取少分喻。"所以，上述说法只是取相分相似于本质，而说看到本质。

进而，对镜中所见再作一总结：一方面，作为事实，人们在镜中能看到张三、李四等一切人，能看到桌子、椅子等一切物；另一方面，人们往往又会将镜中所见，当作是镜中独立存在的影像。这一切发生的机制如何？

测《疏》说："镜所照面，自有四种。一者赖耶所变本质，二者眼识所变相分，三者同时意识相分。此之三种，同本质处。四者分别意识相分。此之一种，在于镜面。"

按圆测之说，镜中像，有四种情况：第一种是人面，是由阿赖耶识所变的本质；第二种是眼识所缘的人面，是眼识相分；第三种是五俱意识所缘的人面，是五俱意识相分；第四种是独头意识所缘的人面，是独头意识相分。其中，前三种，即本质、五识相分、五俱意识相分，都是依他起性，两种相分与本质一样，属十二处中的色处，由此保证了镜中能见一切人、一切物；而独头意识缘镜中像所变的相分，属法处所摄色中的遍计色，是遍计所执性，由此而产生镜中有独立于本质的影像之想，或者说，将镜中影像执为实有。这实际上也符合一般说的依他起自性与遍计所执自性的关系，即在依他起自性上生起遍计所执自性，或者说，将依他起的诸法（依他起自性）执为实有自性，就是遍计所执自性。

再回到整个比喻的喻意，此比喻想说的是：镜中的影像实际上并不离本质，定心中的影像实际上也不离心识；没有独立于本质的镜中影像，也没有独立于心识的所观影像。

【原文】

世尊，若诸有情自性而住缘色等心所行影像，彼与此心亦无异耶？

善男子，亦无有异。而诸愚夫由颠倒觉，于诸影像不能如实知唯是识，作颠倒解。

【今译】

世尊，若诸有情［并非在定中，而是］在自然的［散心］状态中，认取色［声、香、味、触］等心所观察到的影像，那些影像与此心，也是无异？

善男子，也无异。但诸愚夫由颠倒的觉知，对一切影像不能如实了知只是识，而作颠倒的理解。

【评析】

此处进而讨论了散位（欲界未得定有情）认识中影像与心的关系。本经指出，有情在定位所见种种，都是自识变现的影像；同样，在散位（即不在定中）所见种种，也是自识变现的影像。但凡夫不能如实了知，将此影像执为实有，产生贪着，迷恋欲乐，无舍离心，由此而生死轮回无有止期。

以下分析经文中的"自性而住缘色等心"。既然是"缘色等心"，这就排除了第七识，因为第七识不缘色等法。"自性而住"心，相对于色界、无色界的定位之心，欲界心是在散位，散位心的自性就是散乱，这又可排除第八识。因为凡夫位的第八识，既不与烦恼心所中的散乱相应，也不与别境心所中的定心所相应，也不与善心所中的轻安心所相应，这样也就不说凡夫位第八识能入定，或者说，不必区分第八识的定位与散位（自性）。如此，在排除了第七识和第八识后，"自性而住缘色等心"，就是指欲界散位的前六识。如《集论》第一卷说：散乱有六种，"谓自性散乱、外散乱、内散乱、相散乱、粗重散乱、作意散乱"。其中，第一种自性散乱是指五识，其他五种散乱都是指第六识。

进而，散位如同定位，"识所缘，唯识所现"，由此成立了唯识论的基本观点：一切唯识。

## （四）止观双运

### 1. 止观三种形态之定义

【原文】

　　慈氏菩萨复白佛言：世尊，齐何当言菩萨一向修毗钵舍那？

　　佛告慈氏菩萨曰：善男子，若相续作意唯思惟心相。

　　世尊，齐何当言菩萨一向修奢摩他？

　　善男子，若相续作意唯思惟无间心。

世尊，齐何当言菩萨奢摩他、毗钵舍那和合俱转？

善男子，若正思惟心一境性。

世尊，云何心相？

善男子，谓三摩地所行有分别影像，毗钵舍那所缘。

世尊，云何无间心[1]？

善男子，谓缘彼影像心，奢摩他所缘。

世尊，云何心一境性？

善男子，谓通达三摩地所行影像唯是其识；或通达此已，复思惟如性。

## 【简注】

[1] 无间心：据测《疏》，有两解：一是相续心，二是前念心（即前一刹那的同类心，或者说，等无间心）。两解中，以相续心为正解，即止就是保持心的连续性。

## 【今译】

慈氏菩萨又对佛说：世尊，怎样才能说菩萨单独修毗钵舍那？

佛告诉慈氏菩萨：善男子，若能连续作意只思维心相。

世尊，怎样才能说菩萨单独修奢摩他？

善男子，若能连续作意只思维无间心。

世尊，怎样才能说菩萨［双修］奢摩他和毗钵舍那［使之］和合共同生起？

善男子，若能正思维心一境性。

世尊，什么是［上述单独修毗钵舍那所思维的］心相。

善男子，即定境中所观的有分别影像，是毗钵舍那所缘。

世尊，什么是［上述单独修奢摩他所思维的］无间心？

善男子，即缘那影像之心，是奢摩他所缘。

世尊，什么是［上述双修奢摩他和毗钵舍那所思维的］心一境性？

善男子，即通达定境所观的影像只是自识；或通达此［影像唯识］后，又思维［诸法之］真如法性。

## 【评析】

此处以下宣说唯识论关于止观双运的定义，以及止观双运的类别等。此处是说止、观、止观双运三种形态的定义，或者说，由止与观的定义引出止观双运的定义。此处所说止观（三种形态的）定义，实际是唯识论的止观定义。唯识论的止观定义，立足于佛教的一般止观定义上，与之并无相违，但又有自己的特色。

## 一、观的定义与类别

### （一）观的所缘

关于单纯修观（即"一向修毗钵舍那"），本经说是"相续作意唯思惟心相"，而"心相"即"三摩地所行有分别影像"。如前所说，"三摩地"，本身包括散位和定位，此处指定位；

"有分别影像"，就是佛陀所说的一切教法。所以，"三摩地所行有分别影像"，就是定心中呈现的佛教一切教法。

此外，在后来唯识论心识结构三分说（或四分说）中，观的所缘，又说是相分，如圆测《疏》说："毗钵舍那，为欲简择所知义故，闻思二慧所变相分，为所缘境。"（闻思二慧的含义，见下文"观的能缘"。）

关于观的所缘是影像或相分两种说法，实际上，在唯识学中，相分与影像是同义的，相分就是能缘心中呈现的影像，所以，唯识典籍有时影像与相分合说。如伦《记》论述观时说："是地前观智，依教修时，即缘自变似法似义影像相分，以观心推求。"

就具体的观法来说，观的所缘多种多样。例如，单纯修观，观的所缘，可以是身内的某个部位，或是身外的各种物，乃至虚空。在修初禅以及修四禅四无色定中，观的所缘，可以是五停心观中的任何一观，或是六行观等。而在依定修解脱中，观的所缘可以是佛陀所有教法。但如上种种不同所缘，在唯识学对观的定义中，都得到了统一，那就是：观的所缘是闻思的一切教法的影像（相分）。

### （二）观的能缘

《义林章》第一卷说："能观唯识，以别境慧而为自体……若别显者，略有二位：一、因，二、果。因通三慧，唯有漏故，以闻思修所成之慧而为观体。此唯明利简择之性，非生得善。"

所以，能观的主体是慧心所。进一步探究，此慧心所，是与何心王相应的慧心所？就八识心王来说，第八识没有慧心所，前五识没有或只有作用极微弱的慧心所，第七识只缘第八识见分，所以，与此慧心所相应的只能是第六识。因此，第六识及其相应慧心所，是观的主体。但一般说观的主体，可略而不说第六识，只说慧心所。

此外，关于闻思阶段能观的主体，本经说是心（"此能思惟心"），测《疏》、伦《记》两部注疏有两种解释：一说此心是与闻思二慧相应之心，另一说则直接说是慧（如上测《疏》说"闻思二慧所变相分，为所缘境"）。这些说法，由上可知，本质是一致的。

进而，此慧心所的性质如何？《义林章》说，要分因位和果位。因位，就是凡夫位，此慧"通三慧"，即闻慧、思慧、修慧。此三慧是由听闻佛法、深入思考和记忆、依之修证而成。因位的三慧都是有漏，此有漏三慧是凡夫修出世间解脱的主体。

## 二、止的定义与类别

### （一）止的所缘

关于单纯修止（即"一向修止"），本经此处说是"相续作意唯思惟无间心"，而"无间心"即为"缘彼影像心"，即缘一切教法影像之心。而此前，本品对止还有一个定义，"复即于此能思惟心，内心相续，作意思惟"，其中的"此能思惟心"，指闻思阶段的闻思心（或者说是与闻思二慧相应之心）。此处的"缘彼影像心"或"无间心",与上文的"此能思惟心",实际一致,但范围更宽,既包括闻思阶段的闻思心,也包括修习阶段的修习心(或者说是与修慧相应之心)。但无论是闻思心还是修习心,都是第六识,所以从闻思心到修习心,实际是第六识的相续。即在闻思阶段的第六识称闻思心,从闻思阶段进入修习阶段的第一刹那,闻思心就转为修习心。第一刹那的修习心缘上一刹那的闻思心,第二刹那的修习心缘第一刹那的修习心,此后一直相续不断,专注而不散乱,这就是"无间心"。由于修习心来自闻思心,所以也可说专注于闻思心不散乱。

再从能缘与所缘来分析,闻思阶段,能缘是第六识(及其慧心所,也可简说为慧心所),所缘是佛陀的一切教法(包括关于止的教法)。进入修习阶段修止时,能缘是修习阶段的第六识,所缘则是闻思阶段的第六识(以上第六识,也可都换成慧心所来说),摄心不散,这就是"无间心"。由于修习心是专注于闻思心不散乱,因此可说,止就是相续无间地思维闻思心,也可说,能缘之止心能相续无间地生起。

此外,本经对止还有一个说法,即止是"缘心为境"。此说对上述两个定义都适合,无论是缘"此能思惟心",还是"缘彼影像心"(即"无间心"),都是"缘心为境"。

再就心识结构学说而言,还有一种解释,止是缘见分,如伦《记》说:"言'复即于此能思惟心,内心相续',见分以之为境。"

或许有人会有疑问:见分如何缘?但这一疑问,实际上是将见分实体化了。见分并不是一种实体,而是心的认识功能。

心在缘某一对象（事或理）时，相分是此对象在心中呈现的影像，见分就是心对此影像的认识功能。就好比看一幅图，观是看图的局部或整体；止就是只将注意力放在图上，而不转移到其他地方（即止只是收摄注意力，或收摄心）。

从心识结构学说来说，缘见分实际上与缘心是一致的，因为识见分与识自体（自证分）是同种的，所以，缘见分就是缘心自体。这样就可用见分代表心，可说止是"缘心为境"，也可说止是以见分为境。

**（二）止的能缘**

如上所说，止可分为修止与得止（此处所说的修止和得止，不同于六妙门止门中的修止和证止，其修止和证止只相当于本文的得止）。

修止，包括修初禅，进而修四禅四无色定等。这些修习，所用的方法就是五停心观、六行观、九住心等，实际都是以观法修止，修习的主体是慧心所。

得止就是得四禅四无色定（包括未至定等近分定），得止后的能缘是定心所，如《成论》说："依定摄心，令心一境。"即"摄心"是依定心所，依定摄心能得心一境性，四禅四无色定都有心一境性支。

**三、止观双运的定义与类别**

**（一）止观双运的定义**

关于止观双运，本品说是"正思惟心一境性"。但"心

一境性"，一般是指止或定，如《佛说除盖障菩萨所问经》第
十五卷说："所谓心一境性，是奢摩他。"《集异门论》第三卷
说："善心一境性，是谓奢摩他。"那么，本经如何用"心一境
性"来定义止观双运？

实际上，心一境性还有不同说法。如《瑜伽论》第三十
卷说："复次如是心一境性，或是奢摩他品，或是毗钵舍那品。
若于九种心住中心一境性，是名奢摩他品。若于四种慧行中心
一境性，是名毗钵舍那品。"所以，"心一境性"，既可属奢摩
他品，也可属毗钵舍那品。

这样来看，本经的"心一境性"属止观双运品。对此定
义，本经继续说："世尊，云何心一境性？善男子，谓通达三
摩地所行影像唯是其识；或通达此已，复思惟如性。"

即"心一境性"就是通达唯识及证真如，这也可说是通
达世俗唯识性与胜义唯识性。世俗唯识性，即一切法以识为本
性，或一切法由识变现：定中的影像是由定中之识变现，散位
心中的影像也由散心变现。胜义唯识性，即一切法（包括识）
本性都是真如。

综合上述两方面，本经的奢摩他与毗钵舍那俱转，即止
观双运的定义就是：依止心一境性，通达世俗唯识性和胜义唯
识性。

实际上，对心一境性，佛教其他教派也有一些各具特色
的说法。如《大宝积经》第三卷说："心一境性者，为以几何
名心一境性？周遍推求乃至一法亦不可得……随所有心无所得

者，是为心一境性。"此种心一境性的描述，具有般若经的特点，即止观是为了认识并证得一切法空之理。而本经上述止观双运的定义，则具有唯识论的特点。

符合上述唯识论止观双运定义的所缘，本经说是事边际所缘和所作成办所缘，即见道位和佛位的止观。此外，《瑜伽论》说四禅四无色定也是止观双运，所以，依四禅四无色定修出世间解脱的，也是止观双运，包括加行位和修道位的止观。

综上所说，唯识的止观双运，包括了修解脱与证解脱，其位次是：见道前依定修解脱（主要是加行位），见道位证解脱，修道位继续修解脱（即修佛果），佛位成办佛果。

**（二）各位次止观双运的所缘**

1. 见道前依定修解脱：两种所缘

见道前依定（即四禅等）修解脱，主要在加行位，但也可发端于资粮位。

在有分别影像等四种所缘中，见道前依定修解脱的止观双运，具有两种所缘，即有分别影像与无分别影像，其中，无分别影像是止的所缘，有分别影像是观的所缘。在止观双运中，依定修观，就是将两种所缘结合起来。对此结合，《瑜伽论》第三十一卷作了描述：

> 问：齐何当言奢摩他、毗钵舍那二种和合平等俱转，由此说名双运转道？答：若有获得九相心住中第九相心住，谓三摩呬多，彼用如是圆满三摩地为所依止，于法观

中修增上慧。彼于尔时由法观故，任运转道无功用转，不由加行，毗钵舍那清净鲜白，随奢摩他调柔摄受，如奢摩他道摄受而转，齐此名为奢摩他、毗钵舍那二种和合平等俱转，由此名为奢摩他、毗钵舍那双运转道。

即先由"九相心住"（即"九住心"）修得止，再依止（即依定）作"法观"（即依佛陀教法作观）修增上慧（即解脱慧）。由于是依奢摩他（止），所以，毗钵舍那（观）可以"不由加行"，任运生起（"任运转道无功用转"），消除了昏沉、散乱等粗重性而"清净鲜白"，并获得了与奢摩他同样的"柔"性，而与奢摩他同"转"，这就是止观双运。

在止观双运中，就止来说，其能缘是定心所，其所缘是闻思慧的见分；就观来说，其能缘是有漏的慧（加行位中是加行慧），其所缘是闻思慧的相分，也就是所闻思的佛陀一切教法。

2. 见道位：事边际所缘

本经下文说："彼于今时得见道故，更证得事边际所缘。"所以，见道位所缘是事边际所缘。

大乘见道，分真见道与相见道。真见道是根本无分别智证真如，此时能缘的根本智的特征是"有见无相"，即有见分，无相分。因为所缘的真如无相，故能缘的根本无分别智也不变现影像，而是见分亲证（直接缘）真如体。事边际所缘就是指根本智缘真如。

至于相见道，《成论》第九卷说："前真见道，根本智摄；

后相见道，后得智摄。……由斯后智二分俱有。"所以，相见道的能缘主体是无漏后得智。后得智有见分和相分，此时的所缘，就是止观双运中的有分别影像与无分别影像。

此外，小乘的见道，是见四谛。小乘由于不得根本智，所以也不说证四谛之智是后得智。但实际上，见四谛与大乘相见道中的缘安立谛十六心相似，所以，其所缘，应该也是止观双运中的有分别影像与无分别影像。

3.修道位：三种所缘

本经下文说："复于后后一切地中进修修道，即于如是三种所缘作意思惟。"

由此可知，修道位有三种所缘，其中，事边际所缘是根本无分别智缘真如，这本身是止观双运；而后得智在定中是止观双运，其所缘是有分别影像与无分别影像。

十地中，从初地到四地，根本智与后得智不能同时生起；五地到七地，二智能逐渐同时生起；八地以上，二智能任运同时生起。

因此，三种所缘生起的情况，与二智生起相应。即在只有根本智生起时，是事边际所缘；只有后得智生起时，是有分别影像、无分别影像两种所缘（主要是初地到四地）；在二智同时生起时，是三种所缘。

4.佛位：所作成办所缘或四种所缘

本经说："乃至证得阿耨多罗三藐三菩提，又得所作成满所缘。"

　　由此可知，"所作成办（满）所缘"，是佛地的所缘。但经中说"又得"，究竟应作何理解？是说佛地只此一种所缘，还是说佛地在前三种所缘外，"又得"了第四种所缘？

　　对此，测《疏》第七卷解释说："又依此位，于其四种所缘境中，更得第四所作成满所缘境也。佛果位中，四境具足。又解：地前得二种境。十地位中，改名边证。佛果位中，改名成满。虽有两释，前解为胜。"即有两种观点。一种观点认为，佛地"四境具足"，即有四种所缘。另一种观点认为，佛地的"所作成办（满）所缘"，就是由前面的有分别影像与无分别影像圆满而更名（先在十地中更名为事边际所缘，至佛地更名为所作成满所缘），这也就是说，佛地只此一种所缘。圆测认为，这两种观点，第一种观点更合理。（进一步分析，第二种观点认为，十地中只有一种事边际所缘，这不符合本经的十地有三种所缘的说法，所以，第二种观点不合理。）那就是说，佛地有四种所缘。

　　进而要问的是："所作成办所缘"有何性质，或者，与前三种所缘有何关系？

　　伦《记》说："又得所作成满所缘者，即判此境在于佛地，佛地所作皆悉成满智境故，名所作成满所缘。所缘何法？不离前三。如来证理所有止观缘谛边际境，如来缘谛所有止观是二影像，此三为佛止观所缘，总名所作成满所缘。"即"所作成办所缘""不离前三"，是前三的"总名"。

　　笔者以为，伦《记》的说法，虽属合理，但仍可补充。前三所缘在十地中，事边际所缘，是根本智缘真如；有分别、无分别影像所缘，是后得智缘一切法。佛地四智，仍可归为根本智与后得智，这样，所作成办所缘也"不离前三"。

但另一方面，佛地四智作用有所不同。据《成论》，佛地四智中，大圆镜智、平等性智、妙观察智三智，都是既有根本智又有后得智；但成所作智，只是后得智，不是根本智。四智（中三智）的根本智都只缘真如，所以所缘和作用没有差异；但四智的后得智，虽都缘一切法，但各自作用有所不同，需分别说明。

如《成论》第十卷说："此四心品，虽皆遍能缘一切法，而用有异。谓镜智品，现自受用身、净土相，持无漏种。平等智品，现他受用身、净土相。成事智品，能现变化身及土相。观察智品，观察自他功能过失，雨大法雨，破诸疑网，利乐有情。如是等门，差别多种。"

所谓"所作成办"，就是四智都成就了各自的作用，这就是四智各自的所作成办所缘。

此外还可探讨的问题是：十地和佛地中根本智与后得智同时现行，根本、后得二智主体又是什么？按理而言，十地和佛地的智，就是无漏慧心所，但二智同时现行，是否是说同时有两个无漏慧心所生起？

《成论》第十卷说："缘真如故是无分别，缘余境故后得智摄。其体是一，随用分二。"由此可见，根本智与后得智的"体是一"，只是就作用来说，分为二智。所以，《成论》称二智最初同时现行的五地为"极难胜地","真俗两智，行相互违，合令相应，极难胜故"。

## 2. 世间止观双运

### （1）观之过程

【原文】

慈氏菩萨复白佛言：世尊，毗钵舍那凡有几种？

佛告慈氏菩萨曰：善男子，略有三种：一者有相毗钵舍那，二者寻求毗钵舍那，三者伺察毗钵舍那。

云何有相毗钵舍那？谓纯思惟三摩地所行有分别影像毗钵舍那。

云何寻求毗钵舍那？谓由慧故，遍于彼彼未善解了一切法中，为善了故，作意思惟毗钵舍那。

云何伺察毗钵舍那？谓由慧故，遍于彼彼已善解了一切法中，为善证得极解脱故，作意思惟毗钵舍那。

【今译】

慈氏菩萨又对佛说：世尊，毗钵舍那共有几种？

佛告诉慈氏菩萨：善男子，大略有三种：一是有相毗钵舍那，二是寻求毗钵舍那，三是伺察毗钵舍那。

什么是有相毗钵舍那？即对定境有分别影像作纯思维的毗钵舍那。

什么是寻求毗钵舍那？即运用慧，对所有那些还未很好理解的各种法，为能很好地理解，而作意思维的毗钵舍那。

什么是伺察毗钵舍那？即运用慧，对所有那些已能很好理解的各种法，为能彻底证得最终解脱，而作意思维的毗钵舍那。

## 【评析】

此处以下宣说止观双运的类别，包括世间止观双运与出世间止观双运。此处是说世间止观双运，首先说观的过程，然后是与观相应的止，最后是世间止观双运的类别。

观的过程，包括三种观，即有相毗钵舍那、寻求毗钵舍那、伺察毗钵舍那。

关于有相毗钵舍那，本品定义是"纯思惟三摩地所行有分别影像毗钵舍那"，即对定中影像作"纯思惟"。但"纯思惟"又是什么意思？《瑜伽论》的说法可作参考："云何名为唯随相行毗钵舍那？谓于所闻所受持法，或于教授教诫诸法，由等引地如理作意，暂尔思惟，未思未量未推未察，如是名为唯随相行毗钵舍那。"所以，"纯思惟"就是"暂尔思惟"，此时的特点是"未思未量未推未察"，也就是说，"纯思惟"是对定中影像刚开始一刹那的思维，此时思维实际上还未展开，所以"未思未量未推未察"。

关于寻求毗钵舍那，本品的定义就明确得多了，"谓由慧故，遍于彼彼未善解了一切法中，为善了故，作意思惟毗钵舍那"，即对"暂尔思惟"中一切还未很好理解的教法（定中影像），为了很好地理解，由（与第六识相应的）慧心所，作意思维观察，这就是寻求毗钵舍那。

对伺察毗钵舍那，本经的定义是："谓由慧故，遍于彼彼已善解了一切法中，为善证得极解脱故，作意思惟毗钵舍那。"即对一切虽已很好理解的教法（定中影像），为了证得彻底解脱，由（与第六识相应的）慧心所，作意思维观察，这就是伺察毗钵舍那。

寻求毗钵舍那和伺察毗钵舍那，通常说，用的心所是寻心所和伺心所，但经文中为何说是慧心所？这是因为寻、伺心所都依慧心所而假立，如《成论》说：寻、伺心所"并用思、慧一分为体，于意言境不深推度及深推度义类别故；若离思、慧，寻、伺二种体类差别不可得故"。所以，寻、伺心所都是以思心所和慧心所为体，依思、慧心所假立。但由于思心所是遍行心所，与一切心识和心所同起，无论现量还是比量，都有思心所参与，所以，在思维活动（比量）中，慧心所的作用更为独特，故经文只说慧心所。

进而分析三种毗钵舍那，第一种有相毗钵舍那，是指观的开始，甚至就是指第一刹那；第二种寻求毗钵舍那，是要对所观对象能作出正确深入的理解；第三种伺察毗钵舍那，是为了证得解脱。因此，三种观是一个连续的过程，目的是证解脱，这是唯识论和佛教止观的旨归。

综上所述，三种观实际是从观的主体和过程着眼。先从观的主体看，观是修行者的第六识及其相应心所的活动，相应心所包括思心所（自然也有其他四个遍行心所）、慧心所和寻、伺心所，还有各种善心所，但一般略去其他心所，只说寻、伺心所。再从观的过程来看，一开始，寻、伺心所刚生起，虽缘影像，但没有深入活动，这就是有相观；进而，寻心所积极活动，这是寻求观；再进一步，寻心所的粗浅活动停止，伺心所进行更深入细致地观察，这是伺察观。因此，三种观，是在依定修解脱的修习中，单从观的角度描述的每一次观的整体过程。

（2）止之类别

【原文】

　　慈氏菩萨复白佛言：世尊，是奢摩他凡有几种？

　　佛告慈氏菩萨曰：善男子，即由随彼无间心故，当知此中亦有三种。

　　复有八种，谓初静虑乃至非想非非想处，各有一种奢摩他故。

　　复有四种，谓慈、悲、喜、舍四无量中，各有一种奢摩他故。

【今译】

　　慈氏菩萨又对佛说：世尊，那奢摩他共有几种？

　　佛告诉慈氏菩萨：善男子，就由与三种毗钵舍那相应的无间心，当知此中，［奢摩他］也有三种（即有相奢摩他、寻求奢摩他、伺察奢摩他）。

　　又有八种［奢摩他］，即从初静虑，直至非想非非想处，各有一种奢摩他。

又有四种 [奢摩他]，即在慈、悲、喜、舍四无量中，各有一种奢摩他。

## 【评析】

此处宣说止的类别。首先是与上述三种观相应的三种止，即有相奢摩他、寻求奢摩他、伺察奢摩他。经中说"随彼无间心"，"彼"，指上述三种毗钵舍那；"无间心"，如前所说，止是"缘心为境"，"无间心"则指缘闻思心相续不断，或修止的能缘心相续不断。

第二类奢摩他，指色界四禅（初禅、二禅、三禅、四禅）与无色界四定（空无边处定、识无边处定、无所有处定、非想非非想处定）的止。

关于四禅与四无色定，据测《疏》所引各种经论，两者主要作用的区别在于：四禅能断不善、无记两种结；无色界四定，只断无记，不断不善。此外，色界四禅也称四静虑，静谓等引，虑谓遍观。而诸无色定，有静无虑；欲界三摩地，有虑无静：都不能称为静虑。

四禅和四无色定，本身是止观双运的定，经文只说奢摩他，是就毗钵舍那所依之奢摩他而言。此八种止观，是依有漏定的修行位次来说，即止观的深浅和层次，可分为八种。从世间解脱来说，证得了此八种定，就证得了世间解脱，即从欲界烦恼中获得了解脱。而从出世间解脱来说，佛教的无漏定也依此八种止观。按小乘的说法，有九无漏定，包括未至定、中间定、四禅和前三无色定，由此九种定都能引发无漏定。在大乘中，按《成论》的说法，只有在色界第四禅中才能见道，证无漏定。缘总法止观需依四禅，尤其是第四禅。

第三类奢摩他，是与慈、悲、喜、舍四无量心相应的奢摩他。慈、悲、喜、舍，通常与四禅、四无色定合称十二门禅，也属基础止观。四无量心的世间功德，按《大毗婆沙论》第八十二卷的说法，修四无量心，能生梵天，做大梵王。至于其出世间功德，《禅法要解》有透彻说明，大意是：禅定有两种作用，一是观诸法实相，二是生起神通等。欲界圣者能观四谛等诸法实相，但由于没有修四无量，所以没有神通。色界以上的凡夫，由于修四无量，有神通但不能观诸法实相。所以，圣者要有神通功用，一定要修四无量心。

进一步分析，第一类止，是与观相应的止，即在观的整个过程中，都有止作为基础，止观相应，所以是止观双运。此后的四禅四无色定，《瑜伽论》明确是止观双运，即四禅四无色定主要表现为定，但定中有观，如六行观等。最后的四无量心，是依四禅修四无量，是定中修世间功德，所以也是止观双运。而上述止观双运，都属世间法，还只是世间止观双运。

## 3. 出世间止观双运

### （1）两类见道止观

**【原文】**

慈氏菩萨复白佛言：世尊，如说依法奢摩他、毗钵舍那，复说不依法奢摩他、毗钵舍那。云何名依法奢摩他、毗钵舍那？云何复名不依法奢摩他、毗钵舍那？

佛告慈氏菩萨曰：善男子，若诸菩萨随先所受所思法相，而于其义得奢摩他、毗钵舍那，名依法奢摩他、毗钵舍那。若诸菩萨不待所受所思法相，但依于他教诫教授，而于其义得奢摩他、毗钵舍那，谓观青瘀及脓烂等，或一切行皆是无常，或诸行苦，或一切法皆无有我，或复涅槃毕竟寂静[1]，如是等类奢摩他、毗钵舍那，名不依法奢摩他、毗钵舍那。由依止法得奢摩他、毗钵舍那故，我施设随法行菩萨，是利根性；由不依法得奢摩他、毗钵舍那故，我施设随信行菩萨，是钝根性。

## 【简注】

[ 1 ]"观青瘀"至"涅槃毕竟寂静"：指小乘七贤等位修行。其中，"观青瘀及脓烂"，即五停心观中的第一不净观；"等"，包括五停心观中的其他四观。"一切行皆是无常"至"涅槃毕竟寂静"，是四法印。此外还有一法印，即"一切法空"，合为五法印。别相念住、总相念住直接观诸法印（无常、苦、空、无我），四善根等位观四谛十六行相，也依诸法印为基础。

## 【今译】

慈氏菩萨又对佛说：世尊，如说依法奢摩他和毗钵舍那，又说不依法奢摩他和毗钵舍那。怎样称为依法奢摩他和毗钵舍那？怎样又称不依法奢摩他和毗钵舍那？

佛告诉慈氏菩萨：善男子，若诸菩萨由先前所领受所思量的教法，按其方法或道理证得奢摩他和毗钵舍那，称为依法奢摩他和毗钵舍那。若诸菩萨不是依赖［自己］所领受所思量的教法，而只是依赖他人的教诫教授，按其方法与道理证得奢摩他和毗钵舍那，如观青瘀及脓烂等，或一切现象都是无常，或一切现象都是苦，或一切法都无我，再如涅槃毕竟寂静，［按］诸如此类［的方法或道理而证得］奢摩他和毗钵舍那，称为不依法奢摩他和毗钵舍那。由依止教法得奢摩他和毗钵舍那，我称他们为随法行菩萨，是利根性；由不依教法得奢摩他和毗钵舍那，我称他们为随信行菩萨，是钝根性。

## 【评析】

此处以下宣说出世间止观双运。首先是通向见道的两类止观，即依法止观与不依法止观，以及相应的随法行与随信行。

所谓依法止观，是指修行者依自己所闻思的教法而修止观。所谓不依法止观，是指修行者自己没有能力闻思教法，需依他人教授而修止观。依法修而得止观的菩萨，又称为随法行，是利根；不依法修而得止观的菩萨，又称为随信行，是钝根。由此可见，这是依修行者的主观素质来对止观分类。

关于（随）法行和（随）信行属何种位次，测《疏》作了系统梳理。此二行，小乘和大乘都有两种说法。小乘有部认为，法行和信行，都在见道位，钝根名信行，利根名法行。经部则认为，法行和信行都在见道前，至见道位名无相行。大乘中，《大智度论》认为，见道十五心中，利根名法行，钝根名信行。同时，此二行亦名无相行。《杂集论》的说法略有不同。圆测释为，"故知在见道十五心位，名信、法行"，并认为"《显扬》第三、《瑜伽》第二十六，亦同《杂集》"。对于《瑜伽》第五十八卷的说法，"在见道前名信、法行，在见道位名无相行"，圆测认为"亦不相违"。

那么，本品的法行与信行又在什么位？本品的不依法止观例子中，"观青瘀及脓烂等"，此不净观肯定在见道前。"或一切行皆是无常，或诸行苦，或一切法皆无有我，或复涅槃毕竟寂静"，按下文止观证大菩提的说法，"或苦集灭道相……或补特伽罗无我相，或法无我相，于彼现行心能弃舍……从是已后，于七真如，有七各别自内所证通达智生，名为见道"，由此可见，"或诸行苦，或一切法皆无有我"等，都属见道之前，是加行位中需除遣的细相。因此，本品的随信行和随法行，是在见道位之前，但能通向见道。进而，本品所说的"随法行菩萨"和"随信行菩萨"，也都是广义菩萨，不是严格意义的地上菩萨。

### （2）缘总法止观

#### A. 缘别法止观与缘总法止观

【原文】

慈氏菩萨复白佛言：世尊，如说缘别法奢摩他、毗钵舍那，复说缘总法奢摩他、毗钵舍那。云何名为缘别法奢摩他、毗钵舍那？云何复名缘总法奢摩他、毗钵舍那？

佛告慈氏菩萨曰：善男子，若诸菩萨缘于各别契经等法，于如所受所思惟法，修奢摩他、毗钵舍那，是名缘别法奢摩他、毗钵舍那。若诸菩萨即缘一切契经等法，集为一团、一积、一分、一聚[1]，作意思惟：此一切法随顺真如、趣向真如、临入真如，随顺菩提、随顺涅槃、随顺转依[2]，及趣向彼，若临入彼；此一切法宣说无量无数善法。如是思惟，修奢摩他、毗钵舍那，是名缘总法奢摩他、毗钵舍那。

## 【简注】

［1］一团、一积、一分、一聚：据测《疏》，四者"义一名异"。

［2］转依：即证得菩提和涅槃，或得法身果。

## 【今译】

慈氏菩萨又对佛说：世尊，如说缘别法奢摩他和毗钵舍那，又说缘总法奢摩他和毗钵舍那。如何称为缘别法奢摩他和毗钵舍那？如何又称缘总法奢摩他和毗钵舍那？

佛告诉慈氏菩萨：善男子，若诸菩萨依据［十二部经］单部经典的教法，按所领受所思维的教法，修奢摩他和毗钵舍那，这称为缘别法奢摩他和毗钵舍那。若诸菩萨将［十二部经］一切经典的教法，集合为一团、一积、一分、一聚，作意思维：此一切教法，随顺真如、趣向真如、临入真如，［同时也］随顺菩提、随顺涅槃、随顺转依，并趣向菩提、涅槃、转依，或临入菩提、涅槃、转依；［并作意思维］此一切教法宣说无量无数善法。如此思维而修奢摩他和毗钵舍那，这称为缘总法奢摩他和毗钵舍那。

## 【评析】

此处以下宣说缘总法止观。缘总法止观是见道证佛果的修行方法，意义重大，是本品止观修习方法中的重心，是上述各种止观修习的旨归。此处所说的缘总法止观，包括其定义、作用、方法、类别、证得因缘、证得位次、与寻伺的关系等内容。

首先是缘总法止观的定义。缘总法止观是相对于缘别法止观而立的。缘别法止观，就是依据佛的一一教法而修止观；缘总法止观，则是将佛的所有教法集为一团而修止观。

其次是缘总法止观的作用。此缘总法止观，能不断趋向真如直至证入真如，能不断趋向并最终证入菩提、涅槃和转依（即得法身）。其中，趋向真如是加行位；证入真如是入见道位，入菩萨地；证入涅槃等是得无学果，入佛地。

此外，缘总法止观，以位次而论，方便可说始于资粮位，正修应在加行位。其修法，据无性的《摄论释》、测《疏》等所说，就是将一切佛法集为一团，作真如解，而修止观。

### B. 三类缘总法止观
## 【原文】

慈氏菩萨复白佛言：世尊，如说缘小总法奢摩他、毗钵舍那，复说缘大总法奢摩他、毗钵舍那，又说缘无量总法奢摩他、毗钵舍那。云何名缘小总法奢摩他、毗钵舍那？云何名缘大总法奢摩他、毗钵舍那？云何复名缘无量总法奢摩他、毗钵舍那？

佛告慈氏菩萨曰：善男子，若缘各别契经乃至各别论义[1]，为一团等，作意思惟，当知是名缘小总法奢摩他、毗钵舍那。若缘乃至所受所思契经等法，为一团等，作意思惟，非缘各别，当知是名缘大总法奢摩他、毗钵舍那。若缘无量如来法教、无量法句文字、无量后后慧[2]所照了，为一团等，作意思惟，非缘乃至所受所思，当知是名缘无量总法奢摩他、毗钵舍那。

## 【简注】

[1] 论义：十二部经之一，是佛经的一种体裁，即以论证讲解的方式来宣说佛理的经典。是佛陀所说，与三藏中的论藏不同；论藏中的论，是佛弟子（如菩萨等）所说。

[2] 后后慧："后后"，据测《疏》，"转展训释，故言后后"。"后后慧"指对无量法句文字，作种种深入反复解释的慧（后得智）。

## 【今译】

慈氏菩萨又对佛说：世尊，如［世尊］说缘小总法奢摩他和毗钵舍那，又说缘大总法奢摩他和毗钵舍那，又说缘无量总法奢摩他和毗钵舍那。什么是缘小总法奢摩他、毗钵舍那？什么是缘大总法奢摩他、毗钵舍那？什么又是缘无量总法奢摩他、毗钵舍那？

佛告诉慈氏菩萨：善男子，若将［十二部经中的］单部契经直至单部论议［合］为一团、一积、一分、一聚，作意思维，当知此名缘小总法奢摩他和毗钵舍那。若据所领受所思维的所有十二部教中的教法，［将它们合］为一团［一积、一分、一聚］，作意思维，而不是依据单部经典，当知此名缘大总法奢摩他和毗钵舍那。若依据无量如来关于法的教导、无量教法的句子文字、无量后得慧反复解释的含义，［将它们合］为一团、一积、一分、一聚，作意思维，而并非依据所领受所思维［一位佛的十二部经教法］，当知此名缘无量总法奢摩他和毗钵舍那。

## 【评析】

此处宣说缘总法止观的类别。有三种缘总法止观：缘小总法止观、缘大总法止观、缘无量总法止观。三者差别，按测《疏》，有两种说法，其中第二种说法是：缘小总法止观，是缘单独的一部经的所有教法；缘大总法止观，是通缘一位佛的十二部经的所有教法；缘无量总法止观，是缘无量佛的所有十二部经的所有教法。

此外，此三种缘总法止观，思维何相？又有三种说法，其中第三种说法是：既思维教法，也思维真如。

有说：缘小总法止观是依闻慧，缘大总法止观是依思慧，缘无量总法止观是依修慧。此说似可商榷。闻慧、思慧都是在闻思阶段生起的慧，还没进入修习位，而此三类缘总法止观都在修习位，应该都是修慧。如本经下文说"若闻所成慧了知其义，若思所成慧了知其义，若奢摩他、毗钵舍那修所成慧了知其义"，可知闻慧、思慧都还未与止观（奢摩他、毗钵舍那）相应，只有修慧才与止观相应，所以，不但三类缘总法止观是与修慧相应，即使缘别法止观，也与修慧相应。

### C. 缘总法止观之五种作用

【原文】

慈氏菩萨复白佛言：世尊，菩萨齐何名得缘总法奢摩他、毗钵舍那？

佛告慈氏菩萨曰：善男子，由五缘故，当知名得。一者，于思惟时，刹那刹那融销一切粗重所依；二者，离种种想，得乐法乐；三者，解了十方无差别相无量法光；四者，所作成满相应净分无分别相，恒现在前；五者，为令法身得成满故，摄受后后转胜妙因。

【今译】

慈氏菩萨又对佛说：世尊，菩萨如何才能称"得"缘总法奢摩他和毗钵舍那？

佛告诉慈氏菩萨：善男子，由五种状况，当知称"得"。一是在思维时，每一刹那都能削弱［二障种子的力量使其不能现行，］并进而断灭二障种子；二是离种种想，［证真如无相境而］得法乐之乐；三是了知表达十方世界无差别相的无量文字；四是与圆满佛果相应的清净无分别相，始终显现在前；五是为使法身获得成就圆满，摄受十地中一地比一地更为殊胜的妙法。

## 【评析】

此处宣说由五缘得缘总法止观，五缘也就是五种作用。《摄论》及其注书对此有更详尽的论述，即由五相修得五种果。五相修如下：

一、由集总修得融粗重果。本经的"粗重所依"，据世亲《摄论释》，"粗重"指烦恼障和所知障的种子，因为"粗重"指能力低下（即无堪任性），二障种子使众生能力低下；"所依"也是指二障种子，因为它们是现行二障的所依。无性《摄论释》则认为，"所依"指阿赖耶识，因为阿赖耶识是二障种子的"所依"。"融销"，指削弱或破坏，即削弱二障现行和种子的力量（使二障不能现行），断灭二障种子。

二、由无相修得乐法乐果。本经的"乐法乐"，《摄论》作"法苑乐"，世亲解释说，这有两层含义。（一）离佛典的种种教法，而证真如离一切相境界，称为"法乐"。（二）在思维（即寻伺）中，不起粗显领纳观察，但由止观忆念光明，而起微细领纳观察，此微细观察义，即名法苑乐。在有寻有伺、无寻唯伺、无寻无伺三种定中，这属第二无寻唯伺定。因为此境界离粗显领纳观察，所以不属第一有寻有伺定；而第三无寻无伺定，则对一切法相都无作意领纳观察，所以也不是第三定。

无性的解释，与世亲大体相同，只是"离种种想"，世亲说是离一切佛典教法之想，无性则说离佛法僧一切想。

三、由无功用修得解了法光果。对此法光果，《深密解脱经》说："如实知十方无量无畔齐，知无量法光明。"《摄论》说："能正了知周遍无量无分限相大法光明。"故"无量法光"就是指能如实了知十方世界无量无边。而世亲和无性的释，对"无量法光"又都用了"如善习诵文字光明"来作比喻。

四、由炽盛修得因智恒现果。经中的"所作成满"指佛果。"相应净分"，指与佛果相应的"净分"心智，此心智为"无分别相"，所以是根本无分别智。或者，"净分"心智也可包括后得智，这是因为，后得智也是"净分"心智；此外，后得智虽能了别诸法，故可说有分别，但此智由根本无分别智所引，所以也称后得无分别智。

五、由无喜足修得摄受后因果。本经的"成满"，据世亲和无性《摄论释》，法身在十地圆"满"，佛地"成"办。"胜妙因"，感佛果之因，最为殊胜，称为"胜妙因"。"后后"，感佛果之因，是由前前诸因所招集，故称"后后"。

综上所说，五相修得五果就是：断二障种子，证真如无相境界，无功用了知无量无边十方世界，根本智与后得智恒现在前，精进不倦地作十地修行，圆满成办法身。

按测《疏》所说，由上述五种修所得五种果，就是得缘总法止观的五种缘；或者可说，由缘总法止观可作五种修，得五种果。

D. 缘总法止观证得位次

【原文】

　　慈氏菩萨复白佛言：世尊，此缘总法奢摩他、毗钵舍那，当知从何名为通达？从何名得？

　　佛告慈氏菩萨曰：善男子，从初极喜地名为通达，从第三发光地乃名为得。善男子，初业菩萨亦于是中随学作意，虽未可叹，不应懈废。

【今译】

　　慈氏菩萨又对佛说：世尊，此缘总法奢摩他和毗钵舍那，当知如何称为通达？如何称为得？

　　佛告诉慈氏菩萨：善男子，从初地极喜地，称为通达；从第三发光地，才称为得。善男子，[在初地之前的]初业菩萨，也在其中随顺学习作意，虽[尚未通达或得，]还未可赞叹，也不应懈怠荒废。

【评析】

　　此处宣说得缘总法止观的位次，即初地为通达，三地为得。

　　而综观上文，第一，缘总法止观修习的过程，大体有这样几个阶段：地前（加行位）修习，初地通达，三地得，继续修习直至佛地（即经文另一处所说："为令法身得成满故，摄受后后转胜妙因"）。

第二，地前修习，属随顺、趣向、临入真如阶段，还未证得真如。此阶段修习，与下文除遣诸相说的"由真如作意"相同（可以认为，"由真如作意"是加行位的缘总法止观）。真如是无为法，本身不能作意；凡夫的无漏智还没生起，不能真正缘真如。所以，凡夫加行位的缘总法止观，只是以证真如为目标，以真如无相为准则，不断除遣诸相，努力趣向真如境界。

第三，缘小总法、大总法、无量总法三种止观，结合经文，或许可作以下对应：缘小总法止观对应初地的"通达"。缘大总法止观对应三地的"得"。而缘无量总法止观，据经文"若缘无量如来法教、无量法句文字、无量后后所照了，为一团等，作意思惟"，这是四无碍解（也称四无碍智），是九地菩萨的境界，所以至少是在九地通达或得，乃至可说到佛地得。

### E. 寻伺与缘总法止观

【原文】

慈氏菩萨复白佛言：世尊，是奢摩他、毗钵舍那，云何名有寻有伺三摩地？云何名无寻唯伺三摩地？云何名无寻无伺三摩地？

佛告慈氏菩萨曰：善男子，于如所取寻伺[1]法相，若有粗显领受观察诸奢摩他、毗钵舍那，是名有寻有伺三摩地；若于彼相虽无粗显领受观察，而有微细彼光明念[2]领受观察诸奢摩他、毗钵舍那，是名无寻唯伺三摩地；若即于彼一切法相，都无作意领受观察诸奢摩他、毗钵舍那，是名无寻无伺三摩地。

复次，善男子，若有寻求奢摩他、毗钵舍那，是名有寻有伺三摩地；若有伺察奢摩他、毗钵舍那，是名无寻唯伺三摩地；若缘总法奢摩他、毗钵舍那，是名无寻无伺三摩地。

## 【简注】

[1] 寻伺：旧译觉观，玄奘新译为寻伺，为两种不定心所。对诸法名、义等，作粗略推求为寻，作细心伺察为伺。说一切有部认为，寻、伺各有自体，可以同时生起。经部认为，两者体类同一，不能同时生起。唯识学认为，两者都以思、慧为自性，但不能同时生起，因为两者粗细有异。

[2] 彼光明念：测《疏》有多种解释。简单地说，"念"指显现能照了所修之法的念心所；"彼光明念"，即由那念心所显现的定中影像。

## 【今译】

慈氏菩萨又对佛说：世尊，此奢摩他和毗钵舍那，如何称有寻有伺三摩地？如何称无寻唯伺三摩地？如何称无寻无伺三摩地？

佛告诉慈氏菩萨：善男子，对如［闻思心］所取的［由］寻、伺［所思维的］法相，若有粗显领受观察的各种奢摩他和毗钵舍那，这称为有寻有伺三摩地；若对那些法相，虽无粗显领受观察，但有对那由念［心所］显现的定中影像微细领受观察的各种奢摩他和毗钵舍那，这称为无寻唯伺三摩地；若是对那一切法相都不作领受观察的各种奢摩他和毗钵舍那，这称为无寻无伺三摩地。

其次，善男子，若有寻求的奢摩他和毗钵舍那，这称为有寻有伺三摩地；若有伺察的奢摩他和毗钵舍那，这称为无寻唯伺三摩地；若缘总法的奢摩他和毗钵舍那，这称为无寻无伺三摩地。

【评析】

此处宣说寻伺与缘总法止观的关系。对此处经文有三种理解。

一是依有寻有伺等三地来解释有寻有伺等三种三摩地。

通常，有寻有伺、无寻唯伺、无寻无伺三地，是对三界诸地的一类划分，即从欲界到色界初禅为有寻有伺地，初禅至二禅之间为无寻唯伺地，二禅以上为无寻无伺。划分的依据，首先是寻、伺心所作用的强弱与有无。寻、伺心所的主要作用是思维，有明显思维作用的，是有寻有伺地；只有细微思维作用的，是无寻唯伺地；全无思维作用的，是无寻无伺地。其次，更为本质的划分依据，《瑜伽论》第四卷作了说明："此中由离寻伺欲道理，故说名无寻无伺地，不由不现行故。所以者何？未离欲界欲者，由教导作意差别故，于一时间亦有无寻无伺意现行；已离寻伺欲者，亦有寻伺现行，如出彼定及生彼者。"即在欲界也有人能暂时生起无寻无伺现行；而二禅以上天道众生，在出定或生到该地，也有寻伺现行。所以，三地的划分，应以离与寻、伺相应烦恼为准。即欲界和色界初禅，寻心所与伺心所还未离相应烦恼（即此地还未制伏寻、伺心所的相应烦恼），这就是有寻有伺地；在初禅至二禅的中间定，制伏了与寻心所相应的烦恼，还未制伏伺心所的相应烦恼，这就是无寻唯伺地；二禅以上诸定，进一步制伏了与伺心所相应的烦恼，这就是无寻无伺地，这样不会杂乱。

进而，依有寻有伺等三地来解释有寻有伺等三种三摩地，此处经文说有两类三种三摩地：一是菩萨地前（即凡夫位）的三种三摩地，二是从加行位到菩萨地的三种三摩地。

第一类三种三摩地，与上述三地的差别，由于是说三摩地，所以有寻有伺三摩地中不包括欲界，因为欲界是散位，没有定（三摩地）。其所包括的范围，按《大般若经》说，指色界初禅；按《顺正论》说，包括未至定和初禅。无寻唯伺三摩地和无寻无伺三摩地则同上所说。

在此三种三摩地中，本经说的领受和观察，都是指思维。有人将有寻有伺三摩地的领受，解作领受初禅的喜乐，但这是一般对止观的描述，本经明确，"于如所取寻伺法相，若有粗显领受观察"，所以，在本经中，有寻有伺三摩地与观察一样，领受的也是"法相"，即所修之法，并非仅是初禅喜乐。

此外，第三种无寻无伺三摩地，经中说"即于彼一切法相，都无作意领受观察"，测《疏》解作："谓于地前，学真如观，息诸分别，名无作意。"伦《记》解释也相同。

第二类三种三摩地，按圆测解释，加行位中的暖、顶，是寻求名义的自性差别，即四寻思，为有寻有伺三摩地；忍、世第一法，是如实了知名义的自性差别，即四如实智，为无寻唯伺三摩地；入通达位，地上菩萨，总缘诸法，作真如观，离诸寻、伺，是无寻无伺三摩地，这就是经中说的"若缘总法奢摩他、毗钵舍那，是名无寻无伺三摩地"。

二是不依有寻有伺等三地来解释三种三摩地。

对上述第一类三种三摩地，伦《记》认为："此三并在地前，就行分三，不约欲界、初禅等地辨也。"即此三种三摩地都在菩萨地前的凡夫位，是凡夫位的修行，所以不是按欲界还是初禅来分，只是以有无寻、伺心所来分。

三是依分别与正智来解释三种三摩地。

韩清净《略释》认为，本经两类三摩地，第一类三摩地中的寻伺，属五法（相、名、分别、正智、真如）中的分别，只是有漏；第二类三摩地中的寻伺，属五法中的正智，通无漏。所谓寻伺是正智通无漏，即加行位中的寻伺本身是有漏，但属正智，见道后即为无漏。

此外，所谓加行位寻伺是正智，玄奘译世亲《摄论释》第八卷说："无分别智名增上慧。此复三种：一、加行无分别智，谓寻思慧。二、根本无分别智，谓正证慧。三、后得无分别智，谓起用慧。"所以，加行位的寻思慧也可称无分别智，即正智。所谓加行无分别智，世亲进一步解释："谓诸菩萨初从他闻无分别理，次虽未能自见此理而生胜解；次此胜解为所依止，方便推寻无分别理，是名加行无分别智。由此能生无分别智，是故亦得无分别名。如是加行无分别智无染胜利。"

## 4. 得正定尽诸漏之三种修习

### 【原文】

慈氏菩萨复白佛言：世尊，云何止相？云何举相？云何舍相？

佛告慈氏菩萨曰：善男子，若心掉举，或恐掉举时，诸可厌法作意，及彼无间心作意，是名止相。若心沉没，或恐沉没时，诸可欣法作意，及彼心相作意，是名举相。若于一向止道，或于一向观道，或于双运转道，二随烦恼所染污时，诸无功用作意，及心任运转中所有作意，是名舍相。

### 【今译】

慈氏菩萨又对佛说：世尊，什么是止相？什么是举相？什么是舍相？

佛告诉慈氏菩萨：善男子，若心躁动不安，或惟恐心将躁动不安时，作意于各种能使厌恶心生起的现象，或者作意于使止心连续不断地生起，这称为止相。若心沉没，或惟恐心将沉没时，作意于各种能使心兴奋的现象，或者作意于所观内容上，这称为举相。若单纯修止，或单纯修观，或止观双修，在掉举和昏沉两种随烦恼生起时，各种无功用的作意，以及［此后］心自然［而无功用］生起所具有的作意，这称为舍相。

### 【评析】

此处宣说止相、举相、舍相。此三相可看作是修止观的三种技巧,《瑜伽论》第三十一卷称之为"应时加行",认为这些都应"于时时间修习";《杂阿含经》第四十七卷更将其称为"得正定、尽诸有漏"三相。

三相中,止,对治掉举。掉举是随烦恼之一种,指心躁动不安、浮想联翩的状态。当心掉举时或恐怕要掉举时,可有二法对治:一是观想(即作意)令人生厌的事物或场景,如欲念翻腾时,观想不净以消除欲念。二是作意"无间心",即使止于一境的心连续不断地生起。

举,实际是观,不是掉举。举的作用是对治昏沉,当心昏沉时或恐怕要昏沉时,也有二法对治。一是观想那些使人喜欢的或令人兴奋的事,将心提(举)起来。二是作意"心相",即将注意力集中到心的相分上,亦即所观境的内容上。举与观的不同之处在于:举就是观,但观不一定是举,即不是要对治昏沉时,观就不是举。

舍的作用是同时对治掉举与昏沉,其心理特征是"无功用作意"或"任运转中所有作意"。"无功用"与"任运转"两者的差别在于:最初入定不作功用,称"无功用";功夫淳熟,此"无功用"状态能连续生起,称"任运转"。舍的自性(自体),据测《疏》,有两说:一、合止观为自体,因舍离昏沉与掉举。二、即十一善心所中的行舍为自性。如《成论》第六卷说:"云何行舍?精进三根,令心平等、正直、无功用住为体,对治掉举、静住为业。"圆测认为,"虽有两释,后说为胜"。

# 二、止观遣相见道

## （一）所遣法相义相

### 1. 能诠法相：五法

【原文】

慈氏菩萨复白佛言：世尊，修奢摩他、毗钵舍那诸菩萨众，知法知义。云何知法？云何知义？

佛告慈氏菩萨曰：善男子，彼诸菩萨由五种相了知于法：一者知名，二者知句，三者知文，四者知别，五者知总。

云何为名？谓于一切染净法中所立自性想假施设。云何为句？谓即于彼名聚集中，能随宣说诸染净义依持建立。云何为文？谓即彼二所依止字。云何于彼各别了知？谓由各别所缘作意。云何于彼总合了知？谓由总合所缘作意。如是一切，总略为一，名为知法。如是名为菩萨知法。

【今译】

慈氏菩萨又对佛说：世尊，修奢摩他和毗钵舍那的所有菩萨，知法知义。什么是知法？什么是知义？

佛告诉慈氏菩萨：善男子，一切菩萨由五方面了知法：一是知名，二是知句，三是知文，四是知个别，五是知总体。

什么是名？就是对一切污染和清净现象［在世俗谛中］所安立的自性［的认识］，［是由第六识及其］想心所借助语言而

施设 [为名]。什么是句？就是依那名的聚集，能随之宣说一切污染和清净的含义，[并成为所诠含义的] 依持，[此依持的] 建立 [即为句]。什么是文？就是上述名和句所依止的字。什么是对名、句、文的个别了知？即对所缘 [名、句、文] 一一作意 [而了知]。什么是对名、句、文的总合了知？即对所缘 [名、句、文] 总合为一作意 [而了知]。

上述一切，总的概括为一类，称为知法。如此称为菩萨知法。

## 【评析】

此处以下宣说止观遣一切相而见道（证真如）。遣一切相见道，是大乘的共同法门，如《心经》说："观自在菩萨，行深般若波罗蜜多时，照见五蕴皆空……空中无色，无受、想、行、识……无智亦无得。"即根本智证真如时，空（即遣）一切相。

止观所遣的一切相，就是本经前文所说的十二部经，即佛的一切教法；而此一切教法，具体表现为此处的法相与义相。修止观者需先知法知义，而法与义就是如来教法的能诠法相与所诠义相。其中，能诠法相，包括名、句、文身、别、总五法；所诠义相，则有十义、五义、四义、三义。

此处首先宣说能诠法相。能诠法中，名是最基本的能诠法，指一切染净法的名称。名的定义，经中说是："于一切染净法中所立自性想假施设。"其中，"自性"，在胜义谛中，一切法无自性；在世俗谛中，一切法有缘起的自性（即依他起自性），如识谓了别、受谓领纳、想谓取相、行谓造作，等等。"想"，即想心所，其功能就是认识，与五识共同生起的想心所，帮助五识形成感觉认识；与第六识共同生起的想心所，帮助第六识形成知觉、表象、概念等认识。"自性想"，就是对诸法（世俗谛）自性的认识；这种认识，用名来表示，就是"假施设"，亦即建立名称来表示对诸法自性的认识。句是名的聚集，能诠染净诸法差别之义，能为所诠（义）之所依，并能显所诠（义）。文即文字，是名与句的所依。名、句、文，按唯识教义，属心不相应行法，是假法。此外，测《疏》说："如来教法，名、句、文身以为自性。"

别与总，即个别与总体的关系。知别知总，包括多层次内容。如对众多名，一一知与总合知；对名、句、文，一一知与总合知；对佛典，一一知与总合知；甚至对能缘心，也有缘别心或缘总心的别总关系。

## 2. 所诠义相：一切法
### （1）十义：从存在详说一切法
【原文】

善男子，彼诸菩萨由十种相了知于义：一者知尽所有性，二者知如所有性，三者知能取义，四者知所取义，五者知建立义，六者知受用义，七者知颠倒义，八者知无倒义，九者知杂染义，十者知清净义。

善男子，尽所有性者，谓诸杂染清净法中所有一切品别边际[1]，是名此中尽所有性，如五数蕴、六数内处、六数外处，如是一切。

如所有性者，谓即一切染净法中所有真如，是名此中如所有性。此复七种：一者流转真如，谓一切行无先后性；二者相真如，谓一切法补特伽罗无我性及法无我性；三者了别真如，谓一切行唯是识性；四者安立真如，谓我所说诸苦圣谛；五者邪行真如，谓我所说诸集圣谛；六者清净真如，谓我所说诸灭圣谛；七者正行真如，谓我所说诸道圣谛。当知此中，由流转真如、安立真如、邪行真如故，一切有情平等平等；由相真如、了别真如故，一切诸法平等平等；由清净真如故，一切声闻菩提、独觉菩提、阿耨多罗三藐三菩提平等平等；由正行真如故，听闻正法，缘总境界胜奢摩他、毗钵舍那所摄受慧平等平等。

【简注】

[ 1 ] 所有一切品别边际：即所作的五蕴、十二处、十八界等分类，包含了一切法而无遗漏。

【今译】

善男子，那一切菩萨由十方面了知义：一是知尽所有性，二是知如所有性，三是知能取义，四是知所取义，五是知建立义，六是知受用义，七是知颠倒义，八是知无倒义，九是知杂染义，十是知清净义。

善男子，所谓尽所有性，即一切杂染和清净法中，所有一切类别摄尽一切法，这称为此中尽所有性，如五种蕴、六种内处、六种外处，如此一切。

所谓如所有性，就是指一切杂染和清净法中所有的真如，这称为此中如所有性。这又有七种：一是流转真如，即一切现象无先后性；二是相真如，即一切法的人无我性和法无我性；三是了别真如，即一切现象唯是识性；四是安立真如，即我所说的一切苦圣谛；五是邪行真如，即我所说的一切集圣谛；六是清净真如，即我所说的一切灭圣谛；七是正行真如，即我所说的一切道圣谛。当知此中，由流转真如、安立真如、邪行真如，所以一切有情平等平等；由相真如、了别真如，所以一切法平等平等；由清净真如，所以一切声闻菩提、独觉菩提、佛的菩提平等平等；由正行真如，所以听闻正法［的慧］、缘总境界之殊胜奢摩他和毗钵舍那所具有的慧平等平等。

【评析】

此处以下宣说所诠义相。首先是十义。此十义，实际是从存在说一切法。可分五对，其中第一对是尽所有性与如所有性。

尽所有性，指染净一切法，从类别说，包括五蕴、十二处等。五蕴摄一切有为法尽，十二处摄一切有为法与无为法尽，等等。如所有性，指一切法中的真如法性。

以上是尽所有性与如所有性在唯识典籍中的共同说法，此外，还有一些不同说法。如依《集论》第六卷、《杂集论》第十一卷，四谛、十六行、四法印、三解脱，也是如所有性。而《瑜伽论》则说四谛是尽所有性。更有质疑：真如在五蕴、十二处一切法中，为什么不可以是尽所有性？对此，圆测答道：据实而论，尽所有性与如所有性"二性体无宽狭"，"而就相显"（即就表现来说）可作此区分。圆测进而说，"或可随相分别，有其四句"，即有四种情况：一是属尽所有性而非如所有性，如蕴、处等。二是属如所有性而非尽所有性，如七真如等。三是亦尽所有性亦如所有性，如四圣谛。四是非尽所有性非如所有性，如属遍计所执性的空花等。

如所有性的展开，有七真如，即体现在各类法中的七种真如。一、流转真如，本经的定义是："谓一切行无先后性。"据测《疏》，此定义有多解。现举二解：一是一切行（即一切法）中的真如，无前无后。二是诸行流转，无始无终。由此说"一切行无先后性"。二、相真如。"相"指实相；"相真如"即为一切法上二无我（人无我与法无我）性。而《成论》的提法，表面看稍异，"谓二无我所显实性"，强调真如并非即是二无我，而是二无我所显的实性；但本经的"二无我性"之"性"，也是实性之义，所以不异。三、了别真如。本经说是"唯是识性"，即此真如是唯识性。而《庄严论》更增一义："唯识如者，谓无分别智。"故《成论》取此二义。最后，其他四种真如，即安立真如、邪行真如、清净真如、正行真如，分别对应四谛。

此外，七真如分别对应有情平等、诸法平等、三乘平等及修止观之慧平等。如本经说，由流转真如（一切行平等）、安立真如（苦谛真如）、邪行真如（集谛真如），一切有情平等，即一切有情都处在生死流转中，都在造业受苦；由相真如（二无我真如）、了别真如（唯识性真如），一切法平等，即一切法都无实体，都是唯识所现；由清净真如（灭谛真如），三乘平等，即三乘同证涅槃；由正行真如（道谛真如），止观平等，即三乘同修止观。

## 【原文】

能取义者，谓内五色处，若心意识及诸心法。

所取义者，诸外六处。又能取义亦所取义。

建立义者，谓器世界，于中可得建立一切诸有情界。谓一村田，若百村田、若千村田、若百千村田。或一大地至海边际，此百、此千、若此百千。或一赡部洲，此百、此千、若此百千。或一四大洲，此百、此千、若此百千。或一小千世界，此百、此千、若此百千。或一中千世界，此百、此千、若此百千。或一三千大千世界，此百、此千、若此百千；或此拘胝[1]，此百拘胝、此千拘胝、此百千拘胝；或此无数，此百无数、此千无数、此百千无数。或三千大千世界、无数百千、微尘量十方面无量无数诸器世界[2]。

受用义者，谓我所说诸有情类，为受用故摄受资具。

颠倒义者，谓即于彼能取等义，无常计常，想倒、心倒、见倒；苦计为乐、不净计净、无我计我，想倒、心倒、见倒。

无倒义者，与上相违，能对治彼，应知其相。

杂染义者，谓三界中三种杂染：一者烦恼杂染，二者业杂染，三者生杂染。

清净义者，谓即如是三种杂染所有离系菩提分法。

善男子，如是十种，当知普摄一切诸义。

## 【简注】

[ 1 ] 拘胝：佛典中，有说拘胝是千万，有说是亿，而《大智度论》第四卷说"千万名亿"。

[ 2 ]"或三千大千世界"至"诸器世界"：这里是说器世间数量上的三个层次，第一层次是（一个）三千大千世界数的器世间，第二层次是"无数百千"三千大千世界数的器世间，第三层次是"微尘量"三千大千世界数的器世间。

## 【今译】

所谓能取义，即身内的五根，或心意识，以及一切心所。

所谓所取义，即外六处。此外，能取义也是所取义。

所谓建立义，即物质世界，在其中可以建立一切有情界。如一村田，或百村田、或千村田、或百千村田。或一大地直至海边，或百大地［直至海边］、或千大地［直至海边］、或百千大地［直至海边］。或一赡部洲，或百［赡部洲］、或千［赡部洲］、或百千［赡部洲］。或一四大洲，或百［四大洲］、或千［四大洲］、或百千［四大洲］。或一小千世界，或百［小千世界］、或千［小千世界］、或百千［小千世界］。或一中千世界，或百［中千世界］、或千［中千世界］、或百千［中千世界］。或一三千大千世界，或百［三千大千世界］、或千［三千大千世界］、或百千［三千大千世界］；或此拘胝［三千大千世界］，此百拘胝［三千大千世界］、此千拘胝［三千大千世界］、此百千拘胝［三千大千世界］；或此无数［三千大千世界］，此百无数［三千大千世界］、此千无数［三千大千世界］、此百千无数［三千大千世界］。或三千大千世界［数量的十方无量无数诸器世界］、无数百千［三千大千世界数量的十方无量无数诸器世界］、微尘量［三千大千世界数量的］十方无量无数诸器世界。

所谓受用义，即我所说的一切类别的有情，为受用而摄受生活用品。

所谓颠倒义，即对那能取等义，无常计常，想颠倒、心颠倒、见颠倒；苦计为乐、不净计净、无我计我，想颠倒、心颠倒、见颠倒。

所谓无倒义，应知其相就是与颠倒义相反，能对治颠倒。

所谓杂染义，即三界中三种杂染：一是烦恼杂染，二是业杂染，三是生杂染。

所谓清净义，即所有脱离上述三种杂染系缚的菩提分法。

善男子，如上十种，当知普遍包括一切义。

【评析】

此处继续宣说十义。十义中的第二对是能取义和所取义。

能取义，即五根、诸识及相应心所：五根能取五境，诸识及心所能缘（取）诸法。

所取义，指外六处，即色、声、香、味、触、法。此外，能取义也是所取义，如第六识能缘十八界，包括缘五根、其他识与心所，也能缘第六识自己的过去识。

十义中的第三对是建立义和受用义。

建立义，指器世界，即三千大千世界中的一切物质现象，诸有情依之而生存。

受用义，指有情所受用的一切，有十身资具与七种摄受事等。十种身资具：一、食，二、饮，三、乘（交通工具），四、衣，五、庄严具（装饰物），六、歌笑舞乐，七、香鬘涂末，八、什物之具（生活生产工具），九、照明，十、男女欢爱。七种摄受事：一、父母事，二、妻子事，三、奴婢仆使事，四、朋友、官僚、兄弟眷属事，五、田宅邸肆事，六、福业事及方便作业事（即社会事务），七、库藏事。

十义中的第四对是颠倒义与无倒义。

颠倒义，包括七种颠倒：一、想倒，即在无常、苦、不净、无我中，起常、乐、净、我妄想分别。二、见倒，即对上述妄想分别，坚信并执着。三、心倒，即由上述执着而生起诸种烦恼，由诸种烦恼而生诸种颠倒，具体包括：四、由边执见生起将无常执为常的颠倒；五、由戒禁取见生起将苦执为乐的颠倒；六、由见取见生起将不净执为清净的颠倒；七、由萨迦耶见生起将无我执为我的颠倒。此外，贪生两种颠倒，即将不净执为清净的颠倒，以及将苦执为乐的颠倒。

无倒义，与上述颠倒义相反，并能对治诸种颠倒。

十义中的第五对是杂染义与清净义。

杂染义，即三种杂染：由烦恼引生的烦恼杂染，由善恶业引生的业杂染，由生死流转引生的生杂染。即凡夫众生由烦恼而造种种业，由种种业而流转生死。

清净义，即为脱离三种杂染的系缚所修的一切菩提分法。

这五对关系中，第一对尽所有性与如所有性是根本的存在：尽所有性就是一切（有为）法，如所有性就是真如。在这对关系上再作种种区分，就形成了后四对关系。即就有情的认识活动来说，一切法可分为能取与所取；就有情的生存形态来说，涉及根本的生存环境（器世间），以及受用的物资及社会关系；就认识真理而言，有情的认识可分为颠倒的与无倒的；就解脱与否而言，一切有情或处在杂染束缚中，或处在清净修行或解脱中。

## （2）五义：从认知略说一切法

【原文】

复次，善男子，彼诸菩萨由能了知五种义故，名为知义。何等五义？一者遍知事，二者遍知义，三者遍知因，四者得遍知果，五者于此觉了。

善男子，此中遍知事者，当知即是一切所知，谓或诸蕴，或诸内处，或诸外处，如是一切。

遍知义者，乃至所有品类差别所应知境，谓世俗故，或胜义故；或功德故，或过失故；缘故；世故；或生、或住、或坏相故；或如病等故；或苦、集等故；或真如、实际、法界等故；或广略故；或一向记故，或分别记故，或反问记故，或置记故；或隐密故，或显了故：如是等类，当知一切名遍知义。

言遍知因者，当知即是能取前二菩提分法，所谓念住或正断等。

得遍知果者，谓贪恚痴永毗奈耶[1]，及贪恚痴一切永断诸沙门果，及我所说声闻、如来若共不共世出世间所有功德，于彼作证。

于此觉了者，谓即于此作证法中诸解脱智，广为他说、宣扬、开示。

善男子，如是五义，当知普摄一切诸义。

## 【简注】

[1] 毗奈耶：意谓灭。

## 【今译】

其次，善男子，那一切菩萨由能了知五种义，称为知义。哪五种义？一是遍知事，二是遍知义，三是遍知因，四是得遍知果，五是于此觉了。

善男子，其中，所谓遍知事，当知就是一切所应知事，即或是五蕴，或是六内处，或是六外处，如是一切[事]。

所谓遍知义，包括所有不同种类的所应知状况，即或世俗，或胜义；或功德，或过失；或四缘；或三世；或生、住、坏的现象；或如病等；或苦、集等；或真如、实际、法界等；或详或略；或一向记，或分别记，或反问记，或置记；或隐密，或显了：诸如此类，当知［上述］一切称遍知义。

所谓遍知因，当知就是［修行中］能取遍知事和遍知义的菩提分法，即四念住或四正断等。

所谓得遍知果，即贪恚痴永断灭，以及贪恚痴一切永断的诸沙门果，还有我所说的声闻与如来或共同或不同的世间和出世间的所有功德，对上述诸果能证得。

所谓于此觉了，即对上述已证得的法，及诸解脱智，广为他人宣说、弘扬、开示。

善男子，如上五义，当知普遍包括一切义。

**【评析】**

此处宣说所诠义相中的五义。此五义，实际是从认知说一切法。

五义中，第一是遍知事，即应遍知五蕴、十二处等一切所应知事。

第二是遍知义，即应遍知（五蕴、十二处等）一切法的种种性质类别，本经举了十一种性质类别。

（一）世俗有与胜义有。按《集论》与《杂集论》，凡是凡夫染心所认识的，是世俗有，包括五蕴、十二处、十八界，即一切有漏法。凡是圣者清净心所认识的是胜义有。观察世俗有是为了断除对杂染我相的执着，观察胜义有是为了断除对清净我相的执着。

（二）功德与过失。功德包括圣凡共法与佛之不共法。圣凡共法，如四无量心，欲界众生修，可生梵天，成大梵王；佛菩萨则用以度无量众生。佛之不共法，有多种说法，如"十八不共法"指佛之十力、四无所畏、三念住及大悲；此外还有一百四十不共法、一百八十不共法等。过失指五逆十恶、根本烦恼及随烦恼等。本经下文有一更简洁的说法："过失者，诸杂染法；功德者，诸清净法。"

（三）四缘。四缘即因缘、等无间缘、所缘缘、增上缘。因缘，即诸法之种子（诸法之种子，严格说是指实法之种子，假法无种子）。等无间缘，一般指前刹那之同类识或心所。所缘缘，简单地说，指诸识与心所的所缘境。增上缘，指除上三缘之外的一切其他法。

（四）三世。三世即过去、现在、未来。三世的建立，有种种理论。唯识典籍中，有的是从现行生果来说，如《瑜伽论》第三卷说，若果已灭相是过去，有因未生相是未来，已生未灭相是现在。也有从种子说的，如《瑜伽论》第五十二卷说，已生果的种子相续名过去界，未生果的未来种子相续名未来界，未生果的现在种子相续名现在界。而《成论》从因果假施设说三世，大意是：观现在法有引以后的作用，假立为未来果，相对则说现在法为因。观现在法有承延过去的状况，即由此假立过去为因，相对则说现在法为果。

（五）生、住、坏相。此三相，许多经论中也说成是生、住、异、灭四相，就是有为法四相。唯识宗主张"四相假立，过未无体"。就刹那而言，有为法依因缘之力，本无今有，称为"生"；暂停于生位，称为"住"；住位前后之变异，称为"异"；暂有还无，称为"灭"。就一期生命而言，生命之初有，称为"生"；最后无，称为"灭"；生命过程中的相似相续，称为"住"；"住"之相续转变，称为"异"。

（六）如病等。指厌背想四行，即对诸行（一切有为法）作如病、如痈、如箭、恼害四种厌恶背弃想，思维诸行如生病苦，如长痈苦，如中箭苦，如妻离子散、缺衣少食等恼害苦，从而对诸行产生厌恶背弃。

（七）苦集灭道四谛，为声闻乘所证。

（八）真如、实际、法界，三者名异义同，为大乘所证。

（九）广略，即详细与简略。但具体含义，在经论中有多种说法。《显扬论》第二十卷的说法是：所谓"略广"，指先说一句法，然后以多句作种种解释，显示其真正含义。而《瑜伽论》第八十一卷则说："略义者，谓宣说诸法同类相应。广义者，谓宣说诸法异类相应。"此外还有名略、名广，义略、义广等。而略广的作用，按《大智度论》第四十六卷的说法：诸佛说法有两种，或是初略后广，这是为了解释道理；或是初广后略，这是为了容易掌握。《十住婆沙论》第三卷则说，略说，是以少量言辞包含众多道理，利根之人闻即开悟；广说，是对一事一理中的种种因缘，为诸钝根而乐于分别者敷演解说。

（十）四记（答）。所谓四记（答），指一向记（答）、分别记（答）、反问记（答）、（默）置记（答）。一向记（答），指有的问题，道理明确，没有歧义，可作明确的回答，如有生必有灭、佛法僧三宝为福田，等等。分别记（答），指有的问题，道理复杂，有多种含义，则先作分析，再给答案。反问记（答），指有的问题，含糊不清，或问者别有所指，则应先作反问，待确定所问内容后，再予答复。（默）置记（答），若问题不合理，回答也无非助长戏论，则无需回答，故弃置不答，或以沉默为答。

（十一）隐密与显了。指佛的两种教法，与此相关的概念是了义与不了义。但中观与唯识对此有不同说法。中观着眼于是否包含深意来区分：包含深意是隐密，浅显之理是显了。就此而言，二乘理浅，是显了，是不了义；菩萨乘（大乘）理深，是隐密，是了义。菩萨乘中，唯识是显了，是不了义；般若中观是隐密，是了义。而唯识则认为，将全部道理充分说明，是显了；若将深奥的道理先隐而不说，只说浅显的道理，这是"隐密"说法。就此而言，二乘是隐密，是不了义；菩萨乘（大乘）是显了，是了义。菩萨乘中，般若中观是隐密，是不了义；唯识是显了，是了义。如般若中观说的"一切法无自性"等，就没有将道理完全充分地说明；而唯识说的三自性，即只有遍计所执自性是无自性，依他起自性与圆成实自性是有自性，就完全充分地说明了一切法的性质。

第三是"遍知因"，即以上述"事"与"义"为所缘境的四念住、四正断等三十七种菩提分法。此三十七菩提分法是证涅槃和菩提果之因。

第四是"遍知果"，包括无漏的无为果与有为果。无为果即贪等烦恼永灭的沙门果。"诸沙门果"即预流果、一来果、不还果、阿罗汉果等四沙门果。此处贪等烦恼永灭，应指阿罗汉果，而阿罗汉果实际上通指三乘无学果位。无漏有为果包括佛与声闻等二乘的共同功德与不共功德。

第五是"于此觉了"。"此"指"作证法"，即所证的上述无漏无为果与有为果。"于此觉了"，据测《疏》，指圣者的后得智，对所证的无为法与有为法的一切功德，能知能证，并能将所证为他人宣说开示，广为弘扬。

此五义，总的说，是从认知角度来说一切法。首先说认知中的一切法及诸法各种性质（世俗与胜义、功德与过失等）。再说认知的解脱因与果，即从修证解脱来说，能缘一切法及其性质的诸菩提分法，是证涅槃和菩提之因；所证的就是无漏的无为果与有为果。最后，证果后，要广为弘扬。

## （3）四义：从心说一切法

【原文】

复次，善男子，彼诸菩萨由能了知四种义故，名为知义。何等四义？一者心执受义，二者领纳义，三者了别义，四者杂染清净义。善男子，如是四义，当知普摄一切诸义。

【今译】

其次，善男子，那一切菩萨由能了知四种义，称为知义。哪四种义？一是心执受义，二是领纳义，三是了别义，四是杂染和清净义。善男子，如此四义，当知普遍包括一切义。

【评析】

此处宣说所诠义相中的四义。对此四义，有两种解释。一、指心识的四种功能。（一）心执受义，一般指心识对境的执取。特定含义的"执受"，指第八识能执持五根之身，使之觉受五境。（二）领纳义。与诸识相应的受心所，能领纳感受。尤其是与前六识相应的受心所，能领纳苦、乐受和舍受。（三）了别义。了别就是基本的认识能力，诸识都能了别各自之境。（四）杂染清净义。心的状态，或杂染，或清净（色法由心法变现，随心而或杂染或清净）。二、指四念处（身念处、受念处、心念处、法念处）所缘的身、受、心、法四境。其中，心执受义中，心是能执受，身是所执受，由能执受表所执受。

（4）三义：能诠所诠合说一切法

【原文】

复次，善男子，彼诸菩萨由能了知三种义故，名为知义。

何等三义？一者文义，二者义义，三者界义。

善男子，言文义者，谓名身等。

义义当知复有十种：一者真实相，二者遍知相，三者永断相，四者作证相，五者修习相，六者即彼真实相等品类差别相，七者所依能依相属相，八者即遍知等障碍法相，九者即彼随顺法相，十者不遍知等及遍知等过患功德相。

言界义者，谓五种界：一者器世界，二者有情界，三者法界，四者所调伏界，五者调伏方便界。

善男子，如是五[1]义，当知普摄一切义。

**【简注】**

[1] 五：疑作"三"。

**【今译】**

其次，善男子，那一切菩萨由能了知三种义，称为知义。哪三种义？一是文义，二是义义，三是界义。

善男子，所说的文义，即名［句、文］的集合。

义义当知又有十种：一是真实相，二是遍知相，三是永断相，四是作证相，五是修习相，六是以上真实相等五种相的差别相。七是所依与能依相属相，八是上述遍知等障碍法相，九是那随顺法相，十是不遍知等和遍知等的过失和功德相。

所说的界义，即五种界：一是器世界，二是有情界，三是法界，四是所调伏界，五是调伏方便界。

善男子，如上诸义，当知普遍包括一切义。

## 【评析】

此处宣说所诠义相中的三义，是从能诠与所诠合说一切法。

一、文义，指名身、句身、文身。身是积集的意思，多个名称、句子、文字，就称为名身、句身、文身。名、句、文能表示相应内容，所以都称为"文"；其所表示的内容，称为"义"。故名、句、文即为"文义"。

二、义义，有十种：（一）真实相，即真如。（二）遍知相，（三）永断相，（四）作证相，（五）修习相。此四义即四谛，所谓遍知苦谛，永断集谛，圆证灭谛，修习道谛。（六）彼真实相等品类差别相，即以上真实相及四谛相，又有许多不同类别，如真如有七真如，等等。（七）所依能依相属相，指诸法的所依与能依之间的相互联系，如大种是所依，所造色是能依；或眼根等根是所依，眼识等识是能依；或能诠是所依，所诠是能依。这些能与所的互相系属，就是"相属相"。（八）遍知等障碍法相，即四谛所断烦恼。（九）彼随顺法相，即与四谛所断烦恼相应的能断智。（十）不遍知等及遍知等过患功德相，即不明四谛的过失与明四谛的功德。

三、界义，包括五种界：（一）器世界，即物质世界，十方世界有无量器世界。（二）有情界，十方世界有无量有情。（三）法界，即五蕴、十二处、十八界一切法，诸法无量。

（四）所调伏界，即所需教化的有情。诸有情种性、根机各不相同。（五）调伏方便界，即教化有情的方法。对不同种性、根机的有情，需用不同的方法教化。

此三义，文义是如来教法的能诠相，义义是教法的所诠相。界义，按《庄严论》的说法，就是如来教化所涉及的各方面，其中，有情界是"应化事"，即一切有情应教化；器世界是"应净事"，即一切器世界应净化；法界是"应得事"，即一切法界应证得；所调伏界是"应成事"，即一切可教化有情应成就；调伏方便界是"应说事"，即十二部经应宣说。

### 3. 能了法相义相之心

#### （1）三慧

【原文】

慈氏菩萨复白佛言：世尊，若闻所成慧了知其义，若思所成慧了知其义，若奢摩他、毗钵舍那修所成慧了知其义，此何差别？

佛告慈氏菩萨曰：善男子，闻所成慧，依止于文，但如其说，未善意趣，未现在前，随顺解脱，未能领受成解脱义[1]。思所成慧，亦依于文，不唯如说，能善意趣，未现在前，转顺解脱，未能领受成解脱义。若诸菩萨修所成慧，亦依于文亦不依文，亦如其说亦不如说，能善意趣，所知事同分三摩地所行影像现前，极顺解脱，已能领受成解脱义。善男子，是名三种知义差别。

## 【简注】

［1］义：义利，即利益。

## 【今译】

慈氏菩萨又对佛说：世尊，或闻所成慧了知其义，或思所成慧了知其义，或奢摩他和毗钵舍那修所成慧了知其义，它们之间有何差别？

佛告诉慈氏菩萨：善男子，闻所成慧，依止于文字，只是按文字所说理解，未通达内在意趣，［所修法的定中影像］未现在前，初步顺应解脱，未能领受证得解脱的利益。思所成慧，也依于文字，但不只按文字所说理解，能通达内在意趣，［所修法的定中影像］未现在前，较近地顺应解脱，未能领受证得解脱的利益。若诸菩萨修所成慧，也依于文字，也不依文字，也按文字所说理解，也不按文字所说理解，能通达文字内在意趣，所修法的定中影像现前，极近地顺应解脱，已能领受证解脱的利益。善男子，这称为三种知义差别。

## 【评析】

此处以下宣说能了知法相与义相之心，首先是闻思修三慧。

闻思修三慧的一般说法是：修行者依闻圣教所生胜慧，称闻所成慧；依思正理所生胜慧，称思所成慧；依修定所生胜慧，称修所成慧。即三慧是由闻思修三因所成。

此外，各宗对三慧也有多种不同说法。有部认为，闻慧缘名，思慧缘名及义，修慧缘义。经部的观点，如《成实论》第十四卷说，通达语言是闻慧，通达义趣是思慧，从此二慧生如实智名修慧。此外，该论第十六卷说，从十二部经中生，名为闻慧；若能思量诸经中义，是名思慧；思维义后，依之修行，定中智见现行生起，是修慧。

本经指出，闻慧有六个特点：一是"依止于文"，即闻慧要依文而起。二是"但如其说"，即只按文字来理解意思。三是"未善意趣"，即尚未通达佛的教法之意趣。四是"未现在前"，即由于尚未得定，诸法义的定中影像尚未现前，所以不能在定中观察诸法义。五是"随顺解脱"，即能初步随顺涅槃解脱。六是"未能领受成解脱义"，即尚未证得寂灭，所以尚不能领受解脱的利益。

思慧也有六个特点：一是"亦依于文"，同闻慧。二是"不唯如说"，即已知了义教与非了义教的差别，对了义教则依文而解，对非了义教则能不作字面理解。三是"能善意趣"，即能通达佛的教法之意趣。四是"未现在前"，也与闻慧相同。五是"转顺解脱"，即与闻慧相比，离解脱更近了。六是"未能领受成解脱义"，也与闻慧相同。

修慧也有六个特点：一是"亦依于文亦不依文"，指修慧可缘教法而取义，也可离教法而取义。二是"亦如其说亦不如说"，与思慧相同。三是"能善意趣"，也与思慧相同。四是"所知事同分三摩地所行影像现前"，即由于已得定，所以能在定中观诸法诸义。五是"极顺解脱"，即修慧离解脱已最接近。

六是"已能领受成解脱义",即修慧唯依定发,通无漏慧,能断烦恼证解脱,从而领受解脱的利益。

对三慧同异,还有其他说法。如《瑜伽论》第八十二卷以五种因来表示:"复有五因。谓我当闻所未闻,我当闻已研究,我当除断疑网,我当弃背诸见,我当以慧通达一切甚深句义。"其中,第一、第二是表示闻所成慧,第三、第四是表示思所成慧,第五是表示修所成慧。

## (2)智与见

【原文】

慈氏菩萨复白佛言:世尊,修奢摩他、毗钵舍那诸菩萨众,知法知义,云何为智?云何为见?

佛告慈氏菩萨曰:善男子,我无量门宣说智、见二种差别,今当为汝略说其相。若缘总法,修奢摩他、毗钵舍那所有妙慧,是名为智;若缘别法,修奢摩他、毗钵舍那所有妙慧,是名为见。

【今译】

慈氏菩萨又对佛说:世尊,修奢摩他和毗钵舍那的众位菩萨,[以智和见]知法知义,[那么,]什么是智?什么是见?

佛告诉慈氏菩萨:善男子,我以无量法门宣说智和见二者的差别,现当为你略说其差别表现。若缘总法,修奢摩他和毗钵舍那所具有的妙慧,这称为智。若缘个别法,修奢摩他和毗钵舍那所具有的妙慧，这称为见。

## 【评析】

此处进而宣说能了之心中，智与见之差别。在百法中，智与见，都是慧心所，两者都有推求决断的含义。本经为表示二者的优劣差别，因此说，缘总法修止观的慧，名智；缘别法修止观的慧，名见。

但关于智与见之异同，唯识典籍中有种种说法，如本经说有"无量门"。《瑜伽论》第八十六卷就列举了多种说法，大意是：若缘过去及未来境的，此慧名智；缘现在境的，此慧名见。又：所取为缘，此慧名智；能取为缘，此慧名见。又：闻、思所成慧，名智；修所成慧，名见。又：能断烦恼的慧，名见；已断烦恼并证解脱的慧，名智。又：缘自相境的慧，名智；缘共相境的慧，名见。又：寻求诸法的慧，名智；寻求以后伺察诸法的慧，名见。又：缘无分别影像为境的慧，名智；缘有分别影像为境的慧，名见。

## （二）止观遣一切相证唯识性

### 1. 由真如作意
### 【原文】

慈氏菩萨复白佛言：世尊，修奢摩他、毗钵舍那诸菩萨众，由何作意？何等、云何除遣诸相？

佛告慈氏菩萨曰：善男子，由真如作意，除遣法相及与义相。若于其名及名自性无所得时，亦不观彼所依之相，如是除遣。如于其名，于句、于文、于一切义，当知亦尔；乃至于界<sup>[1]</sup>及界自性无所得时，亦不观彼所依之相，如是除遣。

**【简注】**

[ 1 ] 乃至于界："界"，指"三义"中的"界义"，即"器世界"等五界。从"若于其名"至此处，总的意思是，法相的名、句、文，直至义相的十义、五义、四义、三义，都无所得。

**【今译】**

慈氏菩萨又对佛说：世尊，修奢摩他和毗钵舍那的众位菩萨，如何作意［而修奢摩他和毗钵舍那］？什么是要除遣的各种相？如何除遣各种相？

佛告诉慈氏菩萨：善男子，由真如作意，除遣法相和义相。若对名和名的自性一无所得时，也不观它们所依之相，如此除遣。如同对名一样，对句子、对文字、对一切义，当知也是如此；直至对［三义最后的］界和界的自性一无所得时，也不观它们所依之相，如是除遣。

**【评析】**

此处开始宣说如何除遣诸相。

此处，慈氏菩萨提了三个问题。第一个问题是：修止观，应"由何作意"？世尊回答："由真如作意。""由真如作意"，诸家释为"缘真如作意",实际上也就是"作意真如",或者说是"思维真如"。真如是无为法,无造作,不会发起任何动作,故真如无作意。而"作意真如",据测《疏》,有二解:一是指凡夫修行中观真如,二是指地上菩萨修行中观真如。此处,"由真如作意",是为"除遣一切法相及与义相",所以是指凡夫观行。凡夫观行,实际是不能真正观到真如,只是按圣者描述,思维真如相。而真如相就是无相,在证真如时"无一法可得",所以,要证真如,须除遣一切相。

除遣一切相,正是回答慈氏菩萨的第二个问题:何等除遣诸相?或者说,除遣何等相?经中说:"除遣法相及与义相。"其中,法相就是能诠的名、句、文等相;义相则包括前文所有的十义、五义、四义、三义,即所诠的一切法之相。

而慈氏菩萨的第三个问题是:"云何除遣诸相?"本经说:"由真如作意,除遣法相及与义相。"所以,除遣诸相的方法是由真如作意。此由真如作意法,实际是加行位的缘总法止观。此法如何除遣诸相?具体地说:"若于其名及名自性无所得时,亦不观彼所依之相,如是除遣。"进而,"如于其名,于句、于文、于一切义,当知亦尔;乃至于界及界自性无所得时,亦不观彼所依之相,如是除遣"。

以下对此段经文作深入分析。

## 一、由真如作意是依名言、离言两分法论述见道

先看"若于其名及名自性无所得时,亦不观彼所依之相"。

　　其中，"名"是"法相"的开始，此处是以"名"为例，说明如何除遣诸相。"名"是诸相（诸法）中的一相（一法），"名及名自性"相当于诸法及诸法自性。其中，以"名"为代表的"诸法"，是人们认识的一切法，或者说进入人们认识领域的一切法。人们对所认识的一切法都安立了名称，此一切法就是名言诸法。由诸法的名称产生了诸法的名言自性，即是此处的"名自性"或诸法自性。见道时遣（断）名言诸法及诸法名言自性，这就是"无所得"。但诸法名称安立之所依是离言法性。按《瑜伽论》，离言法性（离言自性）包括真如与唯事，安立名称就是：依真如安立诸无为法的名称，依唯事安立诸有为法的名称。人们对离言法性安立了名称，就形成了名言诸法及诸法的名言自性，所以"名及名自性"或名言诸法及诸法名言自性的"所依之相"是离言法性。"亦不观彼所依之相"，就是不观离言法性（真如及唯事），因为离言法性非需断，也非可断。

　　进而，"如于其名，于句、于文、于一切义，当知亦尔；乃至于界及界自性无所得时，亦不观彼所依之相"。其中，"法相"的开始是"名"，然后是"句"，是"文"等；"义相"的最后是三义中的"五界"（器世界、有情界、法界、所调伏界、调伏方便界）。所以此句意谓：如同名，对所有其他的法相与义相及其自性无所得，也不观其所依之相。

　　综上所说，由真如作意是依名言、离言两分法来论述见道，即见道方法就是：遣名言境（包括名言诸法和诸法名言自性），证离言法性。

## 二、由真如作意的三自性分析

此外，对由真如作意也可作三自性分析。若作三自性分析，上述"名自性""乃至于界自性"，就是一切法的名言自性，应该是遍计所执自性。而"名""乃至于界"，即名言诸法，应该是依他起性。因为每一法（名言法）中，既有名言自性，也有离言自性（或离言法性）。如果此法（名言法）是遍计所执性，那么，其中又怎能有离言自性？

再联系本经三自性中的一个比喻来说，清净颇胝迦宝比喻离言依他起性，青色等比喻名言种子，青色与清净颇胝迦宝和合，就现起帝青等宝的形象。同样，一切世人认识的法（认识对象），就如帝青等宝的形象，都是名言与离言依他起性和合而现起的形象，所以都是一种名言性存在，是依他起性；相对于离言依他起性，此存在可称为名言依他起性。

回到上述引文，其中，于"名自性""乃至于界自性"无所得，如前所说，是断遍计所执性。而于"名""乃至于界"无所得，即于一切法"无所得"，是指遣（名言）依他起性。

唯识经典曾论述过遣（或断）依他起性。《瑜伽论》第七十四卷说："问：若观行者随入圆成实自性时，当言除遣何等自性？答：依他起自性。"《辩中边论》卷中说："于依他起有遍知及永断。"《成论》第八卷说："二、永断道，能断依他起故。"

进一步说，所断所遣的依他起性，只是染分依他起性，如《摄论》卷下说："此中生死谓依他起性杂染分；涅槃谓依他起性清净分。"《瑜伽论》第五十一卷甚至说断阿赖耶识："转依无间当言已断阿赖耶识，由此断故当言已断一切杂染。当知转依由相违故，能永对治阿赖耶识。"（《成论》解释说，这是断第八识的染污性，不是断第八识体。）

由此来看，名言依他起性相当于染分依他起性。因此，"除遣诸相"，或于诸相"无所得"，就是遣（断）遍计及染依他。

最后需指出，虽然依名言、离言两分法可用三自性来分析，与三自性见道方法相通，但按其本文来看，此法实际不必依三自性见道方法来诠释，而是一种独立的见道方法，这就是：断染（名言境）证净（离言法性）。所以，由真如作意，实际是依名言、离言两分法来论述见道。

### 三、由真如作意双破增益执和损减执

再看此"无所得"的位次，这应该在见道位的无间道。《成论》第九卷说了见道位中无间道与解脱道的差异："无间道时虽无惑种，而未舍彼无堪任性。为舍此故起解脱道，及证此品择灭无为。"即无间道断烦恼种子，解脱道证择灭无为。《成唯识论集解》第九卷解释："真见道者，谓双空智起，于前无间道中，双断分别我法二障种子；解脱道中，双证分别我法二空所显真如。"因此也可说，无间道断烦恼种子，解脱道证真如。现在"无所得"只是断烦恼或断染（遍计及染依他），还未证真如，所以是在见道的无间道位。

　　而"由真如作意，除遣法相及与义相"，开始应该在"无所得"之前，所以是在加行位。由此可知，"由真如作意"的修行位次，是由加行位至见道的无间道。

　　"亦不观彼所依之相"，也可旁证上述结论。因为"彼所依之相"，就是诸法所依的离言法性。离言法性包括圆成实性的真如与离言依他起性的唯事：圆成实性真如是在见道位之解脱道，由根本无分别智所见所证；离言依他起性的唯事，是在修道位由后得智所见所证。所以，"亦不观彼所依之相"表明，此修行位还未到见道位解脱道和修道位。

　　但既然加行位和见道位之无间道，本来就不能观到离言法性（真如与唯事），那么，说"亦不观彼所依之相"又有什么意义？应该说，这是双破增益执和损减执两种执。其中，于诸法及其自性"无所得"，是破增益执；"亦不观彼所依之相"，是破损减执。本经和《瑜伽论》是通过破此二执来确立离言法性（离言自性），以破恶取空。

## 2. 真如无相

### 【原文】

　　世尊，诸所了知真如义相，此真如相亦可遣不？

　　善男子，于所了知真如义中，都无有相，亦无所得，当何所遣？

　　善男子，我说了知真如义时，能伏一切法义之相，非此了达余所能伏。

## 【今译】

世尊，一切所了知义相中的真如相，此真如相是否也可除遣？

善男子，所了知的真如义相，完全没有相，［能了知的根本智］也一无所得，还有什么可除遣？

善男子，我说了知真如义时，能除遣一切法相和义相，非此所了达的真如能被其他什么除遣。

## 【评析】

此处宣说真如无相。上文说一切法相、义相，在观真如时都被除遣，继之而来的问题是：此时真如相是否也需除遣？世尊回答说，真如无相，观真如时也无所得，还有什么相可除遣？因此，一切法相、义相，证真如时可除遣，而真如是不可除遣的。而这又是唯识论与般若、中观的差异。若是般若、中观，则说真如是二空，空无所有。而本经说"真如义"，虽"无有相，亦无所得"，但也非"余所能伏"，即不可除遣，因为真如作为圆成实性，是圆满成就的真实体性。

### 3. 能观心与所观真如

## 【原文】

世尊，如世尊说浊水器喻、不净镜喻、挠泉池喻，不任观察自面影相；若堪任者，与上相违。如是若有不善修心，则不堪任如实观察所有真如；若善修心，堪任观察。此说何等能观察心？依何真如而作是说？

　　善男子，此说三种能观察心，谓闻所成能观察心，若思所成能观察心，若修所成能观察心；依了别真如，作如是说。

## 【今译】

　　世尊，如世尊说的盛在器皿中的浊水的比喻、不干净镜面的比喻、泉池中激荡的水的比喻，［这些情况下都］无法观察自己面目的影像；若能观察的，与上相反。同样，若有人不善修心，则不能如实观察所有真如；若善修心，则能观察。上述说法中，什么是能观察的心？依什么真如而作此说？

　　善男子，这是说三种能观察心，即闻所成能观察心，或思所成能观察心，或修所成能观察心；依了别真如，而如此说。

## 【评析】

　　此处宣说证真如时的能观与所观。关于能观，即能观真如的心，本经说了三种比喻。先是三种不能（清楚）观察的比喻：一是器皿中的浊水，二是不干净的镜面，三是泉池中被搅动的水面。这三种媒介，都不能照见自己的脸。相反，器皿中的清水、干净的镜面、泉池中平静的水面，都能照见自己的脸。而后三个比喻对应三种能观察心，即闻所成能观察心、思所成能观察心、修所成能观察心，或者说，对应闻慧、思慧、修慧。

　　以上比喻总的是喻观察真如：修行者若不善修心，就不能观察到真如；能善修心，就能观察到真如。但具体地说明三喻与三慧的关系，圆测作了解释：器皿中的清水，虽能现影，却不清楚，比喻闻慧；干净的镜面，镜面虽明，却无澄静性，比喻思慧；泉池中平静的水面，水性调柔，有澄静性，比喻修慧。

至于所观，本经指出，所观的真如是七真如中的了别真如。

了别真如，据前经文，有两种性质：一、指一切行唯是识性，故名真如。这是世俗唯识观。二、唯识之性，名唯识性。这是胜义唯识观。地前凡夫，只能观世俗唯识。初地以上，能观两种唯识，即根本智观胜义唯识，后得智观世俗唯识。本经此处所说，包括这两种观。

### 4. 空除十种难除相

【原文】

世尊，如是了知法义菩萨，为遣诸相勤修加行，有几种相难可除遣？谁能除遣？

善男子，有十种相，空能除遣。何等为十？一者，了知法义故，有种种文字相。此由一切法空能正除遣。二者，了知安立真如义故，有生灭住异性、相续随转相。此由相空及无先后空能正除遣。三者，了知能取义故，有顾恋身相及我慢相。此由内空及无所得空能正除遣。四者，了知所取义故，有顾恋财相。此由外空能正除遣。五者，了知受用义，男女承事、资具相应故，有内安乐相外净妙相。此由内外空及本性空能正除遣。六者，了知建立义故，有无量相。此由大空能正除遣。七者，了知无色故，有内寂静解脱相。此由有为空能正除遣。八者，了知相真如义故，有补特伽罗无我相、法无我相，若唯识相及胜义相。此由毕竟空、无性空、无性自性空及胜义空能正除遣。九者，由了知清净真如义故，有无为相、无变异相。此由无为空、无变异空能正除遣。十者，即于彼相对治空性作意思惟故，有空性相。此由空空能正除遣。

## 【今译】

世尊，如上所说的了知法义菩萨，为除遣诸相勤修加行，有几种相难以除遣？怎样能除遣？

善男子，有十种相，空能除遣。哪十种呢？一是了知法相与义相，有种种文字相。此相由一切法空能根本性地除遣。二是了知安立真如义，有生灭住异性、连续生起相。此相由相空和无先后空能根本性地除遣。三是了知能取义，有顾恋身相和我慢相。此相由内空和无所得空能根本性地除遣。四是了知所取义，有顾恋财相。此相由外空能根本性地除遣。五是了知受用义，与男女欢爱、生活物品相应，有内安乐相和外净妙相。此相由内外空和本性空能根本性地除遣。六是了知建立义，有无量相。此相由大空能根本性地除遣。七是了知无色界，有内寂静解脱相。此相由有为空能根本性地除遣。八是了知相真如义，有人无我相和法无我相，或唯识相和胜义相。此相由毕竟空、无性空、无性自性空和胜义空能根本性地除遣。九是由了知清净真如义，有无为相、无变异相。此相由无为空、无变异空能根本性地除遣。十是在对上述诸相对治的空性作意思维，有空性相。此相由空空能根本性地除遣。

## 【评析】

此处宣说空除十种难除相。此十种相与上文法相、义相的关系是：一、不在诸法相、义相（五法、十义、五义、四义、三义）中，因为如果在上述法相、义相中，那应随法相、义相除遣而被除遣。二、此十种相也不离上述法相与义相，即此十种相是在上述法相、义相之上或除遣后生起的细相、难除遣相。再从能除遣的方法看，上述除遣法相、义相的方法，虽说是于一一法及其自性无所得，亦不观彼所依之相，但实际上还是空观，只是没有具体的名称。此处所除遣的十种相，一一列出能遣之空的名称。

此外，所遣相，说是十相，实际是十六相，能遣之空实际也有十七空，所以都是约数，是按所了义有十种，而说十空除十相。

一、由一切法空除遣种种文字相。文字相包括名身、句身、文身，其起因是"了知法义"，即修止观者在闻思阶段闻思十二部经，了知经中的一切法义（即法相和义相），这样就会有种种文字相生起。此种种文字相，依"一切法空"能根本除遣。"一切法"的一般含义，是指五蕴、十二处、十八界等；

本经此处说的"一切法",指十二部经的一切教法。"一切法空",则指文字相空,即一切教法的文字相皆空。在证真如时,一切教法之文字相,也是需除遣的细相。

二、由相空与无先后空除遣生、灭、住、异相与相续随转相。关于相空与无先后空,各种佛典中有不同解释。本经此处意谓:除遣生、住、异、灭四相的,就是相空;除遣有为法连续不断相的,就是无先后空。

有为法有生灭住异四相,也有过去、现在、未来连续不断的相续随转相。上述四相和相续随转相,都是由于了知安立真如后形成的细相,安立真如即苦谛。了知安立真如后,知一切法不能永恒常住,相续也只是表象,实际是处在刹那生灭中。但在证真如时,还需进一步由相空及无先后空除遣此类细相。

三、由内空与无所得空除遣顾恋身相及我慢相。顾恋身相,指众生对自己身心的贪恋执着。我慢相,广义是指由对自我存在的贪恋执着,而产生的自我优越感,包括认为自己比他人强,或至少不比他人差,等等。这是由了知能取而来。能取包括五根和诸识等,但本质是"我",由于执着我,所以贪恋身心,贪恋我的存在。对此需由内空及无所得空除遣。

"内空及无所得空"也有多种说法。本经的"内空",指空内六根(能取);"无所得空",指无我可得。

四、由外空除遣顾恋财相。经中说:"了知所取义故,有顾恋财相。""所取"实际上包括了世间种种,如财、权、名等。"顾恋财相",就是对财等产生贪恋执着,对此由外空能除遣。

"外空"即空外六处（所取）。

五、由内外空与本性空除遣内安乐相与外净妙相。内安乐相指由男女欢爱事引起的喜悦感，外净妙相指对种种物质享受引起的喜悦感，所以都由"了知受用义"而来。由内外空及本性空能除遣。

但上述除遣，据测《疏》，有不同说法。第一种观点认为，内空除内安乐相，外空除外净妙相，本性空通除二相。第二种观点认为，内外空除内安乐相，其中一部分外空也除净妙相，本性空通除二相。第三种观点认为，内外空除内安乐相，其中，"有情"称"内"，自身外称"外"；本性空除净妙相。第四种观点认为，内外空除内安乐相，即男女、资具代表十二处，故为内外空除；本性空除净妙相。

六、由大空能除遣无量相。无量相由"建立义"而来，"建立义"，如前所说，是器世间相。"了知建立义"时，会有欲界和色界的三千大千世界等"无量相"现，依"大空"能根本除遣。"大空"为十方世界空。

七、由有为空能除遣内寂静解脱相。内寂静解脱相指无色界相，所以经中说："了知无色故，有内寂静解脱相。"修四无色定者，内心已相当"寂静"，并以为已证涅槃"解脱"，所以说是"内寂静解脱相"。此相依"有为空"能根本除遣。"有为空"，按《放光般若经》第四卷，指三界空。

八、由毕竟空等能除遣补特伽罗无我相。由了知相真如（还未真正证得相真如），有人无我（即特伽罗无我）相、法无我相、唯识相、胜义相等四细相现起。此四相由毕竟空、无性空、无性自性空及胜义空四空能除遣。

但四空除四相，究竟如何对应，有不同说法。伦《记》说，毕竟空除二无我相；无性空除唯识相；若执（净分）依他起性为胜义相，由无性自性空除；若执圆成实性为胜义相，由胜义空除。

测《疏》对此问题介绍了三种观点，其中第一种观点就是伦《记》的说法。圆测认为，最合适的说法是（第三种观点）：四空分别破四相，即毕竟空除人无我相、无性空除法无我相、无性自性空除唯识相、胜义空除胜义相。

九、由无为空与无变异空除遣无为相与无变异相。由了知清净真如（灭谛），有无为相与无变异相现起，由无为空与无变异空能除遣。据《大般若经》第五十一卷，无为空指无生、住、异、灭四相，无变异空指"无放无弃、无舍可得"。《大智度论》第三十一卷解释无为空说："无为法名无因缘，常不生不灭如虚空。"对"无变异空"，该论没有解释。

十、由空空除遣空性相。即对上述一切相除遣时，会有空性相现起，由"空空"能除遣。关于"空空"，《深密解脱经》第三卷说："对治无为空、无异空，依空空断彼二空。"即"空空"只断第九相中的"无为空"与"无变异空"二空相。圆测说："《深密经》但遣二相空者，译家异也。"圆测认为，正确的观点应是："空空"断全部前九相中的十六空相。

【原文】

世尊，除遣如是十种相时，除遣何等？从何等相而得解脱？

善男子，除遣三摩地所行影像相，从杂染缚相而得解脱，彼亦除遣。

善男子，当知就胜说如是空治如是相，非不一一治一切相。譬如无明，非不能生乃至老死诸杂染法，就胜但说能生于行，由是诸行亲近缘故。此中道理，当知亦尔。

【今译】

世尊，除遣如上十种相时，[究竟是]除遣什么相？解脱什么相？

善男子，[除遣如上十种相时，]除遣的是定境所观的影像相，解脱的是杂染束缚相，[即先从杂染相解脱，然后]那[定境所观的影像相]也被除遣。

善男子，当知就显著作用说，如上所说的[每一]空，对治如上所说的[每一]相，[实际上，]并非不是每一空都能对治一切相。譬如无明，并非不能生起[从行]直至老死的各种杂染法，只是就作用显著，说能生行，因为这是说的各种现象的直接的、贴近的缘。空对治相的道理，当知也是如此。

【评析】

此处宣说空除十相时，除遣何相，解脱何相。

关于此处的问题，测《疏》说有三种理解。一、除遣如上十相时，进而除遣什么相？二、所除十相，是定位之相还是散位之相？三、如上除遣十种相，到底是除遣什么相？相对于上述问题的三种说法，回答也有三种解释：一、进一步除遣的是"似空影像"。二、除遣的是定中所观的影像相分。三、除遣的是散位遍计所执相，即在定中有影像现，以后散心中，依定中影像，起遍计所执相，在观空时，能除此遍计所执相。

对于上述问答的三种解释，圆测没有明确以何为正义，但对第三种说法，圆测引经据典，作了大量论述，似以第三种说法为准。

但笔者以为，据此处经文"除遣三摩地所行影像相"，本经原意应是第二种解释。即问题是：空除十相，除遣的到底是什么相？回答就是经文的字面意思：除遣的就是定（即三摩地）中的影像相（分）。

对此理解，《深密解脱经》第三卷的译文可作佐证："弥勒菩萨言：世尊，菩萨如是修行十种相，于何等缚相而得解脱？佛言：弥勒，修行三昧境界，见形像相染缚烦恼中而得解脱。即观彼镜像，不取境界相，是名断彼难修行相。"所以，对"除遣何等（相）"之问，《深密解脱经》的回答就是"观彼镜像，不取境界相"，也是指定中影像相。而此定中影像，是依他起性，非遍计所执性。

对第二个问题"从何等相而得解脱"，本经回答"从杂染缚相而得解脱"，意思比较清楚，但后一句"彼亦除遣"中的

"彼"指什么，又需仔细斟酌。

对此处的"彼"，测《疏》三种解释，都将其释为能执心或能缘心见分，这在理论上虽然正确，但与经文相去太远，因为这样的解释完全脱离了原文。一般说，"彼"之所指，应有上文依据。因此，在此处，"彼"应指上文的"三摩地所行影像相"。而这样的回答，并非是简单的重复（因为上文已说"除遣三摩地所行影像相"，下文再说"彼亦除遣"，似乎是同义重复），而是要说明从杂染相解脱与除遣定中影像的关系，即先除杂染相，再除定中影像。

杂染，本意是指善、烦恼、无记三性混杂。虽然成佛时，烦恼性、无记性、有漏善性、低劣无漏性都要断除，但见道位所要断除的是烦恼性，所以，杂染相主要是指烦恼现行及其种子。也就是说，要见道，需先断（分别）烦恼的现行和种子，再除遣一切依他起性（即不观依他起性），然后见道。就此次第，本经说："从杂染缚相而得解脱，彼（定中影像）亦除遣。"进而，这里只说除遣定中影像，这是因为，见道时，依他起性（如诸识）本身不是可以断除的，所说的除遣依他起性，只是不观依他起性（也就是依他起性不显现），非如遍计所执性（我执法执以及实我实法）是要断除的。

进而，本经又解释说，以上说每一空除一相，这是就每一空的显著作用而说，实际上，每一空都能除一切相。就像十二缘起中，只说无明生行，实际上，无明可生以后十一支的每一支。

## 5.总空性相

### 【原文】

尔时，慈氏菩萨复白佛言：世尊，此中何等空是总空性相，若诸菩萨了知是已无有失坏，于空性相离增上慢？

尔时，世尊叹慈氏菩萨曰：善哉，善哉！善男子，汝今乃能请问如来如是深义，令诸菩萨于空性相无有失坏。何以故？善男子，若诸菩萨于空性相有失坏者，便为失坏一切大乘。是故汝应谛听谛听，当为汝说总空性相。

善男子，若于依他起相及圆成实相中，一切品类杂染、清净遍计所执相毕竟远离性，及于此中都无所得，如是名为于大乘中总空性相。

### 【今译】

当时，慈氏菩萨又对佛说：世尊，此中什么空是总空性相，若诸菩萨了知此［总空性相］后，没有［恶取空之］失坏，对空性相能离［未证谓证之］增上慢？

当时，世尊赞叹慈氏菩萨：善哉，善哉！善男子，你现在能请问如来如此深义，使诸菩萨对空性相没有［恶取空之］失坏。为什么呢？善男子，若诸菩萨对空性相有失坏，便为失坏一切大乘。因此你应仔细听，仔细听，我要为你说总空性相。

善男子，若在依他起相和圆成实相中的一切种类杂染法和清净法中，彻底远离（即断除）遍计所执相，并在此中一无所得，如此称为在大乘中的总空性相。

## 【评析】

此处宣说"总空性相"。上文说了那么多名目繁复的空，但究竟什么空是最根本的空？这就是慈氏菩萨问"总空性相"的用意。

什么是"总空性相"？世尊回答是："善男子，若于依他起相及圆成实相中，一切品类杂染、清净遍计所执相毕竟远离性，及于此中都无所得，如是名为于大乘中总空性相。"

在上述定义中，"遍计所执相毕竟远离性"，含义是明确的，即断遍计所执性。而"及于此中都无所得"到底指什么，中观与唯识有着截然不同的解释。

据测《疏》介绍，中观宗的清辨等说，此经的思想是三性皆空。如经中说"若于依他、圆成二种性中，一切品类杂染、清净遍计所执毕竟远离性"，这是表示遍计所执性空。"及于此中都无所得"，这是表示依他起及圆成实二性空。这样，三性都无所得，名为总空性相。唯识宗的护法等说，本经的思想，在三性中，只遣遍计所执性，不遣其余二性。"及于此中都无所得"，可有两种解释：一、此总空性中，一切十相皆无所得，非如前十六空（应为十七空——作者注）各遣一相。二、此句还可解释为，遍计所执性，在依他起性和圆成实性二性中毕竟远离，及都无所得。

笔者以为，除唯识宗的两种解释外，此句还可以有第三种解释。如前文由真如作意（即加行位缘总法止观）除遣诸相中说，"若于其名及名自性无所得时，亦不观彼所依之相，如是除遣"，可将此文与总空性相作比较。首先，"名自性无所得"
可与"一切品类杂染、清净遍计所执毕竟远离性"对应，都是
指断遍计，因为名自性或诸法自性是遍计所执性。其次，若
将"于其名……无所得"与"及于此中都无所得"比较，先需
确定"此中"的含义。若不作离原经文的发挥，那么，承接前
文，"此中"应指上句的"依他起相及圆成实相中"。但"无所
得"并非指依他、圆成无所得，因为在唯识论中，至少胜义离
言真如是可以证得的。

此"无所得"含义之确定，可从以下两方面考虑。一、总
空性相中说的依他起性和圆成实性，是遍计之所依，能生起
遍计，所以是安立名言的依他起性和圆成实性。其中的圆成
实性，也是言说的圆成实性，不是见道所证的离言圆成实性。
二、与"于其名……无所得"比较，由真如作意所说的名或名
言诸法，是见道需遣除的染法；总空性相中说的能生起遍计的
依他和圆成，如上所说，是名言的依他和圆成，也是染法，所
以见道需除遣，故"无所得"。

因此，总空性相的"依他起相及圆成实相中，一切品类杂
染、清净遍计所执相毕竟远离性，及于此中都无所得"，就是
断遍计（名言自性）、遣名言依他和名言圆成。

由此来看，总空性相虽然用的是三自性的名相，但实际上
还是依名言、离言两分法来论述见道，所证也是离言法性。其
与缘总法止观的差别主要是：缘总法止观是双破增益执与损减
执，总空性相主要是破遍计所执性（即增益执）。

此总空性相与前十七空的关系，测《疏》说有二释：一、体无差别，总别有异。二、此总空性，遣所执性；前十七空，除遣影像。

# 三、止观断障证果

## （一）止观所摄胜果

### 1. 止观摄胜三摩地

【原文】

　　慈氏菩萨复白佛言：世尊，此奢摩他、毗钵舍那能摄几种胜三摩地？

　　佛告慈氏菩萨曰：善男子，如我所说无量声闻、菩萨、如来有无量种胜三摩地，当知一切皆此所摄。

【今译】

　　慈氏菩萨又对佛说：世尊，此奢摩他和毗钵舍那能摄几种殊胜三摩地？

　　佛告诉慈氏菩萨：善男子，如我所说无量声闻、菩萨、如来有无量种殊胜三摩地，当知一切三摩地都为此奢摩他、毗钵舍那所摄。

【评析】

　　此处以下宣说止观断障证果，此处先说一切定境与奢摩他、毗钵舍那的关系。佛典中说了三乘种种三摩地，本经明确，三乘种种三摩地定境，都属奢摩他、毗钵舍那。

### 2. 止观因果

**【原文】**

世尊，此奢摩他、毗钵舍那，以何为因？

善男子，清净尸罗，清净闻、思所成正见，以为其因。

世尊，此奢摩他、毗钵舍那，以何为果？

善男子，善清净心、善清净慧，以为其果。复次，善男子，一切声闻及如来等所有世间及出世间一切善法，当知皆是此奢摩他、毗钵舍那所得之果。

**【今译】**

世尊，此奢摩他和毗钵舍那，以什么为因？

善男子，清净戒律，清净闻、思所成正见，作为其因。

世尊，此奢摩他和毗钵舍那，以什么为果？

善男子，善清净心和善清净慧，作为其果。其次，善男子，一切声闻和如来等所有世间和出世间一切善法，当知都是此奢摩他和毗钵舍那所得之果。

**【评析】**

此处宣说止观的因果和作用。成就止观之因，是戒律，以及散位中的闻、思二慧。止观所得之果，是善清净心与善清净慧。从等流果（即直接对应之果）来说，"善清净心"，是奢摩他果，其中"心"表示定；"善清净慧"，是毗钵舍那果。但如果从增上果来说，则奢摩他和毗钵舍那都得善清净心和善清净慧。此外，还有一种说法，"善清净心、善清净慧"中的"善"，表示这是说无漏状态。如经中说的声闻与如来的善法，就是无漏善法。

另外，大正本作"善清净戒、善清净心、善清净慧，以为其果"，其中"善清净戒"一句为衍文，因为"善清净戒"是止观之因。

## （二）止观治障

### 1. 凡位治障

### （1）止观除缚

【原文】

世尊，此奢摩他、毗钵舍那，能作何业？

善男子，此能解脱二缚为业，所谓相缚及粗重缚。

【今译】

世尊，此奢摩他和毗钵舍那，有什么作用？

善男子，它们以能解脱二缚为作用，所谓相缚和粗重缚。

【评析】

此处宣说止观的作用，即去缚治障。此处先说去缚，包括解脱相缚和粗重缚两种缚。相缚主要有二说：一、相缚指相分。有漏相分使见分不得自在，名为相缚。这就是说，相即是缚，称为相缚。二、第七末那识，为相缚体。因第七识，其他眼识等六识，于所缘相不得自在。这是说，相之缚，名为相缚。粗重缚也主要有二说。一、有漏法上的无堪任性（指与佛菩萨等圣者相比，众生本有的能力发挥不出，故而能力低下），名粗重缚。粗重缚与有漏法非一非异：粗重缚无另外之体，名为非异；粗重缚断与不断大不一样（即有凡圣之别），故名非一。二、烦恼障和所知障二障之种子通名粗重。此二说中，以二障种子名粗重为正解。

### （2）止观之障

A．五系与五盖

【原文】

世尊，如佛所说五种系中，几是奢摩他障？几是毗钵舍那障？几是俱障？

善男子，顾恋身、财，是奢摩他障。于诸圣教不得随欲[1]，是毗钵舍那障。乐相杂住，于少喜足，当知俱障：由第一故，不能造修；由第二故，所修加行不到究竟。

世尊，于五盖中，几是奢摩他障？几是毗钵舍那障？几是俱障？

善男子，掉举恶作，是奢摩他障；惛沉睡眠、疑，是毗钵舍那障；贪欲、瞋恚，当知俱障。

## 【简注】

[ 1 ] 于诸圣教不得随欲：据《成实论》，指"于圣语心不喜乐"。

## 【今译】

世尊，如佛所说的五种系缚中，几种是奢摩他障？几种是毗钵舍那障？几种是共同障？

善男子，顾恋自身和财物，是奢摩他障。对佛陀教导没有兴趣，是毗钵舍那障。喜欢与在家人、出家人混居，少有所得就喜欢满足，当知是共同障：由于喜欢混居，所以不能努力修止观；由于少得即满足，所修止观不能究竟成就。

世尊，在五盖中，几种是奢摩他障？几种是毗钵舍那障？几种是共同障？

善男子，掉举恶作［盖］是奢摩他障；昏沉睡眠［盖］、疑［盖］，是毗钵舍那障；贪欲［盖］、瞋恚［盖］，当知是共同障。

## 【评析】

此处以下宣说凡位和圣位止观治障，先说凡位止观治障。此处说的是成就止观的障碍，包括五系、五盖。

五系，各种佛典在说法上有所不同，按本经说法：一是顾恋身，即对自身起贪恋执着。二是顾恋财（等），《成实论》说是贪外五欲（即对由色、声、香、味、触五境构成的种种物质的贪欲）。三是"于诸圣教不得随欲"，《成实论》说是"于圣语心不喜乐"，《集论》说是"无所觉了"，即对圣者教法不喜欢不理解。四是"乐相杂住"，《成实论》说是"乐与在家出家众合"，《集论》说是"乐处愦闹"，即不喜独自修行，而喜与出家人乃至在家人合住，喜欢热闹。五是"于少喜足"，《成实论》说是"于善法得少为足"，《集论》说是"得少善法便生厌足"，即稍有所得即为满足。

五系对修止观造成的障碍：顾恋身与顾恋财，是奢摩他障，因为贪心使人不能入止；"于诸圣教不得随欲"，是毗钵舍那障，因为对止观教法不能正确把握；而"乐相杂住"和"于少喜足"，对奢摩他与毗钵舍那都是障碍，因为"乐相杂住"而不能努力修止观，"于少喜足"使所修止观不能究竟成就。

五盖之盖，指覆盖，覆盖行者清净心，使之不能显现；或指障，障碍修行者成就善根。依《瑜伽论》，一切烦恼都是盖。五盖则指覆盖或障碍作用突出的一些烦恼，包括贪欲盖、瞋恚盖、睡眠盖、掉悔盖、疑盖。《瑜伽论》第八十九卷论述了五盖对修行的障碍：贪欲盖使修行者贪恋在家诸欲境界，违背圣教，不作修行。瞋恚盖使修行者不能接受同修者的劝导、斥责等，违背佛陀教法。疑盖则不能接受已证道圣者的修证教导。但关于昏沉睡眠盖与掉举恶作盖的作用，《瑜伽论》的说法与本经此处说法正好相反，按《瑜伽论》说法，昏沉睡眠盖障奢摩他，掉举恶作盖障毗钵舍那。但本经下文说奢摩他与毗钵舍那圆满，又可以将上述说法的差异统一起来。

【原文】

世尊，齐何名得奢摩他道圆满清净？

善男子，乃至所有惛沉睡眠正善除遣，齐是名得奢摩他道圆满清净。

世尊，齐何名得毗钵舍那道圆满清净？

善男子，乃至所有掉举恶作正善除遣，齐是名得毗钵舍那道圆满清净。

【今译】

世尊，到什么境界称得奢摩他道圆满清净？

善男子，[不但掉举恶作、贪欲、瞋恚彻底消除，]直至所有昏沉睡眠彻底消除，到此境界称得奢摩他道圆满清净。

世尊，到什么境界称得毗钵舍那道圆满清净？

善男子，[不但昏沉睡眠、贪欲、瞋恚彻底消除，]直至所有掉举恶作彻底消除，到此境界称得毗钵舍那道圆满清净。

【评析】

此处宣说奢摩他修行圆满与毗钵舍那修行圆满的标志。

奢摩他修行圆满的标志，经中说，不但障碍奢摩他道的盖（掉举恶作、贪欲、瞋恚）要彻底消除，而且障碍毗钵舍那道的盖（昏沉睡眠等）也要彻底消除，才能说奢摩他道圆满清净。

同样，毗钵舍那修行圆满的标志，也是不但要彻底消除障碍毗钵舍那道的盖，还要彻底消除障碍奢摩他道的盖，才能圆满清净。

因此，就究竟意义说，五盖对奢摩他和毗钵舍那都是障碍，彻底消除五盖，才能证得止观修行圆满。

B. 五种散动

【原文】

世尊，若诸菩萨于奢摩他、毗钵舍那现在前时，应知几种心散动法？

善男子，应知五种：一者作意散动，二者外心散动，三者内心散动，四者相散动，五者粗重散动。

善男子，若诸菩萨舍于大乘相应作意，堕在声闻、独觉相应诸作意中，当知是名作意散动。

若于其外五种妙欲、诸杂乱相所有寻思随烦恼中，及于其外所缘境中，纵心流散，当知是名外心散动。

若由惛沉及以睡眠，或由沉没，或由爱味三摩钵底，或由随一三摩钵底诸随烦恼之所染污，当知是名内心散动。

若依外相，于内等持所行诸相作意思惟，名相散动。

若内作意为缘生起所有诸受，由粗重身计我起慢，当知是名粗重散动。

【今译】

世尊，若诸菩萨在修成奢摩他和毗钵舍那时，应知还会出现几种心散动的现象？

善男子，应知有五种：一是作意散动，二是外心散动，三是内心散动，四是相散动，五是粗重散动。

善男子，若诸菩萨放弃了大乘相应作意，落在声闻、独觉相应的各种作意中，当知此为作意散动。

若由身外五种妙欲、繁华热闹，以及由身外所缘境生起的所有寻思随烦恼中，放纵心念，使心流于散乱，当知此为外心散动。

若由昏沉和睡眠，或由沉没，或由对三摩钵底爱味，或被由任何一种三摩钵底而起的各种随烦恼所染污，当知此为内心散动。

若依定心外之［名言］相，对定内显现的诸［离言］相，作意思维，为相散动。

若对内作意为缘生起的所有诸受，由粗重身认为有我，生起我慢，当知此为粗重散动。

## 【评析】

此处宣说五种散动。散动，也译作散乱。

一、作意散动，即退大乘心而堕二乘心。《瑜伽论》第六十七卷区分了大乘作意与小乘作意的差别：大乘作意是"观自观他诸利益事"，小乘作意是"不观他利益事，唯观自利益事"；即大乘在止观中的作意是自利利他，小乘唯自利。

二、外心散动，即心为外境扰动而散乱。本经的定义是：

"若于其外五种妙欲、诸杂乱相所有寻思随烦恼中，及于其外所缘境中，纵心流散，当知是名外心散动。"

所以，总的来说，外心散动是指对外境"纵心流散"（放纵心念，使心流于散乱）。其中，外境有三种：五种妙欲、诸杂乱相，及除前二境外一切所缘外境。文中的"所有寻思随烦恼"，指所有随烦恼。诸随烦恼都有缘虑寻思作用，所以统称寻思。但外心散动的随烦恼，指诸随烦恼中纵心流散这一种，即散乱随烦恼。此外，"所有寻思随烦恼"跟在"外五种妙欲、诸杂乱相"后，似乎只指此两种外境引起的随烦恼，实际通上述三种外境。所以，圆测说："于三境上所有寻思诸随烦恼中，简除忿等余随烦恼，持取纵心流散一随烦恼。"

三、内心散动，即心为诸烦恼扰动而散乱。本经的定义是："若由惛沉及以睡眠，或由沉没，或由爱味三摩钵底，或由随一三摩钵底诸随烦恼之所染污，当知是名内心散动。"

因此，内心散动包括五种情况。（一）昏沉。（二）睡眠。（三）沉没。这三种情况下都无法求定，《显扬论》称之为"下劣心"。（四）爱味三摩钵底，指欲界有情贪爱执着上二界定（有部则只指上二界有情对定的贪爱执着）。（五）由随一三摩钵底诸随烦恼之所染污。其中，"随一三摩钵底诸随烦恼"，指放逸、懈怠等任何一种能障碍定的随烦恼。"染污"指使定退失。所以，内心散动是指能障碍定或使定退失的内在的各种因素。

四、相散动，即执着诸法的名言相而不能在定中现观诸法的离言相。本经定义是："若依外相，于内等持所行诸相作意思惟，名相散动。"

对此定义，据测《疏》，诸论说法不同。《集论》《杂集论》等的解释是：为使他人能信仰自己，而装出在修定的样子。《辩中边论》的解释是：已得定者，虽已得定，而下地意未能决绝，亦未能息，为了获取名声和利益，装出在修定的样子。按本经的意思，尚未得定者，将定外之境（"依外相"）当作定内境相（"内等持所行诸相"），作意思维，这就是"相散动"。或者，"相散动"是指未得真实的定内境相，但有少量境相现前，执为已得真实的定内境相。《显扬论》与《深密解脱经》对相散乱的解释，与本经相同。

进一步分析，将定外之境当作定内境相，究竟指什么？如前所说，本经说的止观，是以解脱见道为宗旨的止观。在"相、名、分别"体系中，定外之境，就是安立名言的相；相应地，定内之境，就是离言。只有在定中现观诸法离言相，才能解脱见道。以此来理解，相散动就是，执着诸法的名言相而不能在定中现观诸法的离言相。

五、粗重散动，即由执着自己的粗劣身而起我见和我慢，使心散乱。本经定义是："若内作意为缘生起所有诸受，由粗重身计我起慢，当知是名粗重散动。"简略地说，我见和我慢为粗重散动。此我见和我慢的由来，是将自己的粗重身执着为"我"；对粗重身所起的喜乐等感受（此等感受由"内作意为缘"而生起），执着为我所，由此或起"我见"，或起"我慢"。

此外，《辩中边论》《显扬论》增加了自性散动，说有六种散动。圆测认为，那些论基本上是按本经说五种散动。至于自性散动，即除了佛位，其他位的五识，唯散非定，因此又增加自性散动。而本经不说自性散动，是因为自性散动障定的作用较远，障碍不是太大，所以略而不说。

### 2. 圣位十一地治障

【原文】

世尊，此奢摩他、毗钵舍那，从初菩萨地乃至如来地，能对治何障？

善男子，此奢摩他、毗钵舍那，于初地中，对治恶趣烦恼、业、生杂染障；第二地中，对治微细误犯现行障；第三地中，对治欲贪障；第四地中，对治定爱及法爱障；第五地中，对治生死涅槃一向背趣障；第六地中，对治相多现行障；第七地中，对治细相现行障；第八地中，对治于无相作功用，及于有相不得自在障；第九地中，对治于一切种善巧言辞不得自在障；第十地中，对治不得圆满法身证得障。

善男子，此奢摩他、毗钵舍那，于如来地对治极微细最极微细烦恼障及所知障；由能永害如是障故，究竟证得无着无碍一切智见，依于所作成满所缘建立最极清净法身。

【今译】

世尊，此奢摩他和毗钵舍那，从初菩萨地直至如来地，能对治什么障？

　　善男子，此奢摩他和毗钵舍那，在初地中，对治恶趣烦恼、业、生杂染障；第二地中，对治微细误犯现行障；第三地中，对治欲贪障；第四地中，对治定爱及法爱障；第五地中，对治生死涅槃一向背趣障；第六地中，对治相多现行障；第七地中，对治细相现行障；第八地中，对治于无相作功用，及于有相不得自在障；第九地中，对治于一切种善巧言辞不得自在障；第十地中，对治不得圆满法身证得障。

　　善男子，此奢摩他和毗钵舍那，在如来地，对治极微细最极微细烦恼障及所知障；因为能永断此障，究竟证得无着无碍一切智见，依于所作成满所缘建立最极清净法身。

## 【评析】

　　此处宣说圣位止观治障，即十一地（菩萨十地与佛地）所要断的障。十一地除障，下品有更详尽的说明，此处是略说。

　　首先，止观在初地对治三种杂染障，即恶趣烦恼杂染障、业杂染障、生杂染障。三杂染障，杂染即。三者被称为"杂染"，因为烦恼、业、生使心不清净，招业受苦，故称杂染。这三种杂染障，入初地时即断。以下各地都相同，都指入该地时即断所说之障。

　　三种杂染障，具体地说，其中，恶趣烦恼杂染，即烦恼是堕恶趣之因。断恶趣因，就不招恶趣果。此外，这里说的烦恼，包括分别烦恼障和分别所知障，入初地断尽分别二障，就不再堕落恶趣。

业杂染，即身口意三业。此三业由烦恼所生，或以烦恼为助缘所生。初地断分别烦恼障，也就断了由烦恼所生之业。

生杂染，即流转生死。生因烦恼和业而有，由生而有众苦，如生老病死苦、爱别离苦、求不得苦、怨憎会苦等。初地断烦恼和业，也就断了生之众苦。

此恶趣烦恼、业、生杂染障，《成论》称为"异生性障"，异生就是凡夫。此障能起烦恼，从而造业，流转生死。初地断分别二障种子和现行，即断凡夫性，证入圣位。

二地断微细误犯现行障。入菩萨地，本来就戒律清净，但有时仍有误犯，入二地时能断此误犯微细戒律之障。

三地断欲贪障。"欲贪障"，《成论》称"暗钝障"，使所闻思修法忘失，障三地的殊胜定和总持法，及其引发的闻思修三慧，入三地时即断。此处的"欲贪障"，实际仍是所知障，不是烦恼障。

四地断定爱及法爱障。此障主体是与第六识相应的俱生我见、定爱和法爱。定爱和法爱，就是对定的贪爱和对无漏教法的贪爱。此类贪爱在三地增长，能障四地的菩提分法，所以入四地断。

五地断生死涅槃一向背趣障。此障使修行者厌生死、乐趣涅槃，与小乘的追求无余依涅槃境界相似，障五地无差别道，所以入五地时即断。

六地断相多现行障。据测《疏》，五地作四谛观，执着四谛的染净相，即苦谛、集谛是染相，灭谛、道谛是净相。"相多现行障"，即执着净相。净相多现行，能障六地的无染净道，不能多时住无相观，所以入六地即断。

七地断细相现行障。据测《疏》，六地作十二因缘观，执着有微细流转相和微细还灭相。"细相现行障"，就是执微细流转相。此障能障七地无相道，所以入七地即断。

八地断于无相作功用及于有相不得自在障。据《成论》，前五地中，有相观多，无相观少；第六地，有相观少，无相观多；第七地，纯无相观虽能始终连续生起，但仍作加行，由于在无相中有加行，不能任运显现佛的身相和净土相。其中，"于无相作功用障"，即在无相中有加行，使无相观不任运生起；"于有相不得自在障"，即不能任运显现身相和净土相。

九地断于一切种善巧言辞不得自在障。入第九地所断的所知障，是障第九地的四无碍解。四无碍解是义无碍解、法无碍解、词无碍解、辨无碍解。"于一切种善巧言辞不得自在障"，据测《疏》，有两解：一解，指辨无碍解障；另一解，通四无碍解障。这里可以认为是通指四无碍解。此障入九地时即断。

十地断不得圆满法身证得障。据《成论》，此障"障十地大法智云及所含藏"，以及"所起（大神通）事业"，所以入十地时即断。"不得圆满法身"，据《杂集论》，如来法身，于第十地名圆满，于如来地名成就。

如来地断极微细最极微细烦恼障及所知障，据《成论》，此障指俱生微所知障和任运烦恼障种。菩萨初地已断分别烦恼障和分别所知障的现行和种子，至于俱生所知障，十地中，每一地都断一部分俱生所知障的现行和种子，所以到临入佛地时，只剩有极其微细所知障现行和种子。而俱生烦恼障，其现行，初地已断，由故意力有时仍能生起，八地以上则永不现行；其种子，则为助愿受生，不断种子，直至入佛位时，与微细所知障种子一时顿断。

## （三）止观证果

### 1. 止观证大菩提

【原文】

慈氏菩萨复白佛言：世尊，云何菩萨依奢摩他、毗钵舍那勤修行故，证得阿耨多罗三藐三菩提？

佛告慈氏菩萨曰：善男子，若诸菩萨已得奢摩他、毗钵舍那，依七真如，于如所闻所思法中，由胜定心，于善审定、于善思量、于善安立真如性中，内正思惟。彼于真如正思惟故，心于一切细相现行尚能弃舍，何况粗相[1]。善男子，言细相者，谓心所执受相、或领纳相、或了别相、或杂染清净相、或内相、或外相、或内外相[2]，或谓我当修行一切利有情相，或正智相、或真如相[3]，或苦集灭道相，或有为相、或无为相，或有常相、或无常相，或苦有变异性相、或苦无变异性相[4]，或有为异相相、或有为同相相[5]，或知一切是一切已有一切相[6]，或补特伽罗无我相、或法无我相。于彼现行，心能弃舍。彼既多住如是行故，于时时间从其一切系、盖、散动，

**善修治心**。

## 【简注】

［１］粗相：指散心位诸相，或一切染污相，或欲界诸相。

［２］或内相、或外相、或内外相：有三解。一是自身为内，他身为外。二是心与心所为内，所缘境为外。三是有情为内，非情为外。

［３］或正智相、或真如相：本经在《心意识相品》中说到相、名、分别，是有漏法；本品说细相，则说正智相和真如相，是无漏法。

［４］"或苦有变异性相"句：有二解。一、苦受与乐受，称苦有变异性相；舍受，称苦无变异性相。二、遍计所执性与依他起性，称苦有变异性相；圆成实性，称苦无变异性相。

［５］"或有为异相相"句："异相"即诸法自相，"同相"即诸法共相。

［６］知一切是一切已有一切相：据测《疏》，以上是对诸相作各别说明，此处是对诸相作总体说明。"知一切是一切"，即显诸法自相；"有一切相"，显差别相。又解：前"一切是一切"是指尽所有相，后"一切相"是指如所有性。

## 【今译】

　　慈氏菩萨又对佛说：世尊，菩萨如何依奢摩他和毗钵舍那精勤修行，证得阿耨多罗三藐三菩提？

　　佛告诉慈氏菩萨：善男子，若诸菩萨已得奢摩他和毗钵舍那，依七种真如，在已所闻所思法中，依殊胜的定心，在善审定、善思量、善安立的真如性中，内正思维。他们因对真如能正思维，心对一切细相现行也能弃舍，何况粗相。善男子，所说的细相包括：[一、修四念住细相：]心所执受相，或领纳相，或了别相，或杂染清净相。[二、内外细相：]或[以自身为]内相，或[以一切有情为]外相，或[自他等一切]内外相。[三、修利他行细相：]或认为我当修行一切利有情相。[四、无漏法细相：]或正智相，或真如相。[五、四谛细相：]或苦集灭道相。[六、一切法的各种属性细相：]或有为相，或无为相；或有常相，或无常相；或苦有变异性相，或苦无变异性相；或有为异相相，或有为同相相；或知一切是一切已有一切相。[七、破二无我细相：]或补特伽罗无我相，或法无我相。对这些相的现行，心能弃舍。诸菩萨既然常住如此境界，所以能时时刻刻对治一切系、盖、散动，善修自心。

## 【评析】

此处开始宣说如何依止观证入佛位。此处所说的修行，据测《疏》，有两说。一说是从资粮位直至究竟位，一说是从加行位直至究竟位。从经文内容看，以后说为妥。

依后说，此处是指加行位的修行，其修行方法相当于《瑜伽论》的四寻思四如实智观。即在闻思阶段对七真如获得理解把握后，在暖、顶位，由胜定力，能善审定，能善思量，作四寻思观，存识遣相，此位主要除遣细相；进而在忍、世第一法位，"于善安立真如性中，内正思惟"，作四如实观，进一步除遣能取识。

【原文】

从是已后，于七真如，有七各别自内所证通达智生，名为见道。由得此故，名入菩萨正性离生，生如来家，证得初地，又能受用此地胜德。彼于先时，由得奢摩他、毗钵舍那故，已得二种所缘，谓有分别影像所缘及无分别影像所缘。彼于今时得见道故，更证得事边际所缘。

复于后后一切地中进修修道，即于如是三种所缘作意思惟。譬如有人，以其细楔出于粗楔，如是菩萨依此以楔出楔方便遣内相故，一切随顺杂染分相皆悉除遣。相除遣故，粗重亦遣。永害一切相、粗重故，渐次于彼后后地中，如炼金法陶炼其心，乃至证得阿耨多罗三藐三菩提，又得所作成满所缘。

善男子，如是菩萨，于内止观正修行故，证得阿耨多罗三藐三菩提心。

【今译】

从此［加行位］以后，对七真如，有七各别自内所证通达智生，称为见道。由见道，称入菩萨正性离生，生如来家，证得初地，又能受用此地殊胜功德。他们在先前时，由得奢摩他和毗钵舍那，已得两种所缘，即有分别影像所缘和无分别影像所缘。他们在今时得见道，更证得事边际所缘。

又在其后的一切地中进而作修道［位］的修行，即对如此三种所缘作意思维。譬如有人，以其细楔使粗楔出，同样，菩萨依此以楔出楔方法除遣内相，一切随顺杂染分相都被除遣。

随相除遣，粗重也遣。因永断一切相和粗重，渐次在其后各地中，如炼金法陶炼其心，直至证得阿耨多罗三藐三菩提，又得所作成满所缘。

善男子，如此菩萨，因在定内作止观正修行，［最终］证得阿耨多罗三藐三菩提心。

## 【评析】

此处宣说从通达位（见道位）、修习位（修道位）直至究竟位的止观修行。

首先是见道位，即经加行位的修习，最后证入见道位。据《成论》，见道分真见道和相见道。真见道从世第一法无间而生，双证我空和法空二空真如，顿断一切分别二障种子，称真见道。本经说"于七真如，有七各别自内所证通达智生，名为见道"，测《疏》认为，这是"从诠而说"，因为真见道时是刹那同时证得二空真如，而非"前后七时各别内证"七真如。说"七各别自内所证通达智生"，只是"若证流转诸法实性义边，名各内证流转之真如；如是乃至若证四谛实性义边，名为别证四谛真如"，即所证的二空真如，同时也是"流转诸法实性义"，就此说是证流转真如；直至同时也是"四谛实性"，就说是证四谛真如。换言之，二空真如就是七真如，因此，虽是刹那证得七真如，但"从诠而说"是各别内证七真如。所以，《深密解脱经》第三卷相应译文为："菩萨如是发心修行，如是多修行，刹那刹那离一切盖，得清净心。得清净心已，入七种真如，内身证彼七种觉相应知。"

见道后有四种殊胜利益，即入菩萨正性离生、生如来家、证得初地、又能受用此地殊胜功德。所谓"正性离生"，"正性"指无漏道谛。"离生"，其中，"生"，指分别烦恼，即由分别而起的烦恼，能生六道四生，犹如生食能生诸病，故称为"生"；见道时，离分别烦恼，称"离生"。所以，"正性离生"，就是由无漏道谛断分别烦恼。

此外，见道后又证得事边际所缘，这样，十地中就有三种所缘，即有分别影像所缘、无分别影像所缘、事边际所缘。

出见道位，就进入修道位，经中说"后后一切地"，就是菩萨十地。十地中所作的修行，主要是对上述三种所缘作意思维。具体说，根本无分别智（也称正思维）缘事边际所缘之真如实境，不变影像；无漏后得智作意思维有分别影像所缘和无分别影像所缘两种境界。

对十地修行，本经用了"以楔出楔"的比喻，即"以其细楔出于粗楔"。关于此比喻，唯识典籍中有多种不同说法。测《疏》介绍说，若依《瑜伽论》，影像喻细楔，本质喻粗楔；身轻安为细楔，身粗重为粗楔。即以细楔遣于粗楔。若依真谛译世亲《摄论释》，以粗楔遣细楔，喻十地中以胜智遣劣智。若依玄奘译世亲《摄论释》，圣道喻细楔，杂染种子喻粗楔。关于本经此处比喻之意，圆测总结说，依上述观点解释此处经文，也有不同说法。一种说法是：此经意同真谛，以胜智楔出劣智楔。一种说法是：此经意同世亲，以圣智楔出惑楔。一种说法是：此经表面看，意同世亲；实际上，都不相违。即地前菩萨，得根本定，先以身轻安遣身粗重；再以定内细影遣外粗相，或以影像细相遣本粗相。地上菩萨，以真如观遣影像相，直至以无漏智遣诸烦恼。

菩萨十地修行中，就用"以楔出楔"的方法，不断除遣相缚和粗重缚。即由除遣定内细相，从而除遣"一切随顺杂染分相"。其中，"杂染分"即一切有漏法，"相"即相缚；相缚除遣，粗重缚也随之除遣。最终，通过十地除遣，完全除遣相缚和粗重缚，就证得阿耨多罗三藐三菩提，即证入究竟位（佛位）。

证入究竟位，又得所作成满所缘（即前所作成办所缘）。伦《记》说："此三为佛止观所缘，总名所作成满所缘。"即所作成满所缘是前有分别影像所缘、无分别影像所缘、事边际所缘三者圆满境界。但如前所说，所作成办所缘，是前三种所缘的圆满，也是佛地的第四种所缘，是四智心品功能的圆满。


## 2. 善知心引大威德

【原文】

慈氏菩萨复白佛言：世尊，云何修行引发菩萨广大威德？

善男子，若诸菩萨善知六处，便能引发菩萨所有广大威德。一者善知心生，二者善知心住，三者善知心出，四者善知心增，五者善知心减，六者善知方便。

云何善知心生？谓如实知十六行心生起差别，是名善知心生。十六行心生起差别者：一者，不可觉知、坚住、器识生，谓阿陀那识；二者，种种行相所缘识生，谓顿取一切色等境界分别意识，及顿取内外境界、觉受，或顿于一念、瞬息、须臾现入多定、见多佛土、见多如来分别意识；三者，小相所缘识生，谓欲界系识；四者，大相所缘识生，谓色界系识；五者，无量相所缘识生，谓空、识无边处系识；六者，微细相所缘识生，谓无所有处系识；七者，边际相所缘识生，谓非想非非想处系识；八者，无相识生，谓出世间及缘灭识；九者，苦俱行识生，谓地狱识；十者，杂受俱行识生，谓欲行识；十一、喜俱行识生，谓初、二静虑识；十二、乐俱行识生，谓第三静虑识；十三、不苦不乐俱行识生，谓从第四静虑乃至非想非非想处识；十四、染污俱行识生，谓诸烦恼及随烦恼相应识；十五、善俱行识生，谓信等相应识；十六、无记俱行识生，谓彼俱不相应识。

云何善知心住？谓如实知了别真如。

云何善知心出？谓如实知、出二种缚，所谓相缚及粗重缚。此能善知，应令其心从如是出。

云何善知心增？谓如实知能治相缚、粗重缚心，彼增长时、彼积集时，亦得增长、亦得积集，名善知增。

云何善知心减？谓如实知彼所对治相，及粗重所杂染心，彼衰退时、彼损减时，此亦衰退、此亦损减，名善知减。

云何善知方便？谓如实知解脱、胜处及与遍处，或修或遣[1]。

善男子，如是菩萨，于诸菩萨广大威德，或已引发，或当引发，或现引发。

## 【简注】

[ 1 ] 或修或遣：据测《疏》，"遣"指除遣修八解脱、八胜处、十遍处之障。据《略释》，修八解脱等，起胜解则除遣，反复起胜解反复除遣，"后后胜解转明转净，究竟显现"。

## 【今译】

慈氏菩萨又对佛说：世尊，如何修行引发菩萨广大威德？

善男子，若诸菩萨善知六处，便能引发菩萨所有广大威德。［所谓六处：］一是善知心生，二是善知心住，三是善知心出，四是善知心增，五是善知心减，六是善知方便。

什么是善知心生？即如实了知十六种现象中不同心的生起，此称善知心生。所谓十六种现象中不同心的生起：一是不可觉知、坚住、器识生，即阿陀那识。二是种种行相所缘识生，即顿取一切色等境界的分别意识，以及顿取内外境界和觉受的分别意识，或顿于一念、瞬息、须臾现量入多种定、见多佛土、见多如来的分别意识。三是小相所缘识生，即欲界系的识。四是大相所缘识生，即色界系的识。五是无量相所缘识生，即空无边处、识无边处系的识。六是微细相所缘识生，即无所有处系的识。七是边际相所缘识生，即非想非非想处系的识。八是无相识生，即出世识和缘灭识。九是苦俱行识生，即地狱的识。十是杂受俱行识生，即欲界现行的识。十一是喜俱行识生，即［色界的］初、二静虑的识。十二是乐俱行识生，即［色界］第三静虑的识。十三是不苦不乐俱行识生，即从［色界］第四静虑直至［无色界］非想非非想处的识。十四是染污俱行识生，即诸烦恼和随烦恼相应的识。十五是善俱行识生，即信等相应的识。十六是无记俱行识生，即与善和烦恼都不相应的识。

什么是善知心住？即如实知了别真如。

什么是善知心出？即如实了知和出离两种缚，所谓相缚和粗重缚。对此心能善知，应能使其心从两种缚中出离。

什么是善知心增？即如实知能治相缚和粗重缚的心，那［相缚和粗重缚］增长时和积集时，［此心］也能增长、也能积集，称善知增。

什么是善知心减？即如实知［被那］所对治的相缚和粗重缚所杂染的心，那［相缚和粗重缚］衰退时、损减时，此［心的杂染］也衰退、也损减，称善知减。

什么是善知方便？即如实知八解脱、八胜处和十遍处，或修习或除遣。

善男子，上述菩萨，对诸菩萨广大威德，能或已引发，或将引发，或现引发。

【评析】

此处宣说止观修习得大神通。由经文可知，获得大神通的关键是善知心。首先是善知种种心（"善知心生"），关键是善知第八阿赖耶识和第六识，善知三界六道的识，善知三性识。其次，心能认识真如（"善知心住"），能使心从相缚和粗重缚解脱（"善知心出"），能使心随时对治相缚和粗重缚（"善知心增""善知心减"），能使心掌握各种修行方法（"善知方便"）。能善知如上种种，就能获得大神通。

## 3. 涅槃永灭诸受

【原文】

慈氏菩萨复白佛言：世尊，如世尊说，于无余依涅槃界中，一切诸受无余永灭。何等诸受于此永灭？

善男子，以要言之，有二种受无余永灭。何等为二？一者所依粗重受，二者彼果境界受。

所依粗重受，当知有四种：一者有色所依受，二者无色所依受，三者果已成满粗重受，四者果未成满粗重受。果已成满受者，谓现在受。果未成满受者，谓未来因受。

彼果境界受，亦有四种：一者依持受，二者资具受，三者受用受，四者顾恋受。

于有余依涅槃界中，果未成满受一切已灭，领彼对治明触生受，领受共有，或复彼果已成满受。又二种受一切已灭，唯现领受明触生受，于无余依涅槃界中般涅槃时，此亦永灭。是故说言，于无余依涅槃界中，一切诸受无余永灭。

## 【今译】

慈氏菩萨又对佛说：世尊，如世尊说，在无余依涅槃界中，一切受无余［依涅槃时］永灭。是什么受在此永灭？

善男子，概要地说，有两种受无余［依涅槃时］永灭。哪两种呢？一是所依粗重受，二是彼果境界受。

所谓所依粗重受，当知有四种：一是［与五识相应的］有色所依受，二是［与第六识相应的］无色所依受，三是果已成满粗重受，四是果未成满粗重受。所谓果已成满受，即现在受。所谓果未成满受，即未来［能作］因［之］受。

彼果境界受，也有四种：一是［缘器世间之］依持受，二是［缘各种生活物资之］资具受，三是［缘现在种种之］受用受，四是［缘过去种种之］顾恋受。

在有余依涅槃界中，一切果未成满受都灭，只是领受由对治烦恼所生［无漏］受，也领受共有受，或［领受］那果已成满受。或者说，［所依粗重受与彼果境界受］两种受都灭，只现行领受对治烦恼所生［无漏］受，在无余依涅槃界中证入涅槃时，此［对治烦恼所生无漏受，乃至共有受等］也永灭。因此说，于无余依涅槃界中，一切诸受无余依［涅槃时］永灭。

## 【评析】

此处宣说入无余依涅槃所灭之受。本品说灭两种受：所依粗重受与彼果境界受。关于该二受，测《疏》说，都是有漏受，但有三种解释。一、两种受，体无差别，依六根名所依粗重受，依六境名彼果境界受。二、所依粗重受是种子受，彼果境界受是现行受。三、缘身内六根及诸境，名所依粗重受；缘身外六境，名彼果境界受。圆测取第三种说法。

所依粗重受，又有四种。据测《疏》，与上述三种解释相应，这四种受也有三种解释，第一种解释大体上与第三种相同。第二种解释是：有色所依受，指欲界与色界的受种子。无色所依受，指无色界的受种子。果已成满粗重受，指现在已生果的种子。果未成满粗重受，指未来能生果的受种子。第三种解释是：有色所依受，即五识相应受。无色所依受，即意识相应受。果已成满受，即过去无明、行等所生现在果之受。果未成满受，即业、烦恼相应能感未来因之受。

彼果境界受，也有四种。一、依持受，即缘器世间受。二、资具受，即缘衣、药等各种生活用品之受。三、受用受，有说是前两种受合说，有说是缘现在各种受。四、顾恋受，有说是贪恋财物之受，有说是缘过去种种之受。

在有余依涅槃中，还有什么受存在？一种说法是：有对治烦恼后生起的无漏受，还有共有受（依止器世间之受，乃至受用各种生活用品之受），还有果已成满受（即现已生果之种种受）。另一种说法是：有余依涅槃中，只有对治烦恼后所生的无漏受，没有其他受。

而在无余依涅槃中，对治烦恼所生受（包括共有受、果已成满受）也灭，所以说，无余依涅槃中，一切受永灭。

# 四、结语

【原文】

尔时，世尊说是语已，复告慈氏菩萨曰：善哉，善哉！善男子，汝今善能依止圆满、最极清净妙瑜伽道，请问如来，汝于瑜伽已得决定最极善巧。吾已为汝宣说圆满、最极清净妙瑜伽道，所有一切过去、未来正等觉者，已说、当说，皆亦如是。诸善男子，若善女人，皆应依此勇猛精进当正修学。

尔时，世尊欲重宣此义，而说颂曰：

于法假立瑜伽中，若行放逸失大义；

依止此法及瑜伽，若正修行得大觉。

见有所得求免难，若谓此见为得法，

慈氏彼去瑜伽远，譬如大地与虚空。

利生坚固而不作，悟已勤修利有情，

智者作此穷劫量，便得最上离染喜。

若人为欲而说法，彼名舍欲还取欲，

愚痴得法无价宝，反更游行而乞丐。

于诤喧杂戏论着，应舍发起上精进，

为度诸天及世间，于此瑜伽汝当学。

尔时，慈氏菩萨复白佛言：世尊，于是解深密法门中，当何名此教？我当云何奉持？

佛告慈氏菩萨曰：善男子，此名瑜伽了义之教。于此瑜伽了义之教，汝当奉持。

　　说此瑜伽了义教时，于大会中，有六百千众生，发阿耨
多罗三藐三菩提心；三百千声闻，远尘离垢，于诸法中得法眼
净；一百五十千声闻，诸漏永尽，心得解脱；七十五千菩萨，
获得广大瑜伽作意。

## 【今译】

　　当时，世尊说完这些话，又告诉慈氏菩萨：善哉，善哉！
善男子，你现今善于依止圆满、最为清净殊妙的瑜伽道，请问
如来，你对瑜伽道已获得确定性的最为善巧。我已为你宣说圆
满、最为清净殊妙的瑜伽道，所有一切过去、未来佛，［他们］
已说或将说［的瑜伽道］，都是如此。诸善男子，或善女人，
都应当依此勇猛精进正确修学。

　　当时，世尊要重新宣说此义，而说颂：

　　对由假安立的十二部经教法所说的瑜伽止观道，

　　若修行者放逸，就将丧失证涅槃之大利；

　　若依止此经教法及瑜伽止观道正确修行，

　　就能证得大菩提。

　　若依止观推寻，见有所得，［此类有情］难求解脱。

　　若说此［有所得］见已证真如，

　　慈氏，他们离瑜伽止观道之远，犹如大地远离天空。

　　［诸菩萨应］利益众生［之大悲心］坚固，

　　［而又］不作［利益众生之想］，

明白［此理］就能勤修利益有情［事业］。

智者无穷劫作［此利益有情事业］，

便能证得最上的离染之喜。

如果有人是为求［名闻利养之］欲而说法，

他们可说是［名义上］舍欲［而实际上］还是取欲，

［这些］愚痴者已得堪比无价宝之正法，

［犹如世间愚痴者已获无价宝，］反而到处游走去乞讨。

［诸菩萨］应舍弃对争论、喧杂、戏论的贪恋执着，

发起无上勇猛精进，为度诸天及世间［一切有情］，

对此止观，你们应当修学。

当时，慈氏菩萨又对佛说：世尊，在此解深密法门中，应当如何命名此教？我们应当如何奉持？

佛告诉慈氏菩萨：善男子，此名瑜伽了义之教。对此瑜伽了义之教，你们应当奉持。

说此瑜伽了义教时，在大会中，有六十万众生，发阿耨多罗三藐三菩提心；三十万声闻，远尘离垢，对诸法得法眼净；十五万声闻，诸漏永尽，心得解脱；七万五千菩萨，获得广大瑜伽作意。

## 【评析】

此处，如来首先对慈氏菩萨作了肯定和赞叹。

其次是五首结颂。第一颂大意：对止观，若放逸则不能解脱，若正修则能证大菩提。第二颂大意：见有所得，则不能

解脱。第三颂大意：诸菩萨应大悲心坚固，又不作利益众生之想，最终能得解脱。第四颂大意：菩萨不应为名闻利养而说法。第五颂大意：菩萨应舍弃争论、喧杂、戏论，发起最上精进，修学止观。

最后，如来命名此教法为瑜伽了义之教。众多有情闻此教法而获利益、证解脱。

# 地波罗蜜多[1]品第七

## 【题解】

本品在本经中，仍属境、行、果之行。"地波罗蜜多品"中的"地"，意谓住处、住持、生成，所以佛经中常用以表示修行阶位。关于十地，佛典中有多种说法，主要说法有：一、《大乘同性经》说声闻、辟支佛、菩萨都有十地（该经还说有如来十地，但如来十地是指如来的十种功德，并非如来还有修行阶位）。二、《大品般若经》等说有干慧地等十地，此十地包含了三乘的修行与果位，所以称三乘共十地。三、《华严经》《仁王般若经》与《合部金光明经》等说有欢喜地等十地，此十地专论菩萨修行阶位；本经的十地，也属此类。

本品宣说十一地修行（即证入菩萨十地与证入佛地），首先宣说诸地各种性质；然后宣说诸地修学内容，即六波罗蜜多。

本品宣说的诸地性质，大意为：（一）十一地中，慧不断增长，至佛地圆满。但前三地，增上意乐、戒、定的作用突出。（二）证入每一地（包括证入初地，直至证入佛地），都有各自特定的修习内容，修习圆满，即证入该地。（三）诸地都因其主要性质而得名。（四）证入每一地都需断两种愚痴和一种粗重。（五）诸地由增上意乐清净至威德清净等八种殊胜清净安立。（六）十地菩萨由"极净善根所集起"等四因缘，在一切有生的有情中最为殊胜；由"能善了知并速证涅槃"等四因缘，行广大愿、妙愿、胜愿。

其次是菩萨修学的内容，大意为：（一）菩萨应学六波罗蜜多。六波罗蜜多为戒定慧三学所摄。六波罗蜜多能增长福德、智慧两种资粮。修六波罗蜜多应具足"坚固的信解"等五种基础。（二）施设六波罗蜜多的原因，是为利益自他。施设其他四波罗蜜多的原因，是作六波罗蜜多的助伴。六波罗蜜多次序的安排，是为由前引后，直至圆满出世间慧。每一波罗蜜多又各有三种类别。（三）六波罗蜜多具有各种层次的清净性质，根本性的是五种清净相，其次是或总或别的七种清净相。五种清净相有"勤奋修行"等五种作用，以及最广大等五种性质。（四）波罗蜜多及其异熟果辗转相生无间断，菩萨深爱波罗蜜多而非异熟果。波罗蜜多具"能舍烦恼"等四种威德。波罗蜜多以大悲为因，以饶益有情为果，以能得大菩提为利益。此外，菩萨虽具无量财宝和大悲心，但众生贫穷由自业。此外，波罗蜜多能取诸法无自性性。最后，三种波罗蜜多对应的修行位次为：波罗蜜多对应于地前修行，近波罗蜜多对应于初地到八地修行，大波罗蜜多对应于八地到十地圆满的修行。

此外，本品还宣说了诸地所断烦恼。诸地具有害伴随眠、赢劣随眠、微细随眠等三种烦恼随眠。三种烦恼随眠由皮、肤、骨三种粗重断所显示。三种粗重需经三大劫才能断。最后，菩萨所具有的烦恼无染污性。

最后，本品又说了一乘密意。本经《无自性相品》也说一乘密意，本品也说一乘密意，二品所说，角度不同。《无自性相品》是从"道一"（即同依三无性之理修行）、"果一"（同证无余依涅槃）说一乘密意，而本品是从同依真如之理说一乘密意。虽然从不同角度都可说密意、说一乘，但如《无自性相品》所说，众生根机毕竟不同，所以最终证果也不相同。因此，一乘终究是方便说，三乘才是真实说。

## 【简注】

[1]波罗蜜多：与波罗蜜通用。诸经论中，有的用波罗蜜多，有的用波罗蜜，故本书引用时，依诸经论原用法，不作统一。

# 一、菩萨诸地

## （一）诸地修习

### 1. 四种清净
### 【原文】

尔时，观自在菩萨白佛言：世尊，如佛所说菩萨十地，所谓极喜地、离垢地、发光地、焰慧地、极难胜地、现前地、远行地、不动地、善慧地、法云地，复说佛地为第十一。如是诸地，几种清净？几分所摄？

尔时，世尊告观自在菩萨曰：善男子，当知诸地，四种清净，十一分摄。

云何名为四种清净能摄诸地？谓增上意乐清净摄于初地。

## 【今译】

当时，观自在菩萨对佛说：世尊，如佛所说菩萨十地，所谓极喜地、离垢地、发光地、焰慧地、极难胜地、现前地、远行地、不动地、善慧地、法云地，又说佛地为第十一地。上述诸地，属几种清净？几种［修习］分？

当时，世尊告诉观自在菩萨：善男子，当知上述诸地，属四种清净，十一种［修习］分。

为什么说四种清净能包括诸地？即极其清净的喜乐包括初地。

## 【评析】

此处以下宣说菩萨十地及佛地等诸地特征。菩萨地分为十地，但如将佛地也算入，则为十一地。

十地的"地"，按《瑜伽论》第四十七卷的说法，就是能"摄持菩萨"，能为菩萨"受用居处"。《成论》第九卷的解释是：能对菩萨修行作殊胜依持，使之生长。进而，为什么菩萨修行要分十地？《成论述记》第十卷说："何以地有十？断十障、修十相智、证十真如故。"

本经此处首先宣说四种清净与十一地的关系，而这主要是依戒定慧区分诸地。

四种清净中的第一种是增上意乐清净，此清净对应初地。

增上意乐是什么？真谛说是无分别智，《瑜伽论》第四十七卷说是胜解，世亲和无性都说是信、欲。按世亲的说法，意乐自体，谓欲、胜解：欲名希求，信名胜解（世亲《摄论释》卷七）。以此来看初地的意乐清净，初地为"证不退"位，欲和信就是对成佛的希求和信心，此欲和信在初地已坚定不退。至于真谛说是无分别智，按无性的说法，这是就对治而说，即得无分别智就是对治；而增上意乐的自体，则是信、欲（无性《摄论释》卷五）。

**【原文】**

　　**增上戒清净摄第二地。**

**【今译】**

　　极其清净的戒包括第二地。

**【评析】**

　　此处宣说第二种清净——增上戒清净。所谓"增上戒清净"，即戒律极其清净，完全无犯。增上戒清净对应第二地。第二地的特征，如本经下文所说"远离一切微细犯戒"。"微细犯"也称"微细误犯"。所谓"微细误犯"，伦《记》第二十一卷说："故犯名粗，误犯名细。"《成论述记》第十卷说，菩萨初地，性罪无犯，遮罪仍有误犯。可知犯性戒（重罪）是粗，犯遮戒（轻罪）是细。

**【原文】**

增上心清净摄第三地。

**【今译】**

极其清净的定包括第三地。

**【评析】**

此处宣说第三种清净——增上心清净。"增上心"指定，"增上心清净"就是定极其清净，也就是定具足。此清净对应三地。三地的特征，据《瑜伽论》第四十八卷，三地能得世俗的色界四静虑和无色界四定，以及四无量、五种神通，所以三地菩萨具足世间定。但在三地时间长了后，菩萨又会弃舍诸静虑等，还来欲界，度诸有情。该论还说，三地由内心净，能发光明，故而称增上心住，也称发光地。因此，增上心净摄第三地。

此外，就十地修十波罗蜜多来说，初地修布施，二地修持戒，三地修忍辱，四地修精进，五地修定。由此，《成论述记》第十卷讨论了这样一个问题：如果是第五地修定波罗蜜多，为何三地称为发光地？该论对此的解答是：定的障是三地除，定的成熟要到五地。

**【原文】**

增上慧清净于后后地转胜妙故，当知能摄从第四地乃至佛地。

善男子，当知如是四种清净普摄诸地。

## 【今译】

极其清净的慧，在此后各地，每一地都比前一地更殊胜奇妙，当知［极其清净的慧］能包括从第四地直至佛地。

善男子，当知如此四种清净，普遍包括诸地。

## 【评析】

此处宣说第四种清净——增上慧清净。增上慧清净包括从四地直至佛地。从四地到佛地，每一地的慧都比前一地更为增进，更为殊胜，《瑜伽论》第四十八卷对此有详尽论述。简略地说：第四地是觉分相应增上慧住，第五地是诸谛相应增上慧住，第六地是缘起相应增上慧住，第七地是有加行无相住，第八地是无加行无相住，第九地是四无碍解住，第十地是最上成满菩萨住，第十一地则是如来住。实际上，慧增进和圆满的过程，贯穿从初地到十地直至佛地。只是前三地，意乐、戒、定的作用显著，所以不说慧。初地生起无分别智，即是无漏慧生起；十地中无漏慧的增长，就是转识成智的过程，最终转得大菩提，或者说，四智心品圆满。

## 2. 十一分修

## 【原文】

云何名为十一种分能摄诸地？谓诸菩萨，先于胜解行地，依十法行，极善修习胜解忍故，超过彼地，证入菩萨正性离生。彼诸菩萨，由是因缘，此分圆满。

## 【今译】

为什么说十一种［修习］分能包括诸地？即诸菩萨，先在胜解行地，由依十法行，极为圆满地修习了胜解忍的缘故，超过胜解行地，证入菩萨正性离生。此类菩萨，由此因缘，此［第一］分［的修习］圆满。

## 【评析】

此处以下宣说十一分与十一地的关系。

首先，"地"与"分"，或者说，十一地与十一分，是异是同？伦《记》说两者相同，测《疏》说两者位同义异。从本经的论述来看，实际上是既有异又有同。

以初地与初分的关系为例，初地称"极喜地"，是指整个初地的状态；初分是"极善修习胜解忍"，是指达到初地需作的修习，初分修习圆满即证入初地。因此，"分"指修习内容，"地"指修习阶段，某"分"修习圆满，即进入某"地"。所以，"分"的起点在"地"之前，如初分的起点在初地之前的凡夫加行位；但"分"的终点则与"地"相合（即相同），这是两者的相通之处，如初分的终点就是初地。

以此类推，十一地与十一分的关系，每一分的起点是此前一地，终点即是此地，如二分就是从初地到二地的修习过程，修习圆满则进入二地。

由于"分"与"地"有相通之处，所以，本经下文也有用"地"代替"分"的说法，如十地断愚痴和粗重，说的就是证入某地时所断的愚痴和粗重。如初地断（分别）我执和（分别）法执愚痴，这不是说初地还有（分别）我执和（分别）法执需要断除，而是说断除凡夫的（分别）我执和（分别）法执，就证入初地。同样，第十一地（如来地）断极微细着和极微细碍愚痴，也不是说如来地还需修行断执，而是说断极微细执，就证入如来地。

此处是宣说初分修习，主要内容是："先于胜解行地，依十法行，极善修习胜解忍。"

"胜解行地"，指五十二位中的前四十位，或修行五位（即资粮位、加行位、通达位、修习位、究竟位）中的资粮位和加行位。

"十法行"，据《辩中边论》卷下，一是书写；二是供养；三是施他；四是若他诵读，专心谛听；五是自己阅读；六是受持；七是正确为他人解释文义；八是念诵；九是思维；十是修习。由此来看，"十法行"的修习，主要还是闻思修。

"胜解忍"，胜解即忍。其本体，真谛认为是见道位的根本无分别智；圆测认为是加行位的四善根或是增上忍及世第一；窥基认为，忍体是无分别智，但能得忍的是加行智。本经中，"修习胜解忍"是在"证入菩萨正性离生"之前，即在加行位，故以窥基解为准。

进而，"胜解忍"，也就是忍之胜解，由此也可说就是正见，在唯识论，就是唯识正见。因此上文意谓：在资粮位和加行位（或者说凡夫位）作闻思修，在加行位对唯识正见修行圆满，就能证入初地菩萨位。实际上，据其他唯识经典，如《成论》，证入初地，还包括通过修行断分别烦恼障和分别所知障的现行和种子等内容。但本经如前文说，证道是遣相证性，所以此处说，是修唯识正见，即修唯识正见以遣相。"极善修习胜解忍"，即修唯识正见圆满，由此而证入初地。

证入初地，本经说是"证入菩萨正性离生"。"正性离生"，按圆测的解释，"正性"就是无漏圣道，与邪性相反，名为"正性"。见道位所断烦恼，损害有情，犹如宿食，称之为"生"；无漏圣道能断见道位所断烦恼，所以说"正性离生"。

由此来看，"此分圆满"，是说证入初地。即如果将每地分为入、住、出三阶段，那么，"此分圆满"是说入时，而不是指住时和出时。以下十分，都是如此。

## 【原文】

而未能于微细毁犯误现行中正知而行，由是因缘，于此分中犹未圆满。为令此分得圆满故，精勤修习便能证得。彼诸菩萨，由是因缘，此分圆满。

## 【今译】

但［初地尚］未能对微细毁犯误犯现行正确了知，行为无犯，由此因缘，［菩萨］对此［第二］分中［的修习内容］，还未［修习］圆满。为使此分获得圆满，［菩萨］精勤修习，便能证得。那些菩萨，由此因缘，此［第二］分［修习］圆满。

## 【评析】

此处宣说第二分修习，主要是得戒圆满，即对戒律的微细误犯也没有了，即"能于微细毁犯误现行中正知而行"。而在初地，菩萨戒虽已清净，没有故意违反的，但仍不免有误犯。

关于初地与二地在戒律清净方面的差异，世亲《摄论释》第七卷说，初地是思择护戒；二地性戒成就，一切犯戒都完全远离。《成论述记》第十卷说，菩萨初地已离粗犯戒，二地对微细误犯戒也能全离。《述记》进而讨论了这样一个问题：声闻乘的初果已具足性戒，为什么菩萨初地还说未具足性戒？《述记》回答：有两种说法。一、初地菩萨的性戒，大部分已成就，但仍有误犯微细戒的过失。二、性罪（性戒）已完全无犯，遮罪（遮戒）仍有误犯。性戒就是对佛教与世间公认的重大罪恶的禁戒，遮戒就是为佛教信众制定的特定的轻罪禁戒，到二地，对遮戒的微细误犯也全部消除。

第二分修行就是要得戒圆满，不再误犯，证增上戒住。菩萨由第二分修习，戒圆满，而证入二地。

## 【原文】

而未能得世间圆满等持、等至，及圆满闻持陀罗尼，由是

因缘，于此分中犹未圆满。为令此分得圆满故，精勤修习便能
证得。彼诸菩萨，由是因缘，此分圆满。

## 【今译】

但［二地尚］未能获得世间圆满等持和等至，以及圆满闻
持陀罗尼，由此因缘，［菩萨］对此［第三］分中［的修习内
容］，还未［修习］圆满。为使此分获得圆满，［菩萨］精勤修
习，便能证得。此类菩萨，由此因缘，此［第三］分［修习］
圆满。

## 【评析】

此处宣说第三分修习，主要包括得世间定圆满与陀罗尼
圆满。

世间定的名称和类别繁多，本经只说了两种：等持与等至。
等持，梵音三摩地，离昏沉和掉举名"等"，持心令住一境名
"等持"。等至，梵音三摩钵底，"等"义同前，"至"意谓至极，
寂静至极处名为"等至"。两者的关系，可参考《瑜伽论》。

《瑜伽论》的十七地中有三摩呬多地。梵音三摩呬多，意
谓"等引"，即离昏沉、掉举等，能引平等，或由平等所引发。
三摩呬多地所包含的内容，该论第十一卷说："此地中略有四
种：一者静虑，二者解脱，三者等持，四者等至。静虑者，
谓四静虑……解脱者，谓八解脱……等持者，谓三三摩地：
一、空，二、无愿，三、无相；复有三种，谓有寻有伺、无寻唯

伺、无寻无伺……等至者，谓五现见三摩钵底、八胜处三摩钵底、十遍处三摩钵底、四无色三摩钵底、无想三摩钵底、灭尽定等三摩钵底。"

由此可见，等引地基本上将等持和等至都包括在内了，但也略有差别。等持（三摩地），是别境心所中的一种，包括一切有心位中的心一境性，通散位和定位。因此，等持不包括无想定和灭尽定，但包括欲界散心位中的心一境性和色界、无色界的一切有心定。等至（三摩钵底）则只指定位中的各种定，包括有心定和无心定（即无想定和火尽定），但不包括欲界散心位中的心一境性。等引（三摩呬多）可将等持和等至包括在内，但只指定位，所以也不包括等持的欲界中的心一境性。由于等引可包括定位中的一切功德，因此，《瑜伽论》将其列为十七地中的一地，作为定位的代表。

而《了义灯》第八卷更列举了定的七种名称，其中，除"等引""等持""等至"外，第四是"静虑"，通有心定和无心定、有漏及无漏、有染及不染，专指色界四地之定。第五是"心一境性"，即"等持"。第六是"奢摩他"，只指"有心净定"，既不指无心定，也不指欲界散心的"心一境性"。第七是"现法乐住"，专指色界中四根本静虑，不包括未至定、中间定等。

第三分修习的虽是世间定圆满，但这并不是说从初地到三地，菩萨不修出世间定，只修世间定，而是说世间定至三地得以圆满。此外，按十地修十波罗蜜多来说，修定是在第五地，为何三地名为发光？如前所说，《成论述记》第十卷的解答是：

三地消除了定的障碍，五地成熟定。

第三分修习的另一项内容是陀罗尼圆满。陀罗尼，意译为总持，具有能持能遮的作用，即能持善法不失，能遮恶法不起。《瑜伽论》第四十五卷列举了四陀罗尼：（一）法陀罗尼，能记忆经句不忘。（二）义陀罗尼，能理解经义不忘。（三）咒陀罗尼，依禅定力起咒术，能消除众生之灾厄。（四）忍陀罗尼，通达诸法离言实相，了知其本性，忍法性而不失。在四种陀罗尼中，法与义陀罗尼以念与慧为体，咒陀罗尼以定为体，忍陀罗尼以无分别智为体。

定、陀罗尼圆满与三慧的关系，按圆测的说法，陀罗尼是闻、思慧生起之因，等持、等至是修慧生起之因。

## 【原文】

而未能令随所获得菩提分法多修习住，心未能舍诸等至爱及与法爱，由是因缘，于此分中犹未圆满。为令此分得圆满故，精勤修习便能证得。彼诸菩萨，由是因缘，此分圆满。

## 【今译】

但［三地尚］未能使菩萨对所得菩提分法经常修习安住，心未能弃舍对各种禅定的贪爱和对法的贪爱，由此因缘，［菩萨］对此［第四］分中［的修习内容］，还未［修习］圆满。为使此分获得圆满，［菩萨］精勤修习，便能证得。此类菩萨，由此因缘，此［第四］分［修习］圆满。

## 【评析】

此处宣说第四分修习，主要包括安住最胜菩提分法、舍弃定爱与法爱。

如前所说，第四分是修慧，菩提分法就是慧。《成论述记》第十卷说，初地修布施，二地修持戒，三地修定，与世间修行相似。四地修得菩提分法，方名出世，所以称"安住最胜菩提分法"。此外，修慧以定为基础，而第三分修定时，会产生定爱和法爱。此定爱和法爱会障碍修慧，所以第四分修习，还要断除定爱和法爱。定爱、法爱，三地在增长，入四地时永断，因此，入四地而能"安住最胜菩提分法"。

## 【原文】

而未能于诸谛道理如实观察，又未能于生死涅槃弃舍一向背趣作意，又未能修方便所摄菩提分法，由是因缘，于此分中犹未圆满。为令此分得圆满故，精勤修习便能证得。彼诸菩萨，由是因缘，此分圆满。

## 【今译】

但［四地尚］未能对诸谛道理如实观察，又未能弃舍一向厌离生死作意和一向求趣涅槃作意，又未能修方便所属的菩提分法，由此因缘，［菩萨］对此［第五］分中［的修习内容］，

还未［修习］圆满。为使此分获得圆满，［菩萨］精勤修习，便
能证得。此类菩萨，由此因缘，此［第五］分［修习］圆满。

## 【评析】

此处宣说第五分修习，主要包括三点：

一、如实观察诸谛。诸谛，包括四谛与二谛。四谛即苦集
灭道谛。二谛即是真谛与俗谛。四地虽得三十七菩提分，但
还未对四谛等如实观察，因此还有生死、涅槃的差别。第五
地称为"极难胜地"，本经的说法是，菩提分法难修难得，现
能证得，故极其殊胜。其他唯识典籍对此还有多种说法，详见
下文。

二、弃舍一向背生死、趣涅槃的作意。从学佛修行开始，
佛教信众一直希望离生死、证涅槃。到五地，则远离了上述将
生死与涅槃视为两途的想法，证得生死与涅槃不二的实相。

三、能修方便菩提分法。菩提分法有两种：一是根本菩提
分法，即三十七道品，在第四地圆满。二是方便菩提分法，有
三种，按《佛说十地经》第四卷的说法：一是无厌足，善集功
德行助道。二是无休息精进，常求智能行助道。三是无厌倦意
乐，集大慈悲行助道。

入第五地，上述三项都得成就。

## 【原文】

*而未能于生死流转如实观察，又由于彼多生厌故未能多*

住无相作意，由是因缘，于此分中犹未圆满。为令此分得圆满故，精勤修习便能证得。彼诸菩萨，由是因缘，此分圆满。

## 【今译】

但〔五地尚〕未能对生死流转如实观察，又因对生死流转多生厌恶而未能多住无相作意，由此因缘，〔菩萨〕对此〔第六〕分中〔的修习内容〕，还未〔修习〕圆满。为使此分获得圆满，〔菩萨〕精勤修习，便能证得。此类菩萨，由此因缘，此〔第六〕分〔修习〕圆满。

## 【评析】

此处宣说第六分修习，主要包括能对生死流转如实观察、能多住无相作意。

如实观生死流转，即观十二缘起。观生死流转，本是有相作意，但到六地，在作生死流转观时，也能经常住于无相作意，如《成论》说："住缘起智，引无分别最胜般若，令现前故。"

## 【原文】

而未能令无相作意无缺无间多修习住，由是因缘，于此分中犹未圆满。为令此分得圆满故，精勤修习便能证得。彼诸菩萨，由是因缘，此分圆满。

## 【今译】

但［六地尚］未能在修习中使无相作意无缺失无间断地长住，由此因缘，［菩萨］对此［第七］分中［的修习内容］，还未［修习］圆满。为使此分获得圆满，［菩萨］精勤修习，便能证得。此类菩萨，由此因缘，此［第七］分［修习］圆满，

## 【评析】

此处宣说第七分修习，主要是通过修习，安住在无相作意连续而不间断的境界中。

即第六地中，无相作意已能经常现起，但还有间断，到第七地，无相作意能连续无间断地现起，得纯无相观。此无相观，初地无分别智缘真如时即现起，但此时有相观（即观一切法）不现起；其后，二至四地，都是如此，无相观与有相观不能同时现起。到第五地，有相观现起，缘一切法时，无相观也能勉强现起，即无相观与有相观能同时现起；第六地缘一切法时，无相观能长时间现起；第七地缘一切法时，无相观能无间无断地现起。所以，《成论》第九卷说，此地"至无相住功用后边，出过世间二乘道故"，即七地已超出了世间与二乘的一切境界。

## 【原文】

而未能于无相住中舍离功用，又未能得于相自在，由是因缘，于此分中犹未圆满。为令此分得圆满故，精勤修习便能证

得。彼诸菩萨，由是因缘，此分圆满。

## 【今译】

但［七地尚］未能在无相住中舍离功用，又未能获得对相的自在，由此因缘，［菩萨］对此［第八］分中［的修习内容］，还未［修习］圆满。为使此分获得圆满，［菩萨］精勤修习，便能证得。此类菩萨，由此因缘，此［第八］分［修习］圆满。

## 【评析】

此处宣说第八分修习，主要包括能在无相住中舍离功用、能得对相的自在。即第八地的无相观，不但能连续不断生起，还能不作任何功用，任运（即自然）生起，这是与第七地无相观的差别；第七地中虽然无相观也能连续生起，但还有功用（即还要有努力，才能使其生起）。所以，无性《摄论释》第七卷说，因为有功用，所以还会有烦恼；而第八地的无相观，不作功用即能生起，所以无烦恼。

"于相自在"中的"相"，《成论》第九卷解作化身化土相；真谛译的世亲《摄论释》第十卷作自利利他相。

## 【原文】

而未能于异名、众相、训词差别、一切品类宣说法中得大自在，由是因缘，于此分中犹未圆满。为令此分得圆满故，精勤修习便能证得。彼诸菩萨，由是因缘，此分圆满。

## 【今译】

　　但［八地尚］未能对不同名称［的法］、各种现象［的义］、各种不同解释的词、对法的一切种类宣说中，得大自在，由此因缘，［菩萨］对此［第九］分中［的修习内容］，还未［修习］圆满。为使此分获得圆满，［菩萨］精勤修习，便能证得。此类菩萨，由此因缘，此［第九］分［修习］圆满。

## 【评析】

　　此处宣说第九分修习，主要是四无碍（四无碍解或四无碍辩）。经中说，"能于异名、众相、训词差别、一切品类宣说法中得大自在"，其中，"异名……中得大自在"，指法无碍；"众相……中得大自在"，指义无碍；"训词差别……中得大自在"，指词无碍；"一切品类宣说法中得大自在"，指乐说无碍（或称辩才无碍）。所以，第九分修习圆满，就能证入九地，得四无碍解或四无碍辩，能在十方世界说法。

## 【原文】

　　而未能得圆满法身现前证受，由是因缘，于此分中犹未圆满。为令此分得圆满故，精勤修习便能证得。彼诸菩萨，由是因缘，此分圆满。

【今译】

但［九地尚］未能获得圆满法身现前证受，由此因缘，［菩萨］对此［第十］分中［的修习内容］，还未［修习］圆满。为使此分获得圆满，［菩萨］精勤修习，便能证得。此类菩萨，由此因缘，此［第十］分［修习］圆满。

【评析】

此处宣说第十分修习，主要是能现证圆满法身。所谓"圆满法身"，《杂集论》第十二卷解释说，法身，在第十地称圆满，在如来地称成就。

【原文】

而未能得遍于一切所知境界无着无碍妙智妙见，由是因缘，于此分中犹未圆满。为令此分得圆满故，精勤修习便能证得。由是因缘，此分圆满。此分满故，于一切分皆得圆满。

善男子，当知如是十一种分普摄诸地。

【今译】

但［十地尚］未能获得遍于一切所知境界无着无碍的妙智妙见，由此因缘，［菩萨］对此［第十一］分中［的修习内容］，还未［修习］圆满。为使此分获得圆满，［菩萨］精勤修习，便能证得。由此因缘，此［第十一］分［修习］圆满。此分圆满，对一切分都获得圆满。

善男子，当知如此十一种分，普遍包含诸地。

**【评析】**

此处宣说第十一分修习，主要内容为，能得对于一切所知境界无着无碍的妙智妙见，也就是佛的遍知一切的智见。

## （二）诸地得名

**【原文】**

观自在菩萨复白佛言：世尊，何缘最初名极喜地？乃至何缘说名佛地？

佛告观自在菩萨曰：善男子，成就大义，得未曾得出世间心，生大欢喜，是故最初名极喜地。

**【今译】**

观自在菩萨又对佛说：世尊，是何缘故［十地中的］最初地称为极喜地？直至是何缘故［第十一地］称为佛地？

佛告诉观自在菩萨：善男子，［初地的特征是］成就［无上自利利他行］大利，获得了从未曾得的［根本无分别智］出世间心，生大欢喜，因此最初地称为极喜地。

**【评析】**

此处以下宣说十地中各地的名称由来及主要特点。此处是初地，初地名极喜地。此"极喜"含义，有多种说法。本经说二义："成就大义"（即成就自利利他）、"得未曾得出世间心"（即证得无漏智）。此外，也有说一义，如《仁王经》第一卷说证二谛平等之理，《摄论》卷下说成办自利利他义殊胜功德，《显扬论》第三卷说证得无上现观，《十住婆沙论》第一卷说始得善法味。也有说三义，如《成论》第九卷说："初获圣性，具证二空，能益自他。"更有说九义、十义等，如《十地经论》。

【原文】

　　远离一切微细犯戒，是故第二名离垢地。

【今译】

　　［二地的特征是］远离一切微细犯戒，因此，第二地称离垢地。

【评析】

　　此处宣说二地的名称由来及主要特点。二地名离垢地，主要指远离误犯一切微细戒。但也有一些不同说法，如《十地经论》第四卷说："远离悭嫉破戒垢心。"《十住婆沙论》第一卷说："行十善道，离诸垢故。"

【原文】

　　由彼所得三摩地及闻持陀罗尼，能为无量智光依止，是故第三名发光地。

**【今译】**

　　[三地的特征是] 由离垢所得的三摩地和闻持陀罗尼，能为无量智光依止，因此，第三地称发光地。

**【评析】**

　　此处宣说三地的名称由来及主要特点。三地名发光地，此地的主要特征是：得定和得陀罗尼。所得之定，能成为修慧之依止，或者说，能发修慧之光；所得闻持陀罗尼，能成为闻慧和思慧之依止，或者说，能发闻慧和思慧之光。由于三地能使闻思修三慧之光显发，故名发光地。

**【原文】**

　　**由彼所得菩提分法，烧诸烦恼，智如火焰，是故第四名焰慧地。**

**【今译】**

　　[四地的特征是] 由其所得的菩提分法，烧各种烦恼，智慧如火焰，因此，第四地称焰慧地。

**【评析】**

　　此处宣说四地的名称由来及主要特点。四地名焰慧地，此地的主要特征是：由入四地所得的菩提分法，烧诸烦恼，就如火焰烧薪一般。世亲《摄论释》第七卷说：四地菩提分法"能烧一切根本烦恼及随烦恼，皆为灰烬"。测《疏》解释说，这只是指伏诸烦恼现行，不是断尽诸烦恼种子，因为《摄论》说"留惑至惑尽"，也就是说，断尽烦恼种子要到十地圆满。

**【原文】**

由即于彼菩提分法方便修习，最极艰难方得自在，是故第五名极难胜地。

**【今译】**

［五地的特征是］对那些方便菩提分法，由作最为艰难的修习，方得自在，因此，第五地称极难胜地。

**【评析】**

此处宣说五地的名称由来及主要特点。五地名极难胜地，此"极难胜"有多种说法。本经说"极难胜"，是说菩提分法难修难得，现能证得，故极其殊胜。而《合部金光明经》第三卷是说，修方便胜智困难而又殊胜，断烦恼难。《十地经论》第七卷等是说，五地善根，为下地善根、二乘善根、世间善根都不能及。《庄严论》第十三卷则是说，教化众生困难而又殊胜。《摄论》卷下说，根本智与后得智性质相违，在五地前都是独自生起，即一智生起另一不生起，到五地开始能同时生起，而要使二者同时生起是非常困难又非常殊胜的事，所以称难胜。而到六地，二智能同时长时生起，到七地，则无间断生起。《成论》也同此意。而按本经的说法，没说五地二智同时生起；到六地，后得智观流转的一切法时，根本智"方现在前"，所以二智同时现前是在六地。七地，二智无间断地同时生起。此中差异，《摄论》分得更为细致：五地，二智刚开始同时生起；六地，二智能同时长时生起；七地，则二智同时无间断地生起。

## 【原文】

现前观察诸行流转，又于无相多修作意方现在前，是故第六名现前地。

## 【今译】

［六地的特征是］当前观察一切现象的流转，又对无相多修作意方现在前，因此，第六地称现前地。

## 【评析】

此处宣说六地的名称由来及主要特点。六地名现前地，关于"现前地"，本经说："现前观察诸行流转，又于无相多修作意方现在前。"即观一切缘起法时，无相真如也显现在前，这是从所缘说。如果从能缘说，就是根本智与后得智同时显现在前，这称为现前地。《摄论》与《成论》也都在这个意义上

说现前地。("方现在前"表明，本经是说，六地，二智方同时
生起；而《摄论》《成论》则说，五地，二智同时生起。)《庄
严论》第十三卷则是说，不住生死涅槃观慧现前，名现前地。
《十住婆沙论》说，此地障魔事已结束，诸菩萨道法皆现在前。

六地是二智同时生起，因此，实际上是既有根本智的无相
观，也有后得智的有相观。但由于后得智由根本智而生，是根
本智的等流，因此，根本智（无相智）的无相观更为殊胜、更
为难得。由此，经论多侧重于无相观而说，如本经此处说六地
无相作意现在前，说七地无相作意无缺无间，或者如《摄论》
卷下说"般若波罗蜜多现在前"。

## 【原文】

能远证入无缺无间无相作意，与清净地共相邻接，是故第
七名远行地。

## 【今译】

［七地的特征是］能远［超出凡夫和二乘，］证入无缺失无
间断的无相作意，与清净［第八］地共相邻接，因此，第七地
称远行地。

## 【评析】

此处宣说七地的名称由来及主要特点。七地名远行地，关
于"远行地"主要的解释，本经是说，在后得智缘一切法时，

根本智（无相作意）也能无缺无间；此外，此地与清净地（八地）共相邻接。由此二义，称为远行地。而《成论》第九卷是说，此前诸地对无相住都有功用，此地对无相住所作的功用已到最后，即八地以上对无相住已无功用，所以此地超出了世间和二乘道，因此称远行地。

【原文】

　　由于无相得无功用，于诸相中不为现行烦恼所动，是故第八名不动地。

【今译】

　　[八地的特征是] 由对无相得无功用，在诸相中不为现行烦恼所动，因此，第八地称不动地。

【评析】

　　此处宣说八地的名称由来及主要特点。八地名不动地，本经的说法是："由于无相得无功用，于诸相中不为现行烦恼所动。"即无相观能任运而起，不由功用；也不再为现行烦恼所动，即烦恼再也不能现行生起。

【原文】

　　于一切种说法自在，获得无碍广大智慧，是故第九名善慧地。

【今译】

　　［九地的特征是］对一切种说法自在，获得无碍广大智慧，因此第九地称善慧地。

【评析】

　　此处宣说九地的名称由来及主要特点。九地名善慧地，本经说："于一切种说法自在，获得无碍广大智慧，是故第九名善慧地。"此处的"说法自在"，《庄严论》第十三卷作过描述："菩萨于九地中四无碍慧最为殊胜，于一刹那顷三千世界所有人天异类、异音、异义、异问，此地菩萨能以一音普答众问，遍断众疑，由此说善，故名善慧地。"其中，四无碍慧即法无碍慧、义无碍慧、词无碍慧、辩无碍慧。无性《摄论释》第七卷解释说："由法无碍，自在了知一切法句。由义无碍，自在通达一切义理。由词无碍，自在分别一切言词。由辩无碍，遍于十方随其所宜自在辩说。"

【原文】

　　*粗重之身广如虚空，法身圆满，譬如大云皆能遍覆，是故第十名法云地。*

【今译】

　　［十地的特征是］粗重之身广如虚空，法身圆满，就如大云都能完全覆蔽，因此，第十地称法云地。

## 【评析】

此处宣说十地的名称由来及主要特点。十地名法云地，关于"法云地"，本经的说法是：众生充满烦恼的身是粗重身，无量众生粗重身如虚空无量无边，而十地菩萨的圆满法身犹如大云，能覆盖全部众生界，为众生说法示现，所以第十地称法云地。而据测《疏》，除本经的说法外，法云地还有多种解释。一、《合部金光明经》第三卷："法身如虚空，智慧如大云。"二、《十地经论》第十二卷：如来秘密法门犹如云雨，只有十地菩萨能受。或者，十地菩萨能起大慈云，降大法雨，为众生解难度化。三、《庄严论》第十三卷：陀罗尼、三摩地所摄闻熏习因，犹如浮云，遍满阿赖耶识，犹如浮云满虚空，此闻熏习因能降无量无边法雨。四、世亲、无性《摄论释》第七卷：总缘一切法的大法智，犹如大云，含藏众陀罗尼、三摩地功德水，如大云含水。

## 【原文】

永断最极微细烦恼及所知障，无着无碍，于一切种所知境界现正等觉，故第十一说名佛地。

## 【今译】

[十一地的特征是] 永断最最微细的烦恼障和所知障 [种子]，无着无碍，对一切种所知境界现正等觉，因此，第十一地称为佛地。

**【评析】**

此处宣说佛地的名称由来及主要特点。佛地的名称由来，本经说："永断最极微细烦恼及所知障，无着无碍，于一切种所知境界现正等觉，故第十一说名佛地。"

圆测解释，佛具五义：一、具真俗智。二、离二种障。三、达真俗境。四、具自他觉。五、离无明故慧得解脱，如睡梦觉；断贪欲故心得解脱，如莲华开。而本经说四义：一、离二障，如经中说"永断最极微细烦恼及所知障"。二、具二智，即生空智与法空智，如经中说"无着无碍"。三、达真俗境，如经中说"于一切种所知境界"。四、具自他觉，如经中说"现正等觉"。

## （三）诸地对治

**【原文】**

观自在菩萨复白佛言：于此诸地，有几愚痴、有几粗重为所对治？

佛告观自在菩萨曰：善男子，此诸地中，有二十二种愚痴、十一种粗重为所对治。

谓于初地，有二愚痴：一者执着补特伽罗及法愚痴，二者恶趣杂染愚痴；及彼粗重，为所对治。

**【今译】**

观自在菩萨又对佛说：在这些地中，有几种愚痴、有几种粗重是所对治？

佛告诉观自在菩萨：善男子，这些地中，有二十二种愚痴、十一种粗重是所对治。

即在初地，有两种愚痴：一是执着补特伽罗及法愚痴，二是恶趣杂染愚痴；以及它们的粗重，为所对治。

## 【评析】

此处以下宣说十一地所要对治之障。此障包括每地两种愚痴及一种粗重，十一地共二十二种愚痴及十一种粗重。粗重，真谛《摄论释》第十卷译作"粗重报"，测《疏》和伦《记》都指出"粗重报"是翻译错误，梵文没有"报"字。以下主要按《成论》所说来释诸地对治的愚痴及粗重。

此处是初地所要对治的两种愚痴及一种粗重：一、执着补特伽罗及法愚痴；二、恶趣杂染愚痴；三、上述两种愚痴之粗重。

一、执着补特伽罗及法愚痴，也称执着我、法愚痴，也就是凡夫性障。凡夫都有我执和法执，入初地（见道位）时，即断分别我执和分别法执的现行和种子，也就是断凡夫性障，证入圣位。

二、恶趣杂染愚痴。"杂染"，一些佛典中取狭义说法，即指恶业之果报；但广义地理解，如《成论述记》第十卷所说，还包括善趣。依此而言，"恶趣杂染"即是三界、六趣、四生，即为善恶业之业果。菩萨入初地，就是由凡入圣，永断生死流转和善恶业报。

上述愚痴，有两种解释。（一）包括愚痴及其所生果。如执着我法是愚痴，善恶业果本身不是愚痴，但业是愚痴所起，果是愚痴所感，都属愚品，所以也都称为愚痴。（二）不包括所生果，仅指愚痴，此时愚痴即无明。而上述两种愚痴，就是与五利使或五钝使共起的愚痴。五利使即身见、边执见、邪见、见取见、戒禁取见，五钝使即贪、嗔、痴、慢、疑（其中痴就是愚痴，也称无明）。与五利障共起的愚痴（无明），是执着我法愚；与五钝障共起的愚痴（无明），是恶趣杂染愚。

三、粗重，就是上述两种愚痴之粗重。粗重有两种解释：（一）粗重是种子。按此定义，初地所断粗重，即为分别我执和分别法执的种子，以及善恶业报的种子。（二）粗重是无堪任性，即由诸烦恼带来的低劣无能性。此无堪任性，既不是现行，也不是种子（而是由烦恼种子引起）。就如病毒性感冒，病毒被杀了，感冒的症状也消失了，但人还是很疲软，不能像正常人那样有力量。这种疲软状态，就相当于无堪任性。十地粗重，都如此处所说，以下不再重复。

此外，《成论》说："异生性障，意取所知。"即凡夫性障是指见道位所断的分别所知障。实际上，初地所断，还包括（分别）烦恼障，但烦恼障是与二乘共同所断，所以此处不说。此外，初地还断修道位所断的俱生所知障，但现在是说入初地，而入初地时还是见道位，所以只断见道位所断的凡夫性障；到初地中出见道位入修道位时，还断修道位所断的俱生所知障，但此处也不先说了。以下九地所断，都指入地时断。

**【原文】**

　　于第二地，有二愚痴：一者微细误犯愚痴，二者种种业趣愚痴；及彼粗重，为所对治。

**【今译】**

　　在第二地，有两种愚痴：一是微细误犯愚痴，二是种种业趣愚痴；以及它们的粗重，为所对治。

**【评析】**

　　此处宣说二地所要对治的两种愚痴及一种粗重。两种愚痴是：一、微细误犯愚痴；二、种种业趣愚痴。

　　按《成论》，此地所断两种愚痴有两说。第一种说法是：微细误犯愚痴，即是俱生所知障一分（十地所断所知障，分十分，每地断一分）。而种种业趣愚痴，即由以上愚痴所起误犯（身口意）三业。初地误犯三业，是由所知障引发，是有覆无记性，不招生死异熟果报（凡夫三业，由烦恼障引发，招异熟果报）。十地中所知障，都是如此，不引异熟果，但能覆障圣道，障证大菩提，故须一分一分断，直至断尽。此外，此处"种种业趣"之"趣"，并非五趣六道之"趣"，而是取其能障二地清净戒，而比喻为恶"趣"。

　　二地所断愚痴的第二种说法是：微细误犯愚痴指误犯三业

之愚痴，种种业趣愚痴指不了业之愚痴。

【原文】

于第三地，有二愚痴：一者欲贪愚痴，二者圆满闻持陀罗尼愚痴；及彼粗重，为所对治。

【今译】

在第三地，有两种愚痴：一是欲贪愚痴，二是圆满闻持陀罗尼愚痴；以及它们的粗重，为所对治。

【评析】

此处宣说三地所要对治的两种愚痴及一种粗重。两种愚痴是：一、欲贪愚痴；二、圆满闻持陀罗尼愚痴。

一、欲贪愚，就是能障三地定及修慧的所知障。该所知障往昔多与欲贪同在，所以称欲贪愚，但实际不是烦恼障，而是所知障。入三地，得胜定及修慧，该所知障既永断，欲贪也随之而伏，因为此欲贪烦恼无始来依此所知障而生起。

二、圆满陀罗尼愚，就是能障三地总持的闻慧和思慧的愚痴。当然，此愚痴实际也障修慧，只是障闻慧和思慧作用明显。

【原文】

于第四地，有二愚痴：一者等至爱愚痴，二者法爱愚痴；及彼粗重，为所对治。

## 【今译】

在第四地，有两种愚痴：一是等至爱愚痴，二是法爱愚痴；以及它们的粗重，为所对治。

## 【评析】

此处宣说四地所要对治的两种愚痴及一种粗重。两种愚痴是：一、等至爱愚痴；二、法爱愚痴。所以，此地所断两种愚痴，即定爱与法爱愚痴。

四地之障，名为"微细烦恼现行障"，但《成论》解释说，此障仍属所知障，该所知障因为过去世多与第六识中任运而生的"身见等"同体生起，就称其为"微细烦恼现行障"。而"身见等"之"等"，不只是指贪、痴、慢及其他随烦恼，也包括定爱、法爱。此定爱、法爱，三地尚增，入四地时，方能永断，这是因为四地的菩提分法与定爱、法爱完全相违；同时，与第六识共起的俱生"身见"也永远断灭。

## 【原文】

于第五地，有二愚痴：一者一向作意弃背生死愚痴，二者一向作意趣向涅槃愚痴；及彼粗重，为所对治。

## 【今译】

在第五地，有两种愚痴：一是一向作意弃背生死愚痴，二是一向作意趣向涅槃愚痴；以及它们的粗重，为所对治。

**【评析】**

此处宣说五地所要对治的两种愚痴及一种粗重。两种愚痴是：一、一向作意弃背生死愚痴；二、一向作意趣向涅槃愚痴。

此地所断两种愚痴为厌生死与乐涅槃愚痴。四地依菩提分观，观四念住等及无漏道等，由此而厌生死、欣涅槃。此种厌欣仍属俱生所知障，障五地缘无差别真如的无差别道，所以入五地时，便永断此二愚痴。

**【原文】**

于第六地，有二愚痴：一者现前观察诸行流转愚痴，二者相多现行愚痴；及彼粗重，为所对治。

**【今译】**

在第六地，有两种愚痴：一是现前观察诸行流转愚痴，二是相多现行愚痴；以及它们的粗重，为所对治。

**【评析】**

此处宣说六地所要对治的两种愚痴及一种粗重。两种愚痴是：一、现前观察诸行流转愚痴；二、相多现行愚痴。

一、现前观察诸行流转愚痴。"诸行流转"，即苦、集行流转相，属染分。此愚痴即执有染分，或者说，执着苦谛与集谛，从而执染相为障。

二、相多现行愚痴。"相多现行"，即五地中，后得智作无漏有相净观，净相多现行，因而不能长时住无相观。故此愚痴，即执着灭谛与道谛，从而执净相为障。

总之，第五地观四谛，但仍执有染净，此为俱生所知障之一分，障六地缘无染净真如的无染净道，所以入六地时，此二愚痴便永断。

## 【原文】

于第七地，有二愚痴：一者微细相现行愚痴，二者一向无相作意方便愚痴；及彼粗重，为所对治。

## 【今译】

在第七地，有两种愚痴：一是微细相现行愚痴，二是一向无相作意方便愚痴；以及它们的粗重，为所对治。

## 【评析】

此处宣说七地所要对治的两种愚痴及一种粗重。两种愚痴是：一、微细相现行愚痴；二、一向无相作意方便愚痴。

一、微细相现行愚痴，即执有生，取流转细生相。

二、一向无相作意方便愚痴，即执有灭，取还灭细灭相，纯于无相作意勤求，执着空而未能起诸殊胜之行。此二愚痴也是俱生所知障之一分，因六地观流转还灭，尚执有生灭细相现行，障七地妙无相道，入七地时，便能永断。

## 【原文】

于第八地，有二愚痴：一者于无相作功用愚痴，二者于相自在愚痴；及彼粗重，为所对治。

## 【今译】

在第八地，有两种愚痴：一是于无相作功用愚痴，二是于相自在愚痴；以及它们的粗重，为所对治。

## 【评析】

此处宣说八地所要对治的两种愚痴及一种粗重。两种愚痴是：一、于无相作功用愚痴；二、于相自在愚痴。

第七地作无相观，虽能使无相无间断连续生起，但仍有功用，不能使无相任运现起，这就是"于无相作功用愚痴"。由于在无相中有加行，不能任运显现身相和净土相，这就是"于有相不得自在障"。此二愚痴，也是俱生所知障之一分。

据《成论》，十地之前五地，有相观多，无相观少；于第六地，有相观少，无相观多；第七地中，纯无相观虽恒相续，而有加行。此加行障八地中无功用道，所以入第八地时，便能永断。此二愚痴永断，便得二自在，即无相任运现起，身相和净土相任运显现。

## 【原文】

于第九地，有二愚痴：一者于无量说法、无量法句文字、后后慧辩陀罗尼自在愚痴，二者辩才自在愚痴；及彼粗重，为所对治。

## 【今译】

在第九地，有两种愚痴：一是于无量说法、无量法句文字、后后慧辩陀罗尼自在愚痴，二是辩才自在愚痴；以及它们的粗重，为所对治。

## 【评析】

此处宣说九地所要对治的两种愚痴及一种粗重。两种愚痴是：一、于无量说法、无量法句文字、后后慧辩陀罗尼自在愚痴；二、辩才自在愚痴。

这两种愚痴，就是对四无碍解的愚痴，其中，"于无量所说法……陀罗尼自在"，即义无碍解；"于无量法句文字……陀罗尼自在"，即法无碍解；"于后后慧辩陀罗尼自在"，即词无碍解；"辩才自在"，即辩无碍解。而四无碍解即为：于一义中现一切义，于一名句字中现一切名句字，于一音声中现一切音声，能善达机宜、巧为说法。此二愚也是俱生所知障之一分，能障四种自在，使菩萨在利乐有情事中不愿勤行，只乐于自己修行。此二愚障第九地四无碍解，所以入九地时，便能永断。

## 【原文】

于第十地，有二愚痴：一者大神通愚痴，二者悟入微细秘密愚痴；及彼粗重，为所对治。

【今译】

在第十地，有两种愚痴：一是大神通愚痴，二是悟入微细秘密愚痴；以及它们的粗重，为所对治。

【评析】

此处宣说十地所要对治的两种愚痴及一种粗重。两种愚痴是：一、大神通愚痴；二、悟入微细秘密愚痴。

一、大神通愚痴，即障大神通的愚痴。

二、悟入微细秘密愚痴，如经中说，是"障大法智云及所含藏者"。其中，"大法"，即真如；"大法智云"即缘真如之智；"及所含藏"，即陀罗尼门、三摩地门诸功德等。此二愚痴也是俱生所知障之一分，使菩萨于诸法不得自在，障十地大法智云及所含藏功德、所生起神通，所以入十地时，便能永断。

【原文】

于如来地，有二愚痴：一者于一切所知境界极微细着愚痴，二者极微细碍愚痴；及彼粗重，为所对治。

善男子，由此二十二种愚痴及十一种粗重故，安立诸地，而阿耨多罗三藐三菩提离彼系缚。

观自在菩萨复白佛言：世尊，阿耨多罗三藐三菩提，甚奇希有，乃至成就大利大果，令诸菩萨能破如是大愚痴罗网，能越如是大粗重稠林，现前证得阿耨多罗三藐三菩提。

**【今译】**

入如来地，有两种愚痴：一是于一切所知境界极微细着愚痴，二是极微细碍愚痴；以及它们的粗重，为所对治。

善男子，由此二十二种愚痴以及十一种粗重，安立诸地，而阿耨多罗三藐三菩提能断这些系缚。

观自在菩萨又对佛说：世尊，阿耨多罗三藐三菩提，极其稀有，最终能成就大利益大果报，使一切菩萨能破如此大愚痴之罗网，能超越如此大粗重之稠林，现量证得阿耨多罗三藐三菩提。

**【评析】**

此处宣说佛地所要对治的两种愚痴及一种粗重。两种愚痴是：一、于一切所知境界极微细着愚痴；二、极微细碍愚痴。

按测《疏》，"于一切所知境界极微细着愚痴"，就是俱生微所知障。"极微细碍愚痴"，就是任运烦恼障种（伦《记》解释正与测《疏》相反）。第十地犹有俱生微所知障及有任运烦恼障种，金刚喻定现在前时，二障及种子皆顿断，入如来地。

最后，上述二十二种愚痴及十一种粗重，一地一地断，至佛地（即证得阿耨多罗三藐三菩提）则全部断除。

## （四）诸地殊胜

**【原文】**

观自在菩萨复白佛言：世尊，如是诸地，几种殊胜之所安立？

佛告观自在菩萨曰：善男子，略有八种。一者增上意乐清净，二者心清净，三者悲清净，四者至彼岸清净，五者见佛供养承事清净，六者成熟有情清净，七者生清净，八者威德清净。

善男子，于初地中所有增上意乐清净乃至威德清净，后后诸地乃至佛地所有增上意乐清净乃至威德清净，当知彼诸清净展转增胜，唯于佛地除生清净。

又初地中所有功德，于上诸地平等皆有，当知自地功德殊胜。

一切菩萨十地功德皆是有上，佛地功德当知无上。

## 【今译】

观自在菩萨又对佛说：世尊，如上诸地，由几种殊胜所安立？

佛告诉观自在菩萨：善男子，大略有八种。一是增上意乐清净，二是心清净，三是悲清净，四是至彼岸清净，五是见佛供养承事清净，六是成熟有情清净，七是生清净，八是威德清净。

善男子，在初地中的所有增上意乐清净直至威德清净，以后诸地直至佛地的所有增上意乐清净直至威德清净，当知那些清净，［后地与前地相比，］一地比一地增胜，只是在佛地要除去生清净。

此外，初地中的所有功德，在其上诸地都是同样具有，［但］当知［每一地都有］自地［的尤为］殊胜的功德。

一切菩萨十地的功德都是有上，佛地功德当知无上。

**【评析】**

此处宣说十一地之殊胜，共有八种清净。

一是增上意乐清净，如前四种清净中所说。

二是心清净，即四静虑与四无色定。佛典中一般说定为心学。

三是悲清净，即是四无量中的悲无量。悲与大悲的差别，小乘与大乘典籍中有许多说法。如《庄严论》第九卷说大悲有六种含义：一是平等，二是常恒，三是深极，四是随顺，五是净道，六是不得。平等，指对包括乐受在内的众生所有的受，都知是苦。常恒，指即使无余依涅槃，大悲亦无尽。深极，指入地诸菩萨得自他平等。随顺，指对一切众生苦如理拔济。净道，指所对治烦恼得断除。不得，指得无生忍时，诸法不可得。

依说一切有部的《俱舍论》等，大悲只是如来有。但大乘说菩萨亦有大悲。对此，《大智度论》第二十七卷说，菩萨的大慈大悲，与佛相比为小，与二乘相比为大，所以是假名为大。佛大慈大悲是真实最大。

四是到彼岸清净，即菩萨地的六波罗蜜多、十波罗蜜多等。

五是见佛、供养、承事清净。《十地经论》第三卷说，菩萨大愿无余有三：一、见一切佛无余；二、一切供养无余；三、一切恭敬无余。其中，见佛无余，就是见应身佛、报身佛、法身佛。供养有三：（一）利养供养，即衣服卧具等；（二）恭敬供养，即香华幡盖等；（三）行供养，即修行信戒行等。恭敬亦有三种：（一）给侍恭敬；（二）迎送恭敬；（三）修行恭敬。

六是成熟有情清净，包括四摄法等。所指内容，有多种说法，其中，四摄法是布施摄、爱语摄、利行摄、同事摄。一、布施，若有众生乐财，则布施财；若乐法，则布施法。二、爱语，依众生之根性而善言慰喻。三、利行，菩萨行身口意善行，利益众生。四、同事，菩萨亲近众生，同其苦乐，并以法眼见众生根性，示现随其所乐见之形象，使其同沾利益。"四事摄"，指菩萨通过上述四种方式，使众生生起亲近爱慕之心，而追随菩萨受道。

七是生清净，指诸菩萨为利益有情，受种种生。《瑜伽论》第四十八卷说，诸菩萨有五种生。一、除灾生，指诸菩萨以大愿力或自在力，在饥馑时，作大鱼等，以肉施予饥饿众生；在疾病乃至瘟疫流行时，作大药王，医治一切有情疾疫；在战争时，作一方之主，息除战争。二、随类生，指诸菩萨以大愿力或自在力，生于六趣种种类中，教化其行善。三、大势生，指诸菩萨出生世间，寿量、形象、门第、地位、财富等，在一切世间都最为殊胜。四、增上生，指诸菩萨从初地至十地作诸王。具体而言：初地菩萨生为阎浮提王，二地生为转轮圣王，三地生为忉利天王，四地生为夜摩天王，五地生为兜率天王，六地生为善化自在天王，七地生为他化自在天王，八地生为第二禅大梵天王，九地生为第三禅大梵天王，十地生为大自在天王（诸典籍对此说法大体相同，稍有差异）。五、最后生，指诸菩萨于此生中，菩提资粮已极圆满，或生婆罗门、刹利家，现等正觉而成佛。

八是威德清净。威德即威力。佛菩萨威力有多种说法，主要为三种：一、圣威力。即佛菩萨得定自在，依定自在，随其所欲一切事成。二、法威力。其中，"法"就是六种波罗蜜多；"法威力"即诸波罗蜜多有广大果，有大胜利。三、俱生威力。即佛菩萨过去世已集广大福德资粮，证得俱生甚稀奇法。

此外，从初地到佛地，这八种清净，每一地都有，且前后相比，一地比一地增胜。但到佛地，只有七种，即除生清净，因为佛已不受生。另一方面，虽然十地中每一地都有八种清净，但每一地也都有一种特别殊胜，如初地为布施殊胜，二地为持戒殊胜，等等。

最后，十地功德虽为殊胜，但与佛地相比，仍为"有上"，而佛地功德则为"无上"。

## （五）菩萨殊胜

### 1. 生殊胜

### 【原文】

观自在菩萨复白佛言：世尊，何因缘故，说菩萨生于诸有生最为殊胜？

佛告观自在菩萨曰：善男子，四因缘故。一者极净善根所集起故，二者故意思择力所取故，三者悲愍济度诸众生故，四者自能无染除他染故。

## 【今译】

观自在菩萨又对佛说：世尊，是什么原因，说菩萨生在各种有生的有情中最为殊胜？

佛告诉观自在菩萨：善男子，是四种原因。[即菩萨生，]一是极清净善根所集起，二是故意思择力所取，三是悲愍济度一切众生，四是自己能无污染并除他人污染。

## 【评析】

此处宣说菩萨在一切有生之有情中最为殊胜。经中说，有四种原因。一、菩萨之生是由求大菩提之极净善根所积集而受生。二、"故意思择"，即由愿力而受生。这两种是地上菩萨受生的直接原因。三、悲愍众生，希望能救度众生而受生。四、"自能无染除他染"，因为地上菩萨已断分别烦恼障和分别所知障，自己已无染污，故能消除他染污。

这四种殊胜，是依除灾生等五种生说。《庄严论》第十三卷说，菩萨受生有四：一、业力生，二、愿力生，三、定力生，四、通力生。业力生，指十信、十行位菩萨，业力自在，想生哪里就生哪里。愿力生，指地上菩萨，愿力自在，为成熟其他有情，受畜生趣等生。定力生，指得定菩萨，定力自在，故舍色界、无色界，而往欲界受生。通力生，指得神通力菩萨，神通自在，能在兜率天等，示现诸相而受生。此处说的菩萨受生，是除业力生外的其他三种生。

## 2. 愿殊胜

### 【原文】

观自在菩萨复白佛言：世尊，何因缘故，说诸菩萨行广大愿、妙愿、胜愿？

佛告观自在菩萨曰：善男子，四因缘故。谓诸菩萨能善了知涅槃乐住，堪能速证；而复弃舍速证乐住；无缘无待发大愿心；为欲利益诸有情故，处多种种长时大苦。是故我说彼诸菩萨行广大愿、妙愿、胜愿。

### 【今译】

观自在菩萨又对佛说：世尊，是何种因缘，说诸菩萨行广大愿、妙愿、胜愿？

佛告诉观自在菩萨：善男子，由四种因缘。即诸菩萨能善了知涅槃，乐住涅槃，能够迅速证得涅槃；又弃舍迅速证得并乐住涅槃；无缘无待发大愿心；为了利益一切有情，处于多种多样的长时大苦中。因此我说此类菩萨行广大愿、妙愿、胜愿。

### 【评析】

此处宣说菩萨行之愿所依因缘。本经说，依四种因缘。第一是能证涅槃，即由无分别智不住生死。第二是不证涅槃，常起大悲以度有情。第三是无缘无待发大愿心。圆测解释为："不缘报恩，不待报恩，而起大悲。"《深密解脱经》第四卷翻译为："不为报恩而发大心。"第四是为利益有情而累劫受种种大苦，如前所说除灾生等。

此外，菩萨行之愿有三种：广大愿、妙愿、胜愿。但对此三愿，有不同说法。

一、缘诸众生，名为大愿，所缘广故。上求菩提，名为妙愿，愿妙觉故。这两种愿总称胜愿，超过二乘愿及地前愿。

二、三愿是据经中的四种因缘而说。第一因缘和第二因缘，即不证涅槃、不离生死，表示广大愿。第三因缘，即无缘无待，表示妙愿。第四因缘，即为利益有情而累劫受种种大苦，表示胜愿。

三、此三愿同体，根据不同含义而说有三种，即所缘广，名为广愿；胜二乘，名妙愿和胜愿。

# 二、菩萨学事

## （一）六度修学

### 1. 六度应学

【原文】

观自在菩萨复白佛言：世尊，是诸菩萨凡有几种所应学事？

佛告观自在菩萨曰：善男子，菩萨学事略有六种，所谓布施、持戒、忍辱、精进、静虑、智慧到彼岸

## 【今译】

观自在菩萨又对佛说：世尊，所有这些菩萨有几种应学之事？

佛告诉观自在菩萨：善男子，菩萨应学之事大略有六种，所谓布施［波罗蜜多］、持戒［波罗蜜多］、忍辱［波罗蜜多］、精进［波罗蜜多］、静虑［波罗蜜多］、智慧波罗蜜多。

## 【评析】

此处宣说波罗蜜多。波罗蜜多，又作"波罗蜜"，意译为到彼岸。波罗蜜多有六种或十种。凡夫位修行一般说六种，亦称六度，即布施、持戒、忍辱、精进、静虑、智慧。菩萨位修行则说十种，即在六种之上再加四种：方便、愿、力、智。

波罗蜜多是菩萨修行成佛的方法，所以被称为到彼岸。波罗蜜多的殊胜，诸论有众多说法。如《摄论》卷中说："此诸波罗蜜多……于诸世间、声闻、独觉施等善根，最为殊胜，能到彼岸，是故通称波罗蜜多。"世亲解释说，超诸世间、声闻、独觉施等彼岸，所以通名波罗蜜多。《杂集论》第十一卷说波罗蜜多殊胜：一、自体最胜，二、方便最胜，三、果最胜。

## 2. 六度三学

## 【原文】

观自在菩萨复白佛言：世尊，如是六种所应学事，几是增上戒学所摄？几是增上心学所摄？几是增上慧学所摄？

佛告观自在菩萨曰：善男子，当知初三但是增上戒学所摄，静虑一种但是增上心学所摄，慧是增上慧学所摄，我说精进遍于一切。

【今译】

观自在菩萨又对佛说：世尊，如上六种应学之事，几种是增上戒学所属？几种是增上心学所属？几种是增上慧学所属？

佛告诉观自在菩萨：善男子，当知第一到第三种，只是增上戒学所属；静虑一种，只是增上心学所属；慧是增上慧学所属。我说精进普遍存在于戒、定、慧三学中。

【评析】

此处宣说六波罗蜜多与戒定慧三学的关系。

"增上戒学"等中的"增上"，是最胜义。《瑜伽论》第二十八卷说："唯于圣教独有此三，不共外道，如是名为最胜义故，名为增上。"

六度与三学的关系，本经的说法是：戒学包括布施、持戒、忍辱三项，其中，布施是戒资粮，持戒是戒自性，忍辱是戒眷属。静虑即定学。般若是慧学。精进则普遍存在于三学中，因为精进能策励三学。

而《瑜伽论》第四十九卷则说，戒学包括布施、持戒、忍辱与精进四项，其中，精进是戒守护。静虑即定学，般若是慧学，与上相同。

《摄论》卷中则说："如是六种波罗蜜多互相决择……谓于一切波罗蜜多修加行中，皆有一切波罗蜜多互相助成。"所以，每一波罗蜜多都包含其他五种波罗蜜多。

《成论》第九卷从四方面讨论了波罗蜜多（十度）与三学的关系：一、从自性摄来说，戒只摄戒，定摄静虑，慧摄后五。二、从助伴摄来说，十波罗蜜多都相互相摄。三、从随用摄来说，戒摄前三，定摄静虑，慧摄后五，精进遍存戒定慧，如本经所说。四、从随显摄来说，戒摄前四，定摄静虑，慧摄后五，如《瑜伽论》所说。《成论》此处的说法，是将以上几种说法作了总结，指出它们互不相违。

### 3. 六度福慧

【原文】

观自在菩萨复白佛言：世尊，如是六种所应学事，几是福德资粮所摄？几是智慧资粮所摄？

佛告观自在菩萨曰：善男子，若增上戒学所摄者，是名福德资粮所摄。若增上慧学所摄者，是名智慧资粮所摄。我说精进、静虑二种，遍于一切。

【今译】

观自在菩萨又对佛说：世尊，如上六种应学之事，几种是福德资粮所属？几种是智慧资粮所属？

　　佛告诉观自在菩萨：善男子，若是增上戒学所属的，此称福德资粮所属。若是增上慧学所属的，此称智慧资粮所属。我说精进和静虑两种，普遍存在于福德资粮和智慧资粮中。

## 【评析】

　　此处宣说六波罗蜜多与福德、智慧两种资粮的关系。关于二者的关系，有众多说法，测《疏》总结了八种。本经此处说，增上戒学（包括布施、持戒、忍辱）属福德资粮，增上慧学属智慧资粮，至于精进与静虑，则属两种资粮。《瑜伽论》第三十六卷进一步解释说，若依精进修布施、持戒、忍辱及慈等四无量，即为福分；若依精进修习闻慧、思慧、修慧及蕴、界等种种善巧，即为智分。若依静虑修习慈等四种无量，即为福分；若依静虑修习蕴、界等种种善巧，即为智分。

## 4. 五相修学

## 【原文】

　　观自在菩萨复白佛言：世尊，于此六种所学事中，菩萨云何应当修学？

　　佛告观自在菩萨曰：善男子，由五种相应当修学。一者，最初于菩萨藏波罗蜜多 [1] 相应微妙正法教中，猛利信解；二者，次于十种法行，以闻思修所成妙智精进修行；三者，随护菩提之心；四者，亲近真善知识；五者，无间勤修善品。

## 【简注】

[ 1 ] 菩萨藏波罗蜜多：狭义是指十二部经中的方广分，广义是指大乘
　　教法。

## 【今译】

观自在菩萨又对佛说：世尊，在此六种所学之事中，菩萨
应当如何修学？

佛告诉观自在菩萨：善男子，应当从五方面修学。一、最
初对与菩萨藏波罗蜜多相应的微妙正法教导，生起强烈信心和
深入理解；二、其次，对十种法行，以闻思修所成的妙智精进
修行；三是随时保护菩提之心；四是亲近真正的善知识；五是
不间断地勤奋修善品。

## 【评析】

此处宣说修学六波罗蜜多应有的五种态度。

一、对大乘波罗蜜多教法，能深信不疑，深入理解。

二、勤修十法行。关于三慧与十法行的关系，有两种说法。
（一）依《相续解脱经》《深密解脱经》等，十法行就是三慧。
（二）依《辩中边论》卷下，三慧是正观，十法行是助伴。圆
测认为，后说为正解。

三、时时刻刻护持菩提心，使不退失。

四、亲近真正的善知识。关于真正的善知识，《瑜伽论》
第四十四卷提出了八项特征：一是住戒。二是多闻。三是具

证，即已得止观。四是哀愍，即具慈悲心，能弃舍自己的定境，精勤无怠地利益他人。五是无畏，即为他人宣说正法时，不生恐惧。六是堪忍，对他人轻视嘲笑等种种恶行，都能忍受。七是无倦，宣说正法，心不厌倦。八是善词，能圆满说法。

而亲近真正的善知识，应做到四点：一是对善知识随时供侍，敬爱深信。二是对善知识随时殷勤敬问礼拜。三是对善知识随时如法供养生活物资。四是对善知识随时往诣，恭敬承事，请问听受法义。

五、无间勤修善品，即不间断地勤奋修习善法。

关于此五相，圆测说，本经的意思，要修六度，需具五相：（一）对圣教要深信并理解。（二）已信圣教，修十供养，发三种慧。（三）随护善根，使不退失。（四）亲近善知识。（五）不间断地勤奋修习，使波罗蜜多迅速圆满。

## （二）六度类别

### 1. 六数因缘
【原文】

观自在菩萨复白佛言：世尊，何因缘故，施设如是所应学事但有六数？

佛告观自在菩萨曰：善男子，二因缘故。一者饶益诸有情故，二者对治诸烦恼故。当知前三饶益有情，后三对治一切烦恼。前三饶益诸有情者，谓诸菩萨，由布施故，摄受资具，饶益有情；由持戒故，不行损害逼迫恼乱，饶益有情；由忍辱故，于彼损害逼迫恼乱，堪能忍受，饶益有情。后三对治诸烦恼者，谓诸菩萨，由精进故，虽未永伏一切烦恼，亦未永害一切随眠，而能勇猛修诸善品，彼诸烦恼不能倾动善品加行；由静虑故，永伏烦恼；由般若故，永害随眠。

【今译】

观自在菩萨又对佛说：世尊，是何因缘，施设如上应学之事只有六种？

佛告诉观自在菩萨：善男子，有两种因缘。一是饶益一切有情，二是对治一切烦恼。当知前三事是饶益有情，后三事是对治一切烦恼。所谓前三事饶益一切有情，即诸菩萨，因为布施，摄受资具，饶益有情；因为持戒，不行损害逼迫恼乱，饶益有情；因为忍辱，对有情的损害逼迫恼乱，能够忍受，饶益有情。所谓后三事对治一切烦恼，即诸菩萨修精进，虽不能［像静虑那样］永远制伏一切烦恼现行，也不能［像般若那样］永断一切烦恼种子，但由于能勇猛修各种善品，那些烦恼不再盲动，善品则不断增长；［此外，诸菩萨］由修静虑，能永远制伏烦恼现行；由修般若，能永远断除烦恼种子。

【评析】

此处宣说六种波罗蜜多的作用。实际上，菩萨所修波罗蜜多为十种，但这六种是根本性的，后四种下一段将作论述。经中说，六波罗蜜多的作用有两种：一是为了利益诸有情，二是为了对治自己的一切烦恼。前三种波罗蜜多，即布施、持戒、忍辱，是利益有情，因为布施能为诸有情提供物质帮助（这是布施的最基本功能，但布施不止于此）；持戒能不损害其他有情，由此而利益有情；忍辱能忍受其他有情的损害，由此而利益有情。而后三种波罗蜜多，即精进、静虑、般若，是对治自己的一切烦恼。即由精进而勤修一切善法，使自己的各种烦恼（贪、嗔、痴等）不再蠢蠢欲动；静虑能制伏一切烦恼的现行；而般若能断灭一切烦恼的种子。

此外，说波罗蜜多数量为六，不增不减，除本经所说二义外，其他佛典还说有一义、三义、四义等。

## 2. 所余四度
【原文】

观自在菩萨复白佛言：世尊，何因缘故，施设所余波罗蜜多，但有四数？

佛告观自在菩萨曰：善男子，由前六种波罗蜜多为助伴故。谓诸菩萨于前三种波罗蜜多所摄有情，以诸摄事[1]方便善巧而摄受之，安置善品，是故我说方便善巧波罗蜜多与前三种而为助伴。

若诸菩萨于现法中烦恼多故，于修无间无有堪能；赢劣意乐故，下界胜解故，于内心住无有堪能；于菩萨藏不能闻缘善修习故，所有静虑不能引发出世间慧。彼便摄受少分狭劣福德资粮，为未来世烦恼轻微，心生正愿，如是名愿波罗蜜多。由此愿故，烦恼微薄，能修精进，是故我说愿波罗蜜多与精进波罗蜜多而为助伴。

若诸菩萨亲近善士、听闻正法、如理作意为因缘故，转劣意乐成胜意乐，亦能获得上界胜解，如是名力波罗蜜多。由此力故，于内心住有所堪能，是故我说力波罗蜜多与静虑波罗蜜多而为助伴。

若诸菩萨于菩萨藏，已能闻缘善修习故，能发静虑，如是名智波罗蜜多。由此智故，堪能引发出世间慧，是故我说智波罗蜜多与慧波罗蜜多而为助伴。

## 【简注】

[1] 摄事：有二释。一、指四摄法，即布施、爱语、利行、同事。二、不限于四摄法，通说种种方便摄受。

## 【今译】

观自在菩萨又对佛说：世尊，是何因缘，[在六种波罗蜜多外] 施设其余的波罗蜜多只有 [方便、愿、力、智] 四种?

佛告诉观自在菩萨：善男子，是要作为前六种波罗蜜多的助伴 [施设其余四种]。即诸菩萨对 [六种中的] 前三种波罗蜜多所摄的有情，以各种摄事，方便善巧地教化，使他们心处善法中，因此我说，方便善巧波罗蜜多是作为前三种波罗蜜多的助伴。

　　若诸菩萨在现世生活中，由于烦恼很多，没有能力无间断地修法；或者，由于意愿低劣，由于只有欲界的理解能力，没有能力使内心安定，致使对菩萨藏［的正法教导］不能依闻［思］善巧地修习，所有的静虑不能引发出世间慧。他们便［以修前三种波罗蜜多］积累的少量的低劣的福德资粮，为未来世能烦恼轻微，心生正愿，如此称为愿波罗蜜多。因为依此愿，烦恼微薄，能修精进，所以我说愿波罗蜜多是作为精进波罗蜜多的助伴。

　　若诸菩萨以亲近善士、听闻正法、如理作意作为因缘，转变低劣的意愿成殊胜的意愿，也能获得色界和无色界的理解能力，如此称为力波罗蜜多。因为依此力，有能力使内心安定，所以我说力波罗蜜多是作为静虑波罗蜜多的助伴。

　　若诸菩萨对菩萨藏［的正法教导］，已能闻［思］并依之善巧地修习，所以能引发静虑，如此称为智波罗蜜多。因为依此智，有能力引发出世间慧，所以我说智波罗蜜多是作为慧罗蜜多的助伴。

## 【评析】

　　此处宣说后四种波罗蜜多。波罗蜜多，略说为六种，详说则是十种，增加的四种，即方便波罗蜜多、愿波罗蜜多、力波罗蜜多、智波罗蜜多。如本经所说，这四种波罗蜜多，实际是辅助前六种波罗蜜多。

　　首先，方便波罗蜜多是辅助布施、持戒、忍辱三波罗蜜多。按本经所说，此三波罗蜜多是利益众生，所以，方便波罗蜜多的作用也是利益众生。方便就是善巧的方法，菩萨在众生中修习与施行布施等前三波罗蜜多时，更以方便法门，善巧地引导这些众生，使他们过着向善的生活。

此外，愿、力、智波罗蜜多，分别辅助精进、静虑、般若，按本经所说，此三波罗蜜多是对治自己的一切烦恼。其中，愿辅助精进，如本经说，愿就是愿自己未来世能烦恼轻微，从而精进修行；力辅助静虑，力就是有使内心安住的力量，所以能辅助静虑；而智辅助般若，按本经所说，智能引发出世间慧。

这十种波罗蜜多，实际上是每一地都修十种，但根据作用显著，说每一地修一种。这样，十波罗蜜多就分别对应十地的每一地，作为每一地的主要修行内容。所以，《成论》说："此但有十不增减者，谓十地中，对治十障、证十真如，无增减故。"

关于十波罗蜜多与六波罗蜜多的关系，后四种实际属于第六般若波罗蜜多，两者区别在于：第六般若属根本智，后四种属后得智。

### 3. 六度次第

【原文】

观自在菩萨复白佛言：世尊，何因缘故，宣说六种波罗蜜多如是次第？

佛告观自在菩萨曰：善男子，能为后后引发依故。谓诸菩
萨若于身财无所顾吝，便能受持清净禁戒；为护禁戒，便修忍
辱；修忍辱已，能发精进；发精进已，能办静虑；具静虑已，
便能获得出世间慧：是故我说波罗蜜多如是次第。

【今译】

观自在菩萨又对佛说：世尊，是何原因，所说的六种波罗
蜜多依如此顺序？

佛告诉观自在菩萨：善男子，[六种波罗蜜多如此顺序，]
是因为前对后能作为引发之依。即诸菩萨若对身财无所顾吝，
便能受持清净禁戒；为护禁戒，便修忍辱；修忍辱后，能发精
进；发精进后，能成就静虑；具静虑后，便能获得出世间慧：
因此我说波罗蜜多如此顺序。

【评析】

此处宣说六波罗蜜多修行次第。据测《疏》，六波罗蜜多
次第，诸经论有不同说法。有的以一义来说，即本经，还有
本经的其他两个译本，以及玄奘译《摄论》及二部释论，这
些经论都是从由前引发后来说。有的以二义来说，如真谛译
《摄论》，即：一、引发次第，与本经相同。二、持净次第，即
前波罗蜜多由后波罗蜜多所清净。有的以三义来说，如《瑜
伽论》第四十九卷等：一、对治，二、生起，三、得果。或者
如《杂集论》第十一卷：一、引发，二、持净，三、粗细。所

谓粗细，即六波罗蜜多中，前为粗，后为细。有的以四义来说，如《成论》第九卷：一、引发，二、持净，三、粗细，四、易难。所谓易难，即六波罗蜜多中，前为易，后为难。由此可见，在六波罗蜜多次第的各种解释中，本经的说法是最基本的。

## 4. 六度种类

【原文】

观自在菩萨复白佛言：世尊，如是六种波罗蜜多，各有几种品类差别？

佛告观自在菩萨曰：善男子，各有三种。

施三种者，一者法施，二者财施，三者无畏施。

戒三种者，一者转舍不善戒，二者转生善戒，三者转生饶益有情戒。

忍三种者，一者耐怨害忍，二者安受苦忍，三者谛察法忍。

精进三种者，一者被甲精进，二者转生善法加行精进，三者饶益有情加行精进。

静虑三种者，一者无分别寂静极寂静无罪故对治烦恼众苦乐住静虑，二者引发功德静虑，三者引发饶益有情静虑。

慧三种者，一者缘世俗谛慧，二者缘胜义谛慧，三者缘饶益有情慧。

## 【今译】

观自在菩萨又对佛说：世尊，如此六种波罗蜜多，各有几种品类差别？

佛告诉观自在菩萨：善男子，各有三种。

所谓施三种：一是法施，二是财施，三是无畏施。

所谓戒三种：一是转舍不善戒，二是转生善戒，三是转生饶益有情戒。

所谓忍三种：一是耐怨害忍，二是安受苦忍，三是谛察法忍。

所谓精进三种：一是被甲精进，二是转生善法加行精进，三是饶益有情加行精进。

所谓静虑三种：一是无分别寂静，因是极其寂静，无罪，对治烦恼各种苦，乐住静虑；二是引发功德静虑；三是引发饶益有情静虑。

所谓慧三种：一是缘世俗谛慧，二是缘胜义谛慧，三是缘饶益有情慧。

## 【评析】

此处宣说六种波罗蜜多的种类。

第一，布施三种。其中，财施是施舍财物，改善众生的物质生活；无畏施是帮助众生解脱灾害恐怖，使众生心理上获得安宁和欢乐；法施是为众生宣说正法，使众生止恶修善，断除污染证得清净。

第二，持戒三种。其中，律仪戒是菩萨所受的防止过失和罪恶的戒法；摄善法戒是指菩萨应修学六波罗蜜多，进而行善；饶益有情戒是指菩萨应以善法、资财、神通等利益众生。

第三，忍有三种。其中，耐怨害忍，指菩萨能忍耐他人对自己的怨恨和损害；安受苦忍，指菩萨修道时，对所遭受的饥渴、冷热、障碍等苦痛，能安然忍受，修道不退；谛察法忍，指菩萨对深奥难解的法义，能以坚忍的意志学习思考，以求悟入。

第四，精进三种，精进即勤奋努力，不断进取。其中，被甲精进，即对所修的善行发大誓，乐于修习，勇悍不退，如古人打仗，先要穿上盔甲，这样就有威力，不生怯意；摄善法精进，即在行善时奋勇进取；饶益有情精进，即为利乐众生而作各种事业，奋勇进取。

第五，静虑三种，静虑即禅定。其中，无分别寂静等静虑，《成论》称安住静虑，指远离昏沉、掉举等障碍入定的因素，引生轻安寂静的定，并安住定中；引发功德静虑，指依靠定力引发种种神通功德；引发饶益有情静虑，《成论》称办事静虑，指依靠定力，消除众生的各种痛苦，举办各种利乐众生的事业。

第六，般若三种。本经所说的三种慧——缘世俗谛慧、缘胜义谛慧、缘饶益有情慧，是说般若波罗蜜多，所以是说菩萨的根本智与后得智，由此二智开为三种；或者是说加行智、根本智、后得智。如《瑜伽论》第四十三卷说："云何菩萨一切慧？当知此慧略有二种：一者世间慧，二者出世间慧。此二略说，复有三种：一、能于所知真实随觉通达慧。二、能于如所说五明处及三聚中决定善巧慧。三、能作一切有情义利慧。若诸菩萨于离言说法无我性，或于真谛将欲觉寤、或于真谛正觉寤时、或于真谛觉寤已后所有妙慧。"由于此三智分别对应对真谛（真如）"将欲觉寤""正觉寤""觉寤已后"，所以，分别是加行智、根本智、后得智。测《疏》进一步解释说，缘世俗谛慧是缘俗自利，缘胜义谛慧是缘真，缘饶益有情慧是缘俗利他。此外，关于三种慧，唯识典籍中有多种说法，如《成论》的三种慧是：我空无分别慧、法空无分别慧、我法俱空无分别慧。其中，我空无分别慧，是由我空引生的无分别慧；法空无分别慧，是由法空引生的无分别慧；我法俱空无分别慧，是由我、法二空引生的无分别慧。

## （三）六度清净

### 1. 五缘清净

【原文】

观自在菩萨复白佛言：世尊，何因缘故，波罗蜜多说名波罗蜜多？

佛告观自在菩萨曰：善男子，五因缘故。一者无染着故，二者无顾恋故，三者无罪过故，四者无分别故，五者正回向故。

无染着者，谓不染着波罗蜜多诸相违事。无顾恋者，谓于一切波罗蜜多诸果异熟及报恩中，心无系缚。无罪过者，谓于如是波罗蜜多，无间杂染法，离非方便行。无分别者，谓于如是波罗蜜多，不如言词执着自相。正回向者，谓以如是所作所集波罗蜜多，回求无上大菩提果。

世尊，何等名为波罗蜜多诸相违事？

善男子，当知此事略有六种：一者，于喜乐欲[1]、财富自在诸欲乐中，深见功德及与胜利；二者，于随所乐纵身语意而现行中，深见功德及与胜利；三者，于他轻蔑不堪忍中，深见功德及与胜利；四者，于不勤修着欲乐中，深见功德及与胜利；五者，于处愦闹世杂乱行，深见功德及与胜利；六者，于见闻觉知言说戏论[2]，深见功德及与胜利。

世尊，如是一切波罗蜜多，何果异熟？

善男子，当知此亦略有六种：一者得大财富；二者往生善趣；三者无怨无坏，多诸喜乐；四者为众生主；五者身无恼害；六者有大宗叶。

世尊，何等名为波罗蜜多间杂染法？

善男子，当知略由四种加行：一者无悲加行故，二者不如理加行故，三者不常加行故，四者不殷重加行故。不如理加行者，谓修行余波罗蜜多时，于余波罗蜜多远离失坏。

世尊，何等名为非方便行？

善男子，若诸菩萨以波罗蜜多饶益众生时，但摄财物饶益众生，便为喜足，而不令其出不善处、安置善处，如是名为非方便行。何以故？善男子，非于众生唯作此事名实饶益。譬如粪秽，若多若少，终无有能令成香洁；如是众生由行苦故，其性是苦，无有方便但以财物暂相饶益可令成乐，唯有安处妙善法中，方可得名第一饶益。

## 【简注】

[1] 喜乐欲：据测《疏》，有多种解释，其中第二种解释是："喜乐者，是乐欲义，体即是欲。欲谓五欲，即是五境。"

[2] 见闻觉知言说戏论：《摄论》"转一切见闻觉知言说戏论"，玄奘译世亲《摄论释》："谓转世间见闻觉知言说戏论，得于见闻觉知自在。"由此可知，此处所要否定的，不是见闻觉知，而是由见闻觉知生起的言说戏论。真谛译世亲《摄论释》："于见闻觉知计为如实。"故所否定的，也不是见闻觉知，而是"计为如实"。

## 【今译】

观自在菩萨又对佛说：世尊，是何因缘，波罗蜜多称为波罗蜜多？

佛告诉观自在菩萨：善男子，有五种因缘。一是无染着，二是无顾恋，三是无罪过，四是无分别，五是正回向。

所谓无染着，即对与波罗蜜多相违的各种事不贪恋执着。所谓无顾恋，即对一切波罗蜜多的各种异熟果和人们的报恩，心无系缚。所谓无罪过，即对如上波罗蜜多没有杂染法间杂，远离非正确方法指导的行为。所谓无分别，即对如上波罗蜜多，不是按言词执着其自相。所谓正回向，即以如上所作所集的波罗蜜多，回求无上大菩提果。

世尊，什么称为与波罗蜜多相违的各种事？

善男子，当知此类事，大略有六种。一是对喜欢的物质环境、无量财富及对环境和财富的自在享受等各种欲乐，深以为然，看作是功德和殊胜利益［由此障碍布施］。二是对随己意乐而放纵身语意的［杀生等］现行，深以为然，看作是功德和殊胜利益。三是对他人的轻蔑不能忍受［而嗔心发作，对嗔心发作］深以为然，看作是功德和殊胜利益。四是对不勤奋修行、贪着欲乐［而放逸懈怠］，深以为然，看作是功德和殊胜利益。五是对处热闹环境行杂乱事，深以为然，看作是功德和殊胜利益。六是对见闻觉知［而生起的］言说戏论，深以为然，看作是功德和殊胜利益。

世尊，如此一切波罗蜜多，产生什么异熟果？

善男子，当知此果，也大略有六种：一是得大财富；二是往生善趣；三是无怨无坏，多诸喜乐；四是为众生主；五是身无恼害；六是家世富贵兴旺。

世尊，什么称为波罗蜜多间杂染法？

善男子，［波罗蜜多间杂染法的生起，］当知大略由四种修行：一是无悲修行，二是不如理修行，三是不常修行，四是不郑重修行。［其中的］不如理修行，即修某波罗蜜多时，对其余波罗蜜多远离失坏。

世尊，什么称为非方便行？

善男子，若诸菩萨以波罗蜜多饶益众生时，只以财物饶益众生，便欢喜满足，而不使其离开不善处，安置善处，如此称为非方便行。为什么呢？善男子，并非对众生只作此事即称真实饶益。譬如粪秽，无论是多还是少，终没能使之成为香洁；同样，众生由行苦，其本性是苦，没有任何方法，能只以财物暂时帮助可使其成乐，只有［让众生］安处殊妙善法中，方可称为第一饶益。

【评析】

此处宣说波罗蜜多得名的缘由，或者说，波罗蜜多的清净相及相违事等。

波罗蜜多五种清净相，按本经的说法：第一是无染着相，无染着相就是"不染着波罗蜜多诸相违事"。与波罗蜜多相违事包括六种，即贪欲、放逸、嗔恨、懈怠、散乱、不正知等烦恼与随烦恼。波罗蜜多无染污相，表现为两方面：一、波罗蜜多本身没有这些烦恼和随烦恼相伴随。二、波罗蜜多修行者，尤其是凡夫位修行者，应尽力避免受这些烦恼和随烦恼的染污。以下波罗蜜多清净相更侧重于后一层意思。

第二是无顾恋相，无顾恋相就是"于一切波罗蜜多诸果异熟及报恩中，心无系缚"。修波罗蜜多可有得大财富等六种异熟果，修行者应不贪图这些异熟果。

第三是无罪过相，无罪过相就是"于如是波罗蜜多，无间杂染法，离非方便行"。"间杂法"包括无悲加行等四种，"非方便行"指不正确的修行方法，如布施时只提供物质资助。所以，无罪过相就是，修波罗蜜多时不夹杂染污心，也不作不正确的方便，如在布施时，不是无大悲心，也不是只满足于物质布施。

第四是无分别相，无分别相就是"不如言词执着自相"，也就是对波罗蜜多也不应执着实有自相，如下文说"于此诸法见已不生执着"。大乘的另一说法更为明确：波罗蜜多也就是渡河之舟，渡过河就应放下，不能执着。而此"无分别"特性，测《疏》又提供了另一种解释，即修布施等是三轮清净。所谓"三轮清净"，每一波罗蜜多都有"三轮清净"，布施的"三轮清净"，指布施时，无施者相、无受者相、无施物相，即没想到是我在施舍、是对方接受施舍，没考虑施舍物是否宝贵。

第五是正回向相，正回向相就是所有波罗蜜多修行，都是为求大菩提。

## 2. 总别清净

【原文】

观自在菩萨复白佛言：世尊，如是一切波罗蜜多，有几清净？

佛告观自在菩萨曰：善男子，我终不说波罗蜜多除上五相，有余清净。然我即依如是诸事总别，当说波罗蜜多清净之相。

总说一切波罗蜜多清净相者，当知七种。何等为七？一者，菩萨于此诸法，不求他知。二者，于此诸法，见已不生执着。三者，即于如是诸法不生疑惑，谓为能得大菩提不。四者，终不自赞毁他，有所轻蔑。五者，终不憍傲放逸。六者，终不少有所得，便生喜足。七者，终不由此诸法，于他发起嫉妒悭吝。

## 【今译】

观自在菩萨又对佛说：世尊，如此一切波罗蜜多，有几种清净？

佛告诉观自在菩萨：善男子，我终究不说波罗蜜多除以上五种情况，还有其余清净的。但我即依如上诸事的总说和分别说，来说波罗蜜多清净之相。

所谓总说一切波罗蜜多清净相，当知有七种。哪七种呢？一是菩萨对此诸法，不求他人知晓。二是对此诸法，见后不生执着。三是对如上诸法不生疑惑，即疑惑是否能得大菩提。四是终不自赞毁他，有所轻蔑。五是终不骄傲放逸。六是终不少有所得，便生欢喜满足。七是终不由此诸法，对他人产生嫉妒悭吝。

## 【评析】

此处以下继续宣说波罗蜜多的清净性质，即除上述五种性质，再说六波罗蜜多的总相（总说六波罗蜜多）和别相（分别说每一波罗蜜多）的清净性质。此处是说总相清净，共有七种。这七相与上述五相，既有联系也是补充。如七相的第一相是修波罗蜜多"不求他知"，意谓不求名闻利养；而五相中第二相是修波罗蜜多不求异熟果报，即是不求他世利益，这里是不求现世利益。七相的第二相是对波罗蜜多"不生执着"，与五相的第四相"无分别"义同。七相的第三相，对波罗蜜多不生疑惑（疑能否证大菩提），是对五相的补充。同样，第四相至第七相，也都是对修行者保持心态清净的一些更具体的要求，是对五相清净的补充。

【原文】

别说一切波罗蜜多清净相者，亦有七种。何等为七？谓诸菩萨如我所说七种布施清净之相随顺修行。一者，由施物清净，行清净施；二者，由戒清净，行清净施；三者，由见清净，行清净施；四者，由心清净，行清净施；五者，由语清净，行清净施；六者，由智清净，行清净施；七者，由垢清净，行清净施：是名七种施清净相。

又诸菩萨，能善了知制立律仪一切学处，能善了知出离所犯，具常尸罗，坚固尸罗，常作尸罗，常转尸罗，受学一切所有学处：是名七种戒清净相。

若诸菩萨，于自所有业果异熟，深生依[1]信，一切所有不饶益事现在前时，不生愤发；亦不反骂，不瞋不打，不恐不弄，不以种种不饶益事反相加害；不怀怨结；若谏诲时，不令志恼；亦复不待他来谏诲；不由恐怖、有染爱心而行忍辱；不以作恩而便放舍：是名七种忍清净相。

若诸菩萨，通达精进平等之性，不由勇猛勤精进故自举凌他，具大势力，具大精进，有所堪能，坚固勇猛，于诸善法终不舍轭：如是名为七种精进清净之相。

若诸菩萨，有善通达相三摩地静虑，有圆满三摩地静虑，有俱分三摩地静虑，有运转三摩地静虑，有无所依三摩地静虑，有善修治三摩地静虑，有于菩萨藏闻缘修习无量三摩地静虑：如是名为七种静虑清净之相。

若诸菩萨，远离增益损减二边，行于中道，是名为慧；由此慧故，如实了知解脱门义，谓空、无愿、无相三解脱门；如实了知有自性义，谓遍计所执、若依他起、若圆成实三种自性；如实了知无自性义，谓相、生、胜义三种无自性性；如实了知世俗谛义，谓于五明处；如实了知胜义谛义，谓于七真如，又无分别、离诸戏论、纯一理趣多所住故，无量总法为所缘故，及毗钵舍那故；能善成办法随法行：是名七种慧清净相。

## 【简注】

[ 1 ] 依：测《疏》所引经文作"仰"。本书据"仰"译解，"仰信"即信仰。

## 【今译】

所谓分别说一切波罗蜜多清净相，也有七种。哪七种呢？

[先别说布施，]诸菩萨依照如我所说的七种布施清净相而修

行。一是由施物清净，行清净施；二是由戒清净，行清净施；三是由见清净，行清净施；四是由心清净，行清净施；五是由语清净，行清净施；六是由智清净，行清净施；七是由垢清净，行清净施：这称为七种施清净相。

其次［别说持戒，］诸菩萨，［一是］能善了知已制定戒律中一切需学习的内容，［二是］能善了知犯戒后的忏悔法，［三是］始终守戒不弃，［四是］坚定护戒不犯，［五是］始终守护戒律使无疏漏，［六是］如有疏漏随时修正使无缺失，［七是］接受学习一切应该学习的戒律：这称为七种戒清净相。

［别说忍辱，］若诸菩萨，［一是］对自己的所有由业而来的异熟果，生起深信，一切不利事出现在前时，不愤恨发怒；［二是对于对方，］也不反骂，不憎恨，不打，不恐吓，不戏弄，不以种种不利事［对对方］反相加害；［三是］不怨气郁结；［四是］若遇他人来对自己规劝教诲时，不使对方恼怒；［五是］或者也不等待他人前来规劝教诲［而自己前往］；［六是］不因恐惧，或有染爱心，而行忍辱；［七是］不因已向对方施恩而便放弃：这称为七种忍清净相。

［别说精进，］若诸菩萨，［一是］通达精进的［不急不缓］平等之性；［二是］不因勇猛勤奋精进而抬高自己，欺凌他人；［三是因大愿而］具大力量；［四是因具大力量而］能大精进［不懈怠放逸］；［五是因大精进而］有能力［不怯弱］；［六是］坚固勇猛［而不退转］；［七是］对诸善法终不放松舍弃：如此称为七种精进清净之相。

[别说静虑，] 若诸菩萨，[一是] 有 [通达俗谛的] 善通达相三摩地静虑，[二是] 有 [缘真如的] 圆满三摩地静虑，[三是] 有 [通真俗二谛的] 俱分三摩地静虑，[四] 有 [能起神通的] 运转三摩地静虑，[五] 有 [与根本智相应的] 无所依三摩地静虑，[六] 有 [与后得智相应的] 善修治三摩地静虑，[七] 有 [与加行智相应的] 于菩萨藏闻缘修习无量三摩地静虑：如此称为七种静虑清净之相。

[别说智慧，] 若诸菩萨，[一是] 远离增益损减二边，行于中道，这称为慧；由此慧，[二是] 如实了知解脱门义，即空、无愿、无相三解脱门；[三是] 如实了知有自性义，即遍计所执、或依他起、或圆成实三种自性；[四是] 如实了知无自性义，即相、生、胜义三种无自性性；[五是] 如实了知世俗谛义，即对五明处 [了知]；[六是] 如实了知胜义谛义，即对七真如 [了知]，此外，常住无分别、离诸戏论、纯一理趣中，以无量总法为认识对象，修习毗钵舍那；[七是] 能善成办法随法行：这称为七种慧清净相。

## 【评析】

此处宣说波罗蜜多的别相清净。别相清净就是每一波罗蜜多的清净相，经中说，每一波罗蜜多都有七种清净。这些清净相，大多容易理解，现再对若干内容作些简介。

布施七种清净相，据《瑜伽论》第七十四卷，每一相都还有十种清净相。七种清净相中，简略地说，见清净，指作布施时不见我在布施；心清净，指具怜爱心而作布施；智清净，指对布施的种种名称、种种性质、种种解释、种种差别，都能如实了知而作布施；垢清净，指远离懈怠、贪嗔痴等而作布施。

戒七种清净相中，前两种是对戒律的学习，包括戒律的内容，犯戒后的忏悔法；后五种是对戒律的受持，包括严格持戒，犯戒忏悔，不使戒律有缺失，若有缺失能随时修复等。

静虑七种清净相，测《疏》与伦《记》作了不同解释。据测《疏》，善通达相静虑，指善通达俗谛相的定；圆满静虑，指缘真如的定；俱分静虑，指通缘真谛与俗谛的定。运转、无所依、善修治三种静虑，分别指与加行智、根本智、后得智相应的定。于菩萨藏闻缘修习无量三摩地静虑，指"却谈方便时慧"。（案：此名或有问题，因为此处是说定，而非说慧，但其后的解释则全是说定。）此外，测《疏》又提供了一种解释：善通达相静虑，指与慧相应定；圆满静虑，指内证圆满定，虽慧相应，而定增上；俱分静虑，指定慧均等相应定。运转静虑，指能起神通定；无所依、善修治静虑，分别指与根本智、后得智相应定；于菩萨藏闻缘修习无量三摩地静虑，指与加行智相应定。

伦《记》对静虑七种清净的解释是：善通达相静虑，一种解释是通达真如，一种解释是通达遍计所执、依他起、圆成实三相。圆满静虑，指住分定。俱分静虑，指止观双运道。运转静虑，指每一地的胜进分。无所依静虑，指与空慧相应定。善修治静虑，指断惑证灭。于菩萨藏闻缘修习无量静虑，指依大乘教修无量三摩地，或修四无量心。

慧七种清净，有两种科判。一、"远离增益损减二边，行于中道，是名为慧"，是第一种清净相。二、此句是总说，其下再分七种清净相。

此外，"又无分别、离诸戏论、纯一理趣多所住故，无量总法为所缘故，及毗钵舍那故"一句，据测《疏》，从"无分别"至"无量总法为所缘故"，有不同解释。一说：这是指根本智，此根本智以总法真如为所缘。另一说法："无量总法为所缘故"指后得智。此外，"及毗钵舍那故"，表明此智是修慧。

此外，"法随法行"，也有多种解释。据测《疏》，《大毗婆沙论》对此的解释是："法"指涅槃，"随法"指八正道，为求涅槃修八正道，就是"法随法行"。无性《摄论释》的解释与上有相似之处。世亲《摄论释》说，"法随法行"指"如教行"。即有随信行与随法行，随信行是依据他人教导而修行，随法行则依据经论教导而修行。

## 3. 五相五业

【原文】

观自在菩萨复白佛言：世尊，如是五相，各有何业？

佛告观自在菩萨曰：善男子，当知彼相有五种业。谓诸菩萨无染着故，于现法中于所修习波罗蜜多，恒常殷重勤修加行无有放逸。无顾恋故，摄受当来不放逸因。无罪过故，能正修习极善圆满、极善清净、极善鲜白波罗蜜多。无分别故，方便善巧波罗蜜多速得圆满。正回向故，一切生处，波罗蜜多及彼可爱诸果异熟皆得无尽，乃至无上正等菩提。

## 【今译】

观自在菩萨又对佛说：世尊，[波罗蜜多的] 如此五相，各有什么作用？

佛告诉观自在菩萨：善男子，当知那些相有五种作用。即诸菩萨因无染着，在现世中对所修习波罗蜜多，能始终郑重勤奋作修行，没有放逸。因无顾恋，能摄受未来的不放逸因。因无罪过，能正确修习极为圆满、极为清净、极为纯正的波罗蜜多。因无分别，能迅速证得方便善巧波罗蜜多圆满。因正回向，在一切生处，波罗蜜多及它们的各种可爱异熟果都得无尽，直至证无上正等菩提。

## 【评析】

此处宣说波罗蜜多清净五相的五种作用。首先，无染着的作用，使修行者现世修波罗蜜多不放逸。其次，无顾恋，就是对将来世的殊胜异熟果不贪恋，所以使修行者将来世修波罗蜜多不放逸。再次，无罪过，就是没有无悲加行、不如理加行、不常加行、不殷重加行等间杂，所以能正确修习波罗蜜多，使之极为圆满、极为清净、极为纯正。此外，无分别，就是不对波罗蜜多执着，所以能方便善巧地迅速圆满波罗蜜多。最后，正回向，就是认定修波罗蜜多的目标是证佛的大菩提，所以，

通过一世又一世的漫长修行过程，积累无量功德（可爱异熟
果），直至证大菩提。

### 4. 六度五义

【原文】

　　观自在菩萨复白佛言：世尊，如是所说波罗蜜多，何者最
广大？何者无染污？何者最明盛？何者不可动？何者最清净？

　　佛告观自在菩萨曰：善男子，无染着性、无顾恋性、正
回向性，最为广大；无罪过性、无分别性，无有染污；思择所
作，最为明盛；已入无退转法地者，名不可动；若十地摄、佛
地摄者，名最清净。

【今译】

　　观自在菩萨又对佛说：世尊，如此所说的波罗蜜多，哪一
种最广大？哪一种无染污？哪一种最明盛？哪一种不可动？哪
一种最清净？

　　佛告诉观自在菩萨：善男子，无染着性、无顾恋性、正
回向性，最为广大；无罪过性、无分别性，没有染污；思择所
作，最为明盛；已入无退转法地者，称为不可动；若十地摄、
佛地摄，称为最清净。

【评析】

　　此处宣说波罗蜜多各种性质与十地的关系。其中，关于最

广大与无染污，经中说，波罗蜜多五相清净中的无染着性、无顾恋性、正回向性，"最为广大"，也就是说，此三相在十地中都存在；而无罪过性、无分别性，"无有染污"。但另一方面，无罪过性和无分别性，也存在于十地中的每一地，所以也可称"最为广大"；无染着性和无顾恋性、正回向性，也无染污，所以也可称"无有污染"。由此可见，五相清净实际上都是最广大、无染污，这里只是据最特出的性质而言。此外，"最为明盛"，指十地中的前七地；"不可动"，指第八地与第九地；"最清净"，指第十地和佛地。

## （四）六度利益

### 1. 六度果报

#### （1）因果无尽

【原文】

观自在菩萨复白佛言：世尊，何因缘故，菩萨所得波罗蜜多诸可爱果及诸异熟常无有尽，波罗蜜多亦无有尽？

佛告观自在菩萨曰：善男子，展转相依生起，修习无间断故。

【今译】

观自在菩萨又对佛说：世尊，是何因缘，菩萨所得的波罗蜜多的各种可爱果和各种异熟始终无尽，波罗蜜多也无尽？

佛告诉观自在菩萨：善男子，因为辗转相依生起，修习无间断。

**【评析】**

此处宣说波罗蜜多因果无尽道理。菩萨十地中修波罗蜜多，波罗蜜多能带来殊胜异熟果报，而殊胜异熟果报又能帮助修波罗蜜多，如此因果辗转相生，修习无间断，就使因果无尽。

**（2）深爱六度**

**【原文】**

观自在菩萨复白佛言：世尊，何因缘故，是诸菩萨深信爱乐波罗蜜多，非于如是波罗蜜多所得可爱诸果异熟？

佛告观自在菩萨曰：善男子，五因缘故。一者，波罗蜜多是最增上喜乐因故。二者，波罗蜜多是其究竟饶益一切自他因故。三者，波罗蜜多是当来世彼可爱果异熟因故。四者，波罗蜜多非诸杂染所依事故。五者，波罗蜜多非是毕竟变坏法故。

**【今译】**

观自在菩萨又对佛说：世尊，是何因缘，这些菩萨深信爱乐波罗蜜多，而不是如上所说的波罗蜜多所得的可爱的各种异熟果？

佛告诉观自在菩萨：善男子，有五种因缘。一、波罗蜜多是［获得］最高无上喜乐的因。二、波罗蜜多是彻底利益一切自他的因。三、波罗蜜多是将来世那些可爱果的异熟因。
四、波罗蜜多不是一切杂染所依事。五、波罗蜜多不是最终要
变坏之法。

## 【评析】

此处宣说菩萨深爱波罗蜜多而非其异熟果的原因。本经说
了五种原因：一、波罗蜜多是喜乐因，即波罗蜜多能证佛果，
从而受用最殊胜的喜乐，而其异熟果无此殊胜作用。二、波罗
蜜多是自利利他的根本因，而其异熟果无此殊胜作用。三、波
罗蜜多是将来可爱异熟果之因，无因则无果。四、波罗蜜多不
是业与烦恼的所依因。五、波罗蜜多不像其异熟果那样会变坏。
因此，菩萨爱波罗蜜多，而非其异熟果。

### 2. 四种威德

## 【原文】

观自在菩萨复白佛言：世尊，一切波罗蜜多，各有几种最
胜威德？

佛告观自在菩萨曰：善男子，当知一切波罗蜜多，各有
四种最胜威德。一者，于此波罗蜜多正修行时，能舍悭吝、犯
戒、心愤、懈怠、散乱、见趣所治。二者，于此正修行时，能
为无上正等菩提真实资粮。三者，于此正修行时，于现法中能
自摄受饶益有情。四者，于此正修行时，于未来世能得广大无
尽可爱诸果异熟。

## 【今译】

观自在菩萨又对佛说：世尊，一切波罗蜜多，各有几种最殊胜威德？

佛告诉观自在菩萨：善男子，当知一切波罗蜜多，各有四种最殊胜威德。一是修此波罗蜜多正行时，能舍悭吝、犯戒、心愤、懈怠、散乱，以及所要对治的恶见。二是修此［波罗蜜多］正行，能作为无上正等菩提的真实资粮。三是修此［波罗蜜多］正行，在现世中能自受益并利益有情。四是修此［波罗蜜多］正行，在未来世能得广大无尽可爱诸异熟果。

## 【评析】

此处以下宣说波罗蜜多的利益，或者说作用。此处宣说四种威德。其中，第一种最胜威德是六波罗蜜多的各自作用，即布施对治悭吝，持戒对治犯戒，忍辱对治心愤，精进对治懈怠，定对治散乱，慧对治恶见。其他威德，如文可知。

### 3. 六度因果

#### （1）因果义利

## 【原文】

观自在菩萨复白佛言：世尊，如是一切波罗蜜多，何因？何果？有何义利？

佛告观自在菩萨曰：善男子，如是一切波罗蜜多，大悲为因，微妙可爱诸果异熟、饶益一切有情为果，圆满无上广大菩提为大义利。

## 【今译】

观自在菩萨又对佛说：世尊，如此一切波罗蜜多，以何为因？以何为果？有何利益？

佛告诉观自在菩萨：善男子，如此一切波罗蜜多，以大悲为因，以微妙可爱诸果之成熟、利益一切有情为果，以圆满无上广大菩提为大利益。

## 【评析】

此处宣说波罗蜜多的因果与利益。波罗蜜多以大悲为因，以自利利他为果，以证佛果为大利益。

### （2）贫穷由业

## 【原文】

观自在菩萨复白佛言：世尊，若诸菩萨具足一切无尽财宝，成就大悲，何缘世间现有众生贫穷可得？

佛告观自在菩萨曰：善男子，是诸众生自业过失。若不尔者，菩萨常怀饶益他心，又常具足无尽财宝，若诸众生无自恶业能为障碍，何有世间贫穷可得？譬如饿鬼，为大热渴逼迫其身，见大海水悉皆涸竭，非大海过，是诸饿鬼自业过耳。如是菩萨所施财宝，犹如大海，无有过失，是诸众生自业过耳，犹如饿鬼自恶业力令无有水[1]。

## 【简注】

［1］水：大正藏本作"果"，藏要本是"水"。此处用"水"更合经意，因为此处是想说，水在饿鬼看来是脓血。

## 【今译】

观自在菩萨又对佛说：世尊，若诸菩萨［既］具足一切无尽财宝，［又已］成就大悲，是何缘故，世间现在还有众生处于贫穷中？

佛告诉观自在菩萨：善男子，这是那些众生自己的业之过失。如若不然，菩萨常怀利益他人之心，又常具足无尽财宝，若那些众生没有自己的恶业成为障碍，哪里还有世间贫穷？譬如饿鬼，为大热干渴逼迫其身，［但］见［到］大海［时］水都枯竭，这并不是大海之过，是诸饿鬼自己业之过。同样，菩萨所施财宝，犹如大海，没有过失，是那些众生自己的业之过［而不能得］，犹如饿鬼自己的恶业之力，使其没有水［喝］。

## 【评析】

此处答疑，宣说贫穷由业。由上述波罗蜜多利益而来的问题：既然菩萨具大悲心，能利益一切有情，且菩萨具足无量财宝，为什么还有那么多有情处于贫穷中？世尊的回答是：那是有情自己的业力，使其无法受用菩萨所施的财宝，犹如饿鬼，面对大海，所见却是海水枯竭。与此比喻相似，另一更为常见的比喻是：一条河，人、鱼、天、饿鬼所见不同。如人看到的是清澄的河水，饿鬼看到的则是血水脓河。

### 4. 取无性性

**【原文】**

观自在菩萨复白佛言：世尊，菩萨以何等波罗蜜多取一切法无自性性？

佛告观自在菩萨曰：善男子，以般若波罗蜜多能取诸法无自性性。

世尊，若般若波罗蜜多能取诸法无自性性，何故不取有自性性？

善男子，我终不说以无自性性取无自性性。然无自性性，离诸文字，自内所证，不可舍于言说文字而能宣说。是故我说般若波罗蜜多能取诸法无自性性。

**【今译】**

观自在菩萨又对佛说：世尊，菩萨用何种波罗蜜多认取一切法无自性性？

佛告观自在菩萨曰：善男子，[菩萨]用般若波罗蜜多能认取诸法无自性性。

世尊，如果般若波罗蜜多能认取诸法无自性性，为什么不认取有自性性？

善男子，我终究不说因[诸法确是]无自性性[而认]取

［此］无自性性。但［诸法的］无自性性，离一切文字，是自己内心所证，却又不能离文字而对其宣说。因此，［若要宣说，并避免与凡夫、外道言说的诸法有自性混淆，］我就说般若波罗蜜多能取诸法无自性性。

## 【评析】

此处宣说般若波罗蜜多能取诸法无自性性，即在六波罗蜜多中，能认取诸法无自性性的是般若波罗蜜多。

此处的"诸法无自性性"，可以指真如，也可以指三无性。而按唯识论的观点，三无性中，只是相无性（即遍计所执性）是真正的无性，而生无性与胜义无性，实际就是依他起性与圆成实性，所以是有性，密意说无性。真如也是如此，真如就是圆成实性，唯识论也认为真如实有自性。所以，问题中就说，般若能取诸法无自性性，为何不取诸法有自性性？

世尊的回答，强调"终不说以无自性性取无自性性"，按上述唯识论观点，必然承认诸法确实存在有自性与无自性两个方面，因此，说般若取无自性与取有自性，都是可以的（关于这点，只要注意，本经没有对取有自性作断然否定；如果是般若经，那必定作断然否定）。

这样的话，说般若能取诸法无自性性，就不是对诸法作无自性解而取其无自性性。但就有自性一面来说，依他起性与圆成实性，本质上是离言的，因此也可说三无性是离言的，是根本智与后得智境界，但要对其宣说，则不能离文字言说。而另一方面，凡夫、外道说的诸法有自性，是遍计所执性，是在言说层面上的。因此，世尊在宣说诸法自性时，为避免与之混淆，就说般若波罗蜜多能取诸法无自性性。

## （五）六度位次

【原文】

观自在菩萨复白佛言：世尊，如佛所说波罗蜜多、近波罗蜜多、大波罗蜜多，云何波罗蜜多？云何近波罗蜜多？云何大波罗蜜多？

佛告观自在菩萨曰：善男子，若诸菩萨经无量时修行施等，成就善法，而诸烦恼犹故现行，未能制伏，然为彼伏，谓于胜解行地软、中胜解转时，是名波罗蜜多。

复于无量时修行施等，渐复增上成就善法，而诸烦恼犹故现行，然能制伏，非彼所伏，谓从初地已上，是名近波罗蜜多。

复于无量时修行施等，转复增上成就善法，一切烦恼皆不现行，谓从八地已上，是名大波罗蜜多。

【今译】

观自在菩萨又对佛说：世尊，如佛所说［有］波罗蜜多、近波罗蜜多、大波罗蜜多，什么是波罗蜜多？什么是近波罗蜜多？什么是大波罗蜜多？

佛告诉观自在菩萨：善男子，若诸菩萨经无量时修行布施等［波罗蜜多］，成就善法，而各种烦恼仍然现行，未能制伏，反为它们所制伏，即在胜解行地的下品、中品胜解生起时，这称为波罗蜜多。

又经无量时修行布施等［波罗蜜多］，逐渐成就更殊胜的善法，但各种烦恼仍然现行，却能制伏它们而不被它们所制伏，即在初地以上，这称为近波罗蜜多。

又经无量时修行布施等［波罗蜜多］，辗转成就更为殊胜的善法，一切烦恼都不现行，即在八地以上，这称为大波罗蜜多。

【评析】

此处宣说波罗蜜多三位，即修习波罗蜜多三阶段，也就是大乘说的三大阿僧祇劫修行。第一阶段修行是从凡夫位发心，开始修行大乘，到证入菩萨位初地，此阶段修行布施等波罗蜜多，能成就善法，但还不能制伏烦恼，反而经常被烦恼制伏，直至加行位，下品、中品胜解生起，这时的波罗蜜多只称为波罗蜜多。第二阶段修行，是从菩萨位初地到八地，经第二大阿僧祇劫，继续修行布施等波罗蜜多，善法继续增长，各种烦恼仍能现行，但能被制伏，此时的波罗蜜多称为近波罗蜜多。第三阶段修行，是从菩萨位八地到十地圆满，经第三大阿僧祇劫，继续修行布施等波罗蜜多，善法继续增长，一切烦恼不再现行，此时波罗蜜多称为大波罗蜜多。

# 三、诸地断惑

## （一）诸地随眠

【原文】

观自在菩萨复白佛言：世尊，此诸地中烦恼随眠，可有几种？

佛告观自在菩萨曰：善男子，略有三种。一者，害伴随眠，谓于前五地。何以故？善男子，诸不俱生现行烦恼，是俱生烦恼现行助伴，彼于尔时永无复有，是故说名害伴随眠。二者，羸劣随眠，谓于第六、第七地中微细现行，若修所伏不现行故。三者，微细随眠，谓于第八地已上，从此已去，一切烦恼不复现行，唯有所知障为依止故。

【今译】

观自在菩萨又对佛说：世尊，此十地中的烦恼随眠，可有几种？

佛告诉观自在菩萨：善男子，大略有三种。一是害伴随眠，即是前五地［的烦恼种子］。为什么呢？善男子，那些不［与我见］俱生的现行烦恼，是［与我见］俱生烦恼的现行助伴，它们在那［俱生烦恼不再现行］时也永远不再现行，所以［此类烦恼种子］称为害伴随眠。二是羸劣随眠，即是第六和第七地中［的烦恼种子，其烦恼］微细现行，只要修观时，就被制伏，不再现行。［因此，此位烦恼种子称为羸劣随眠。］三是微细随眠，即是第八地以上［的烦恼种子］，即从此以后，一切烦恼不再现行，只有所知障为依止。［因此，此位烦恼种子称为微细随眠。］

## 【评析】

此处宣说十地的俱生烦恼种子的状况，总共有三种类别，其中"害伴随眠"颇费斟酌。

经中对"害伴随眠"的界定是："害伴随眠，谓于前五地。何以故？善男子，诸不俱生现行烦恼，是俱生烦恼现行助伴，彼于尔时永无复有，是故说名害伴随眠。"由此可得出的结论是：一、害伴随眠存在于前五地。"随眠"指种子。二、不俱生烦恼是伴，则俱生烦恼是主。但"不俱生烦恼"和"俱生烦恼"是什么，从而害伴随眠是什么，有两种解释。

第一种解释，如测《疏》，还有伦《记》中惠景等的说法，"不俱生烦恼"，是指见道位所断的烦恼，即分别烦恼；俱生烦恼，指修道位所断的烦恼。按此理解，分别烦恼的现行和种子，在入见道位时已断，前五地的俱生烦恼没有分别烦恼作伴，此位俱生烦恼被称为"害伴"，就是"没有伴"的意思。其种子称"害伴随眠"。

对此观点可能的质疑是：如果不俱生烦恼是指见道位所断的分别烦恼，那么，十地都无分别烦恼，应该十地俱生烦恼种子都称害伴随眠。对此质疑可作的解释是：虽然十地俱生烦恼种子都可称害伴随眠，但其粗细等不同，前五地中能粗现行，称害伴随眠；第六、七地只能细现行，且修观时就被制伏，故称羸劣随眠；第八地以上永不现行，故称微细随眠。

第二种解释，是窥基及其弟子的解释。首先，此处的"不俱生"与"俱生"，不是从分别烦恼与俱生烦恼来区分，因为分别烦恼在见道位已断，此处说的是前五地烦恼，所以都是地上烦恼，都是俱生烦恼。其次，此处的"俱生"与"不俱生"，是指是否与身见（我见）、边见俱生（即同时生起）。"俱生"烦恼是身见、边见及共同生起的贪、痴、慢等烦恼，"不俱生"烦恼是指不与身见、边见共同生起的贪等烦恼（如独头贪）。此两类烦恼中，"俱生"烦恼，因与第六识相应的身见、边见等在第四地断（不现行），所以俱生的贪等在第四地也断了。"不俱生"烦恼，如独头贪等，在第四地还未断，要到第五地才断（不现行）。这样，"不俱生"烦恼在前五地一直有，称为"害伴"。此处的"害伴"，就是与害（俱生我见）相伴的意思。如《义演》说："我见是主，贪等是伴，我见被害名害也，即贪等随眠是害我之伴。"其种子则被称为"害伴随眠"。

分析这两种说法：一、第一种观点中，俱生烦恼种子是害伴随眠，因前五地中俱生烦恼已无不俱生烦恼（分别烦恼）作伴。第二种观点中，不俱生烦恼种子是害伴随眠，因为前四地中，不俱生烦恼一直与俱生烦恼相伴，到第五地才断。如此，为什么不说不俱生烦恼存在于前四地，而要说存在于前五地？《大乘法苑义林章决择记》第一卷解释说："地之内有入、住、出三种之心，今言五地害伴除者，据住、出心说，所以五地得有害伴。"即在五地入心时还有不俱生烦恼，所以可说不俱生烦恼在前五地。

第二种解释的意义在于说明了我执（身见）与烦恼的关系，我执是根，烦恼是枝条，"明知第四地中执在前除，烦恼到后方断，亦是根虽断时枝条不断也"（《成唯识论疏抄》卷一）。即此解释着眼于说明，先断我执（第四地），后才断烦恼（第五地）。因此，本书译文主要采用此观点。

综上所说，由于初地见道位已断分别烦恼的现行及种子，所以十地中的烦恼和种子都是俱生烦恼及其种子，但其名称有所不同。前五地中，（我见及其相应烦恼在四地断，不与我见相应的）烦恼，（在前五地）能较明显地现行，故其种子称"害伴随眠"；第六、七地中，烦恼现行的力量已极为微弱，故其种子称"羸劣随眠"；八地以上，烦恼不再现行，故其种子称"微细随眠"。而十地中，俱生烦恼的现行有上述变化，但种子一直存在，要到十地圆满的金刚心时，与所知障种子一起断，由此进入佛地。

## （二）三粗重断

### 【原文】

观自在菩萨复白佛言：世尊，此诸随眠，几种粗重断所显示？

佛告观自在菩萨曰：善男子，但由二种，谓由在皮粗重断故，显彼初二；复由在肤粗重断故，显彼第三。若在于骨粗重断者，我说永离一切随眠，位在佛地。

## 【今译】

观自在菩萨又对佛说：世尊，以上三种随眠，由几种粗重断所显示？

佛告诉观自在菩萨：善男子，只由两种，即由在皮粗重断，而显示那第一、第二［种随眠］；又由在肤粗重断，而显示那第三［种随眠］。若在于骨粗重断，我说永离一切随眠位，这在佛地。

## 【评析】

此处宣说断三种粗重与上述三种随眠的关系。断三种粗重，指断皮粗重、肤粗重、骨粗重。粗重，与烦恼相关，但既非烦恼现行，也非烦恼种子，是烦恼种子的无堪能性，如测《疏》说"于诸善法无所堪能，故名粗重"，即粗重指不能行善。

经中说"在皮粗重断故，显彼初二"，即由皮粗重断显害伴随眠、羸劣随眠离粗重，意谓断皮粗重，就使前五地与第六、七地的俱生烦恼种子离粗重。"复由在肤粗重断故，显彼第三"，即由断肤粗重，使微细随眠（八地至十地俱生烦恼种子）离粗重。"若在于骨粗重断者，我说永离一切随眠，位在佛地"，即佛地断骨粗重，使一切种子（烦恼障种子和所知障种子）一时顿断。

以上是本经说三粗重断，其他佛典也说三粗重断，但说法与本经有所不同。如《瑜伽论》第四十八卷说，皮粗重在初地断，肤粗重在八地断，肉粗重（相当于本经的骨粗重）在佛地断。测《疏》说，本经与该论的三粗重，含义并不相同。另外，该论说三粗重，并不是要显示三种随眠。如果要结合三种随眠来说，则该论说初地断皮粗重，显示害伴随眠、赢劣随眠的存在；而本经的意思是，断皮粗重，显害伴随眠、赢劣随眠离粗重。同样，肤粗重与骨粗重（肉粗重），该论与本经的意思也有同样的差异。

## （三）三断历时

【原文】

观自在菩萨复白佛言：世尊，经几不可数劫，能断如是粗重？

佛告观自在菩萨曰：善男子，经于三大不可数劫或无量劫，所谓年、月、半月、昼夜、一时、半时、须臾、瞬息、刹那[1]量劫，不可数故。

【简注】

[1] "年"至"刹那"：古印度九种时间单位。

【今译】

观自在菩萨又对佛说：世尊，要经多少不可数劫，才能断如上所说的粗重？

佛告诉观自在菩萨：善男子，要经历三大不可数劫或无量劫，所谓年、月、半月、昼夜、一时、半时、须臾、瞬息、刹那量劫，无法计数。

## 【评析】

此处宣说断粗重所需时间。本经说："经于三大不可数劫或无量劫。"据测《疏》，成佛是经三大劫，还是不定，各种经论有不同说法。按《瑜伽论》第七十三卷、《菩萨地持经》第九卷、《善戒经》第八卷、无性《摄论释》第一卷，成佛要经三大劫。按《无量义经》《华严经》等，成佛时间不定，不满三大劫就能成佛。而按《大般若经》，要过三大劫才能成佛。

## （四）烦恼无染

## 【原文】

观自在菩萨复白佛言：世尊，是诸菩萨于诸地中所生烦恼，当知何相、何失、何德？

佛告观自在菩萨曰：善男子，无染污相。何以故？是诸菩萨于初地中，定于一切诸法法界已善通达。由此因缘，菩萨要知，方起烦恼，非为不知，是故说名无染污相。于自身中不能生苦，故无过失。菩萨生起如是烦恼，于有情界能断苦因，是故彼有无量功德。

观自在菩萨复白佛言：甚奇，世尊！无上菩提乃有如

大功德利，令诸菩萨生起烦恼，尚胜一切有情、声闻、独觉善
根，何况其余无量功德。

【今译】

观自在菩萨又对佛说：世尊，那些菩萨在诸地中所生烦
恼，当知有什么表现、有什么过失、有什么功德？

佛告观自在菩萨：善男子，[菩萨诸地所生烦恼] 无染污
相。为什么呢？那些菩萨在初地中，必定对一切法和法界已极
好地通达。由此因缘，菩萨要知，方起烦恼，非为不知，因此
称为无染污相。[菩萨诸地所生烦恼] 在自身中不能生苦，所
以无过失。菩萨生起如此烦恼，能断一切有情苦之因，因此它
们有无量功德。

观自在菩萨又对佛说：真是极为稀奇，世尊！无上菩提
竟有如此大功德利益，使诸菩萨生起的烦恼，尚且胜于一切有
情、声闻、独觉的善根，何况 [菩萨的] 其余无量功德。

【评析】

此处宣说诸菩萨所起烦恼的性质，这就是无染性。所谓
"菩萨要知，方起烦恼"，因为菩萨在初地已通达一切法，所以
菩萨起烦恼必定先能了知，从而无染污性。例如，菩萨为度众
生而入欲界，必起欲界烦恼（贪爱），方能生欲界，但菩萨是
了知欲界烦恼的过失，因此所起烦恼无染污性，也无过失，而
能帮助欲界有情断苦。所以，地上菩萨所起烦恼，尚且胜于凡

夫、二乘的善根，更不用说菩萨的功德。

# 四、一乘密意

【原文】

观自在菩萨复白佛言：世尊，如世尊说，若声闻乘、若复大乘，唯是一乘。此何密意？

佛告观自在菩萨曰：善男子，如我于彼声闻乘中，宣说种种诸法自性，所谓五蕴、或内六处、或外六处，如是等类；于大乘中，即说彼法同一法界、同一理趣故。我不说乘差别性。于中或有如言于义妄起分别，一类增益，一类损减；又于诸乘差别道理，谓互相违。如是展转递兴诤论，如是名为此中密意。

【今译】

观自在菩萨又对佛说：世尊，如世尊说，或声闻乘、或是大乘，只是一乘。此说有何密意？

佛告诉观自在菩萨：善男子，如我在那声闻乘中，宣说种种诸法自性，所谓五蕴、或内六处、或外六处，诸如此类；在大乘中就说，那些事物，同一法界，同一理趣。我不说各乘的差别性。但在此中，或有人依言说对道理妄起分别，或作增益，或作损减；又对诸乘差别道理，说成［诸乘是］相互相违。如此辗转而加剧争论，如此称为此中密意。

【评析】

此处宣说一乘密意。佛典中，有说一乘究竟，有说三乘究竟。说一乘究竟，就是说一切众生都能成佛。说三乘究竟，就是说，有声闻乘，有缘觉乘，有菩萨乘，并非所有众生都能成佛。本经的意趣是，一乘是密意，那也就意味着三乘是究竟。但本经说一乘是密意说，同时反对对此的增益与损减。据测《疏》，所谓增益，指执着三乘一向定异，不同意不定性二乘能成佛；所谓损减，指执着定然只有一乘，不同意定性二乘不能成佛。

此外，说三乘究竟，并非说三乘与一乘必定相违。实际上，三乘与一乘也有不违处，即所依之理，同为真如，二乘的四谛，也在大乘的七真如中。如执三乘与一乘必定相违，就会争论不止。

最后，本经《无自性相品》也说一乘密意，本品也说一乘密意，二品所说，角度不同。《无自性相品》是从"道一"（即同依三无性之理修行）、"果一"（同证无余依涅槃）说一乘密意，而本品是从同依真如之理说一乘密意。关于真如与涅槃之异同，依《成论》有四种涅槃，即本来自性清净涅槃、有余依涅槃、无余依涅槃、无住涅槃。其中，本来自性清净涅槃就是真如，是一切有情本来具有；但其他三种则是所证果，并非有情本来具有。所以，《无自性相品》是从修行方法和所证果位来说一乘密意，本品则从诸法所依之理来说一乘密意。虽然从不同角度都可说密意说一乘，但如《无自性相品》所说，众生根机毕竟不同，所以最终证果也不相同，因此，一乘终究是方便说，三乘是真实说。

# 五、结语

【原文】

尔时，世尊欲重宣此义，而说颂曰：

诸地摄想所对治，殊胜生愿及诸学，

由依佛说是大乘，于此善修成大觉。

宣说诸法种种性，复说皆同一理趣，

谓于下乘或上乘，故我说乘无异性。

如言于义妄分别，或有增益或损减，

谓此二种互相违，愚痴意解成乖诤。

尔时，观自在菩萨摩诃萨复白佛言：世尊，于是解深密法门中，此名何教？我当云何奉持？

佛告观自在菩萨曰：善男子，此名诸地波罗蜜多了义之教。于此诸地波罗蜜多了义之教，汝当奉持。

说此诸地波罗蜜多了义教时，于大会中有七十五千菩萨，皆得菩萨大乘光明三摩地[1]。

【简注】

[1] 大乘光明三摩地：据测《疏》，依止此定，能得无分别智照真如，所以称光明。

**【今译】**

当时，世尊要重新宣说上述意思，而说颂：

诸地摄、想、所对治，殊胜生、愿及诸学，

[上述教法] 因为依佛说，是大乘，

[所以] 对此 [教法] 正确修习，能成大觉 [佛]。

宣说 [三乘] 诸法有种种不同性，

后又说 [三乘] 都是同一理趣，

所谓下乘或上乘，我说诸乘无异性。

依言说对义理妄作分别，或增益或损减，

[由此] 说 [三乘究竟或一乘究竟] 两种教法互相违背，

[这是由] 愚痴意解而成乖诤。

当时，观自在菩萨摩诃萨又对佛说：世尊，在此解深密法门中，此处所说，称为什么教法？我们应当如何奉持？

佛告诉观自在菩萨：善男子，此处所说，称诸地波罗蜜多了义之教。对此诸地波罗蜜多了义之教，你们应当奉持。

说此诸地波罗蜜多了义教时，在大会中有七万五千菩萨，都得菩萨大乘光明三摩地。

**【评析】**

此处重颂全品要义，并作结语。

重颂共有三颂。第一颂主要颂十地及六波罗蜜多。其中，"诸地摄"，指本品开始宣说的四种清净及十一分能摄诸地。诸地"想"，释十地名，名从想起，故想代指名。诸地"所对治"，指二十二愚及十一粗重。诸地"殊胜"，指八种殊胜清净。诸地"生"，指菩萨殊胜生。诸地"愿"，指广大愿等三愿。诸地"诸学"，指六波罗蜜多。最后两句，是劝学大乘，使证大觉。

其后二颂，主要颂一乘密意。其中，第二颂意：世尊先说三乘诸法种种不同，即就乘来说，有二乘与大乘之不同；后又说三乘同一理趣，即都趣向真如，所以不说三乘有异。第三颂意：如果依名于义妄作分别，就会有增益或损减，进而认为三乘究竟与一乘究竟二说相违，从而争讼不止。

结语中说，本经关于诸地波罗蜜多的教法，是了义教，应当奉持。

就本品的内容来说，十地的种种性质、波罗蜜多的种种性质，是与其他大乘经基本相同的教法；而般若能取无自性性、一乘是密意说等教法，与此前诸品的一些相应教法一样，显示了本经的特色。

# 如来成所作事品第八

**【题解】**

"如来成所作事"，就是如来经过三大劫的修行所成办的事。从境、行、果来说，本品是宣说所证果。三大劫的修行，证得了佛果。佛果就是佛或如来的存在形态，本品主要宣说如来存在形态的不可思议性。如来的存在形态，通常表现为佛身、佛心和佛土。

首先，关于佛身，诸经论说法有所不同。大多经论说有三身，但三身名称又有不同：一、法身、报身、化身，如《佛说无二平等最上瑜伽大教王经》《佛说大悲空智金刚大教王仪轨经》《守护国界主陀罗尼经》《不空羂索神变真言经》。二、法身、报身、应身，如《金刚仙论》、《摄论》（魏译）。三、法身、应身、化身，如《大乘理趣六波罗蜜多经》、《金光明经》（隋唐两种译本）、《摄论》（真谛译本）、《中边分别论》、《佛性论》。四、自性身、受用身、变化身，如《大乘本生心地观经》、《摄论》（真谛、玄奘译本）、《佛地经论》。从此角度说佛身的，一般也都说到法身，还将受用身分为自受用身和他受用身。五、《成论》作为一个总结，认为自性身、自受用身、他受用身、变化身，统称法身。其中，自性身相当于其他经论说的法身，是真如理体，无形无相。自受用身相当于其他经论说的报身，是佛的无漏身心，为佛自己受用，并是他受用身和变化身的所依。他受用身和变化身依自受用身生起：他受用身是为十地菩萨受用，变化身是为凡夫有情受用；他受用身和变化身，相当于其他经论说的应身或化身，是如来教化凡圣有情之身。

本经（本品）说佛身，明确提到的只有二身，即法身与化身，但实际上还是说了三身或四身。

一、本品在宣说如来心时，说"有无加行心法生起"。此"无加行心"，不属于法身，"法身之相，无有生起"，故法身无身心相。此外，此"无加行心"，也不同于化身之心：化身心"非是有心，亦非无心"，"无自依心故，有依他心"；而此"无加行心"，则是"有心"不是"无心"，是"自依心"非"依他心"。由此来看，此"无加行心"就是自受用身之心。而此自受用身之心，正是化身心之所依，即化身无自心，而是"依他"自受用身心而起。

二、本品说"一切如来化身作业，如世界起一切种类"。此处的化身，可认为是圣者受用的他受用身和凡夫受用的变化身合说。所以，本品还是宣说了三身或四身。

此外，本品还说了"解脱身"，但解脱身是三乘无学共有的，不是佛独有的，所以不将解脱身放在佛的三身或四身中说。

其次，关于佛心，三身中的佛心，情况并不相同。法身（《成论》称自性身）只是真如理体，无形无相，没有身心的表现。自受用身，有真实的身心，其心是大圆镜智等四智心品，其身是无漏色身。他受用身（教化十地菩萨）和变化身（教化凡夫众生）的身心，不是真实身心，是依自受用身的真实身心而幻现的身心。

最后，关于佛土，佛土是与佛身相应的，即与自性身相应的是自性土（或称法性土），与自受用身相应的是自受用土，与他受用身相应的是他受用土，与变化身相应的是变化土。此外，还有净土与秽土之别，一般说，佛土是净土，凡夫众生所居是秽土。但在诸佛土中，自性土、自受用土、他受用土，都是纯粹的净土；变化土则不一定，可以是纯粹的净土，也可以本质是净土、表现为秽土。如娑婆世界，是释迦牟尼佛的佛土，本质也是清净之土，但表现为污秽之土。

本经的"法身"具有广义和狭义两种含义。本经先说如来法身不同于二乘解脱身，因为如来法身有无量功德，这是依广义法身而言。此外，说"如来法身为诸有情放大智光，及出无量化身影像，声闻、独觉解脱之身无如是事"，这也是依广义法身而言。另一方面，本经说"法身之相无有生起"，这是依法身是真如理体而言，所以是狭义的法身，相当于《成论》说的自性身。所以，每一处经文中的法身究竟指什么，需根据内容仔细辨别。

本品的主要内容，伦《记》和《义演》都按菩萨请问，分为十四段。测《疏》说有两种分类：一是将十四段简略为十二段；二是分为三段，分别为明法身相、明化身相、明受用身相。本书大体沿用测《疏》的后一种分段法，但又觉得"明受用身相"不完全符合文意，故对此又作了更精细些的分段，即将此部分内容分为"如来之心"和"三身功德"两部分。

# 一、如来法身

## （一）法身之相

### 【原文】

尔时，曼殊室利菩萨摩诃萨白佛言：世尊，如佛所说如来法身，如来法身有何等相？

佛告曼殊室利菩萨曰：善男子，若于诸地波罗蜜多善修出离，转依成满，是名如来法身之相。当知此相，二因缘故不可思议：无戏论故，无所为故。而诸众生计着戏论，有所为故。

### 【今译】

当时，曼殊室利菩萨摩诃萨对佛说：世尊，如佛所说［存在］如来法身，如来法身有什么相？

佛告诉曼殊室利菩萨：善男子，若对诸地波罗蜜多深入修习，出离［一切烦恼和业］，转依成就圆满，这称为如来法身之相。当知此［法身］相，有两种因缘而不可思议，即无戏论、无作为。而一切众生执着戏论，都有［生灭、烦恼等］

作为。

**【评析】**

此处宣说如来法身之因及法身之不可思议。

如来法身由何而来？由转依成满。转依是什么？断除烦恼障和所知障种子，证得大菩提和大涅槃。转依成满由何而来？由十地波罗蜜多修习圆满。以上就是法身的由来。

但另一方面，法身就是真如理体，是本来存在的，不由修习而得，所以测《疏》区分了"了因"和"生因"。"善修出离"，即十地修行，"望于法身，即是了因；于余二身，即生因"。这是因为，法身作为本来存在的真如理体，十地修行（包括凡夫位修行），只是使真如法身显现，而不是使之新生，故是"了因"；而如来的受用身和化身，则依十地修习波罗蜜多圆满而生起，故对此二身，十地修行是"生因"。

而在《成论》中，自性身（即其他经论所说的法身）和受用身、变化身，统称为法身。这样的法身，就不是仅仅指真如理体，还包括了无为和有为无量功德。因此，此法身只为佛所有，甚至二乘的解脱身都不能称为法身。

关于如来法身的不可思议，本经此处说了两点。一是无戏论。戏论可做狭义和广义理解。狭义的戏论，指无意义的言说。此外，在原始佛教中，形而上的话题也被认为是戏论，比如讨论一切法是有是无、亦有亦无、非有非无，都是戏论。广义的戏论，则一切言说都是戏论，因为如来法身是根本智所证之真如实性，离一切言说。二是无所为。凡夫的所为，是生灭等作为，是烦恼、业等作为。如来三身中，法身是真如无为法，离生灭和一切烦恼、业，所以无所为；变化身和受用身虽是有为法，但是无漏有为，非生灭和烦恼等有漏有为。

## （二）法身功德

【原文】

世尊，声闻、独觉所得转依，名法身不？

善男子，不名法身。

世尊，当名何身？

善男子，名解脱身。由解脱身故，说一切声闻、独觉，与诸如来平等平等；由法身故，说有差别，如来法身有差别故，无量功德最胜差别，算数譬喻所不能及。

【今译】

世尊，声闻和独觉所证得的转依，是否可称法身？

善男子，不称法身。

世尊，[声闻和独觉所证得的转依,]应当称什么身？

善男子，称解脱身。由解脱身，说一切声闻和独觉，与诸如来平等平等；由法身，说有差别，因为如来法身[与声闻和独觉的解脱身]有差别，这就是无量最胜功德[有无之]差别，[如来法身具有的无量最胜功德无论以怎样的]算数来作譬喻都不能及。

## 【评析】

此处宣说如来法身与二乘解脱身的差别。

关于此种差别，本经主要着眼于无量功德之有无。其他经论中说到的主要差别还包括：二乘只断烦恼障，佛断烦恼、所知二障等。关于无量功德之有无，二乘无学也证得了解脱，但由于追求的是无余依涅槃，故不继续修诸功德而直接入灭了；大乘追求的是无住涅槃，不离生死不入涅槃，故在一大劫证得真如法性后，又以二大劫修得无量功德，以便在未来无穷的时间中作普度众生之用。

所以，大乘说小乘是自利，就是从终极目标来说的。小乘的终极目标是无余依涅槃，入灭后即灰身灭智，永不出涅槃，这就是自利，但这并不排除小乘圣者在修行过程中需作利他行，以积累功德而证果。

但进一步探究，如来的无量功德是在什么身？是在法身，还是在化身（及受用身）？

一般说，如来度化众生是用化身，所以无量功德应在化身，如本经下文说，"一切如来化身……如来功德众所庄严，住持为相"。所以，如来化身有无量功德，用于摄持众生。

但此处经文则明示，法身具有无量功德。那么，法身的无量功德是什么性质？接下来的经文说："当知化身相有生起，法身之相无有生起。"由此可知，法身是无为法，不生不灭，故"法身之相无有生起"。既然法身是无为法，法身具有的无量功德也是无为法，即无为功德。

同样,《成论》也说自性身中具无边际真常功德,《成论自考》讨论了此问题。《自考》首先设问:如果自性身中具无边际真常功德,那么,大圆镜智等都应包括在自性身中(《成论》将大圆镜智等四智归在自受用身中)。然后,《自考》解释:"自性身中虽有功德,而无为故,非色心故,是故不摄。"即自性身中的功德是无为法,非色非心,所以,自性身不包括大圆镜智等四智。

进一步说,法身(或自性身)中虽有无量功德,但由于是无为功德,所以是本有的,非修行所得;修行所得的无量功德,仍在如来化身(及受用身)中。因此可说,法身(或自性身)中有无量功德,化身中也有无量功德。

而这又产生了一个问题:既然法身中本有无量功德,二乘虽未证法身,但也有本有法身,或者说,有本有法身无量功德,如此,怎么能说,二乘的解脱身与如来法身的差别,在于有无无量功德?

《成论》有一段话,可仔细体会:"故此法身,五法为性,非净法界独名法身,二转依果皆此摄故。"就是说,法身包括了自性身、(自他)受用身和变化身。

而对此处的问题来说,《成论》的法身定义显然更适合解答,即就无量功德来说:一、二乘虽具本有的法身和法身无量功德,但未亲证法身(因为只断烦恼障,未断所知障),如来则亲证法身和法身无量功德;二、如来化身中有无量劫中修得的无量功德,而二乘只求尽快入灭,所以没有修过无量功德。

综上所说，二乘解脱身具有的是无量无为功德；佛的法身（四身合称）不但具有无量无为功德，还有无量有为功德。

# 二、如来化身

## （一）化身之相

【原文】

曼殊室利菩萨复白佛言：世尊，我当云何应知如来生起之相？

佛告曼殊室利菩萨曰：善男子，一切如来化身作业，如世界起一切种类，如来功德众所庄严，住持为相。当知化身相有生起，法身之相无有生起。

【今译】

曼殊室利菩萨又对佛说：世尊，我应当如何知道如来生起之相？

佛告诉曼殊室利菩萨：善男子，一切如来化身［生起及］所作功德事业，就如世界生起一切种类事物，［世界生起万物，是由众生之业作众生依止，如来化身是由］如来无量功德来庄严，［以］摄持［众生］为作用。当知化身相有生起，法身之相无有生起。

【评析】

此处宣说如来化身生起之相。按《成论》所说，如来教化凡夫和圣者各类有情，是用他受用身和变化身。其中，他受用身是教化十地菩萨，即让十地菩萨等圣者受用；变化身是教化凡夫，即让凡夫受用。本经此处没有分别此两种身，因此，可以看作是将此两种身统统称为化身。

如来化身蕴藏着无量功德，是如来过去无数劫中修行而成，是为了在未来度无量众生，就像世界生起种种事物，这种种事物实际是由众生业力所成，作用是作为众生生存的依止。

再将如来法身与化身作一比较：如来法身（即《成论》的自性身）是真如理体，不生不灭，所以没有生起之相；而如来化身是由无数劫修行所成，所以有生起之相。

## （二）化身示现

### 【原文】

曼殊室利菩萨复白佛言：世尊，云何应知示现化身方便善巧？

佛告曼殊室利菩萨曰：善男子，遍于一切三千大千佛国土中，或众推许增上王家，或众推许大福田家，同时入胎、诞生、长大、受欲、出家、示行苦行、舍苦行已成等正觉，次第示现，是名如来示现化身方便善巧。

### 【今译】

曼殊室利菩萨又对佛说：世尊，应当如何知道如来以善巧的方法示现化身？

佛告诉曼殊室利菩萨：善男子，在所有一切三千大千佛国土［的每一小世界］中，［如来］或是在众人推崇赞许的高贵帝王家，或是［在］众人推崇赞许的福分深厚［的大富大贵］之家，同时入胎、诞生、长大、结婚、出家、修苦行、舍苦行后证道，依次示现，这称为如来以善巧的方法示现化身。

## 【评析】

此处宣说如来化身示现。小乘说的佛，主要就是释迦牟尼佛，释迦佛是三千大千世界的教主。大乘佛教则认为，有无量三千大千世界，每一三千大千世界都有佛在教化，因此有无量佛。而在我们这个三千大千世界中，凡夫所见的释迦牟尼佛，只是化身佛，其一生事迹，就是化身示现的事迹，通常说是八相成道（本经实际上只说了从入胎到成正等觉七相）。在化身佛之外，还有法身佛和报身佛（或称自性身佛和自受用身佛），而与一位法身佛或自性身佛相应，有众多的化身佛（即众多的释迦牟尼佛），众多化身佛是同时在这三千大千世界的各小世界中示现从出生到成佛的全过程。

关于法身佛和报身佛的名称，有众多说法。例如，天台宗的说法是：法身如来名毗卢舍那（又作毗卢遮那），报身如来名卢遮那。而在《华严经》中，此二名都是指报身佛（对此有不同说法）；此外，旧译（晋译）《华严经》称卢舍那，新译（唐译）称毗卢遮那。《义林章》第七卷的说法与天台宗相同："《璎珞经》云，毗卢舍那佛是法身，卢舍那佛是受用身，释迦牟尼佛是化身。"

关于与一位法身佛相应，有众多化身佛，乃至有众多受用身佛的说法，据《梵网经》，我们所处的世界称莲华（台）藏世界，此世界由千叶大莲华构成，每一叶为一世界，各有百亿须弥山、百亿四天下，及百亿南阎浮提等。卢舍那佛变化出千位释迦佛，各据一叶莲华上；千位释迦又一一变化为百亿之菩萨释迦，各坐于南阎浮提菩提树下，宣说菩萨法门。

此外，据《义林章》第七卷引《摄论》等的说法，凡夫所见，只是一位释迦牟尼菩萨所成之化身佛。十地菩萨所见，除化身佛，还有他受用身佛，且每地所见不同，越向上所见越多："初地菩萨见一百个百亿化佛、一受用身……二地中见初地所见十受用身卢舍那、千个百亿化身释迦。乃至十地见九地所见无量受用身卢舍那、无量化身释迦。"

## （三）化身说法

### 1. 宣说契经

### （1）四事说法

### 【原文】

曼殊室利菩萨复白佛言：世尊，凡有几种一切如来身所住持言音差别，由此言音所化有情，未成熟者令其成熟，已成熟者缘此为境速得解脱？

佛告曼殊室利菩萨曰：善男子，如来言音略有三种。一者契经，二者调伏，三者本母。

世尊，云何契经？云何调伏？云何本母？

曼殊室利，若于是处，我依摄事显示诸法，是名契经。谓依四事，或依九事，或复依于二十九事。

云何四事？一者听闻事，二者归趣事，三者修学事，四者菩提事。

## 【今译】

曼殊室利菩萨又对佛说：世尊，共有几种一切如来化身所运用的言说［方式］，由此言说教化有情，未成熟者使其成熟，已成熟者借此速得解脱？

佛告诉曼殊室利菩萨：善男子，如来言说，大略有三种。一是契经，二是调伏（即律仪），三是本母（即论议）。

世尊，什么是契经？什么是调伏？什么是本母？

曼殊室利，若在［三种］言说中，我依要事来表示诸教法，这称为契经。［所谓"依要事"，］即依四事，或依九事，或又依于二十九事。

什么是四事？一是听闻事（即听闻十二部经），二是归趣事（即三皈依），三是修学事（即修学戒定慧），四是菩提事（即证三乘菩提）。

## 【评析】

此处宣说如来言教的方式。如来言教大略有三种：一是宣说佛法要点的契经，二是能调伏诸根、诸恶的律仪，三是集诸经之义而论说的本母。

就契经来说，尽管契经是宣说佛法要点，但仍有详有略，即有四事、九事、二十九事。最简略的，是依四事说法。《显扬论》第六卷说："为令有情得清净故，次第宣说是三种法，谓能持、方便、果。能持者，谓闻及归依。方便者，谓三学。果者，谓三菩提。"其中，"闻"即"闻十二分教"，即本经说的"听闻事"，也就是佛教信众的学习内容；"皈依"即皈依佛、皈依法、皈依僧，即本经说的"归趣事"，也就是佛教信众应正式确立佛教信仰。能确立佛教信仰、学习佛法，就是"能持"。"方便"，就是修学方法，具体是戒学、定学、慧学。小乘与大乘的修学都是三学，但在具体内容上，大乘更有所展开。"果"即证三乘菩提。所以，"四事"的要点就是：确立佛教信仰，学习佛教教理，依戒定慧三学修行，最后证菩提果。

## （2）九事说法

**【原文】**

云何九事？一者施设有情事，二者彼所受用事，三者彼生起事，四者彼生已住事，五者彼染净事，六者彼差别事，七者能宣说事，八者所宣说事，九者诸众会事。

**【今译】**

什么是九事？一是施设［五蕴，依之建立］有情事，二是有情所受用［的十二处］事，三是有情［生死轮回依之］生起

[的十二缘生] 事，四是有情生起后 [依之而] 住 [的四食] 事，五是 [使] 有情 [流转的苦谛、集谛] 染污事 [和使有情还灭的灭谛、道谛] 清净事，六是 [依五蕴建立] 有情而形成的 [无量界种种] 差别事，七是能宣说 [佛法的佛和佛弟子] 事，八是所宣说 [的菩提分法] 事，九是大众参与法会事。

## 【评析】

此处宣说如来九事说法。九事说法，较为完整地描述了契经的主要方面，包括说法的内容和形式。就内容来说，如来的教法是以有情为中心，说明有情无实我，只是一种五蕴和合的存在；有情依六根受用六处；有情依十二缘起而生死流转；有情依四食而维持生命；有情界的染污与清净表现为四谛；上述种种构成了无量界的存在；佛法的根本旨趣是菩提分法，包括小乘的三十七菩提分法或大乘的三乘菩提，旨在证得解脱。从说法的形式来看，如来教法是通过法会来宣说，法会中有说法者（佛和佛弟子），还有听法者（主要是八众，包括刹帝利、婆罗门、长者、沙门、四大天王、三十三天、焰摩天、梵天）。

所以，九事是对契经的较为完整的描述，而吕澂的《杂阿含经刊定记》认为，《杂阿含经》的结构即以九事组织。

## （3）二十九事说法

## 【原文】

云何名为二十九事？谓依杂染品，有摄诸行事；彼次第随转事；即于是中作补特伽罗想已，于当来世流转因事；作法想已，于当来世流转因事。依清净品[1]，有系念于所缘事；即于是中勤精进事；心安住事；现法乐住事。超一切苦缘方便事。彼遍知事，此复三种[2]，颠倒遍知所依处故，依有情想外有情中邪行遍知所依处故，内离增上慢遍知所依处故[3]；修依处事；作证事；修习事。令彼坚固事，彼行相事，彼所缘事，已断未断观察善巧事。彼散乱事，彼不散乱事，不散乱依处事。修习劬劳加行事，修习胜利事，彼坚牢事。摄圣行事，摄圣行眷属事，通达真实事，证得涅槃事。于善说法、毗奈耶中，世间正见超升一切外道所得正见顶事，及即于此不修退事；于善说法、毗奈耶中，不修习故说名为退，非见过失故名为退。

## 【简注】

[1]清净品：测《疏》和伦《记》都说清净品有二十五种，但实际上最后两种不属清净品，本书说清净品为二十三种。

[2]此复三种：据测《疏》，此处苦谛三种，有多种不同解释。玄奘依《瑜伽师地论释》，取其中的一种解释，即前两种苦谛属欲界，第三种苦谛属色界和无色界。

[3]内离增上慢遍知所依处故：测《疏》释："遍知色界内身即是苦谛，谓上二界烦恼是依内身而生起。"

## 【今译】

什么是二十九事？即［二十九事可分杂染与清净两类，］依杂染类别来说，有［四种：一、］摄［有漏］一切现象［的

五蕴和合生命体之] 事。[二、] 那 [五蕴和合生命体依十二
缘起] 依次生起事。[三、] 就在 [五蕴所摄一切] 现象中，产
生补特伽罗之想后 [生起人我执]，成为将来世流转因之事。
[四、在五蕴现象中，] 作法想后 [生起法我执]，成为将来世
流转因之事。依清净类别来说，有 [世间和出世间的清净善
事共二十三种。世间清净善事有四种：五、] 将心系于所缘
[而修闻慧] 事。[六、] 即在此中勤奋精进 [而修思慧] 事。
[七、] 心安住 [而得未至定] 事。[八、进而得] 现法乐住
[四禅等根本定] 事。[出世间清净事有十九种。九、首先，在
资粮位，以] 超一切苦缘 [之涅槃为目标，而修顺解脱分善]
方便事。[其次，在加行位，修顺抉择分中有四事。十、] 那
遍知 [苦谛] 事，这又有三种：遍知 [知见] 颠倒 [是欲界苦
的] 所依处；遍知依有情想在外部对其他有情作邪行 [是欲
界苦的] 所依处；遍知色界内身是苦谛 [是上二界烦恼生起
的] 所依处。[加行位中其余三事是：十一、] 修 [断苦谛之]
依处 [集谛] 事，[十二、] 作证 [灭谛] 事，[十三、] 修习
[道谛] 事。[其次，见道位有四事。十四、真见道] 使圣者
坚固 [不退] 事。[十五、三心相见道、十六心相见道等] 诸
相见道事。[十六、] 诸相见道所缘 [四谛等] 事。[十七、相
见道中] 善巧观察 [见所断烦恼] 已断、[修所断烦恼] 未断
事。[其次，修道位中有六事。十八、] 那 [出见道位还未入
修道位生起的] 散乱事。[十九、修道位中] 那不散乱 [的心
和心所] 事。[二十、修道位中] 不散乱所依 [的定体] 事。

［二十一、］始终不舍地修习［断除欲界修所断烦恼的］艰苦修行事。［二十二、］修习［断除色界和无色界烦恼之］殊胜利益事。［二十三、证得十地圆满的金刚心之修行］坚固事。［其次，究竟位有四事。二十四、证得由根本智所］摄［尽智及无生智之］圣行事。［二十五、证得由后得智所］摄［尽智及无生智之］圣行眷属事。［二十六、将入无余依涅槃应观察］通达真实事。［二十七、将入无余依涅槃时，先入灭尽定，住灭尽定中，即由灭尽定中的异熟识］证得涅槃事。［最后还有二事。二十八、］在佛善巧说的教法和戒律中的世间正见就超过了一切外道所得的最高正见。［二十九、］以及就在此中的不修退事，即对佛善巧说的教法和戒律，不修习就说是退，并非要现行生起过失才名为退。

【评析】

此处宣说如来二十九事说法。二十九事说法，较详尽地说了流转还灭或转染成净的过程。二十九事分染法和净法，染法有四事，净法有二十三事，最后还有两事是与外道所证果位的比较等。二十九事的开端仍是五蕴和合的生命个体，生命的流转遵循十二缘起法则，而轮回流转的根本原因是我执和法执。这就是染法四事。净法则分世间清净四种和出世间清净十九种。世间清净起源于修行，修行的一般方法是闻、思、修，修的任务主要是修定，修定成果包括未至定和四禅等根本定。这些是世间修行人也在做并能证得的，所以称为世间清净。但世

间净法、世间修行，也是出世间净法、佛教修行的基础。出世
间清净，就是按佛教的独有方法修行。佛教的出世间修行，分
五位（即五个阶段）。首先是资粮位中修顺解脱分（即最终可
以证得解脱）的各种善法。其次是加行位中修顺抉择分，抉择
四谛，最终进入见道位。见道位分真见道和相见道，见道位断
除了见所断烦恼，但还未断修所断烦恼。从见道位入修道位，
在还未入前有散乱，入修道位后即得定。修道位进而断除三界
的修所断烦恼，直至十地圆满，证入究竟位。究竟位分有余依
涅槃和无余依涅槃。有余依涅槃已得根本智和后得智所摄的尽
智（即入无学位知诸烦恼已尽的智慧）和无生智（知其智不退
的智慧），但在入无余依涅槃前还应再观真实事（如诸行皆苦、
涅槃寂静等），然后在灭尽定中入无余依涅槃。最后，将佛教
的教法与外道的教法相比，佛教的世间正见已超过一切外道的
最高正见；而对佛的教法不作积极修习，就是退。


## 2. 宣说调伏

【原文】

曼殊室利，若于是处[1]，我依声闻及诸菩萨，显示别解脱
及别解脱相应之法，是名调伏。

世尊，菩萨别解脱，几相所摄？

善男子，当知七相。一者宣说受轨则事故，二者宣说随顺
他胜事故，三者宣说随顺毁犯事故，四者宣说有犯自性故，五
者宣说无犯自性故，六者宣说出所犯故，七者宣说舍律仪故。

## 【简注】

［1］是处：即上文"如来言音略有三种"。

## 【今译】

曼殊室利，若在三种言说中，我依据声闻和诸菩萨［各应遵循的戒律］来表示别解脱和别解脱相应之法，这称调伏。

世尊，菩萨的别解脱，包括了哪些内容？

善男子，当知有七方面内容。一是宣说授受戒律的各项规则，二是宣说犯重罪的内容，三是宣说犯轻罪的内容，四是宣说哪些情况属于犯戒，五是宣说哪些情况不属于犯戒，六是宣说犯戒后的坦露和忏悔，七是宣说弃舍戒律的相关情况。

## 【评析】

此处是宣说调伏。调伏就是戒律，因戒律能调伏六根、调伏诸恶。关于戒律，小乘戒和大乘戒是有差别的，首先是在种类上的差别，即除了共同有的别解脱戒，大乘还有摄善法戒和饶益有情戒。此处只说菩萨的别解脱戒，佛宣说了七相。

第一受轨则事，即是受戒轨则。"轨则"，即行住坐卧、一切日常行为和修行等所应遵循的规矩。关于轨则圆满，《瑜伽论》第二十二卷说，如果有人，对自己的仪表和行为，或者做各种善事，能按照规矩，随顺世间而不越世间，随顺戒律而不越戒律，这就称为轨则圆满。

第二随顺他胜事，即根本重罪或重戒。按《瑜伽论》第四十卷所说，根本重罪有四种：一、为了贪求利养恭敬，自赞毁他；二、本性悭吝，对诸有情不布施财法；三、出于忿恨，打骂其他有情；四、毁谤菩萨藏，宣说邪法。详说则有十种，即在上述四种外，再加断命、不与取、邪淫、妄语、酤酒及说他过失等。

第三随顺毁犯事，即轻罪或轻戒。如《梵网经》所说的四十八种轻戒，包括不敬师友戒、饮酒戒、食肉戒、食五辛戒、不教悔罪戒、不供给请法戒、懈怠不听法戒、背大向小戒等。

第四和第五是有犯自性和无犯自性。测《疏》认为，这是说有犯自性和无犯自性的相状，相当于《瑜伽论》第四十一卷中"有所违越""无违犯"等状况。该论举了多个例子，其中第一个例子是：若诸菩萨安住菩萨净戒律仪，在一日中，若对三宝，若不作或少或多的供养，直至一拜礼敬，或以一颂赞三宝功德，或以一清净心随念三宝功德，空度日夜，是名有犯，有所违越。但在以下两种情况下，可说"无违犯"：一是心狂乱；二是已证入净意乐地的地上菩萨，因为他们随时随地都在自然而然地供养三宝。此外，关于"无违犯"，《瑜伽论》又有更详尽的阐释，包括心狂乱、遭受深重苦难、未曾受戒等，都"无违犯"。

第六出所犯，即当众坦露所犯之过，并忏悔。《瑜伽论》第四十一卷列举了各种情形：若诸菩萨上品犯重罪，应当重新受戒；若中品犯重罪，应对三人，或更多人，坦露忏悔；若下品犯重罪，及犯其他轻罪，对一人坦露忏悔。若无合法人可坦露忏悔，此时菩萨可用清净意念发誓：我将必定防护将来，终不重犯。若如是做，称为于犯还出还净。

第七是舍律仪。关于舍律仪，据《瑜伽论》第四十卷，上品犯重罪即成为舍。所谓上品犯，指经常犯重罪，却无惭愧，反而深生爱乐，认为是功德。所以，对诸菩萨来说，并非一犯即舍菩萨净戒律仪。这与比丘不同，比丘若犯重罪即弃舍别解脱戒。此外，诸菩萨犯重罪弃舍菩萨净戒律仪后，还可再受戒，非不能受戒；而比丘受戒后，若犯重罪，在这一生中不能再受戒。菩萨舍净戒律仪，有两种因缘：一是弃舍无上正等菩提大愿，二是现行上品犯重罪。

## 3. 宣说本母（十一种相）

【原文】

曼殊室利，若于是处，我以十一种相，决了分别，显示诸法，是名本母。

何等名为十一种相？一者世俗相，二者胜义相，三者菩提分法所缘相，四者行相，五者自性相，六者彼果相，七者彼领受开示相，八者彼障碍法相，九者彼随顺法相，十者彼过患相，十一者彼胜利相。

【今译】

曼殊室利，若在三种言说中，我用十一种相（即从十一方面），明确分辨，由此来表示诸教法，此称本母。

什么是十一种相？一是世俗相，二是胜义相，三是菩提分法所缘相，四是［菩提分法］行相，五是［菩提分法］自性相，六是菩提分法果相，七是菩提分法领受开示相，八是菩提分法障碍法相，九是菩提分法随顺法相，十是菩提分法［障碍法的］过患相，十一是菩提分法［随顺法的］殊胜利益相。

## 【评析】

此处开始宣说本母的十一相。本母的十一相，实际是围绕着菩提分法而展开的。其中，"世俗相"和"胜义相"，即世俗谛的一切法和胜义谛的真如，是基本的存在。"菩提分法所缘相"，就是菩提分法所缘的世俗谛和胜义谛一切法。由于世俗谛和胜义谛是如来证知和安立的，所以它们也就是"一切种所知事"。"行相"，是对"菩提分法所缘"的"一切种所知事"，作进一步分类，但不是从存在的角度讨论这些事物，而是从修行角度讨论这些事物。"自性相"，即菩提分法的主体，如四念住等法。"彼果相"，就是菩提分法所证的世间和出世间果位。"彼领受开示相"，即领受果相并对大众宣说开示。"彼障碍法相"，即修菩提分法的各种障碍。"彼随顺法相"，即对修菩提分法证果位起帮助作用之法。"彼过患相"，即各种障碍产生的过失。"彼胜利相"，即各种帮助法具有的功德。

**（1）世俗相**

**【原文】**

世俗相者，当知三种：一者宣说补特伽罗故，二者宣说遍计所执自性故，三者宣说诸法作用事业故。

**【今译】**

［一、］所谓世俗相，当知有三种：一是宣说［种种］有情［名称］，二是宣说［诸法种种］名称，三是宣说诸法［种种］作用事业。

**【评析】**

此处宣说本母第一相"世俗相"。本经说世俗谛相有三种，即补特伽罗、遍计所执自性、诸法作用事业。《显扬论》也说三种："初世俗谛，说我、说法及说作用。"其中，本经第一（说我）和第三项（说作用）与《显扬论》相同。第二项，本经说是"遍计所执自性"，而《显扬论》说是诸法。应该如何看待这一差异？本经下文又说："谓或安立补特伽罗，或复安立诸法遍计所执自性。"由此可见，此处的"遍计所执自性"，就是下文"诸法遍计所执自性"的略说。那么，"诸法遍计所执自性"是否就能等同于"诸法"？

本经对遍计所执自性的定义是"一切法名假安立自性差别"，所以，诸法的名称，会使凡夫产生对诸法自性的执着，即执着诸法实有自性，这就是诸法的遍计所执自性。所以，世俗相中的"（诸法）遍计所执自性"，实际上是说由名言安立的诸法，或者说，诸法的种种名称。

关于"我、法、作用"，《三无性论》卷上更作展开："俗谛有三相，谓我说、法说、事说。我说者，谓我、众生、寿者、行者、人、天、男、女等；法说者，谓色、受、想、行、识等；事说者，谓见、闻、生、灭等：此等名为俗。"

进一步理解，世俗相三种（我、法、作用）的实质含义为：存在着无数个有情，存在着世界万物，存在着有情的作用（造善、恶、无记性业）和世界万物的作用（如对生命体的支持作用）等。

上述我、法、作用，世人认为是真实存在的。但佛教认为，真实相是真如，在真实相中，无实我、实法及实作用，但不妨在世俗谛中安立缘起的假我、假法、假作用。

## （2）胜义相

**【原文】**

　胜义相者，当知宣说七种真如故。

**【今译】**

　［二、］所谓胜义相，当知宣说七种真如。

**【评析】**

　此处宣说本母第二相"胜义相"。"胜义相"就是真如，真如实际上是无差别的，说真如有七种，如《成论述记》所说，只是"从能诠说，非真如体可名差别"。

再就七真如与根本智、后得智的关系来说，据《成论述记》，七真如都属圆成实性，是根本智和后得智所缘境。如果就作用显著而言，实相真如、唯识真如、清净真如是根本智境，其他四种真如是后得智境。如果从真如体上说，七种真如都是根本智境。如果在言说层面上，七种真如都是后得智境。

### （3）菩提分法所缘相

【原文】

菩提分法所缘相者，当知宣说遍一切种所知事故。

【今译】

［三、］所谓菩提分法所缘相，当知宣说［菩提分法］遍［缘的］一切种所知事。

【评析】

此处宣说本母第三相"菩提分法所缘相"。"菩提分法所缘相"，即四念住等三十七菩提分法所缘之境。

说"菩提分法所缘相"是"遍一切种所知事"，可以从以下两方面来理解。

一、菩提分法所缘，是世俗谛一切法和胜义谛真如，由于胜义谛和世俗谛是如来证知和安立的，所以它们也就是"一切种所知事"。

二、菩提分法所缘相，属有分别影像所缘境事，按本经和《瑜伽论》等，有分别影像，就是观所知事同分影像。所知事，就是四念住等菩提分法的内容和方法。三十七菩提分法所观的对象，遍色法和心法一切法，所以是"遍一切种所知事"。

## （4）行相（八行观）

### 【原文】

行相者，当知宣说八行观故。云何名为八行观耶？一者谛实故，二者安住故，三者过失故，四者功德故，五者理趣故，六者流转故，七者道理故，八者总别故。

### 【今译】

［四、］所谓行相，当知是宣说八种观察［对象］。什么是八种观察［对象］？一是谛实，二是安住，三是过失，四是功德，五是理趣，六是流转，七是道理，八是总别。

### 【评析】

此处宣说本母第四相"行相"。"行相"有八种，是指对"菩提分法所缘相"或"遍一切种所知事"进行观察，而此观察，是从修行角度观察"一切种所知事"。首先观察的还是胜义相（"谛实"）和世俗相（"安住"或"安立"）；继而观察杂染法的过失和清净法的功德；再观察教理的旨趣；再观察现象流转的原因和条件等；再观察现象中存在的种种道理；最后观察言教的一般方式，如提出观点，进而阐述。

A. 谛实等四相

【原文】

谛实者，谓诸法真如。

安住者，谓或安立补特伽罗，或复安立诸法遍计所执自性；或复安立一向、分别、反问、置记，或复安立隐密、显了记别差别。

过失者，谓我宣说诸杂染法有无量门差别过患。

功德者，谓我宣说诸清净法有无量门差别胜利。

【今译】

[1.] 所谓谛实，就是诸法 [实性之] 真如。

[2.] 所谓安住，指或 [依据世俗] 安立 [种种] 有情 [名称]，或又 [依据世俗] 安立诸法 [种种] 名称；或又 [依据求法者提出的问题性质] 安立一向记、分别记、反问记、默置记 [等四种回答方式]；或又 [依据听法者根机] 安立隐密说法和显了说法等不同说法方式。

[3.] 所谓过失，即我宣说诸杂染法有无量种不同过失。

[4.] 所谓功德，即我宣说诸清净法有无量种不同殊胜利益。

## 【评析】

"行相"八种观察的第一种是观察"谛实"，即真实相，亦即胜义相。

第二种观察是观察"安住"。安住，据以下经文，就是"安立"。下文说了四种安立，包括安立四记，安立隐密、显了方式，由此可知，此处说的安立是如来安立，即如来在根本智亲证真如后，后得智安立世俗谛诸相。但说如来安立四记，安立隐密、显了方式，没有问题，可如来为何安立遍计所执自性？进而问：遍计所执自性是安立的吗？若据理分析，首先，就安立而言，既是安立，那么，所安立应该就是依他起自性。如前文说，由眼有翳而起各种幻影，各种幻影都是依他起自性，故所安立即是依他起自性。其次，如《真实义品》说，离言自性包括真如和唯事，依唯事安立名称，即成诸法。所以，安立，仅是安立诸法名称，所以名也是依他起自性。最后，凡夫依名计诸法自性，此自性方是遍计所执自性。综上所说，安立的，实际是诸法名称，或安立了名言诸法，这是依他起自性；但凡夫依名计诸法自性，这是遍计所执自性，故而间接地说，安立了诸法遍计所执自性。

本经此处说了三种安立。第一是安立假我假法，这是世俗相的根本内容。第二是安立对机应答的方式，第三是安立对机说法的方式，这后两种都是教化方式。

对机应答的方式，有四种，称四记答，即一向记、分别记、反问记、默置记。"一向记"，指对不容置疑的问题，可以作出肯定回答，如问：有没有如来、阿罗汉？可以肯定回答：有。又如：一切有情生后是否必定有灭？可以肯定回答：必定有灭。"分别记"，指对有多个答案的问题，需作出分析后再给予回答。如问：一切灭者是否必定生？对此问题需作分析：若一般有情，灭后必定有生。若是处有余依涅槃的阿罗汉，灭后入无余依涅槃，不再有生。"反问记"，指对含义不确定的问题，通过反问，明确问题，再作回答。如：十地菩萨为胜为劣？可反问：是与谁比？即明确是与佛比，还是与凡夫众生比，就可给予正确回答。"（默）置记"，指对无意义的问题，纯属戏论的问题，不予回答。如：实有我是善是恶？石女（没有生育能力女性）之儿肤色是黑是白？这些都是戏论，不必回答。此外，原始佛教时期，佛陀对形而上的问题，如世界有边无边等问题，也作为戏论，不予回答。

对机说法的方式，有隐密说（即密意说）和显了说，如前所说。

第三和第四种观察是观察杂染法的过失和清净法的功德。

B. 理趣

【原文】

理趣者，当知六种：一者真义理趣，二者证得理趣，三者教导理趣，四者远离二边理趣，五者不可思议理趣，六者意趣理趣。

## 【今译】

[5.] 所谓理趣（即教理之旨趣），当知有六种：一是［旨在宣说不同层次真实性的］真义理趣；二是［旨在宣说异熟果和修证果的］证得理趣；三是［旨在宣说有的放矢的各种教化方法的］教导理趣；四是［旨在宣说远离二边之正见的］远离二边理趣；五是［旨在宣说世间与出世间种种不可思议的］不可思议理趣；六是［旨在宣说各种教化方法意趣的］意趣理趣。

## 【评析】

此处宣说本母中"行相"八种观察的第五种——观察理趣。理趣，即如来所说教理之旨趣，有六种。据《显扬论》的阐述：

一、真义理趣，也有六种，即世间真实、道理真实、烦恼障净智所行真实、所知障净智所行真实，以及安立真实和非安立真实。

（一）世间真实，即一切世人对各种事物由约定俗成形成的共识，如此事称水，此事称火，等等，由此而区分了各种事物。这样的共识主要是自古相传的，世人将此类共识的认识对象视为真实，这就是世间真实（《瑜伽论》称为"世间极成真实"）。

（二）道理真实，即世人依现量、比量、圣教量正确地思维抉择，所形成的认识，称为道理真实。

（三）烦恼障净智所行真实，即一切声闻、独觉由无漏的加行智、根本智、后得智所形成的认识，由此认识，可从烦恼障得解脱，使智得清净，所以称烦恼障净智所行真实。

（四）所知障净智所行真实，即诸佛菩萨从所知障得解脱，得根本无分别智所形成的认识，称所知障净智所行真实。

（五）安立真实，即苦、集、灭、道四谛。

（六）非安立真实，即一切法真如实性。

二、证得理趣，共有四种，即一切有情业报证得、声闻乘证得、独觉乘证得、大乘证得。

（一）一切有情业报证得，指一切有情造作清净或不净业，依自业而在五趣（或六道）中流转，感召种种异熟果。

（二）声闻乘证得、独觉乘证得、大乘证得，即证得三乘果位。

三、教导理趣，据《瑜伽论》第六十四卷，教导有十二种，即事教、想差别教、观自宗教、观他宗教、不了义教、了义教、世俗谛教、胜义谛教、隐密教、显了教、可记事教、不可记事教。其中，（一）事教，即一一分别宣说诸根、诸境等诸法。（二）想差别教，即详尽宣说蕴、界、处、缘起、处非处、根、谛等善巧法，宣说四念住等修行法，宣说有色无色、有见无见、有对无对等诸法差别。（三）观自宗教，即对十二部经宣说开示。（四）观他宗教，即依因明中的七种方法，摧伏他论，建立己论。其他教导，如前所说。

四、远离二边理趣，有六种，即远离增益非实有边、远离损减真实有边、远离妄执常边、远离妄执断边、远离受用欲乐边、远离受用自苦边。

五、不可思议理趣，有六种：我不可思议、有情不可思议、世间不可思议、有情业报不可思议、证静虑者及静虑境界不可思议、诸佛及诸佛境界不可思议。以我不可思议为例，包括我在过去、现在或将来是有是无；我是断，是常，还是现法涅槃；我的法性，从何而生。

六、意趣理趣，《显扬论》称"意乐理趣"，有十六种，包括开示意乐、离欲意乐、劝导意乐、奖励意乐、赞悦意乐、令入意乐等，旨在宣说各种教化方法的意趣。

六种理趣的相互关系是，后三种分别解释前三种，即由离二边理趣解释真义理趣，由不思议理趣解释证得理趣，由意趣理趣解释教导理趣。

以由离二边理趣解释真义理趣为例，总的来说，离二边，顺中道，即名真义。如三自性，在依他起性和圆成实性上执着有遍计所执性是增益，而说依他起性和圆成实性没有则是损减，远离此二边，就是真实。


C. 流转
【原文】

流转者，所谓三世、三有为相，及四种缘。


【今译】

[6.] 所谓流转，包括 [过去、现在、未来] 三世，[生、

异、灭〕三种有为相，以及〔因缘、所缘缘、等无间缘、增上缘〕四种缘。

**【评析】**

此处宣说本母中"行相"八种观察的第六种——观察流转。流转，即一切现象（有为法）的刹那刹那变迁。此种变迁，在时间上，表现为过去、现在、未来，这被称为三世；在存在状态上，表现为生、异、灭三有为相。一般说有为相是生、住、异、灭四相，但如果住和异合说，则为三相。此外，一切现象流转生灭还需依赖条件，这些条件总的说是四种缘，即因缘、所缘缘、等无间缘、增上缘。其中，色法（物质）的生起只需因缘和增上缘两种缘，心法的生起则需全部四种缘；同时，缘灭则有为法亦灭。

D. 道理

a. 观待道理和作用道理

**【原文】**

道理者，当知四种：一者观待道理，二者作用道理，三者证成道理，四者法尔道理。

观待道理者，谓若因若缘，能生诸行，及起随说，如是名为观待道理。

作用道理者，谓若因若缘，能得诸法，或能成办，或复生已作诸业用，如是名为作用道理。

## 【今译】

[7.] 所谓道理，当知有四种：一是观待道理（即诸法生起要依赖各种因和缘）；二是作用道理（即每一法都有各自的特定作用）；三是证成道理（即通过正确论证，使某种道理得以成立，并能使人正确领悟）；四是法尔道理（即本来就存在的道理）。

所谓观待道理，即［诸法］或作为因，或作为缘，能生各种现象，并随之生起言说，如此称为观待道理。

所谓作用道理，即［诸法］或作为因，或作为缘，能得各种现象，或能成办［各种事物］，或生起后产生各种作用，如此称为作用道理。

## 【评析】

此处宣说本母行相八种观察中的第七种——观察道理，有四种道理。

四种道理中，观待道理与作用道理有一定联系，但并不完全相同，《杂集论》对此解释得比较清楚，以下的例子取自《杂集论》。

观待，就是依赖。观待道理，就是一切法的生起要依赖各种缘，如芽生，要依赖种子、时节、水、田等各种缘；又如诸识生起，要依赖根、境、作意等各种缘。《瑜伽论》将观待分为两种：一是生起观待，即本经此处说的"若因若缘，能生诸行"。二是施设观待，即本经此处说的"起随说"，指由名、句、文施设（安立）诸法。

作用道理，本经说了三种情况。一是"若因若缘，能得诸法"，例如，眼根能作为所依生起眼识，色能作为所缘生起眼识。这种情况下，观待道理和作用道理相似，只是观待道理是就一般的缘而言，作用道理则明确是作为什么缘而起作用，如眼根是眼识生起的增上缘，色是眼识生起的所缘缘，等等。二是"或能成办"，如金银匠能造金银器物。三是"或复生已作诸业用"，如眼识生起能了别诸色。

b. 证成道理

甲、证成道理定义

【原文】

证成道理者，谓若因若缘，能令所立、所说、所标义得成立，令正觉悟，如是名为证成道理。

【今译】

所谓证成道理，即或作为因或作为缘，能使所要成立［的命题］、所说［的理由］、所解释的道理得以成立，使［对方］能正确理解，如此称为证成道理。

【评析】

此处宣说观察证成道理，是四种道理中的第三种。

证成道理的定义，据测《疏》，有两种解释。

一、若因若缘，指要成立观点（宗）所依赖的因、喻。所立，指要成立的观点。所说，说明依据。所标，通过解释使观点成立。

二、若因若缘，指现量、比量、圣教量三量。所立，指使三量得以成立。所说，指使对三量成立所提出的依据得以成立。所标，指使对三量成立所作的广泛解释得以成立。

这两种解释，用第一种来解释经文，较为简明扼要，紧扣经文，本书"今译"取此解释。第二种解释，符合下文"如是证成道理，由现量故，由比量故，由圣教量故，由五种相，名为清净"，也符合《瑜伽论》第二十五卷关于证成道理的定义。

乙、五种正确的论证

【原文】

又此道理略有二种：一者清净，二者不清净。由五种相名为清净，由七种相名不清净。

云何由五种相名为清净？一者现见所得相，二者依止现见所得相，三者自类譬喻所引相，四者圆成实相，五者善清净言教相。

【今译】

另外，此证成道理，大略说有两种［情况］：一、［论证的结论］正确，二、［论证的结论］不正确。由五种相，［论证的结论］称为正确；由七种相，［论证的结论］称为不正确。

什么是［使论证结论］正确的五种相？一是现见所得相，
二是依止现见所得相，三是自类譬喻所引相，四是圆成实相，
五是善清净言教相。

## 【评析】

此处继续宣说观察证成道理。证成道理讨论怎样的论证能
得出正确结论。本经指出，要得出正确结论，需有五种相（情
况）；得出不正确结论，具有七种相。

五种能得到正确结论的相有：一、现见所得相，就是现量；
二、依止现见所得相，就是比量；三、自类譬喻所引相，就是
比喻量；四、圆成实相，就是现量、比量、比喻量的正确运用；
五、善清净言教相，就是圣教量。

## 【原文】

现见所得相者，谓一切行皆无常性、一切行皆是苦性、一
切法皆无我性，此为世间现量所得。如是等类，是名现见所
得相。

## 【今译】

所谓现见所得相，包括一切现象都是无常性、一切现象
都是苦性、一切现象都是无我性，此为世间现量所得。诸如此
类，称为现见所得相。

## 【评析】

此处宣说证成道理中能得出正确结论的五相中的第一"现见所得相",即现量。

本经说,一切行皆无常性、一切行皆是苦性、一切法皆无我性,都能为世间现量所得。但一切行无常等,本是四法印中的三项,是圣者亲证的境界,为何本经说是世间现量所得?测《疏》提供了两种解释。

一、这是依据人们在一世生命中能够感知的粗无常,说现量见无常性(例如,世人常感叹世事无常);依据人们自身领受到的烦恼损害,说现量见苦;依据人们处处感知到的不自在,说现量知无我。但人们所见所知的无常、苦、无我,都是散乱心中所得,非定心所得,所以是世间现量。

二、无常等理,有自相和共相两种情况。世间现量所得是共相,如无常存在于一切法中,苦和无我也是如此,这不是真正的现量,所以称为世间现量。

笔者以为,本经所说的世间现量,其"现量"的含义,与因明中的现量,并不完全一致。比如,世人在历经世事变化后,发出世事无常、人生是苦、万事不由己等感叹。此无常等体验,由人生经验直接而来,是一种直接体验,故本经称之为现量。但另一方面,此种无常等体验,虽是直接体验,却也可说已经是一种理性认识了,所以,在因明中,这就不是现量了,就如测《疏》所说的:"此等是由闻、思二慧散心之所推度,故非现量;此等唯是世间现量云。"据此说法,世间现量不是（真正的）现量。但这只是据因明立场的说法。本经中，与人的此种直接体验不同，下文的"一切行皆刹那性"等，是需经分析而得出的，因此，通过分析得出的是比量，直接体验到的就是现量，这是本经现量的含义。

此外，并非所有人都有这种无常等体验，如还是有些人沉迷于享乐中，看不清纸醉金迷生活的无常性，这与所有人的眼识等五识都具有现量是不同的。但另一方面，确实有人能体验到粗的无常、苦、无我性，因此，世间现量也确实存在。

【原文】

依止现见所得相者，谓一切行皆刹那性，他世有性，净不净业无失坏性。由彼能依粗无常性现可得故；由诸有情种种差别，依种种业现可得故；由诸有情若乐若苦，净不净业以为依止现可得故。由此因缘，于不现见可为比度。如是等类，是名依止现见所得相。

【今译】

所谓依止现见所得相，包括一切现象都是刹那〔生灭无常〕性，后世〔一切现象仍〕有〔苦〕性，清净业和不净业不失不坏性〔故一切现象无需实我保持，即是无我性〕。也就是说，那〔一切现象都是刹那生灭的无常性〕能依粗显的无常性，而现前可得；〔后世的苦性，〕依诸有情〔现在生存状况〕的种种差别是由〔他们过去所造的〕种种〔善恶〕业〔导致〕，而现前可得；[清净和不清净业不失不坏性，] 由依诸有情或乐或苦 [是以] 清净或不净业作为依止，而现前可得。由此因缘，对不现前见的事物可作比度。诸如此类的现象，称为依止现见所得相。

## 【评析】

此处宣说证成道理中能得出正确结论的五相中的第二"依止现见所得相"，即比量。如上所说，"现见所得相"，就是直接感知粗显的无常等现象，而"依止现见所得相"，是在直接可感知的现象上，进一步作出推论，得到一切行皆刹那性、他世有性、净不净业无失坏性等认识。即此三种认识，是分别在上述一切行无常性、苦性、无我性三种世间现量上推理而知。

首先，"一切行皆刹那性"可由"一切行皆无常性"推知，这是由粗无常性推知细无常性。"一切行皆刹那性"，意谓一切现象都是刹那生灭，属细无常性，此认知能依粗无常性（"一切行皆无常性"）推知。因为根据粗无常性，一切现象都无常，如花不能常开，花开必有花谢。但进一步思索，如果花是先前不谢，最后才谢，那既然先前第一刹那不谢，第二刹那也没有理由谢，这样推下去，直至最后也不应谢。所以，在粗无常（花开花谢）背后，应该有细无常，即一切有为法的生灭，从第一刹那开始就应是即生即灭，以后每一刹那也都是即生即灭，因为如果第一刹那及以后刹那只有生没有灭，那最后也不应有灭，这样就得出了"一切行皆刹那性"。

其次，"他世有性"可由"一切行皆是苦性"推知，这是由粗苦性推知细苦性。据伦《记》，粗苦指苦苦，细苦指行苦。"他世有性"即后世的一切现象（一切行）必有苦性。此认知能依当下的苦（粗苦性）推知，因为现在的种种苦，都是过去的业造成的，故知现在的业能造成将来的苦。

最后，"净不净业无失坏性"可由"一切法皆无我性"推知，这是由粗无我性推知细无我性。即诸有情现在所受或乐或苦，都由过去清净业（即善业）和不净业（即恶业）而得，所以，清净业和不净业必能引生相应果而不会失坏。由此可知，受苦受乐并非由实我决定，或者说，此实我并不存在。

## 【原文】

自类譬喻所引相者，谓于内外诸行聚中，引诸世间共所了知所得生死以为譬喻，引诸世间共所了知所得生等种种苦相以为譬喻，引诸世间共所了知所得不自在相以为譬喻，又复于外引诸世间共所了知所得衰盛以为譬喻。如是等类，当知是名自类譬喻所引相。

## 【今译】

所谓自类譬喻所引相，即在身内身外的一切现象聚集中，引用世人共同明了知晓的生死现象作为［一切行无常的］比喻，引用世人共同明了知晓的生［老病死］等种种苦相作为［一切行皆苦的］比喻，引用世人共同明了知晓的不自在相作为［一切法无我的］比喻，此外，又引用世人共同明了知晓的外部世界的兴衰变幻作为［无常、苦、无我的］比喻。诸如此类，当知名为自类譬喻所引相。

【评析】

此处宣说证成道理中能得出正确结论的五相中的第三"自类譬喻所引相"，即譬喻量。譬喻量，即以譬喻方式显示教法，如经文中说的，以世人了知的生死等来比喻诸行无常等。

古代印度各学派，所承认的量有多有少。如顺世外道仅承认现量，胜论学派承认现、比二量，数论学派等承认现、比、圣教三量，正理学派承认现、比、圣教、譬喻等四量，还有学派加上义准量和无体量共为六量。佛教中常用的量为现量、比量、圣教量、譬喻量。而因明中，古因明师多采现、比、圣教三量；至六世纪陈那，则限定仅以现量、比量二量用于因明论式。

【原文】

圆成实相者，谓即如是现见所得相、若依止现见所得相、若自类譬喻所得相，于所成立，决定能成，当知是名圆成实相。

【今译】

所谓圆成实相，意谓［运用］上述现见所得相、或依止现见所得相、或自类譬喻所得相，对所要成立的观点，[使之]必定能成立，当知名为圆成实相。

【评析】

此处宣说证成道理中能得出正确结论的五相中的第四"圆成实相"。所谓"圆成实相"就是正确运用上述现量，或比量，或譬喻量，得出正确结论。

【原文】

善清净言教相者，谓一切智者之所宣说，如言涅槃究竟寂静。如是等类，当知是名善清净言教相。

善男子，是故由此五种相故，名善观察清净道理。由清净故，应可修习。

曼殊室利菩萨复白佛言：世尊，一切智者相，当知有几种？

佛告曼殊室利菩萨曰：善男子，略有五种。一者，若有出现世间，一切智声无不普闻。二者，成就三十二种大丈夫相。三者，具足十力，能断一切众生一切疑惑。四者，具足四无所畏宣说正法，不为一切他论所伏，而能摧伏一切邪论。五者，于善说法、毗奈耶中，八支圣道、四沙门等，皆现可得。

如是生故、相故、断疑网故、非他所伏能伏他故、圣道沙门现可得故，如是五种，当知名为一切智相。

善男子，如是证成道理，由现量故，由比量故，由圣教量故，由五种相，名为清净。

## 【今译】

所谓善清净言教相，即一切智者所宣说［的道理］，如涅槃究竟寂静，诸如此类［的道理］，当知名为善清净言教相。

善男子，因此由上述五种相，称能观察正确道理［的方法］。由于是正确［方法］，应可［依之］修习。

曼殊室利菩萨又对佛说：世尊，一切智者相，当知有几种？

佛告诉曼殊室利菩萨说：善男子，大略有五种。一是如果有［一切智者］出现在世间，其一切智的名声［天上天下］无不普遍传颂。二是成就三十二种大丈夫相。三是能断一切众生的一切疑惑。四是具足四无畏而宣说正法，不会被一切他人言论摧毁制伏，而能摧毁制伏一切邪论。五是依［一切智者］善巧所说的契经、律仪等，［修证的方法］八支圣道和［修证的果位］四沙门（果），都可现得［现证］。

上述的［在世间］出生、［三十二种大丈夫］相、断一切疑惑、非他所伏而能伏他、圣道沙门现可得，如此五种，当知称为一切智相。

善男子，此证成道理，由现量，由比量，由圣教量，由五种相，称为正确。

## 【评析】

此处宣说证成道理中能得出正确结论的五相中的第五"善

清净言教相",即圣言量。圣言量由一切智者所说。一切智者
具有五种相,这五种相都为佛所具有,所以,圣言量即是已证
圣位的佛所说,如"涅槃究竟寂静"等,故是正确结论。

丙、七种错误的论证

【原文】

云何由七种相名不清净?一者此余同类可得相,二者此余
异类可得相,三者一切同类可得相,四者一切异类可得相,五
者异类譬喻所得相,六者非圆成实相,七者非善清净言教相。

【今译】

什么是使论证不能得到正确结论的七种相?一是此余同类
可得相,二是此余异类可得相,三是一切同类可得相,四是一
切异类可得相,五是异类譬喻所得相,六是非圆成实相,七是
非善清净言教相。

【评析】

此处继续宣说证成道理,在说明了能得出正确结论的五种
相后,再说明不能得出正确结论的七种相。这七种错误相,与
因明学中的因不定过相关。

因明学中的因不定过,是指在因明论式中所立的因(即理
由)有过失(即错误)。因不定过共有六种:(1)共不定过,
(2)不共不定过,(3)同品一分转、异品遍转不定过,(4)异

品一分转、同品遍转不定过，（5）俱品一分转不定过，（6）相违决定过。本经中七相与六不定过的前五种过有关。

　　一、此余同类可得相，据伦《记》，相当于"同品一分转、异品遍转不定过"；测《疏》说，除"同品一分转、异品遍转不定过"，还包括"俱品一分转"中"同品一分转"。据本经下文"若于此余同类可得相及譬喻中有一切异类相者，由此因缘，于所成立非决定故，是名非圆成实相"，圆测释为正解。

　　先看"同品一分转、异品遍转不定过"。以"声非勤勇无间所发，无常性故"为例，此例中，"声非勤勇无间所发"为宗（待成立的命题），"无常性"为因（理由）。"勤勇无间所发"指人的活动的产物，即人造物。声非人造物，所以，（宗）同喻为闪电、虚空等（都非人造物），（宗）异喻为瓶等（属人造物）。再看因"无常性"，在同喻中，闪电属无常性，虚空非无常性（古人认为虚空是恒常存在的），这就是说，"无常性"（因），在同喻（非人造物）中，只是部分成立，这就是"同品一分转"；而"无常性"，在异喻（人造物）中完全成立（人造物有生必有灭，故是无常），这就是"异品遍转"。

　　但"无常性"（因）既然能在部分同喻（闪电等）和全部异喻（瓶等）中成立，就产生了不定过：若声如闪电等（无常），则非勤勇无间所发（非人造物）；若声如瓶等（无常），则是勤勇无间所发（是人造物）。因此，"无常性"不能推出声必定"非勤勇无间所发"。也就是说，由于因（理由）有过，所以，宗（命题）不能必定成立。

再看"俱品一分转不定过"。以"声常，无质碍等故"为例，同喻为虚空、极微等（外道和小乘以极微为常），异喻为瓶和乐等。而"无质碍"（因），在同喻中，虚空无质碍，极微有质碍；在异喻中，乐无质碍，瓶有质碍。因此，因（"无质碍"）在同喻和异喻中都只包括了一部分，而不是全部，这就是"俱品一分转"。这样，因（"无质碍"）就不能使宗（声常）必定成立。如在同喻中，无质碍的虚空固然是常，有质碍的极微（因为是色法，即物质，所以有质碍）也可以是常。这就是俱品一分转不定过中同品一分转。

所谓"此余同类可得相"，"此"，指宗（如上例中"声非勤勇无间所发"）；"此余"，指此宗之外；"同类可得"，即因中"同品一分转"，包括"同品一分转、异品遍转"，也包括"俱品一分转"中"同品一分转"，故"此余同类可得相"为不定过。

二、此余异类可得相，据伦《记》，相当于"异品一分转、同品遍转不定过"；测《疏》说，除"异品一分转、同品遍转不定过"，还包括"俱品一分转"中"异品一分转"。据本经下文"又于此余异类可得相及譬喻中有一切同类相者，由此因缘，于所成立不决定故，是名非圆成实相"，圆测释为正解。

先看"异品一分转、同品遍转不定过"。以"声是勤勇无间所发，无常性故"为例，同喻为瓶等（是人工物），异喻为闪电、虚空等（非人工物）。如此，"无常性"包括了全部同喻及一部分异喻（闪电），由此造成的不定过：若声如瓶等，则是勤勇无间所发；若声如闪电，则非勤勇无间所发。

关于"俱品一分转"中"异品一分转"，参见上述"俱品一分转"中"同品一分转"之例：异喻中，无质碍的乐是无常，有质碍的瓶也是无常。这样，"无质碍"既不能证明声是常，也不能证明声是无常，这就是"俱品一分转"中"异品一分转"。

所谓"此余异类可得相"，"此余"同上解释；"异类可得相"，即因中"异品一分转"，包括"异品一分转、同品遍转"，也包括"俱品一分转"中"异品一分转"，故"此余异类可得相"为不定过。

三、一切同类可得相，相当于"共不定过"。

先看"共不定过"。以"声常，所量性故"为例，其中，"所量性"，指可以认识，同喻如"虚空"等（常），异喻如"瓶"等（无常）。"所量性"（因），在同喻和异喻中都成立，由此产生不定：若声如虚空，则为常；若声如瓶，则为无常。因此，"所量性"不能证明"声常"。

所谓"一切同类可得相"，因在同喻和异喻中都成立，此即"一切同类可得相"，成"共不定过"。

四、一切异类可得相，相当于"不共不定过"。

先看"不共不定过"，此过也称"同品非有，异品非有"。以"声为常，以所闻性故"为例，如上所说，虚空为同喻，瓶为异喻，而同喻与异喻都"非所闻性"。所以，"所闻性"既不能成立"声如虚空为常"，也不能成立"声如瓶为无常"，即成不共不定过。

所谓"一切异类可得相",即宗的性质(如声常),在因上全无,只能在因之异类上可得,此即"一切异类可得相",成"不共不定过"。

五、异类譬喻所得相,测《疏》说有两种解释:(一)"由于此因唯异品有,故名异类譬喻所引相。"(二)"喻有十种过失。"十种过即五种似同法喻及五种似异法喻。五种似同法喻包括能立法不成、所立法不成、俱不成、无合、倒合。五种似异法喻包括所立法不遣、能立法不遣、俱不遣、不离、倒离。

六、非圆成实相,如前所说,"圆成实相"指"于所成立,决定能成";反之,"于所成立,不决定成",即是"非圆成实相"。如伦《记》说:"支因不具,名非圆成。"

七、非善清净言教相,泛指一切不正确的言教。伦《记》举例,如立"声常,所作性故",此因(所作性)只在异品(如瓶等)中有,同品(虚空、闪电等)中无,为不定过,这样的言教(立论)就不正确,称"非善清净言教相"。

【原文】

　若一切法,意识所识性,是名一切同类可得相。

　若一切法,相、性、业、法、因果异相,由随如是一一异相,决定展转各各异相,是名一切异类可得相。

　善男子,若于此余同类可得相及譬喻中有一切异类相者,由此因缘，于所成立非决定故，是名非圆成实相。又于此余异类可得相及譬喻中有一切同类相者，由此因缘，于所成立不决定故，亦名非圆成实相。非圆成实故，非善观察清净道理，不清净故不应修习。

若异类譬喻所引相，若非善清净言教相，当知体性皆不清净。

## 【今译】

如果一切法，［说它们都］是意识的认识对象，［以这样的理由来论证其性质，］这称为一切同类可得相［有共不定过］。

一切法的相状、性体、作用、法义、因果都不相同，由于在上述每一方面都不相同，随之［一切法］必定相互之间各不相同，这称为一切异类可得相。［故若以每一法各自的特点去论证某性质的成立，这就是不共不定过。］

善男子，如果是"同品一分转、异品遍转"及"俱品一分转"中"同品一分转"，由此因缘，对所要成立的［命题］不能必定［成立］，这称为非圆成实相。此外，如果是"异品一分转、同品遍转"及"俱品一分转"中"异品一分转"，由此因缘，对所要成立的［命题］不能必定［成立］，这也称为非圆成实相。由于是非圆成实相，所以不是正确观察的道理，由于不正确，所以不应修习。

［此外，］异类譬喻所引相和非善清净言教相，当知［它们的］性质都不能得出正确结论。

## 【评析】

此处继续宣说证成道理中的七种错误相，在上文列举了七种相的名称后，此处说明七种相的过失。

首先是第三相"一切同类可得相"的过失。本经宣说此相过失，要比因明从立论规则来论说，内涵显得更为深广。本经说"若一切法，意识所识性，是名一切同类可得相"，意谓：要论证某法性质，用"是意识认识对象"作为理由（因），则有不定过，因为意识能认识一切法。

如立"声常，是意识识故"，其同喻为虚空，异喻为瓶。但意识既能认识虚空，也能认识瓶，其中，虚空是常，瓶是无常，那样的话，声究竟如虚空是常，还是如瓶是无常？这就有共不定过。

其次是"一切异类可得相"的过失。每一法都有各自与众不同的特点，以此特点去证成该法的其他性质，则有过。如"声常，所闻性故"，"所闻性"是声的特征，为其他法所无，这样，"所闻性"与同喻（如虚空等）和异喻（如瓶等）都全无关系，因此无法证成"声常"之命题，这就是不共不定过。而"一切异类可得相"之名称由来，因为同喻无"所闻性"，异喻则有"非所闻性"，所以可称"一切异类可得相"。

另外，"此余同类可得相"及"譬喻中有一切异类相"，如前所说，就是"同品一分转、异品遍转不定过"，还有"俱品一分转"中"同品一分转"；而"此余异类可得相"及"譬喻中有一切同类相"，就是"异品一分转、同品遍转不定过"，还有"俱品一分转"中"异品一分转"。此类过失都如上所说。由于都有过失，所以是"非圆成实相"。

而七相中的第五"异类譬喻所引相"和第七"非善清净言教相"，过失也如上所说。

因此，七种相都"不清净"，即不能由此得出正确认识。

c. 法尔道理

【原文】

法尔道理者，谓如来出世，若不出世，法性安住，法住法界，是名法尔道理。

【今译】

所谓法尔道理，即无论如来出世或不出世，〔一切法〕安住法性、法住、法界，这称为法尔道理。

【评析】

此处宣说观察四种道理中的第四种——法尔道理。法尔道理，按《瑜伽论》第二十五卷的解释，从五蕴的存在，到地水火风的性质，乃至诸蕴无常、诸法无我、涅槃寂静的真理，都属于法尔道理。即这一切法，并非如来所作，也非任何神力所作，而是由缘而起，本来如此地存在，本来如此地生生灭灭，这就是法尔道理。

所谓"法性安住，法住法界"，据《瑜伽论》第十卷，一切法都由缘起，无始时来，此缘起理成就的诸法体性（即某一法区别于其他法的特性），就是法性；按诸法已成就的体性，以无颠倒的文句安立其名称，这是法住；由于法住是以法性为因，因此法住也称为法界，此处，"界"即因。

### E. 总别

【原文】

　　总别者，谓先总说一句法已，后后诸句差别分别，究竟显了。

【今译】

　　[8.] 所谓总别，即先总说一个观点，其后用各种说法分析辨别，使总观点能完全明了。

【评析】

　　此处宣说本母的行相八种观察的第八种——观察总别。总别是论议的常用方法，即先提出观点，然后从各个方面去证明此观点的合理性。

### （5）自性等七种相

【原文】

　　自性相者，谓我所说有行、有缘所有能取菩提分法，谓念住等，如是名为彼自性相。

彼果相者，谓若世间、若出世间诸烦恼断，及所引发世出世间诸果功德，如是名为得彼果相。

彼领受开示相者，谓即于彼以解脱智而领受之，及广为他宣说开示，如是名为彼领受开示相。

彼障碍法相者，谓即于修菩提分法能随障碍诸染污法，是名彼障碍法相。

彼随顺法相者，谓即于彼多所作法[1]，是名彼随顺法相。

彼过患相者，当知即彼诸障碍法所有过失，是名彼过患相。

彼胜利相者，当知即彼诸随顺法所有功德，是名彼胜利相。

## 【简注】

[ 1 ] 彼多所作法："彼"，即菩提分法。"多所作法"，即辅助法门。

## 【今译】

[五、] 所谓自性相，即我所说的有行相、有所缘的所有能取 [果] 的菩提分法，如四念住等，如此称为自性相。

[六、] 所谓彼果相，即以世间 [善法制伏烦恼]，以出世间 [善法] 断除一切烦恼，以及所引发的世间和出世间的各种果位和功德，如此称为获得彼果相。

[七、] 所谓彼领受开示相，即对所得果位和功德，以解脱智而领受之，并广为他人宣说开示，如此称为彼领受开示相。

[八、] 所谓彼障碍法相，即对修菩提分法能产生障碍的一切 [二执、二障] 染污法，此称彼障碍法相。

[九、] 所谓彼随顺法相，即对修菩提分法 [能有帮助，因而需] 经常修习的法，此称彼随顺法相。

[十、] 所谓彼过患相，当知就是对修菩提分法起障碍作用的各种法的所有过失，此称彼过患相。

[十一、] 所谓彼胜利相，当知就是那些随顺法的所有功德，此称彼胜利相。

## 【评析】

这是本母十一种相中的后七种相，都是围绕着菩提分法展开的，由此可见，本母（即论议）的重心是菩提分法。关于菩提分法，除前第三所缘、第四行相外，此处讨论了自性相（即四念住等）、果相（果位和神通功德等）、领受开示相（证得并宣说果位和功德）、障碍法相（即二执、二障等）、随顺法相（顺解脱分善等）、过患相（障碍法的过患）、胜利相（随顺法的殊胜利益）。

### 4. 宣说不共陀罗尼
## 【原文】

曼殊室利菩萨复白佛言：惟愿世尊为诸菩萨略说契经、调伏、本母不共外道陀罗尼义，由此不共陀罗尼义，令诸菩萨得入如来所说诸法甚深密意。

佛告曼殊室利菩萨曰：善男子，汝今谛听，吾当为汝略说不共陀罗尼义，令诸菩萨于我所说密意言辞能善悟入。

善男子，若杂染法、若清净法，我说一切皆无作用，亦都无有补特伽罗，以一切种离所为故。非杂染法先染后净，非清净法后净先染。凡夫异生于粗重身，执着诸法、补特伽罗自性差别，随眠妄见以为缘故，计我、我所。由此妄谓我见我闻、我嗅我尝、我触我知、我食我作、我染我净，如是等类邪加行转。若有如实知如是者，便能永断粗重之身，获得一切烦恼不住、最极清净、离诸戏论无为依止，无有加行。善男子，当知是名略说不共陀罗尼义。

尔时，世尊欲重宣此义，复说颂曰：

一切杂染清净法，皆无作用数取趣。

由我宣说离所为，染污清净非先后。

于粗重身随眠见，为缘计我及我所，

由此妄谓我见等，我食我为我染净。

若如实知如是者，乃能永断粗重身，

得无染净无戏论，无为依止无加行。

## 【今译】

曼殊室利菩萨又对佛说：唯愿世尊为诸菩萨简要说明不同于外道的契经、调伏、本母的陀罗尼之义，由此不同的陀罗尼之义，使一切菩萨得以深入如来所说诸法极深的密意。

佛告诉曼殊室利菩萨：善男子，你现在仔细地听，我要为你简要说明〔与外道〕不同的陀罗尼之义，使一切菩萨对我所说的密意言辞，能正确悟入。

善男子，无论是杂染法，还是清净法，我说一切［染净诸法］都没有［实体及离缘起的实］作用，也都没有补特伽罗［实作用者］，因为一切法［的本性］离［生灭、增减、来去等］作为。并非杂染法是先染后净，并非清净法是后净先染。凡夫异生在粗重身中，执着［存在着］诸法和补特伽罗的自性和差别，以［烦恼障和所知障］种子所起的［现行］妄见为缘，计我和我所。由此妄见，说［有］我见、我闻、我嗅、我尝、我触、我知、我食、我作、我染、我净，［进而］生起诸如此类的错误行为。若有人能如实了知如上道理，便能永断粗重之身，证得离一切烦恼、最为清净、离诸戏论无为依止［之涅槃］，不再有任何作为。善男子，当知这就是简要说明［与外道］不同的陀罗尼之义。

当时，世尊要重新宣说此义，又说颂：

一切杂染法与清净法，都无作用和作者。

由我所宣说的［一切法］离一切作为，

所以，染污与清净，并非先后生起。

以粗重身中的烦恼种子生起妄见为缘，

认为存在我和我所，

由此妄见，说有我见等，说有我食、我作为、我染净。

若如实了知以上都是妄见，才能永断粗重身，

证得无染净、无戏论，由无为依止而无任何作为。

【评析】

此处宣说与外道不共的陀罗尼义。在上文分别宣说了契

经、律仪和论议后，此处再次强调了全体佛法的要义。

"若杂染法、若清净法，我说一切皆无作用，亦都无有补特伽罗"，此段文字的实际含义，可参照前文"世俗相"，以及"行相"中的"安住"，实际还是"无诸法、无诸法作用、无补特伽罗"，这就是不共陀罗尼义的核心。

此不共陀罗尼义，不但不共外道，也不共小乘。首先，外道认为有实我（补特伽罗）；小乘破实我，但认为有实法。但本经此处再次强调，无（实）诸法，无诸法（实）作用。其次，小乘说杂染法是苦谛、集谛，清净法是灭谛、道谛。修行就是转染成净，所以是先染后净。但本经此处说："非杂染法先染后净，非清净法后净先染。"这是上述不共陀罗尼义的必然推论，无诸法（实体）及诸法（实）作用，这是就诸法的真如本性而言。诸法如幻，而真如本性平等平等，其中并无诸法的种种差别，此即无诸法；真如本性寂静无为，此即无诸法作用；真如本性不生不灭、不来不去，此即无先染后净。

但在真如本性上说不共陀罗尼义，实际上是在胜义谛立场上说的，或者说是根本无分别智证真如的境界；如果在世俗谛上说，还是有缘起的假我、缘起的假法和缘起的假作用，或者说，在后得智生起时，还是能见缘起的假我、假法及其作用。

由此来看经中的"由此妄谓我见我闻、我嗅我尝、我触我知、我食我作、我染我净"，此处的意思，实际并非是否定见闻觉知等，而是否定我在见闻觉知，否定我有染有净，即要表达的是无我，也就是说，见闻觉知是由缘起，并无"我"这样的作者。

但凡夫终究不能"如实知如是"陀罗尼义，世人有的只是有漏智，此有漏智由二障、二执伴随，生起的是妄见，即妄见有实我和我所拥有的一切（我所），由此类妄见（错误认识）进而作出各种错误行为。

因此，本经最后强调，"若有如实知如是"陀罗尼义，便能最终证得涅槃。

# 三、三身殊胜

## （一）如来之心及其所缘

### 1. 受用身之心

【原文】

尔时，曼殊室利菩萨摩诃萨复白佛言：世尊，云何应知诸如来心生起之相？

佛告曼殊室利菩萨曰：善男子，夫如来者，非心意识生起所显；然诸如来，有无加行心法生起，当知此事犹如变化。

曼殊室利菩萨复白佛言：世尊，若诸如来法身远离一切加行，既无加行，云何而有心法生起？

佛告曼殊室利菩萨曰：善男子，先所修习方便般若加行力故，有心生起。善男子，譬如正入无心睡眠，非于觉悟而作加行，由先所作加行势力而复觉悟。又如正在灭尽定中，非于起定而作加行，由先所作加行势力还从定起。如从睡眠及灭尽定心更生起，如是如来由先修习方便般若加行力故，当知复有心法生起。

## 【今译】

当时，曼殊室利菩萨摩诃萨又对佛说：世尊，应如何了知一切如来心生起之相？

佛告诉曼殊室利菩萨：善男子，如来［的心，］并非是由［作意使］心意识生起［思维活动］来显示；但一切如来，有［自然而］无［作意思维］活动的心法生起，当知此事犹如［定中心］变化［出种种东西］。

曼殊室利菩萨又对佛说：若一切如来远离一切［作意思维］活动，既然无［作意思维］活动，为何而有心法生起？

佛告诉曼殊室利菩萨：善男子，由先前［十地中］所修习的善巧分别诸法之智慧［的心理］活动力量，［成佛时自然］有心生起。善男子，比如已进入没有任何心理活动的［深度］睡眠时，［其醒来］并非是［由在熟睡中］作［努力］醒来的心理活动，［而是］由［入睡］前所作的［预期醒来］心理活动的力量，而使其又醒来。又如，正在灭尽定中，并非是［在灭尽定中］对出定作努力，而是由［入灭尽定］前所作的出定的心理活动力量，而从定起。如从睡眠和灭尽定中心又生起，同样地，如来由先前［十地中］所修习的善巧分别诸法之智慧的［心理］活动力量，当知［成佛时］又有心法生起。

## 【评析】

此处宣说如来无作意思维，心为何能生起。

如来的法身，即是真如体性，是无为法，故无身心表现形态；而如来的受用身则有身心生起。但如来的心，是任运（即自然而然）生起，并非作意生起；没有思维的比量，纯属现量。但随之而来的问题是：佛地既然已无作意和思维，如何还能生起如来的心？本经说，这是在十地中修习善巧分别诸法之智慧的力量，在成佛时生起此受用身之心。相同的情况，如人在熟睡中，不是熟睡时还能作醒来的努力，而是入睡前有醒来的预期，所以睡了一段时间后又能醒来。再如灭尽定，此定已无前六识的任何活动，所以不可能在定中有任何出定的心理活动，但入灭尽定前有出定的预期，所以一段时间后还是能出定。如来无作意思维，心仍能生起，也是如此，即是由十地修习中的修行力量，到佛地时生起如来心。

### 2. 化身之心

## 【原文】

曼殊室利菩萨复白佛言：世尊，如来化身，当言有心，为无心耶？

佛告曼殊室利菩萨曰：善男子，非是有心，亦非无心。何以故？无自依心故，有依他心故。

【今译】

曼殊室利菩萨又对佛说：世尊，如来的化身，应说是有心，还是应说是无心？

佛告诉曼殊室利菩萨：善男子，［如来化身，］非是有心，亦非是无心。为什么呢？因为［如来化身，］没有自己依［种子生起的真实］心，但有依他［真实心而化现的］心。

【评析】

此处宣说如来化身（包括他受用身与变化身）之心如何生起。

如来三身之心，各不相同。如来法身（自性身），为真如理体，无形无相，没有身心的表现。如来（自）受用身，有无漏的八识心品和无漏色身，由无漏种子而生起，是如来自身的存在状况。如来的化身（他受用身和变化身），是依如来自受用身的真实心而化现，不是由种子生起。所以，如来化身之心，由于不是真实心，可说是无心；但有依真实心化现之心，也可说是有心。

3. 所行与境界

【原文】

曼殊室利菩萨复白佛言：世尊，如来所行、如来境界，此之二种有何差别？

佛告曼殊室利菩萨曰：善男子，如来所行，谓一切种如来共有、不可思议无量功德众所庄严清净佛土。如来境界，谓一切种五界差别。何等为五？一者有情界，二者世界，三者法界，四者调伏界，五者调伏方便界。如是名为二种差别。

## 【今译】

曼殊室利菩萨又对佛说：世尊，如来所行与如来境界，这二者有何差别？

佛告诉曼殊室利菩萨：善男子，如来所行，即一切如来共同拥有、由无量不可思议功德所庄严的清净佛土。如来境界，即所有的五种界差别。哪五种呢？一是有情界，二是世界，三是法界，四是调伏界，五是调伏方便界。这就是如来所行和如来境界的差别。

## 【评析】

此处宣说如来所行与如来境界的差异。

如来所行，即缘如来净土：能缘是如来自受用身之心，所缘是与自受用身相应的自受用土。如《成论》所说，自受用土，与自受用身一样，都是无量无边，是由成佛前无量劫中修行积累的无量功德所成就，是无比清净的佛土。

如来境界，即缘如来化身所摄的一切：能缘是如来化身之心，所缘包括一切凡圣有情、一切有情所依止的世界、构成一切有情和一切世界的一切法、所教化有情的心性种类、教化的种种方法。

## （二）三种不二

【原文】

曼殊室利菩萨复白佛言：世尊，如来成等正觉、转正法轮、入大涅槃，如是三种当知何相？

佛告曼殊室利菩萨曰：善男子，当知此三皆无二相，谓非成等正觉非不成等正觉，非转正法轮非不转正法轮，非入大涅槃非不入大涅槃。何以故？如来法身究竟净故，如来化身常示现故。

【今译】

曼殊室利菩萨又对佛说：世尊，如来成佛、说法、入大涅槃，应当如何理解这三种相？

佛告诉曼殊室利菩萨：善男子，应当知道这三种相都是不二相，即非成佛非不成佛，非说法非不说法，非入大涅槃非不入大涅槃。为什么呢？如来法身究竟清净［是平等无二相］；如来化身恒常示现［故有成佛、说法、入大涅槃相］。

【评析】

此处宣说如来成佛、说法、入大涅槃三种不二相。

如来究竟有没有证道成佛，有没有说法，有没有入大涅槃（无余依涅槃），历来有不同说法。如有的说，佛没有说法，四十九年不说一字。对此问题的讨论有各种角度，本经对此的回答是：从如来法身说，法身不生不灭，故无证道成佛之事；法身无为，故无说法之事；法身不来不去，故无入大涅槃之事。但从如来化身来说，化身是成佛后生起，故有示现证道成佛事；化身利益有情，故有示现说法之事；化身劝导有情离苦得乐，故有示现入大涅槃之事。

通常，般若类经典和中观宗侧重从法身一边，说如来不成佛、不说法、不入涅槃，强调毕竟空思想，具有振聋发聩的作用；而本经（或者说唯识论）则圆满说了法身和化身（包括他受用身）两方面的情况，对理相和事相作了全面说明，如实揭示了如来的不可思议性。

## （三）诸种功德

### 1. 远生他福

【原文】

曼殊室利菩萨复白佛言：世尊，诸有情类但于化身见、闻、奉事，生诸功德，如来于彼有何因缘？

佛告曼殊室利菩萨曰：善男子，如来是彼增上所缘之因缘故。又彼化身是如来力所住持故。

【今译】

曼殊室利菩萨又对佛说：世尊，各类有情只是见、闻、奉事如来化身，而生诸功德，［那么，］如来［的法身和受用身］对诸有情有何缘用？

佛告诉曼殊室利菩萨：善男子，如来［的法身和受用身］，是众生［见、闻、奉事化身而生功德的］增上缘这样一种缘用。此外，如来的化身，［也］是由如来［法身、受用身］的力量所支持［而存在的］。

【评析】

此处宣说不可见闻的如来法身与自受用身对众生起何作用。

此处的问题，据测《疏》，可作三种理解。第一种理解：如来的化身，对有情作什么缘？第二种理解：如来的法身和受用身，对化身作什么缘？第三种理解：如来的法身和受用身，对有情作什么缘？

回答中的第一句"如来是彼增上所缘之因缘故"，对应上述也可作三种理解。第一种理解：如来的化身，对有情作增上缘和所缘缘。第二种理解：如来的法身和受用身，对化身作增上缘和因缘。第三种理解：如来的法身和受用身，对有情作增上缘和所缘缘。

在三种对问答的理解中，圆测认为，第三种是正解。

仔细分析，第一种理解，即如来的化身对有情作增上缘和所缘缘，从唯识教理来看，没有问题。如来化身，能为有情所见，故可作（疏）所缘缘。有情见、闻、奉事如来化身而生功德，故如来化身是增上缘。但另一方面，从问题的语气来看，"诸有情类但于化身见、闻、奉事"，蕴含之意是："不可见闻的法身、受用身"有何作用？故第一种理解没有揭示问答的内蕴。

第二种理解，即如来的法身和受用身对化身作增上缘和因缘，此解存在的问题是：一、后句"又彼化身是如来力所住持故"与前句，几乎是同义反复；二、经文为"增上所缘"，没有因缘之意；三、与问题中的"诸有情类但于化身见、闻、奉事，生诸功德"，毫无关联。

第三种理解，即如来的法身和受用身对有情作增上缘和所缘缘，总的来说，最符合问题的意蕴。但说如来的法身和受用身对有情能作所缘缘，则是无根据的。如来的法身和（自）受用身，不但凡夫不能见，甚至十地菩萨也不能见，所以不可能作所缘缘。而经文中的"增上所缘"，实际上不必看作是增上缘和所缘缘两种缘，而可以认为"增上所缘"就是增上缘。

至于"又彼化身是如来力所住持故"，意谓如来化身是依止法身和受用身存在的，即法身和受用身也是化身的增上缘。

这样，诸有情直接地见、闻、奉事如来化身，间接地依止如来的法身和受用身，生起各种福德。


## 2. 放智光显化影

【原文】

曼殊室利菩萨复白佛言：世尊，等无加行[1]，何因缘故，如来法身为诸有情放大智光，及出无量化身影像，声闻、独觉解脱之身无如是事？

佛告曼殊室利菩萨曰：善男子，譬如等无加行，从日月轮，水火二种颇胝迦宝放大光明，非余水火颇胝迦宝，谓大威德有情所住持故，诸有情业增上力故。又如从彼善工业者之所雕饰末尼宝珠，出印文像，不从所余不雕饰者。如是缘于无量法界，方便般若极善修习，磨莹集成如来法身，从是能放大智光明，及出种种化身影像，非唯从彼解脱之身有如斯事。

【简注】

[ 1 ] 等无加行：即如来始终处于定中现量（"等"），没有任何作意、思维等活动（"无加行"）。

【今译】

曼殊室利菩萨又对佛说：世尊，［既然如来］平等而不作任何功用，是何原因，如来法身为诸有情放大智光，并现出无量化身影像，而声闻、独觉的解脱身没有如此情况？

佛告诉曼殊室利菩萨：善男子，比如［日轮和月轮］平等而不作任何功用，从日轮和月轮中，水火两种颇胝迦宝放大光明，并非其他［事物中］的水火颇胝迦宝［能放大光明］，这是因为［日月为］具有大威力的有情［日光天子和月光天子］所住持，也是因为诸有情无比强大的业力［感召，使日月放光］。又如，在那些手艺精湛的能工巧匠所雕饰的末尼宝珠上，能现出文字和图像，那些没有雕饰过的则不现出文字图像。同样，如来法身，由缘无量法界（即真如），圆满修习方便般若，磨除一切烦恼习气，极其清净，积集无边福德资粮，从中能放大智光明，并现出无量化身影像，并不是只从声闻、独觉的解脱身就可有如此状况。

## 【评析】

此处宣说如来法身为何能显现化身，为诸有情宣说解脱智慧，而声闻、独觉则不能。经文举例，日月能大放光明，是因为有大威德日月天子住持；如来法身能放大智光，是因为如来所作的广大修习。声闻、独觉没有作广大修习，所以没有此种功能。

但另一方面，如上所说，如来法身是真如理体，并无作为，如何能"放大智光明，及出种种化身影像"？实际上，这是从受用身和变化身都依止法身而说的。

### 3. 能令众生身财圆满

## 【原文】

曼殊室利菩萨复白佛言：世尊，如世尊说，如来、菩萨威德住持，令诸众生于欲界中，生刹帝利、婆罗门等大富贵家，人身财宝无不圆满；或欲界天、色无色界，一切身财圆满可得。世尊，此中有何密意？

佛告曼殊室利菩萨曰：善男子，如来、菩萨威德住持，若道若行，于一切处能令众生获得身财皆圆满者，即随所应，为彼宣说此道此行。若有能于此道此行正修行者，于一切处所获身财无不圆满。若有众生于此道行违背轻毁，又于我所起损恼心及瞋恚心，命终已后，于一切处所得身财无不下劣。

曼殊室利，由是因缘，当知如来及诸菩萨威德住持，非但能令身财圆满；如来、菩萨住持威德，亦令众生身财下劣。

## 【今译】

曼殊室利菩萨又对佛说：世尊，如世尊所说，由如来和菩萨的大威力住持，使诸众生在欲界中，能生到刹帝利、婆罗门等大富贵家庭，身体和财宝无不圆满；或者生到欲界天道中，或者生到色界和无色界中，一切身体和财宝无不圆满。世尊，这样的说法，有何密意？

佛告诉曼殊室利菩萨：善男子，由如来和菩萨的大威力住持，如果某道某行，无论何时何地都能使众生获得身体和财宝圆满，就相应地，为众生宣说此道此行。若有众生能对此道此行作正确修行，无论何时何地所获身体和财宝无不圆满。如果有众生对此道此行违背、轻视、毁犯，又对如来起损恼心和瞋恚心，其人命终后，在一切处，所获得的身体和财宝无不下劣。

曼殊室利，由此因缘，当知由如来和诸菩萨大威力住持，非但能使众生身体和财宝圆满；并且，由如来和菩萨住持的大威力，亦能使众生身体和财宝下劣。

## 【评析】

此处宣说身财圆满之道。十善行和三乘修行，是有情身财圆满之道。如来教导此道，有情依之修行，则得身财圆满；若违之并对如来起瞋恼心，则得身财下劣，因为对如来起瞋恼心也是造恶业。此处经文，从字面上看，佛菩萨能使众生身财圆满或下劣，但前提还是众生能不能遵照佛的教导行善，所以，最终还是众生自己行不行善决定了身财圆满或下劣。

## （四）净土与秽土之难易

### 【原文】

曼殊室利菩萨复白佛言：世尊，诸秽土中，何事易得，何事难得？诸净土中，何事易得，何事难得？

佛告曼殊室利菩萨曰：善男子，诸秽土中，八事易得，二事难得。何等名为八事易得？一者外道，二者有苦众生，三者种姓家世兴衰差别，四者行诸恶行，五者毁犯尸罗，六者恶趣，七者下乘，八者下劣意乐加行菩萨。何等名为二事难得？一者增上意乐加行菩萨之所游集，二者如来出现于世。

曼殊室利，诸净土中，与上相违，当知八事甚为难得，二事易得。

### 【今译】

曼殊室利菩萨又对佛说：世尊，诸秽土中，何事易得，何事难得？诸净土中，何事易得，何事难得？

佛告诉曼殊室利菩萨：善男子，诸秽土中，八事易得，二事难得。什么是八事易得？一是［易遇］外道，二是［易成］有苦众生，三是种姓家世［易］由兴转衰，四是［易］行诸恶行，五是［易］犯戒律，六是［易堕］恶趣，七者［易遇］下乘，八者［易遇］依低劣发心修行的［地前］菩萨。什么是二事难得？一是［难遇］发坚固菩提心修行的［地上］菩萨现身和集会，二是［难遇］如来出现于世。

曼殊室利，诸净土中，与上述情况相反，当知上述八种［在秽土中易得］事［在净土中］甚为难得，［而上述］两种［难得］事［在净土中］易得。

## 【评析】

此处宣说秽土与净土之差异。秽土有苦难，有罪恶，易遭恶报，修行则障碍重重；净土反之，无苦难、罪恶及恶报，修行易于证果。关于净土与秽土的关系，测《疏》说："非三界所摄。"三界即秽土，故净土不属于三界。测《疏》并引诸经论文，如《大智度论》说："所有净土无三恶趣及三毒名，亦无二乘及男女名。"又如《瑜伽论》说："于清净世界中，无那落迦、傍生、饿鬼可得，亦无欲界、色界、无色界，亦无苦受可得，纯菩萨僧于中止住，是故说名清净世界。其中多分是已入第三地菩萨，由愿自在力故，于彼受生。彼处无有异生，及非异生声闻、独觉，以及异生菩萨得生于彼。"关于净土无二乘，测《疏》作了详尽讨论。如《大智度论》中说"诸佛土中悉皆清净，超出三界，阿罗汉等亦生彼土"，圆测解释说："此是为令不定种姓、无学声闻，生起转入大乘之心，得转依身，安住圆满无量宝宫诸菩萨众，依据此事，密意说为阿罗汉等亦生净土，实则净土非有二乘。"又如，《佛说阿弥陀经》中说"声闻弟子无量无边，一切皆是大阿罗汉"，圆测解释说："《阿弥陀经》等中，依化身土为缘，密意说有声闻，谓由彼如来往昔誓愿力故……由此教理，比知化身净土亦有三乘。"

# 四、结语

**【原文】**

尔时，曼殊室利菩萨摩诃萨白佛言：世尊，于是解深密法门中，此名何教？我当云何奉持？

佛告曼殊室利菩萨摩诃萨曰：善男子，此名如来成所作事了义之教。于此如来成所作事了义之教，汝当奉持。

说是如来成所作事了义教时，于大会中有七十五千菩萨摩诃萨皆得圆满法身证觉。

**【今译】**

当时，曼殊室利菩萨摩诃萨对佛说：世尊，在此解深密法门中，上述教法名为何教？我当如何奉持？

佛告诉曼殊室利菩萨摩诃萨：善男子，上述教法名为如来成所作事了义之教。于此如来成所作事了义之教，汝当奉持。

说此如来成所作事了义教时，在大会中有七万五千菩萨摩
诃萨都获得 [十地] 圆满法身，证无碍解。

## 【评析】

此处结语，如文易知。

# 附：本书所涉佛典略称

以下是本书中常用佛典的略称；若是偶尔出现的典籍，或书名简短的典籍，则不出略称。

《大方广佛华严经》:《华严经》

《大般涅槃经》:《涅槃经》

《大方等大集经》:《大集经》

《大般若波罗蜜多经》:《大般若经》

《金刚般若波罗蜜经》:《金刚经》

《佛说解节经》:《解节经》

《瑜伽师地论》:《瑜伽论》

《显扬圣教论》:《显扬论》

《大乘庄严经论:《庄严论》

《摄大乘论》:《摄论》

《摄大乘论释》:《摄论释》

《大乘阿毗达磨集论》:《集论》

《大乘阿毗达磨杂集论》:《杂集论》

《成唯识论》:《成论》

《成唯识论述记》:《成论述记》

《大乘法苑义林章》:《义林章》

《成唯识论了义灯》:《了义灯》

《成唯识论演秘》:《演秘》

《瑜伽师地论疏义演》:《义演》

《阿毗达磨大毗婆沙论》:《大毗婆沙论》

《阿毗达磨俱舍论》:《俱舍论》

《阿毗达磨集异门足论》:《集异门论》

圆测《解深密经疏》:测《疏》

遁伦（道伦）《瑜伽论记》:伦《记》

韩清净《解深密经分别瑜伽品略释》:《略释》

# 重印后记

　　本人的《解深密经直解》是 2019 年 7 月出版的。2021 年 1 月中旬，责编方强先生来信，说出版社要再次重印此书。本人在此谨致诚挚感谢！

　　另外，本人利用开印前的一周时间，对此书又匆匆浏览一遍，作了若干修订，主要是使一些表达更为严谨。但出版物可能总有遗憾之处，或许还有问题和不足没被发现，在此谨对读者表示深深的歉意！

林国良

2021 年 1 月 20 日